SHAMANISM AND THE EIGHTEENTH CENTURY

シャーマニズムと想像力

❖ディドロ、モーツァルト、ゲーテへの衝撃❖

GLORIA FLAHERTY
グローリア・フラハティ
野村美紀子［訳］

工作舎

シャーマニズムと想像力❖目次

本文中のカッコ内の二行は訳注です。

シャーマニズムと想像力

ディドロ、モーツァルト、ゲーテへの衝撃

SHAMANISM AND THE EIGHTEENTH CENTURY

序　想像力の源泉への旅

誕生、生、死の神秘に対処しようとする欲求は、すべての文化圏のすべての民族に特有のものである。遠い過去には、恐ろしい異変に満ちた世界を生きることに挫けそうになる同胞に助力する、選ばれた人びとがいた。このような人びと、シャーマンは、社会的なさまざまな力の統合の人格的表象として、かれらの社会を適切に機能させていた。かれらは、できれば病気を癒し、癒せないときは病人とその家族の気持を和ませた。個人のためにする努力が社会の幸福をつくりだし、そこから社会の連続性が生まれた。かれらは同じ種族の人びとから崇められ、宇宙に住む精霊たちに執り成しを請うことができ、そうすることで怖ろしい神秘を制する力を持つと信じられた。

シャーマニズムという現象はさまざまに形を変えて今日まで存続しているが、一般の人にたやすく理解されるとはかぎらない。シャーマニズムの痕跡を発見したときに、それがどれくらい純粋か、あるいは堕落したものかを見抜くことは、練達した専門家にさえ難しいことがある。それにもかかわらず現在シャーマニズムの研究は多数の学問分野で行なわれている。科学者、とくに数年来、急速に発達してきた民族薬理学と精神神経免疫学の研究者は、薬草その他の物質を含めて、シャーマンの治療実践を明らかにしようとしている。バイオフィードバックの研究者には健康の維持と回復における想像力の役割についての多数の記述があるし、精神医学者はいわゆる奇跡による治癒における信仰の心理を細部にわたって探究している。人類学の論文だけでも驚くほどの数にのぼる。南アメリカ、アメリカインディアン、シベリア、近東、アフリカの種族の中にシャーマンを自称する人間が次々に現われるからである。シャーマニズムには人文学者もあいかわらず注意を引かれている。文学の専門家はシャーマニズムの儀式に文学の基本的ジャンルの起源を求めようとし、美術史家はラスコーとトロアフレールの洞窟画に同様の関心を向ける。音楽学者は聴衆全体を引き入れ、情緒を操作するために使われる楽器とパフォーマンスの技術に注目する。聖書学者も同種の、思考を刺激する研究を発表している。

今日の一般的なシャーマニズムの扱われ方を見ると、ドラッグ、セックス、オカルトへの関心がふたたび高まった二〇世紀の中ごろに初めてこの現象が知られるに至ったと思われるかもしれない。しかしシャーマニズムは西洋文化の誕生以来ずっと人びとを魅惑してきた。この魅惑はさまざまな時代にさまざまな現われ方をした。近ごろニューエイジとよばれるものは、周期的に復活するあるものの今日的な姿といえよう。単語と構文は変わっても、基本的な文法構造はつねに同一である。

わたしは研究の焦点を、多様な形態のシャーマニズムとヨーロッパとの出会いに当ててきた。古い時代の旅行記や民族誌からシャーマニズムについての記述を集めた。ところがヨーロッパ人による探検と植民地建設というもっとも重要な時代に、シャーマニズム受容に関する歴史的な記録がない。本書の第一部は文献資料の考証である。第二部は、そのような情報の、一時期のヨーロッパの学問、芸術の主流への同化を論じる。

本書の計画が実を結ぶまでに多くの方々に助けられた。まずブリン・モーア・カレッジとイリノイ大学の多数の学生が、わたしの研究が芽生え成長する数年間、我慢して付き合うのみならず、刺激を与えてくれさえした。同僚たちは、わたしのたどっていた道に疑問を投じ、なお他の、答えを見出す必要のある疑問に気づかせてくれた。同僚の懐疑に導かれて発見したことで、本書は成り立っている。多数の図書館員からも貴重な助力を得た。とりわけニューベリ図書館、シカゴ大学、イリノイ大学、ブリン・モーア・カレッジ、ミュンヘンのバイエルン州立図書館、ゲッティンゲンのニーダーザクセン州立図書館と大学図書館、ヴァイマルのドイツ古典主義中央図書館の司書の皆さんにお礼申し上げる。書籍の注文にいつも迅速に快く応じてくれた、わが国と外国の多数の書店員のお骨折りにも感謝したい。

シャーマニズムの歴史を研究したいという欲求は、フルブライト・シニア・リサーチ奨学金を得てドイツ連邦共和国でゲーテと演劇の研究をしていた間に芽生えはじめた。本書第一部は、イリノイ大学人文科学研究所から与えられた宏量な援助のおかげで完成した。経歴の決定的な岐路において諸機関の信頼を得られたことは、研究にとってこのうえなく貴重であった。

多くの方のお世話になったが、とくに三人のお名前をあげたい。疲れを知らぬエネルギーと限りない忍耐をもってコンピュータという魔術の手ほどきをしてくださった、われわれの学科秘書マミー・グレイさん。またわが母ジーン・フラハティの絶え間ない励ましがなければ本書は完成しなかったことであろう。母はいろいろと実際的な忠告を与え、つねに変わらず元気づけ、もっとも苦しいときにも信念がぐらつかぬよう助けてくれた。そして最大の恩を受けたのはハロルド・ジャンツ氏である。氏の思い出に本書を捧げる。氏はわたしに、面白くなくても文献を読むことを教え、一八世紀研究への愛を注ぎ込み、また研究者としてのわたしの本能に、それがかれの本能と衝突するとしても、従うよう誘導してくださった。

序論　シャーマニズムの衝撃

Introduction

シャーマニズムへの関心の高まり

シャーマニズムは変化してやまぬ現象である。歴史的にはつねに、夢想といわないまでも異風なものと見なされてきた。世界のたいていの文化には、男女を問わず、ある種の内面的経験をみずから引き起こす欲求と、その能力とを持つ人間がいる。それは、二度と正気に戻らない狂気または死の縁へと引きずってゆくような経験である。たとえば体が軽くなり、天に昇ったり、宙を飛んだり、同時に二ヵ所にいるような感覚、さらには人格の喪失や分裂もある。その呼称は、このような人びとを擁する種族の数だけある。カム、ベー、アンゲコク、オユン、タデュブ (kam, bö, angekok, ojun, tadyb) などと呼ぶ地域もあれば、かれらをピアイェ、クランデロ (piaye, curandero)、魔法使い、占い師、信仰治療家あるいはシャーマンなどと呼ぶ地域もある。★001 このような経験の後で日常生活の現実に戻る墜落感がときには非常に苦痛であるにもかかわらず、シャーマンたちはその経験によって同胞を感動させ、益をもたらす能力を持つと考えられる。

シャーマンは幻視によって予言し、精霊の世界との交流によって未来を操作、変更し、また麻薬やアルコールを用い、あるいは閉鎖空間内で大音量の音楽と明滅する光に合わせて跳んだり走ったり狂熱的に踊ったりして内耳を刺激し、参加者をエクスタシーに導くような儀礼によってカタルシスを与える、といわれる。名シャーマンは腹話術と手品の名人である。かれらは多様な言葉、多様な声を使いわけること、手を巧みに使うこと、相手の注意をそらすことを心得ている。音楽、舞踏、衣装、その他演劇的要素のすべてをいつ、どのように利用すべきかを、かれらは本能的に知っている。

このような術者とその信者たちは、少なくとも紀元前五世紀に、スキタイの予言詩人アリステアスとアバリスが死に挑戦した離れ業をヘロドトスが物語って以来、知識人の好奇心をそそってきた。ヘロドトスは、スキタイ人が蒸し風呂と、大麻の繊維を燃やしてその煙を深く吸い込むことを好む、とも報告している。[★002] 古典期の学者はその時代を通じてヘロドトスの研究を続けたばかりか、古代の他の多数の「シャーマン的」行為を指摘しもした。後期ヘレニズムの小説はシャーマンの催眠状態から生まれたとする学者もいれば、そこに演劇とおとぎ話の起源を見る学者もいる。シャーマンがギリシャ神話を創作したとさえ信じる学者もいる。[★003]

一九四〇、五〇年代は、世界の辺境で今日も活動しているシャーマンについての報告に注目が集まった。これは社会科学が研究分野として急速に評価を高めた時代である。クロード・レヴィ＝ストロースとミルチャ・エリアーデというふたつの名が当時際立っていたが、それはいまも変わらない。エリアーデがそれらの報告を分析してシャーマンを古代的な、宗教的エクスタシー状態に入りやすい人と解釈したのにたいして、レヴィ＝ストロースはシャーマンを現代の精神科医と比較して、特定の相手に有益な効果を与える点を次のように強調した。

つまり精神分析はシャーマンの技術の現代版であり、その特性は、工業文明には神話の時代を容れる場がもはや人間の心以外にはないという事実から生じるのである。こう考えれば、精神分析の妥当性も認められるし、精神分析がその方法と目的を、先行者であるシャーマンや魔法使いの方法、目的と比較することによって、理論的基礎を強化し、有効性の理由をよりよく理解することも、期待できるのである。[★004]

一九六〇年代になると、シャーマニズムへの関心は別の形をとった。『聖なるものの専門家』というアンソロジーを編んだジェローム・ローセンバーグを始めとする詩人たちは、第三世界の種族の口承文化に西洋が新しい関心を抱いたことこそが、直感と本能への回帰がこれほど広がった理由だと主張した。ローセンバーグは続けて、ビートニクの詩人は、ライナー・マリーア・リルケ、アルチュール・ランボー、さらに言葉と音楽と舞踏とイヴェントを結び合わせようとしたダダイストたちとともに、すべて「ネオシャーマニズム」[★005]の具体例だ、ともいう。ローセンバーグは創造的想像力を使うことを説明してこう書いている。

われわれの詩の観念──重要なことだが、詩人の観念も含む──は、非西欧世界の古今のシャーマンを意識的に回想しはじめた。所有の対象であるシャーマンという肩書きではなく、意味と実在の強烈さを言語を通して表現する存在者のモデルとしてのシャーマンである。この回想は、意味深い儀式的な生──詩の水準で生きられる生──を創造したいという切なる願いの反映であり、パフォーマンスと、人間の伝統のうちでもっとも古く普遍的なものとに起源を持つ新しい詩と技術の出現に結びついたのである。[★006]

マルチメディアのイヴェントを創造した芸術家、ヨーゼフ・ボイスらもやはりこのころシャーマニズムを利用していた。ボイスは第二次大戦中、乗っていた空軍戦闘機が撃墜され、タタール人に救出された。かれらは動物の脂身とフェルトでかれを癒そうとした。それでボイスは最初の彫刻作品の素材として同じようなものを用いた。ボイスは音響、とくに音楽を、可視の物質と等しく有効な彫刻の素材として使う実験を続けた。ボイス自身次のように説明したことがある。「わたしが一種のシャーマンのように振る舞ったり、シャーマンのことを話したりするときは、普通とは異なる優先順位を信じること、物質を使って仕事をするために従来とは完全に異なる方法を見つける必要があることを、強調するためにそうするのである。たとえば大学のように、だれもが合理的なことをいう場には、一種の魔法使いの出現が必要である」[★007]。有名なロンドンのヴィクトリア・アンド・アルバート美術館は、ボイスの「シャーマン」と題する多数のドローイングを含む展覧会を後援し、一九八三年にはそれらドローイングの印象的なカタログを出版もした。その中にはいわゆるシャーマン・ハプニングのための習作があったが、もっとも人びとが驚いたのは「コヨーテ」だったにちがいない。ボイスがニューヨークのアート・ギャラリーの念入りに定めた区画の中で、生きたコヨーテ一匹、ステッキ一本、大量のわら、「ウォール・ストリート・ジャーナル」五〇部、トライアングル一個、テープ録音した無意味なタービンの音響とともに過ごした三日間がこの作品だった。かれはシャーマン的だと主張するトリルビィ・ハットというフェルト製中折れ帽をかぶり、巨大なフェルトの毛布にくるまれて、救急車の担架でその区画に運ばれ、そして三日間を過ごしたのち、再び担架にのせられ救急車で運ばれていった。[★008]

フランスの知識人が議論の中で「シャーマン」という語をしばしばありがたそうに持ち出したために、一九七〇年代の中ごろにはこの語が理論的な切り札のようになってしまった。ロラン・バルトは『著者の死』という著作で声という主題を取り上げ、たとえば「未開社会では話を聞かせるのは、ひとりの個人ではなく、霊媒、シャーマン、つまり〈語る人〉なのであり、その〈パフォーマンス〉（すなわち物語の記号体系に熟達していること）は感心されるが、個人の〈才能〉が感心されることはない」[★009]と書いている。だがバルトは、まだかなり捉えにくい「シャーマン」という語でかれの理解するもの、あるいは意味するものを詳しく述べはしなかった。

ジャック・デリダは多数のフランス人同様に答えを求めて古代と一八世紀の文献にさかのぼり、とりわけパフォーマンスの本質を説明しようとした。プラトーンは「著述をオカルト、つまりいかがわしい力として示すことに熱中した。かれは後に著述を絵画にたとえるが、ちょうどその絵画や視覚の錯誤、〈模倣〉の技術一般も同じ扱いを受けた。プラトンが占い師、魔術師、魔法使い、まじない師を信じなかったことは十分に立証される」[★010]というのがかれの結論である。ソクラテスのパルマケウス——魔法使い、魔術師、シャーマン——としての役割については、『饗宴』の中の、ソクラテスが笛を吹くサテュロスであるマルシュアースと比較される箇所が、デリダにとっては決定的な例証であるらしい。[★011]アルキビアーデスがソクラテスに向かって話すこの部分は長く引用する価値がある。

あなたは笛の奏者ではないのでしょうか。いいえ、そうです、しかもマルシュアースよりはるかに優れた奏者です。というのも、マルシュアースは実際、今も笛の奏者がするのと同じように息の力によってその楽器で人びとの魂を魅了したのですが、それは、オリュンポスの旋律がマルシュアースの教えから取られたからで、そしてその旋律は、名人が演奏しても下手くそな娘が演奏しても、他の旋律にはない力を持っているからです。つまりその旋律は霊感を受けてつくられたので、それだけが魂を捉え、神々と神秘を求める人びとの欲求を明らかにしてみせるからです。ところがあなたは、同じ結果を声でつくりだし、笛を必要としないのです。それが、あなたとマルシュアースとの相違です。他の弁者の話を聞くときは、どんなによい語り手であっても、あなたと比べるなら、その言葉はわれわれに何の影響も与えません。それに反してあなたとあなたの言葉は、ほんの断片でも、人伝てに聞くのでも、どれほど不完全に伝達されるのでも、それを耳にする男、女、子ども、すべての魂を驚愕させ捉えてしまいます。もし、酔っぱらっているとあなたに思われることを恐れなければ、わたしは、あなたの言葉がわたしにつねに与え、いまも与えている影響について誓い、それについて述べたことでしょう。というのは、その言葉を聞くとき、わたしの心臓は胸のうちでどんなコリュバース（ギリシャ・ローマ神話の大地母神キュベレーの従者ないし神官。大声で叫び、武器などを打ち鳴らし、狂い踊ったといわれる）の心臓より激しく躍り、目は滝のように涙を流すからです。そしてわたしが見ますに、他の多くの人びとも、わたしと変わらず感動しています。★012

その後ミルウォーキー二〇世紀研究センターが「シャーマン」を研究計画の見出し語のひとつに取り上げ、アーノルド・トインビーから取ってイハブ・ハッサンが流行させたといわれる「ポストモダン」の概念と密接に結びつけた。マイケル・ベナムウは、シャーマニズム自体ではないまでも、パフォーマンスは「ポストモダン的なものの統一様式」である、とさえいった。★013 しかしトインビーもハッサンもベナムウも、この語の使い方を歴史的に説明しなかった。ひとりとして、どういう連関でどういうことが意味されるのかを精確に述べていない。その結果われわれには混乱だけが残された。[★014]

以上長々と述べてきたが、「シャーマン」という語は多くの人にたいして多くのことを意味するようになっている。しばしば矛盾さえするこれらの糸のもつれを、その一本も減らさず断ち切らずに解きほぐすことは、わたしが初め考えたよりずっと大変な仕事になった。この語はその発端と結びついているので、解きほぐしの作業をそこから出発して進めていった。一八世紀の半ば過ぎまでシャーマンはイタリア語でgiocolare、フランス語でjongleur、ドイツ語でGaukler、英語ではwizardと書かれた。英語と他言語の単語の語幹にはたぶん関係があるだろう。[★015] シャーマンの呼称は多数の言語および方言に多数あるが、そのうち、サンスクリット(śramana/śrama)起源で、シベリアのツングース語を経由して初期の探検家に伝わった語が、たまたま一八世紀末を待たずにシャーマンの総称になった。[★016] 探検家の大部分はドイツ生まれで、ドイツで訓練を受け、あるいはドイツ語を科学論文に適した言語と認めていた。一七一四年からイギリスはドイツ語を母語とするハノーヴァー王家の統治下に入った。王家が探検と調査を支援したので、大陸との共同企画が数多く生まれた。その結果一八世紀にはder Schaman, die Schamanka, das Schamanentumという名詞が使われることになった。動詞はschamanenである。

「シャーマン」という語がこれほど古くから総称として受け入れられたことは、じつは不思議ではない。「啓蒙」にも「力」にもつねにふたつの意味があったからである。「啓蒙」も「力」も、長年さまざまな局面において、いろいろな方法で求められてきた。男性支配的な科学の専門家意識が育つにつれて——ミシェル・フーコーが指摘したことだが——合理的に説明できないこと、たとえば魔女や女性シャーマンの薬草の知識と結びついた「力」などはすべて非難されることになった。[★017] だがそれらは消滅しなかった。活動し続けたが、地下に潜行した。そして研究と考察を続けるよう人をそそのかした。

わたしの当面の目的は、シャーマニズムが観察者によりどのように報告され、社会にどのように受け止められたか、そして一八世紀の知的主潮にどのように同化されたかを論じることであるが、もっと大きい目的も念頭においている。それは、啓蒙の時代と長らく呼ばれてきたものについての基本的な仮説、その周期性、価値に疑念を表明した同僚たちの仕事に確証を与えることである。一八世紀はオカルトと深くかかわりあっていたのだから、いつまでもこの時代をもっぱら合理主義、人文主義、科学的決定論、古典主義とのみ結びつけておくわけにはゆかない。非合理主義、超自然的な力への信仰、有機体説、ロマン主義が一八世紀を通じてたえず認められる。[★018] 純粋に合理的な性質の啓蒙に留まった人びとと、自然の暗黒面と蔑称されたものをも真剣に考慮した人びととの間の緊張こそ、西欧の知識の進み方の特色をなすものである。その容赦のない緊張が、人間の思考の革命的変化を促し、その後の世界のありように影響を与えてゆく。

直接的観察に固執する帰納的方法、客観的分析、数学的計量が重視されるようになった。しかしこの変化自体から、今日迷信とされているものが、やがては科学的データであったと判明するのではないか、と熱心に調べるような知的態度が生じた。一八世紀の知識人の多くは自然への機械論的なアプローチを支持したが、中には執拗に古風な有機的アプローチを発展させ続ける人びともおり、時には魔女の言葉に好奇心を抱いたパラケルスス（一四九三－一五四一、ルネサンス期ドイツの医師、自然哲学者、錬金術師）のような歴史的人物への言及さえ見られた。トマス・S・クーンが一九六二年に『科学革命の構造』で論じたとおり、科学への、現在の主流とは異なるアプローチが無視されない理由は、現在のコンセンサスを形成したパラダイムが研究の標準的な境界と見なされるものを定めているからである。すなわち「発見は例外に気づくことからはじまる。つまり標準的な科学はパラダイムから導かれる予想に支配されるのだが、どういうわけか自然がその予想に反していることを見て取ることからはじまる」[019]。クーンによれば、パラダイムが放棄され、そのパラダイムの規定する科学がもはや行なわれなくなったときに、科学革命が起こる。そのとき新しいパラダイムが現われて以前のパラダイムに替わる。このような変化が逆転し、さらに再逆転しうるのだから、科学史は直線的には進化しない、とクーンはいう。かれの示す主要な例はアルバート・アインシュタインによる重力の説明である。その説明は「科学を一組の原理と問題に戻した。ところがこの場合の原理と問題は、ニュートン以後の学者よりニュートン以前の学者たちが扱っていたもののほうに近いのである」[020]。

一八世紀に例外を深く調べ、全体論的アプローチを守った人びとはかれらの発見の正しさを同時代の既成科学界に納得させなかったかもしれないが、心と体についての昔からの疑問が忘れ去られなかったのはかれらのおかげである。かれらはそのほかにも多数の流行遅れの主題を追究し、地球全体を、生息するすべての生物、天然資源、投資の可能性、政治権力までを、豊かな知識の源と見なした。過去に征服者、旅行者、宣教師たちの果たした役割を、一八世紀には植物学者、動物学者、地誌学者、地理学者、地質学者、工学者、物理学者、薬剤師、言語学者、民族誌学者、人類学者、宗教史家、そして冒険者のかなりの部分が引き受けた。かれらが次々に明らかにしたことの結果として、以前の研究分野は根本的に変化し、新しい研究分野が急速に出現した[021]。

すぐれた信用と一定の国際的縁故関係さえあれば遠征費用の提供を受けられるのが普通だった。単独の探検家も大規模な遠征隊も、ヨーロッパの財政援助に頼った。カプチン修道会、イエズス会など宗教組織からも資金が出た。英国アフリカ研究振興協会の補助金もあった。ロシアの国庫は気前がよかった。とりわけ女帝エカチェリーナ二世はその広大な領土についての情報を欲していた。もし将来開発することになれば、統合を堅固にしておくことが不可欠だからである[022]。

当然予想されるとおり、このような援助には、信用証明書の形であれ現金であれ、一定の紐が付いていた。こうした紐はしばしば、実際の調査行動の自由まではともかく、発見の公表を制限した。ある遠征隊に与えられた「女帝陛下の指令」は調査項目のみならず調査手段まで概略を指定してあった。エカチェリーナは帝国住民について特定の事柄を知りたかったので、探検家たちに「住民の気質と体格の特徴、かれらの政府、作法、産業、儀式、宗教的、世俗的な迷信、伝統、教育、女性の扱い方、役に立つ植物、医薬品、染料、食物とその調理法、住宅、家庭用品、運搬用具、乗り物、生活習慣、経済を観察する」よう命じた。女帝はさらに住民たちの狩りの仕方、戦争の仕方、獣の飼い馴らし方も知りたがった。しかしそれでもまだ足りなかった。女帝は遠征隊に、あからさまな武力によらず、むしろ心理的な策略によって、おだてて貢ぎ物を徴収することを命じた。探検家は、人を殺すことはできるかぎり避けねばならなかった。友好的、人道的な戦術のほうが、土地の住民を安心させるのみならず、「取引を望み、したがって狩猟に精を出す気にさせる」[★023]であろう、と女帝は考えたからである。

フランス王がジャン＝フランソワ・ド・ガロ・ラ・ペルーズに与えた指示もこれに似ているが、はるかに詳細にわたっている。航海で取るべき緯度経度の精密な指定にはじまり、とくに通過地域にロシア人、イギリス人、スペイン人、ポルトガル人がいるかどうかについての情報を集めることを命じ、それに加えて、自然環境と住民についての日誌を二隻のフリゲート艦がそれぞれ二冊ずつ付けることになっていた。ヨーロッパの慣習と農業の仕方を身につける先住民の能力も記録するものとされた。究極の目的が商業、つまり原料の統制管理と、場合によっては商品の現地製造にあったからである。先住民は潜在的消費者とも見なされたので、かれらの衣類、武器、その他加工品を収集し、札を付けて分類し、目録を作成することとされ、製図家が乗船させられて、観察者の科学的記述が全体像として把握しやすくなるようにデッサンを添えることになっていた。

王の与えた指示には医学と科学の学会から提起された疑問も含まれていた。先住民の体を念入りに調査し、各部分、とくに前額部と前腕の計測が求められた。脈拍数と「両性の思春期、月経、受胎、分娩、授乳、人口の男女比」[★024]をヨーロッパ人と比較すること。病気、健康、治癒に影響することをもらさず書き留めること。先住民が薬用に使う物質への関心がとくに強く、それらの物質の調査には味わうことと匂いを嗅ぐことが欠かせないとされた。そうした物質の使用に関してはこう指示されていた。「特定の病気に対処するために暖かい地方で使われる薬物を観察せよ。迷信的な処置でも記述せよ。それらはしばしば未開民族の唯一の医療である」。★025

一八世紀の科学者の多くは、このような探検の前提を苦々しく思っていた。つまりゲオルク・フォルスターらはヨーロッパの重商主義を科学の邪道と見なしたのである。それは、母なる自然を飼い馴らし、秩序づけ、征服する、というフランシス・ベイコンの言葉をあまりにも文字どおりに実行するものだ、とフォルスターには思われた。たとえばベイコンはある箇所でこんなことを書いている。「実際わたしはおまえのところに、自然をそのすべての子どももろとも連れてきた。それは自然を縛っておまえに仕えさせ、おまえの奴隷にするためだ」。★026 科学の父権的、全体主義的な推進力にたいする、啓蒙時代のこのフォルスターのような抗議は二〇世紀まで途切れなかった。マックス・ホルクハイマーとテーオドーア・W・アドルノも『啓蒙の弁証法』で、ベイコンが、自然と他の人間を支配するために自然そのものから、自然の利用法を学ぶことを奨励したとして非難した。★027

このような抗議の存続に寄与した一八世紀の著述家は、理論的不整合と不規則性の研究を避けなかった。かれらの科学的な態度が一般とは異なっていたからである。かれらが学び応用した方法も一般とは異なっていた。かれらの多くは大学教育――通例古典言語学、歴史学、医学だった――を、政治的に安全と見なされて、とりわけジェイムズ・クック船長の南太平洋遠征隊が持ち帰った先住民の文化財の収蔵所になった大学で受けていた。そのゲッティンゲン大学は一八世紀半ばにイギリスのハノーヴァー王家が建設したもので、学生に母なる自然への畏敬の念と知的好奇心および科学的ノウハウを教え込むという評判だったらしい。★028

凍結した北極海とシベリアの不毛の荒野から新世界の変化に富む大陸へ、さらに南太平洋の温暖な島々から暑熱のアフリカの砂漠まで、地球探検に出発した男たちは、スポンサーの目当てだった仕事をした。かれらは計測結果を提出した。地図と図表にはたいてい多数のスケッチと説明図が添えられた。★029 また加工品——衣服、武器、家庭用品、楽器——と菌類、薬草、その他特定の地域に固有の植物の種子と標本も送った。かれらが接触した先住民の生活様式にかかわる長々しい記述と報告も同じく重視された。

一八世紀のシャーマニズム報告書

一八世紀のシャーマニズムの観察記録は大部分が、興味は持つが信じない西洋人の視点から書かれた。それらはほぼすべて同じ型に従っている。つまり観察者は与えられた公式指令に記されているものを捜し出して、それらにたいして、経験的検証と合理的分析であると信じることを行なったのである。ときには伝聞も含まれているが、その信憑性の程度はさまざまである。シベリア、ラップランド、グリーンランドあるいは南北アメリカ、どこのシャーマンを扱うにせよ、報告者は治療や占いのための巫儀を記述しようとした。シャーマンの衣装、その象徴的な装飾、歯、羽根、またシャーマンが天のさまざまな高さに舞い上がって失われた魂を捕まえたり、悪霊に打ち勝ったりするために使うといわれるタンバリンが強調される。通常もっとも注目を集めたのはトランス状態で、その状態への到達とそこからの復帰だけでなく、とくに真正性に注意が払われた。報告書には「周囲にたいして無感覚」、「まるで死んだよう」、「無意識と無力の発作」というような言葉が何度も何度も出てくる。仮死——身体が生きている徴候の微弱な、あるいはほとんど感知されない状態——を恐れる時代に生きていた人びとは、そのようなアンバランスな心身の関係をまだほとんど理解できなかった。

現地からの報告書はただちに、ときにはヨーロッパに届く順に分冊で、あるいは二ヵ国語、三ヵ国語で同時に出版された。これらの報告書の受容のされ方は、新しい歴史主義が、連続する解釈者の想像力の寄与と見なすもの、つまりひとりひとりが先行者の解釈の上に立って、相互に関係しあうテクストの連鎖をつなげてゆくことにより、ある実体についての特定の見解が形成される過程の明らかな例証である。[★030] もっとも、連鎖というよりは、長期の濾過過程というイメージのほうが、わたしが本書に示したシャーマニズムに関するテクストの相互作用を考えるにはふさわしいであろう。こうしたテクストの含む情報は一八世紀の学者たち、おおかたは安楽椅子に身を沈めた伝統主義者たちによって拾いだされ、分析され、同僚と共有され、次にその同僚たちによって濾過され、重要だと思われたものがさらに別の同僚に伝えられた。さらにこちらの同僚がその濾過されたものを読み、自分で解釈したものをヨーロッパの読書界に提供したというわけだ。そしてその読書界はといえば、世界の他の地域、アラスカ、シベリア、中国、インド、アラビア、トルコ、ガイアナ、ルイジアナなどなどについてのニュースに倦むことを知らないようだった。次の濾過――あるいは人によっては「無断借用」と呼ぶであろうもの――は辞書、百科事典の編集者が行なった。それに通俗作家の濾過が続いた。かれらはしばしば大判絵本や児童書の広大なマーケットを開拓した。もちろん虚構の旅行記を書いたことが露見した著者も多かった。[★031] かれらの無断借用ないし嘘の系譜をたどることは、たぶん永久に困難であろう。

　科学的客観性ないし真理の程度はともかく、一八世紀ヨーロッパの平均的読書人なら、旅行、探検、地理学、民族誌を扱う新刊書のことはたいてい耳に入った。そのような刊行物はカフェの話題や教訓的な週刊誌の記事の題材になり、ドレスの新しい流行源にも、新作オペラの素材にもなった。あるいはリチャード・ハードのような名高い主教、モンテスキュー、ヴォルテールのような有名な思想家の著書の主題にもなった。またイマーヌエル・カントのような高名な哲学科教授が大学で行なう正式講義に根拠を与えた。さらに才能豊かな医師・劇作家フリードリヒ・シラー（ドイツの詩人、劇作家フリードリヒ・フォン・シラー（一七五九―一八〇五）は医学を学び（学ばされ）軍医に配属されたが逃亡し、文学者として生きた）が、意図してではないが、イェーナ大学の学生の世界史研究を支援して、かれらに反乱を起こさせる手段にさえなった。他の劇作家も、また多数の小説家、作曲家、演劇人、批評家も旅行記に魅惑された。冒険旅行を夢見る人のためのハンドブックを出したある随筆家は、旅行文学の急増が伝染病の流行に比べられるほどになったことを認めている。★032

世界の「他の」地域の多くのことが一八世紀ヨーロッパ人の関心を引いたが、ヨーロッパ以外の地に遍在するらしいシャーマニズムという現象、自己誘発的発作のための自己誘発的治療こそは、かれらの注意、関心、そして何よりも想像力を完全に捕えてしまった。かれらは探検家の物語にすっかり心を奪われた。探検家たちは新しい土地を測量し、地図をつくり、そこに住む人びとの言語、習慣に慣れなくてはならない。探検家の生存が、得体の知れぬ先住民と、その説明不可能だが有効な病気治療、問題解決手段とにかかっていることは理解できた。初めは冷笑していた人びとも、それでヨーロッパ人の命が救われたことを知ると、態度を変えた。生き延びた者がヨーロッパに送った報告は強がりと真実の混合物だったが、同時代人の好奇心をそそり、かれらはさらに多くの情報を要求するようになった。

ちょうど誕生の時期に当たっていた出版業界は、これが利潤の上がる市場になることを見てとり、やりくりして商品を十分に供給した。当代の探検、科学、人類学を扱う作品に加えて、以前出た旅行記の編集、再版も増えた。ヨーロッパ以外の文化に関する歴史的情報の発掘と称する本も出版された。★033 現在入手できる文献から手掛かりを発見して過去を再構築する探偵を装う著者もあれば、★034 シャーマニズムの学術的真相究明を未知の異界に入ってゆく冒険として描く著者もあり、かれらは自分が感じた危険や興奮を読者に伝えようとするのだった。★035

とりわけアメリカインディアンとかれらの呪医の起源を考察する本が多く、また知的自由の新時代が到来して、以前は選ばれた少数者以外には禁じられていた事柄を誰でもが論じられるようになった、と宣言する書物もあった。★036 地理学の本には必ずといってよいほど、異風な辺境の地についての新しい記事が加えられた。他の本も異国の事物への読者の関心の高まりを利用して、シャーマンの行動について、薬物とか痙攣とか、尿を浴びるとかいう話を並べ立てた。そのような本が演劇の素材にさえなった。もっとも有名なのはアウグスト・フリードリヒ・フェルディナント・フォン・コツェブのマウリティウス・アウグストゥス・ド・ベニョウスキを題材にした作品である。[★037] 市場には、自分で探検に出発することを勧める本、そのような冒険は読書によって味わうほうがよいと論じる本があふれた。[★038] 旅行が安上がりなうえ快適な国としてロシアを推薦する旅行書さえ現われた。[★039]

一八世紀が終わりに近づくにつれて、教育的な紀行文の数が増えた。[★040] 主に道徳教育を狙う著者は、感じやすい年少の読者にシャーマンを恐ろしがらせるようなことを選んで書くところがあった。そうすれば若者がキリスト教とヨーロッパの開明された教育への感謝を身をもって示すような行動を選ぶだろう、と思ったのかもしれない。[★041] 異国で囚われの身となったヨーロッパ人の悲惨な生活を物語る本も同じように青少年を怖がらせただろう。先住民の生活習慣が知られるにつれて、ヨーロッパで行なわれている呪術や神がかり的行為の暴露にも勢いがついたが、そのような出版物には必ず世界の他地域に見られるインチキについての解説が付けられた。[★042]

つねに正確とはいえないが美しいイラストレーションを添えて先住民の生活を描いた高価な豪華本は、衣服についての新しい情報を提供するとともに顔形の相違の証拠にもなった。[★043] シャーマンの服装と行動に焦点を当てて、読者の想像力を刺激しようとするものもあった。人物写真集や衣装と儀式を描いた画集は後代の読者にも珍重された。[★044] こうして一八世紀にはシャーマニズムについての——事実であれ虚構であれ——大量の情報がいたるところにあふれていた。

ヨーロッパ人の中には、子どもじみたトリック、みっともない軽信と見なして冷笑的態度を変えない者もあったが、シャーマニズムの実践を重視する者も現われた。後者にはシャーマニズムは、全世界の絶えることのない人間活動が合流した大きな全体のひとつの具体的な現われと感じられた。たとえばレスター・S・キングが『医の哲学 一八世紀初頭』に書いているような、「呪術、アニミズム、神秘主義、進歩した宗教思想の間の関係も、科学の素朴、成熟、高度というような諸段階も、すべては互いに絡み合っている」[★045]という考えかたである。あらゆる職業、信条の知識人がシャーマニズムを研究し、論じた。神学者と哲学者はシャーマニズムと迷信、宗教史との関係のみならず、当時復活しはじめていた神がかりや、悪霊払いが必要になるような憑霊現象などとの関係をさらに重要視して研究した。[★046]医師はシャーマニズムの研究から、痛みを軽減する、あるいは少なくとも耐えられる程度にするために想像力をどのように利用できるかを知ろうとした。かれらは精神薬理学上の問題、とくにある種の植物性物質の煙の吸引と、一定のキノコの調合液の飲用の効果についての説明が得られることも期待した。夢遊病者、呪術師、奇跡を行なう人との比較もしばしば行なわれたし、精神異常者との関連も取り上げられた。一八世紀の民族誌学者と人類学者はシャーマニズムを、やがてベーリング海峡と名づけられることになる海を隔ててアジアとアメリカの住民を結びつける主要な連結要素の代表的なひとつでありうると考えていた。

ヨーハン・ヨアヒム・ヴィンケルマン（ドイツの美学者、美術史家（一七一七―六八）。主著『古代美術史』）の業績をはるかに越える仕事をしていた古典考古学者と言語学者は、一八世紀に現存する先住民の行なうシャーマニズムがギリシャ・ローマのさまざまな秘教儀式と多くの点で合致することを思わずにはいられなかった。かれらは遠い古代と、その熱狂的、陶酔的な祭に関する情報を想い起こした。エピメニデス（紀元前六世紀頃のクレタ島の神官、予言者。洞穴の中で五七年間眠っていたと伝えられる）とその長年月の眠りも、オルペウス（ギリシャの伝説の詩人、音楽家。オルペウス教の創始者とされる。後出）と霊魂輪廻信仰も忘れることはできなかった。ピュタゴラス（紀元前六世紀のギリシャの哲学者。秘教の教団を創立した）がハーデースに降って、ホメロースとヘシオドスが罪滅ぼしの苦行をしているところを見た話も考慮せずにはいられなかった。[★047]さらに一八世紀の音楽家はシャーマニズムについて読んだことを、東洋音楽とくにトルコの音楽についての知識に、そしてその音楽が兵士たちを鼓舞して熱狂的に戦場へ向かわせるために応用されたことに、関連づけた。伝説の暗殺者や近東にあると伝えられる性的愉悦の園のことが語られることもあった。

美学者、文学研究者、演劇研究者も着実に増えてゆくシャーマンについての情報から利益を得た。創造的人格、人間の想像力、シャーマニズムと密接にかかわるように思われるパフォーマンスの技術というような観点からものを考える研究者の数が増えていった。かれらは命にかかわる危険をあえて冒すことの意味を思い、またプラトーンの「イオン」と、役になりきって我を忘れる俳優を想起した。かれらはまた、ちょうど再発見されたロンギノス（三世紀ギリシャの弁論家。「崇高について」の著者とされたことがあるが、誤り）を、崇高が情緒的恍惚をつくりだすというかれの説と、その例証として示されたシャーマンの事例とを再考した。あるいはまた近い過去の遺産に目を向けて、アリオスト、スペンサー、シェイクスピアの創造した魔術的世界を回顧した。理論的批評家の間では焦点が芸術作品から、その作品に命を与えた個人に移った。天才は合理的な論拠によって観客を説得したのではない。なにか神秘的な仕方で自分の創造的トランス状態を観客に感染させ、観客を通常の日常的現実から別の宇宙的領域へ移す。そこで観客はみずから誕生、生、死、再生という深い秘義を経験できるのである。

西洋におけるシャーマニズムの受容がこれまで歴史的研究の対象にならなかった理由はいろいろあるが、もっとも困難なことは、この主題の複雑さに加えて、党派的な態度が醸成されることにある。シャーマニズムというもの自体が合理主義に反するのだから研究テーマとして取り上げるべきではないという主張があり、[★048]それに強く反論する研究者もいる。後者は、そこには合理主義を越える深遠なものが関与していると信じるのだが、クーンのいう通常科学研究からの逸脱として、しばしば嘲弄を受ける。[★049]シャーマニズム研究を人類学か宗教の領域に委ねるほうがよいとする立場もある。そればかりかシャーマニズムは歴史とはかかわりがないとさえ見なされた。西洋が自己の歴史を創出する以前の文化と考えられるところにしかシャーマニズムはないとしばしば思われたからである。人類の発達の初期段階とこれほど密接に結びついているからには西洋の芸術と科学にも影響の跡を留めているかもしれないと考えることは、多くの人には困難である。観察記、目撃談、報告書、出典の信憑性の問題と、シャーマニズムの古代的な純粋な形態が世界各地で長年の間に蒙った文明化に伴うさまざまな変化の度合いが、問題をさらに複雑にする。[★050] 進んだ文化との接触が及ぼした影響を推量することもきわめて困難である。

本書は、西洋の歴史的状況の中でシャーマニズムの受容を考察する企てであるから、筆者が見つけ出した材料をできるだけそのまま実用的に提示するのがよいと考えた。そのため二部に分けることが必要になった。第一部は資料を年代順に示して、情報が収集され公開された歴史的段階を再構成する。[★051] そしてテクストをとおして、初めは異様なものであったシャーマニズムがしだいにヨーロッパ人の意識になじんでゆくありさまを明らかにしよう。

第一部ではまず報告者の個人的な事情を明らかにし、ついでかれらを神学的、経済的、科学的状況の中に位置づける。こうして全般的な方向づけができてから、どのような知的な経験や訓練が、新しいもの、未知なものにたいするかれらの態度を決定したのかを検討する。かれらが自分の著作の準備のために読んだり、権威として引用したりしているテクストを論じて、シャーマンの異質性の認識がどのようにして一定の思考様式に、たとえばシャーマンを悪魔と見なしたり、異国情緒を見て取ったり、芸術的要素に関心を持ったりする思考様式に発展したかを考えてみよう。そうすると、事前の読書から得た情報が現地での観察に影響を与え、その情報が新しい刊行物に取り込まれてゆくことがわかる。こうして濾過過程が続くうちに、必ずさまざまなテクストがひとりの人物の頭脳に集まる。現地調査を行なわずにただテクストから解釈したのが初期の著述家だった。

第一部は全体を通じて、啓蒙された科学がシャーマニズムの名残を扱う場合の困難に注目する。それは、クーンがいうところの、通常科学のパラダイムを逸脱する例外に慣れることのできない科学者がいるということである。しだいに多くの仮説が、ときには仮説としてさえまだ承認されていない仮説まで、疑問視されるにつれ、シャーマニズムをめぐる議論の枠組が広がり、方法論に変化が生じた。こうした変化に、ヨーロッパの神話と民間信仰、ルネサンス期のネオプラトニズムと魔術の研究の拡大もあいまって、さらに別の認識がもたらされた。同僚のための論理的、科学的説明よりも、むしろ患者のための実践的な治療を求める医師たちが、シャーマニズムへの関心を高めていった。

第一部で、シャーマニズムに関する情報は広く流布し、発表と同時に世人に吸収されたという主張を裏付けるだけの数の文書を発掘、解明したことによって、初めて第二部が可能になった。例としてドニ・ディドロ、ヨーハン・ゴットフリート・ヘルダー、ヴォルフガング・アマーデウス・モーツァルト、ヨーハン・ヴォルフガング・フォン・ゲーテをあげた。かれらはそれぞれの仕方で、シャーマニズムをめぐる激論から材料を取り、自分がつかみ取ったものを使って、それぞれの専門分野を形づくったのである。

筆者がこの四人を選んだ最初の理由は、パリの哲学者たちとドイツの宮廷との関係だった。研究が進むにつれて、かなり複雑に織りあわされた相互関係が明らかになってきた。ディドロとフリードリヒ・メルヒオール・グリムが「文芸通信」に書いたニュースはゴータからヴァイマルへ、ついでペテルブルグへ、またゲッティンゲンなど大学都市の知的なサークルへと伝わった。ヘルダーは一七七〇年代にディドロと個人的に知り合い、ディドロがロシアへの旅の途上ドイツに一時滞在したことに強い関心を抱いた。ディドロは観念と疑念の多くを、エカチェリーナ大帝の友人であり、ジョージ三世とフリードリヒ大王の侍医、そしてゲーテ家のかかりつけの医師でもあったヨーハン・ゲオルク・ツィマーマンと共有していた。そしてかれら全員が、モーツァルトの無限とも思える芸術的才能に魅惑された。グリムは生涯フランス、ロシア、ドイツ諸邦とよい関係を保ち、モーツァルトの生涯の岐路でたびたび便宜を図るよう努めさえした。

結びの章はゲーテの『ファウスト』に充てた。この作品に知識と力に関する、オカルト的、また啓蒙的な多様な観念が集まっているからである。筆者は、ゲーテの戯曲の第一部、第二部のファウスト像をシャーマンの進化のさらに一段進んだ段階と見る解釈を提案する。ゲーテのファウストは、ヨーロッパの古い民間信仰が、自然を支配する力についての知識を得るために悪魔に魂を売り渡して地獄に堕ちたと見なす魔術師ではもはやない。このファウストは、人間的な欠点は多いだろうが、進歩した西欧文化が呈示しうる最良の学者・科学者・治療者・芸術家・支配者である。オルペウスが古代社会にとって文明を発達させる作用の表象であったと同じ意味で、ファウストは近代社会を押し進める力そのものである。ゲーテの傑作は一八世紀の西洋にあふれていたシャーマニズムに関する情報の究極的、創造的な私的利用の所産である。

［第一部］物語から事実へ

ヨーロッパのシャーマニズム受容

From Fables to Facts:
The European Reception of Shamanism

第一章　シャーマニズムのパラダイム

The Paradigm of Permissibility, or, Early Reporting Strategies

発見の時代は世界中のシャーマニズムの多種多様な形跡に関する大量の情報をもたらした。情報を集めるために用いられた方法は確認できない、それを広める手段は手当たりしだいだった、といっておこう。[★001] 通常、報告者は現地の状況が許すかぎり正確であるよう努めたが、かれらの観察技能はだいたいにおいて未発達だった。当然予想されるとおり、かれらはもっぱらヨーロッパの宗教、政治、社会習慣に基づいて物事を見、評価した。それからそこに名声と富への個人的な欲望が混じり込んだ。

かれらの報告が世に出たのとほぼ同じ時期に、隠されている自然の秘密を発見する手段になりうるものとしての錬金術と呪術の研究書が現われた。そしてこれらの報告書、研究書の刊行は、魔女への恐怖が高まった時期とたまたま一致した。[★002] その後の魔女信仰は、情け容赦のない迫害を拡大するとともに、普通でないように見える物事についての観察を明確に述べようとする人びとにとって重大な障害になった。かれらの報告書は、シャーマニズムを悪魔研究の一形態として論じるのでないかぎり、「禁書目録」に載せられた。あるいは印刷出版許可を得られず、悪くすると異端として告発された。こうした困難が、神学的に許容されるパラダイムの、すなわち模範的な論述形式の発達を促した。[★003] 悪魔の否認を明言しさえすれば、きわどすぎる、あるいは禁じられていたりするような事柄についての疑問を提出することができた。著者の多くはこのパラダイムを良心的に守ったが、中には、そのレトリックだけを利用して、珍奇な、またはエロティックな儀式の話で読者をくすぐることしか考えない者もいた。あるいは知的誠実さにおいては一歩も譲らずに言い抜けの戦略を発達させた者も、[★004] 非常にまじめな研究者で、発見の変造を拒んで生前には著書を出版しなかった者もいた。かれらの著書が世に出たのは数世紀の後である。[★005] その中には、軟膏、麻酔薬、その他シャーマンの治療に使われた薬物に関して、今日なお民族植物学者や薬理学者によって高く評価されている報告書がある。

新世界への最初の旅行者たちが経験を報告して以来——それ以前ではないとしても——奇跡的な治癒の説明を人びとは求め続けた。もっとも重要な要素として繰り返し信仰があげられた。一六世紀にアメリカに行ったアルバル・ネニェス・カベサ・デ・バカ(一五三五年ごろ活躍)が先住民に求められて施した治療は当人が驚くほどの成功を収め、死体さえ生き返った、という。かれ自身はその成功を、土地のまじない師のすることをまねながら、同時に主の祈りを唱え、患者の上で十字を切ったことに帰している。いいかえるなら、かれは先住民の信仰と自らのキリスト教の信仰とを組み合わせたのである。[★006]

シャーマニズムの報告の初期のものには、ヨーロッパ中心的で男性優位のキリスト教の傲慢があらわである。著者は平然として、先住民を愚かな獣呼ばわりし、かれらは悪霊の存在を信じ、真の神の感覚を持たないから異教の偶像を崇拝する、と書いている。パウル・アインホルン(一六五五年没)ひとりは、バルト海沿岸地方の迷信についての経験を明確に記録しようとした。かれはその地域の女性に高い地位が認められていることへの驚きをしばしば表明し、その理由づけを試みて、受胎と生殖を、「母」を歌う歌の多いことに関連づけた。[★007] 森林や庭園や海の母たちが崇拝され歌われていた。アインホルンはキリスト教の宣教師だったが、異教の宗教行動の性的な側面を見逃さなかった。かれは先住民の祭の放縦な性格を持つものの重要性を探究して、肉体活動には必ず性的な歌と行為と、そして高い尊崇を受けるコーモス神への礼拝が伴うことを強調した。またヨーロッパの宣教師と征服者の攻撃を受けたシャーマニズム信仰が、地下にひそんでゆく傾向を見て取った。アインホルンは、バルト海沿岸地方の人びとが、キリスト教に改宗させようとする者をどのようにして出し抜くかを説明しながら、新世界、アジア、ヨーロッパの辺境への旅行文学の知識を披瀝している。われわれのさまざまな努力にもかかわらず、先住民は「かれらの預言者、占い師、偶像神の祭司」の力への信仰を保っている、とアインホルンは報告している。[★008]

やはりバルト海沿岸地方のリヴォニア人に関する一七世紀初めの記述のひとつが、理性へのリップサービスと地域の魔術への軽蔑の例を示している。「かれらは天性のろまで愚鈍で、占いと魔法を好む。悪魔払いとなるとあまりにもばかばかしく、このようなつくり事を信じるはずのない賢明な人びとのあいだで、なぜ評判なのか、不思議でならない」。[★009] バルト海沿岸地方の人びとのシャーマニズム信仰は根強く、一八世紀末になっても、著述家が一帯のキリスト教化の成果に疑念を呈しているほどである。[★010]

後にアムステルダム市長になるニコラス・ウィツェン（一六四〇—一七一七）も一七世紀にシャーマニズムの儀式を現地で目撃した。生まれつき好奇心が強く、探究心が旺盛なかれは若いころ帝政ロシアの領土をかなり広く遍歴し、モスクワの宮廷にもその名は知られ、ロシアでも、後にはアムステルダムでもピョートル大帝から呼び出された。ウィツェンの地位は西欧の政界、学界にピョートルを紹介するのに好都合だった。その中には高名な医師ヘルマン・ブールハーヴェ（一六六八—一七三八）もいた。[★011]

ウィツェンが旅と研究を語った『北東タタールの地』は一六九二年に初版が出たが、少部数の限定版で、親友で同僚のゴットフリート・ヴィルヘルム・ライプニッツ（一六四六—一七一六）さえ知らなかったほどである。[★012] ここにはウィツェンが体験した、多様な形で残っていた偶像崇拝と迷信が記述されている。かれはまずピュタゴラスと霊魂の再生について述べて古典古代の豊富な知識を示し、さらに周知の過去にも説明不可能な側面があることを指摘して、古代と比較してみせてから、旅行中に目にし耳にしたシャーマンの実践を語ることに力を注ぐ。かれの報告は当然ながら、承認済の許容限度のパラダイム内にとどまる。かれはオランダ語で書きながら、Schaman というドイツ語風な綴りの語を用いて、これは悪魔の祭司を意味する、と読者に説明する。[★013] そのような祭司が先住民諸部族のためにする奉仕に興味を抱いたかれは、ある部族について次のように報告している。

病気その他不快事が生じた者は、助けを求めて、まるで情報源を訪ねてゆくように、異教の祭司ないし聖人のところに行く。すると後者は偶像神に助言を求め、人びとになにかしら愚劣なことを信じ込ませる。たとえば、伝聞証人や目撃証人の話だが、かれらは健康になるために、一番よい馬を殺して、その肉を家族全員で一日で食い尽くし、皮と足と頭は偶像を讃えるために教会の塔に吊す。そうして我が身の幸せを祈るのだそうだ。(634)

ウィツェンはシャーマニズムという現象について知ったことを読者に伝えようとして、ツングース族のシャーマンの挿画を入れた。儀式の正装をして、トナカイの枝角を付けた帽子をかぶっている。この角は長らく死と再生の象徴と見なされてきた(図版1)。

また別の部族の慣行をかれは驚くほど詳しく記述している。

こういうわけで魔法使いは、誰がこんなことをしたのか、いまの事態はどうなってゆくのか、というような問題について、答えや助言を魔法を使って知らねばならない。かれらはこういうことを告げたり、ナイフで刺したり、また同様に魔法を行なう、というよりはむしろ予言する。かれらは木から小枝を切り落とし、それらを水面に、冬なら氷の中央に置いて、その回りで仕事をする。重いナイフまたは矢を手に取り、小さい太鼓を叩きながらそうぞうしく跳びはね、金切り声をあげ、それに続いて勇敢にも自分の体を突き刺す。大勢のサモイェード族の人びとがかれを囲んで立ち、同じように金切り声をあげる。魔法使いはこのように我が身を傷つけ、跳びはねるうちに気を失う。しばらく横になっていてから、まるで眠りから覚めたように、先に起こったすべてのことについて話しだす。これがもっとも重んじられる種類の占いである。より些細なことは、もっとわずかな骨折りで占われ調べられるが、それなりの魔法は行なう。だが木の枝を切ったりはせず、テントの中で、あるいは囲炉裏の煙に包まれて行なう。キリスト教徒の中にもかれらに助言を求めて、なくしたり盗まれたりした物を取り戻そうとする者が見られる。(896)

こうした行為は建築家、技師のジョン・ペリイ(一六七〇—一七三二)らにより確証された。ペリイは比較的長期間ロシア人の中で暮し、『現ツァーリ治下のロシア状況』を書いた。この本はその後多くの言語に翻訳された。ペリイの意見では、いわゆるキリスト教の聖職者たちの堕落、無知、怠惰が、社会と宗教を改革しようとするツァーリの開化的な企てを妨げたので、その結果あらゆる種類の迷信が、男色などの悪習とともに国民に広まってしまったのだという。★014

地球の反対側でも類似の状況がライオネル・ワーファー(一六六〇ごろ—一七〇五ごろ)によって証言された。かれは山師のようなこともしていた医師で、アメリカ大陸で数年暮し、一六九九年に『アメリカ地峡の新しい旅と記録』を出した。この本は一七五〇年までに諸国語でいくつもの版を重ねた。★015 ワーファーはとくに治療と治癒にかかわる事柄に注目し、先住民が薬草を嚙んでペースト状にしたもので傷を治すようすを詳しく描写している。★016 かれは先住民の放血法にも関心を抱いたが、もっとも驚いたのは、シャーマン(かれ自身は魔法使いという語のほうを好んで使うが)の各種の行為だった。「悪魔的な魔法に非常に熟練し、巧み」なかれらは予知し、予言し、治療もする。ワーファーは自身で経験した巫儀“pawaw”の模様を述べている。

われわれはかれらとともに建物の中に入った。かれらはまずハンモックで仕切りをつくって、当地では魔法使いを“pawawer”と呼ぶのだが、そのpawawerたちだけになれるようにした。しばらくなにかしていて、そのうちにかれらのたてる不愉快きわまるわめき声と金切り声が聞こえてきた。それはありとあらゆる鳥と獣の声

図版1 ❖ツングースのシャーマンまたは悪魔の祭司

のまねだった。その声に、石をいくつかつなげたもの、巻貝の殻、中空の竹でつくった一種の太鼓を叩く音が加わった。獣のかなり大きい骨に縛り付けた紐で出す耳障りな音も混じり、さらにときどき恐ろしい叫び声があがった。突然すさまじい音響が轟くかと思うと、にわかにすべてが停止してしんと静まり返る。しかししばらく経っても何の答えも与えられなかったので、かれらは、われわれが建物の中にいるせいだと決めて、われわれを外に出し、かれらの仕事を続けた(290—91)。

それでも運に恵まれず、かれらは建物の内部を再度厳重に検査して、探検家のなにかの衣類を見つけた。それが負のオーラ、つまり影響力を持っているというので、それを外に出し、「もう一度pawawに取りかかった。しばらくして答えを持って出てきたが、全身汗みずくだった。それでまず川に行って体を洗い、戻ってきてわれわれに託宣を告げた」(291)。

フランスの探検家ルイ・アルマン・ド・ラ・オンタン男爵(一六六六—一七一三ごろ)にとっても治癒は重大な問題だった。かれのアメリカ紀行はひとつの章を全部「未開人の病気と治療」に充てている。かれはシャーマンの——フランスの文献で使われる語でいうならジャグラーの——ダンスと、動物のように吼える行動を描いてから、その前歴と使命について述べる。「ジャグラーとは一種の医師、というよりむしろいかさま医師である。以前何か危険な病気にかかって治り、図々しくも愚かにも、自分は不死で、善霊や悪霊に話しかけることによってどんな病気でも治す力がある、と空想している」[★017]。

このような旅行者や探検家のシャーマニズムへの反応に、一六世紀、一七世紀を通じ、宣教師、人質、囚人の観察が加わっていった。かれらはさまざまな言語で版を重ね、重要な紀行文学集にも収められていたジョヴァンニ・ダ・ピアン・デル・カルピーネ(一一五二没)やマルコ・ポーロ(一二五四—一三二四)のような旅行者を繰り返し引き合いに出した。[018] ピアン・デル・カルピーネは一二四六年の北東地方への遠征中に観察した、タタール族の潔めの儀式、託宣、占い、魔法について一般の人にわかるように書いていた。[019] マルコ・ポーロは中国で見た霊による病気治癒の経験を語っていた。かれは、歌と、しだいに熱狂的になってゆくダンスで催眠状態に陥る術師のようすを描き、死んだような状態で霊界とのコミュニケーションが可能になり、個々の苦悩の原因と治療法が明かされるのだそうだ、という。次の引用が示すような好奇心と客観性ゆえに、かれの鋭利な観察力は再三後世によって評価された。

しかしかれらは病気になると、医者、つまり魔術師に来てもらう。これは悪魔を操り、偶像を崇拝する者たちだが(この地方には偶像はいくらでもある)、かれらに病人がどうなるか見てもらう。魔術師たちはやってくると病気のようすを尋ねる。病人は自分の具合の悪いところを話す。そして魔術師(かれらは非常に大勢集められる)は、ただちに偶像を讃えて楽器を鳴らし、歌い、踊り、跳びはねる。

このダンスと歌と奏楽を全部一斉に長時間続けるうちに、魔術師のひとりが地面か敷石かベッドの上に仰向けに倒れ、口から大きい泡を吹き、死んだようになる。それでダンスは終わる。魔術師たちは、悪魔がこの男の体の中に入ったので、悪魔が留まっているあいだは死んだようになっているのだという。大勢の仲間の魔術師は、倒れた男に病人はどういう病気で、なぜそうなったのか、と尋ねる。男は忘我状態のまま、病人がある強力な霊に非常に悪い、不愉快なことをしたからその霊が病人を苦しめている、と答えて、ある名をいう。すると他の魔術師たちが、病人の過失を赦して下さい、血の代償に、欲しいものを何でも好きなように取ってください、と祈る。魔術師たちがこのほかにも同じようなことをいって、倒れた魔術師の身体の中の霊に祈ると、今度はその霊が答える。そしてもし病状から、病人はこの病気で死ぬに違いない、とその悪霊が見て取れば、そのように答え、この病人はこのような霊にたいして非常に間違ったことをした、ひどい悪人だから、霊はどんな捧げ物でも宥められず、この世の何をもってきても赦さない、何日以内に死ぬだろう、と告げる。この答えを得た者は死なねばならない。またもし病気が治る場合は、魔術師の身体の中の霊は魔術師たちに答えて、この病人は多くの罪を犯したが、赦される、という。そして治りたいなら、魔術師たちに羊を二頭か三頭与え、高価でうまい、上等なスパイスを利かせた飲み物を十杯か一二杯、あるいはもっとつくらせろ、と告げる。さらに魔術師たちは、羊は頭の黒いのだとかその他好きなように特徴をいう。そして悪霊はいう。自分はその偶像とその霊——名をいう——にそのとおりの供物を捧げる、多数の魔術師と多数の婦人、つまり霊と偶像の巫女がここにともに集まって、全員でその霊と偶像を讃えて大いに歌い、明るく灯火を点し、上等の香を焚き、祝宴を催さねばならない、そうすれば神が病人にたいする怒りを和らげるだろう。病人が治るときには、霊はこう魔術師たちに答える。そして魔術師たちがこのような答えを得ると、病人の友人たちがただちに悪霊の命じたことをすべて、魔術師たちに教えられて行なう。[★020]（傍点部、原文はイタリック体）

マルコ・ポーロは同席する信者たちの役割を書き洩らさなかった。かれらの道化騒ぎは霊の怒りを宥める一助になると考えられていたのである。

このような記述はイエズス会の宣教師たちによって裏付けられた。かれらは一六世紀後半には赴任先で観察したことについて互いに手紙のやり取りをするようになっていた。かれらの書いたものは、当時として当然のレトリックを駆使し、もちろん必要条件であるパラダイムに合わせて表現した、あらゆる種類の情報の奇妙に魅力的な混合物である。かれらの報告は、原文のまま、あるいは翻訳されて、ヨーロッパの大部分の国で聖職者の間にも世俗社会にも流布した。[★021] フランスでは一六三二年から一六七三年まで毎年刊行され、一七〇二年から一七七三年までのあいだに編集され『珍しいことについての有益な手紙』という題がつけられた。[★022] このような報告書は一八世紀のイギリスにおいてさえ一度ならず収集、編集、翻訳する価値があるものと見なされた。イギリスの編集者はローマ・カトリックの堕落、悪徳と見なすものとともにその宗教思想を完全に否認するが、ヨーロッパ以外の民族とかれらの風習を学ぼうとするイエズス会士の姿勢は熱心に称賛している。それは、イギリスでこうした書簡集を刊行するにあたりイエズス会がどういう役割を演じたのかと不思議に思うほどである。探検家、科学者、行き当りばったりの者たちとは違って、高い教育を受け知的に鋭敏な神父たちは、実際に新しい環境に永住し、みずからも先住民——通常はその中の悔悟者——と同じ衣服を身に着け、その土地の食物を食べ、かれらの被保護者との意思疎通のためにも、後代に記録を残すためにも、その地方の言語の習得に努めたとされている。[★023]

イエズス会士はパラダイムに、シャーマニズムの観察と議論を許容する新しい面をいくつか加えた。悪魔とその手下のデーモンを責め、シャーマニズムのような異教の宗教儀式は真の神概念の堕落を意味する、という堕落論を唱えることに変わりはなかったが、先住民には、その活発な想像力を加減する強力な知性と抑制する倫理感が欠けているのだ、と続けた。したがってかれらの想像力は容易に刺激され操作されるし、そのためのさまざまな技術をシャーマンは使いこなす。たとえばジャック・マルケット（一六三七—一六七五）は、キリスト教の布教を妨害するためのシャーマンの侮辱や脅迫の言葉を枚挙している。[★024] シャーマンが選択する場所が人びとの心にすさまじい恐怖を沁み込ませるありさまも神父たちによって報告されている。一定の儀式を洞穴、つまり非常に狭苦しい閉鎖空間で行なうと、見えるもの、音響、匂いがこの世ならぬ特質を帯びて、儀式の効果が著しく高まることを、どうしてかシャーマンは知っていた、という。[★025]

ある地域では、原生林が固有の神秘性を備えていて、儀式に適した場所を提供していた。あるカナダ旅行者が宣教師に語った話は、巫儀の典型を示している。「かれらは森の、太陽光線のほとんど届かない奥まったところに入り込む。そこで、占い師として指名された未開人が体を非常に奇妙な形に回転させ、くねらせ、悪魔でないかぎり怯えて当然のものすごい顔をして、口から舌を出し、気味悪く泡を吹く。これを、いよいよ悪魔が答える兆候が現われるまで続ける。森全体が震え、はじけるような音がし、会衆全員が声を聞き、そのいうことを全面的に信じる」(301―2)。

シャーマニズムに関するパラダイムで一七世紀に一般化したもうひとつの面は、古代ギリシャ・ローマとの比較である。[★026]この面でイエズス会士が大きく寄与したのは、かれらがその宗教的熱意から、経験したことをヨーロッパに残っている修道士たちと共有しようとしたからである。つまりかれらは同僚に情報を伝え、場合によっては人員を補充してもらうために、自分たちの受けた教育の公分母に、すなわち古典古代の著述家の作品に頼り、現代の先住民の宗教行動を古代の神話、文学、哲学で解釈し記述したのである。特定の固有名詞を明示することもあったが、たいていはほのめかすだけで十分だった。

インドで活動していたあるイエズス会士が、狂熱的な行為とそれに続くエクスタシーと忘我状態を描いてみせた例がある。この主題は一八世紀中に大いに注目を集めるようになった。「偶像の祭司はなにかの問題について助言を求めるとき、悪魔に呼びかけて忌まわしい祈りを捧げる。だが悪魔に選ばれて道具とされる男は災いなるかな。悪魔はその男の四肢を異様に動かし、頭をすさまじく回転させる。ときには滝のように涙を流させ、かつての異教徒に見られたような興奮と熱狂でかれを満たす。それがいまなおインド人のあいだに、悪魔の現前の印、悪魔の答えの前兆として存在するのである」[★027]。

こうした忘我状態を、多くの観察者は時には真実のものと感じ、ときにはインチキと感じた。どちらにせよ、先住民がつねにそれを信じ込むことに、観察者は驚かされた。明白な詐欺行為が見抜けず無条件に信頼することは、啓蒙されたヨーロッパ人の理解を越えていた。イエズス会士の大部分はシャーマンの巫儀の顕示と演技、全体としての演劇性を見て取って、たびたび驚きを表明している。一例を見よう。「偶像の祭司が悪魔から実際に与えられる託宣を模倣して、ときには悪霊に憑かれたふりをして、助言を求めてきた人びとに答えを与えることを、わたしは否定しない。だがこの偽装もつまりは、すでに述べたとおり、真実の模倣にほかならない」[★028]。

だが先住民のこのような欺瞞を一種の病気になぞらえるイエズス会士が現われると、シャーマンのパラダイムにまたひとつ別の面が加わった。異教の迷信は霊魂の伝染病であり、永続的万能薬であるイエス・キリストという厳格な養生法が唯一の治療である、とかれらは主張した。キリスト教徒は完全な霊的健康を享受しているのみならず、「強大な医薬」を手中にしている、といわれた[★029]。とはいえイエズス会士は先住民の使用する弱小な医薬にたいする敬意を失わなかった。かれらは長い年月をかけて獣の咬み傷、虫の刺し傷から怪我、骨折まで、なんでも治すことを学んできたのである。癲癇や水難事故への対処に関しては、先住民のほうが同時代のヨーロッパ人よりはるかに進んでいるようでさえあった。

フランシスコ会修道士も新世界の未開の異教徒を改宗させることに熱心だった。同じようにシャーマンに注目し、その欺瞞だらけの医術と、同じ部族の人びとの心に及ぼす奇妙な影響力を慨嘆した。ルイ・エネパン（一六四〇―一七〇二）はそのような修道士のひとりで、ミシシッピ上流の谷間を踏査したときのことを語っている。そこには現地でシャーマンについて観察したことの要約が述べられており、一七世紀後半のフランシスコ会士のシャーマニズム評価の特徴がよく表われている。

> 人によっては魔法使いとも見なすジャグラーを持たない民族はない。しかしかれらが悪魔となにかの契約を結んだり交感したりしているようすはない。それでも、悪霊がかれらのトリックに手を貸し、哀れな人びとを面白がらせることによって、真の神の知識を受け入れにくくしている、とはいえよう。たえずだまされているのに、かれらはジャグラーが大好きなのである。
>
> このぺてん師たちは、預言者ともいわれ、ほとんど無限の能力を持つものとして尊敬されてきた。かれらは

雨天にも晴天にも、凪にも嵐にもでき、土池を肥沃にも不毛にもでき、狩りの運不運も思いのままにできると自慢している。かれらは医者のためにも働き、伝染病治療のためにしばしばなんの利き目もないような療法を施す。このやくざ者らがトリックないし魔法をはじめたときの叫び声、わめき声、見たこともない体のねじれ以上に恐ろしいものは想像もできない。だがそれらは非常に巧みに演じられているのでもある。かれらが人を癒したり、予言が当たったりするとすれば、まったく偶然によるのである。結果が芳しくないときでも、哀れな人びとをごまかす策略は無数にある。先に述べたように、かれらは預言者でいかさま医師だからである。かれらは贈り物か報酬を受けなければなにもしない。実際、もしこのぺてん師たちが人を丸め込む術に長けていないと、治療でだれかが死んだり、予言がはずれて事業が失敗した場合、即座に殺されることもありうるのだ。[★030]

ロバート・バートンほか医学界の評価

ヨーロッパ医学にとってのシャーマニズムの重要性は以前から認められていた。許容される調査に限界があることも、承知されていた。早くも一六世紀にジャンバティスタ・デラ・ポルタ（一五三五ごろ—一六一五）はオカルトに手を出したことを告発され、ローマに行って魔女の軟膏への好奇心の申し開きをするよう命じられた。かれは自分の科学的著作と、シャーマンなど、素朴な人びとを食い物にする詐欺師を非難する活動を説明して、弁明に成功した。かれの『自然魔術』はラテン語で書かれ、初めナポリで一五五八年に出版され、一五八九年に改訂版が出てから、ヨーロッパの主要な言語に翻訳された。一定の物質の影響を受けた女性の特殊な行動とシャーマンとの関係が記述されている。

ジャグラーやぺてん師のごまかしが一切入らないように、かれらは、文字を彫ったランプにノウサギの脂肪を満たす。それからなにか言葉をつぶやいて、ランプに火を点す。女性が集まった中央でランプが燃えると、彼女らは全員衣服を脱ぎ捨て、男たちに裸体を見せずにはいられなくなる。男たちは全員、いつもは覆われている女性の陰部を見る。女性たちはランプが燃えているかぎりダンスをやめようとしない。これは、信用できる複数の男性から聞いた話である。わたしの考えでは、この効果はノウサギの脂肪以外から生じたのではありえない。その力には毒性があって脳に入り、女性をこのような狂気へと動かすのかも知れない。[★031]

当局を怒らせずにシャーマニズムの応用を研究するために、その後の臨床医は抜け目なく、新しく生まれてきた許容限度のパラダイムを利用し、一般に認められているレトリックを駆使した。たとえば医学博士ジャン・ド・ニノーは『狼憑き、変身、魔法使いのエクスタシー』(パリ、一六一五年)(邦訳・工作舎刊『狼憑きと魔女』)で、人間を狼人間などに変えるために必要なものを与えたのは悪魔自身だったとまず述べてから、続けて、ベラドンナ、アコニット、アヘンなどの物質を論じた。かれはこれらの物質の化学的成分を分析し、人間の生理に与える潜在的影響力を調べようとした。それらを人体の特定部位に直接作用させたところ、人間の性的行動と関係があるようだったが、それはかれの本来の研究主題ではなかった。[★032]

ニノーの関心は、このような麻酔性物質が誘発する、死んだように深い眠りのほうにあった。「これを用いるものはだれでも、話したり、聞いたり、ものをいったりしていても正気でないように見え、あるいは深い眠りに落ちて数時間ないし数日間、感覚を失ったままでいるほどである。このような物質の中で悪魔が活動し、いつもの役割を演じていることを忘れてはならない」(26)。ニノーにとって、前記のような反応は、これらの物質が痛覚を一時的に停止させる手段になりうることを示すものだった。薬物使用における管理の必要性を強調したことは、かれが麻酔学の基本原理を明らかにするために勤しんでいたことを示すものであろう。研究の中でかれは伝説的なシャーマンの中でもっとも有名な者たち、ピュタゴラス、シモン・マグス（新約聖書使徒言行録八章他に記述のある魔術師。キリスト教の使徒たちと競合していた）、ファウストにたびたび言及し、幻覚、幻視、同時に二ヵ所に存在する感じ、恍惚感など、解明されていない主題に科学の光を当てようとした。

各種治療手段の観察と解釈を総合的に論じる出版物が一七世紀初めに急増した。それらの大部分は、秘教儀礼に関する古代の書物から得た情報と、同時代の紀行文や、魔術、呪術、錬金術に関する書物から得た情報とを併せ含んでいた。そのような総合のよい例が、ロバート・バートン（一五七七―一六四〇）の有名な『憂鬱の解剖』（一六二一）である。バートンは、ときどき何日間も「生きている兆候も感覚もなく死人のように」★033横たわっている術者の失神状態に関するルネサンスの報告を読み直した。その男は回復してから不思議な幻視を語ったが、それが、長い空中飛行の後に踊ったり跳ねまわったりした、という魔女の話に酷似している、とバートンはいう。これらの事例はすべて、「堕落した、間違った、激烈な想像力」（1：255）に帰される、とかれは考えた。その主張を補強するために、人間の想像力は大変なもので、尊敬されている医師から、病気だと告げられた健康な人が実際に病気になってしまうほどである、とかれは書いている。続けてバートンは「空想の力でときには死さえ引き起こされる」（1：256）と述べる。中国に派遣されたイエズス会宣教師の報告の確証として、病気の原因はまさにその病気の治療でもありうることをかれは認める。したがって「呪文、なにかの言葉や文字、護符」は世界中の庶民のあいだでいまなお有効である（1：256）。

シャーマンにはそのほかにも想像力に訴える手段が多数あった。かれらの詐欺行為の、いわゆる芸術的手腕を指摘したロジャー・ベイコン（イギリスの神学者、自然哲学者。論理学より数学を重視した）によれば、一七世紀にも脈々と続いていたごまかしと策略をバートンは先んじて暴露しようとしたのである。バートンは書いている。

> かれらはすべての鳥の声、ほとんどの野獣の声、人間のすべての声音、音調をまねることができ、喉の奥でしゃ

べって、まるでずっと遠くで話しているかのように感じさせることができるので、それを聞いた人びとは霊の声を聞いたと信じ、非常に驚き恐れる。そのうえ人の打ち明け話を盗み聞きするための人工的な装置まで使う。それはわが国のグロスターの間とか、イタリアのマントヴァ侯爵の間のように、音がくぼんだ壁面に反響する仕掛けである。(1:427)

伝説のシャーマンたちは、被術者の想像力を操作する才能に恵まれていたので、かれらの奇跡的行為が見破られて真相が明らかになることはなかった。それほど高名でない同業者とは違って、このようなシャーマンは多くのことに成功した。

空中に城郭を築き、軍隊を出現させる、などのことをかれらはしたといわれる。また富と財宝を自由にする、数千人の人に突然あらゆる種類の肉を食べさせる、一瞬に場所を移動して自分と従う者たちをすべての君主の迫害から守る、秘密や将来の出来事を明らかにする、遠い国で行なわれていることを告げる、ずっと以前に死亡した人びとの姿を現わす、など。そしてこのような奇跡を多数行なって世間の恐怖、賛嘆、神という評判を得る。だがついには悪魔に見捨てられ、惨めな最期にいたる。(1:205)

ラップランドとリトアニアの魔女のような群小シャーマンには広範囲の人に及ぼす大規模な作用はなかったろうが、バートンの主張によれば、「自分の愛したり憎んだりする相手なら、たいていの病気にかからせることも、それを治すこともできた。憂鬱症もそのひとつである」(1:205)。ときにはかれらは病気治癒の言葉を、結び目、護符、魔法の薬で補った。症状の重大さに応じて、チョウセンアサガオ、バングなど、アヘンと同じように躁状態やエクスタシーを引き起こす物質を処方した(2：247)。バートンはこのような治癒手段のすべてに興味を抱いて詳しく調べる一方で、迷信的偶像崇拝者、異端者、神がかり、占い師などを注意深く一まとめにして、「すべてを自然の原因に帰して至高の力を認めようとしない者」(3：319)ともども、否認した。

プロテスタント神学者の対応

プロテスタントの神学者は異端、魔術、偶像崇拝をローマ・カトリックに関連づけようとしたが、流行の紀行文学にはやはり心を引かれた。かれらは手に入るものなら何でも読み、かれら特有の理由から選択を行ない、マルシリオ・フィチーノ(一四三三—一四九九)、ピコ・デラ・ミランドーラ(一四六三—一四九四)、アグリッパ・フォン・ネテスハイム(一四八六—一五三五)、パラケルスス(一四九三—一五四一)ら、ルネサンスの未知なるものの探究者として高名な学者にたえず言及して学識を示し、抜粋集や要約集をつくった。

サミュエル・パーチャス(一五七七—一六二六)は、英語の書物のうちでもっともしばしば引用されるもののひとつをつくった。かれが念入りに編集した選集は『パーチャスの巡礼あるいは天地創造から今日まで、発見されたすべての時代と場所で観察された世界と宗教との関係』という題で、一六一三年に初版が出て以来、著者の生前に何度も改訂を重ねた。キリスト教の中でも英国教会の一神論がもっとも真実で、したがってもっとも偉大な思想であることを証明しようとして、かれは宗教的信念に関する記録されている資料を無数に検討した。その中には西はアメリカの魔法使いから東はサモイェード族の魔女まで、世界中の同時代の資料が含まれていた。パーチャスは編集態度を明確にして、カンタベリー大主教への献辞に、「わたしが自分で筆写した、多様な主題についての多数の言語による論文、手紙、物語、史書が多数、そのうえに(著者が不足でしたので)他の人びとがその所有物から筆写してくれ、信をおけると判断したものも含まれております」と告白した。かれはこのような旅行者から得た資料を、ペルシャの魔術師、スキタイの占い師、タタールの魔法使い、中国の卜者《ぼくしゃ》について当時一般に知られていたことと比較した。パーチャスは、世界中に認められるらしいこの現象の呼称として使用可能な単語そのものに最初に関心を寄せたひとりである。『パーチャスの巡礼』全編を通じて非常に多くの語が使われており、類義語辞典がつくれそうなほどである。

英語の単語の中には priest, sorcerer, mage, magician, practicer of wicked arts, charmer, diviner, soothsayer, augurer, demoniac, witch, enchanter, minstrel, poet, singer, idolater, oracle などがある。このうちのいくつかはあまり普及しなかった。一八世紀のうちに、シャーマンという語が総称として定着した。

パーチャスは言語学的な関心に加えて、擬似歴史的、神話的な人物像に強く心を惹かれた。かれも多数の同時代人と同じくザラツシュトラ（古代イランのゾロアスター教創始者）に魅力を感じ、かれら同様、ザラツシュトラに「霊力を使いこなす」偉大な能力を認めたが、一方では、魔術師とは、もっとも邪悪な種類の迷信的偶像崇拝と魔法が人間の姿を取ったものであると見なした(312—13)。タタール人と中国人を論じる箇所では、「香料を加えた飲み物」を飲むと、人びとが大いに笑い、歌い、ふざけることを指摘している(362)。この種の儀式の基盤にある性的なものに無意識に言及していたのである。

パーチャスは、正統プロテスタントが修正したパラダイム内の表現ではあるが、シャーマンの巫儀の描写として、どうやら容認される最古の記述のひとつをイギリスの読書界に提供した。それは一五五七年のある報告に基づいて書いたもので、タンバリン、仮面、衣装の重要性は明白である。パーチャスはこう書いている。

まず祭司は大きい、一端に太鼓のように皮を張った楽器らしいものを演奏しはじめる。ばちに当たるものは手の親指と小指を広げたぐらいの長さで、片方の端は球状に丸く、雄鹿の皮をかぶせてある。祭司は頭にいわば白い花輪を載せ、顔は男物のシャツで覆っているが、そのシャツには魚と野獣の小さい骨と歯がぶら下がっている。次に祭司は、われわれイギリス人が犬を呼んだり叱ったり命令したりするときのような声で歌う。会衆はイガ、イガ、イガと答え、それに祭司が先に述べた声で応じる。かれらが祭司に何度も同じ語を返すうちに、やがて祭司はいわば気が狂い、死んだように倒れる。体にはシャツ一枚しか着けず、仰向けに横たわっているが、息をしているのはわかった。そこで、なぜこの男はこんなふうに寝ているのか、と尋ねると、会衆は、いまわれわれの神がかれに、われわれが何をするべきか、どちらのほうへ行くべきか、話しているのだ、と答えた。(364)

この報告では、シャーマンは起き上がり、また横たわり、それからもう一度立って歌いはじめた。かれは火の中に入れて焼いた剣で自分を刺し、だらだらと続く長い儀式を遂行したが、それは死と再生を扱ったものらしかった。

パーチャスはこの著書の後のほうで、断固としてカトリシズムの信用を落とし、古代の秘教儀式を解体するべく、ヴァージニアのアメリカインディアンの治療者とカトリック信徒との比較を行なう。かれの主張によれば、どちらもやかましく足を踏み鳴らして歌う、香のようなものを使う、妙に熱狂的な身振りをする、そして「患者に向かって猛烈に吠え、叫び、歌い、さまざまな古代的で奇妙な行動をし、患者の胃、その他病気の部分から血を吸う」(638)。

パーチャスはカリフォルニアとペルーの「女男」についての報告を論じながら、ローマ・カトリックの司祭と修道士の道徳と誠実への疑念をかき立てようとする。生物学上の男性が、女の服を着て女の仕事をし、他の男性の「同性愛の情欲」を満たしていた(652)。かれらはしばしば、まさに宗教の名において「自然に反する忌まわしい罪」を犯した。「すべての神殿あるいは主要な礼拝堂には、幼児のころから女性のように装い、女性のように話し、何事も女性をまねる男がひとり、ふたり、あるいはそれ以上いた。神聖と宗教を口実に、かれらの長上は神聖な日に堕落した交わりを重ねていた」(730)。

一六二六年版の『パーチャスの巡礼』は大幅に増補され、世界のさらに他の地方に関する話が増えた。ロシア皇帝の領地も含まれた。パーチャスはロシアの魔法使いとその他の地方の魔法使いとの類似を強調するような話を選んで集めた。かれらは呪詛、悪霊払い、吸血に加えて、「魔法で幻覚を起こさせて不思議なことをたくさんした」(974)ので、信者はかれらを恐れ敬った。そのような「悪魔の幻覚」(978ママ)を信じる信仰の強さは、市民の指導者、政治的指導者にとっては困ったものだった。その信仰が人びとを物質的にも精神的にも貧しくする、と思ったからである。キリスト教はまだ表面を覆う薄く脆い膜でしかなかった。

皇帝自身さえ魔法使いの助言を求めた、という報告も当時としては少しも珍しいことではなかった。他の君主たちも、とりわけハプスブルク家の皇帝たちにも同じことをする傾向があった。パーチャスの描くロシア皇帝は、

> ただちに北方の、コルモグロとラピアの間に数多くいた魔女、魔術師、ウォーを呼ばせた。かれらが六〇人モスクワに連れてこられた。そこでかれらは保護され、食事を与えられた。皇帝の大のお気に入りであるボダン・ベルスコイが毎日訪ねてきて、皇帝から託された問題についてかれらの占いや託宣を聞いた(その年モスクワの上空に大きい明るい星とその他不思議な現象が一ヵ月間毎夜見られたことに注意せよ)。(983)

北方のシャーマンは以前から宣教師や、オカルトに興味を持つ人びとを引きつけていた。フィン人、ラップ人に関する情報量が増えたので、ストラスブール出身でスウェーデンに移住したヨーハン・シェファー(一六二一―一六七九)は一六七五年にそれらの要約を編集して民族誌の原形のようなものをつくるのが適当だと考えた。題名は、ドイツ語版は『ラップラント』、ラテン語版は『ラポニア』とした。この時代の特徴である長い副題が、迷信、魔術およびキリス

ト教への改宗の問題が論じられることを明瞭に示している[★034]。

シェファーは副題を読んだ者を失望させなかった。このような主題に当てられた長大な章は、一七世紀末のこの分野の学術研究の水準をきちんと反映していた。かれはウプサラ大学の図書館で読めるかぎりのものは読んだにちがいない。そしてすでにプロテスタントにもカトリックにも受け入れられていたパラダイムを認めながらも、個人的には、なによりも興味深い知的探究に、すなわち前の世代の研究の手をすり抜けてきたものを明らかにし説明することに、熱中したらしい。かれはこの章を、ラップランドとフィンランドの魔法使いはつねにたいしたことを成し遂げてきた、とあっさり事実として書くことからはじめた。かれらの評判は大変なもので、どのようにしてかペルシャのザラツシュトラから習ったのではないかと思わされるほどである。

シェファーは続けて、現代では、キリスト教が入って、かれらの力はそれほど強くない、あるいはそれほど広く知られていないかもしれないが、それにもかかわらずシャーマニズムはいまなおいたるところで活動している、と主張した。一定の家系にはなにか説明不可能なところがあった。かれらはどういうわけか生まれつき霊界との結びつきが強く、魔法に引きつけられた。シャーマンという尊ばれる職務を代々受け継いできたのは、そういう家系の子孫である。しかしシェファーによれば、シャーマンになる運命は血筋だけで決まるのではなかった。病気にかかって霊を感受する力が非常に高まり、シャーマニズムへの召命を経験した若者もいた。それからかれらは、厳しいイニシエーション過程の困難と窮乏に耐えねばならなかった。

シェファーはシャーマンの多数の付属品、きらきら光る金属片とか輪、鈴、鎖などについて長ながと述べる。タンバリンはとくに興味深いので、何ページも費やして、その材質、形、構造、象形文字のような装飾を論じ、図もいろいろ掲げた（図版2）。かれはまた、タンバリンの引き渡しないし押収に従いながら、キリスト教への改宗に抵抗したラップ人のことを語った。かれらは新しいタンバリンをこしらえることもあったが、たいていは、目には見えないタンバリンの存在を人びとに信じさせることを覚えていった。タンバリンの力といわれるものを告げるシェファーの語り方は、かれが困惑し、しかも魅了されていることをよく示している。あるタンバリンが他のタンバリンより大きい力を持つと人びとが信じる理由を、かれは説明できない。関連することで、説明のできない問題がほかにもあった。処女が手を触れるとタンバリンは汚れて力を失うと見なされていることをかれは述べるが、性に関する議論を持ち出そうとはしない。

タンバリンの用途は四種類あると考えられた。占いと予知のほかに精霊の宥めと部族同胞の治癒があった。そういうことがどのようにして達成されたかのほうがずっと重要だった。ひとりは膝をついてすわってタンバリンをばちで打ち、もうひとりは俯せに寝た頭の上にタンバリンをひっくりかえして載せた、ふたりのシャーマンを描いた挿画がある(図版3)。シェファーはこの図に、どれほど不信の念の固い人にも、合理的には説明できないことがなにか実際に起こったと納得させるだけの、シャーマンのエクスタシーについての十分な説明を添えた。歌と踊りと打楽器による誘導と、最後の失神ないし「死んだような」卒倒を伴うエクスタシーはたびたび生じ、しばらく後に覚醒と幻覚体験の報告が続く。

シェファーの好意的な説明によれば、このような巫儀の参加者は、シャーマンの魂は肉体の檻から解放されて当面の問題の解決を見つけるために必要なところへ移動する、と信じている。かれらはシャーマンに助力し、問題を忘れさせないように、唱え、歌い、踊り続けながらも、魂が戻る妨げになるといけないので、昆虫その他に襲われないようその体を注意深く守っている。シャーマンは、実際に飛び去っていたことを証明し、信用を確立するために、覚醒後、虹のかなたへの旅の途上で発見したと称する物あるいは印をなにか参加者に提示することになっている。続いて、求められていた情報を提供することで、使命が完成する。

De Sacris Magicis & Magia Lapponum. 137

Facies ejusdem tympani averſa.

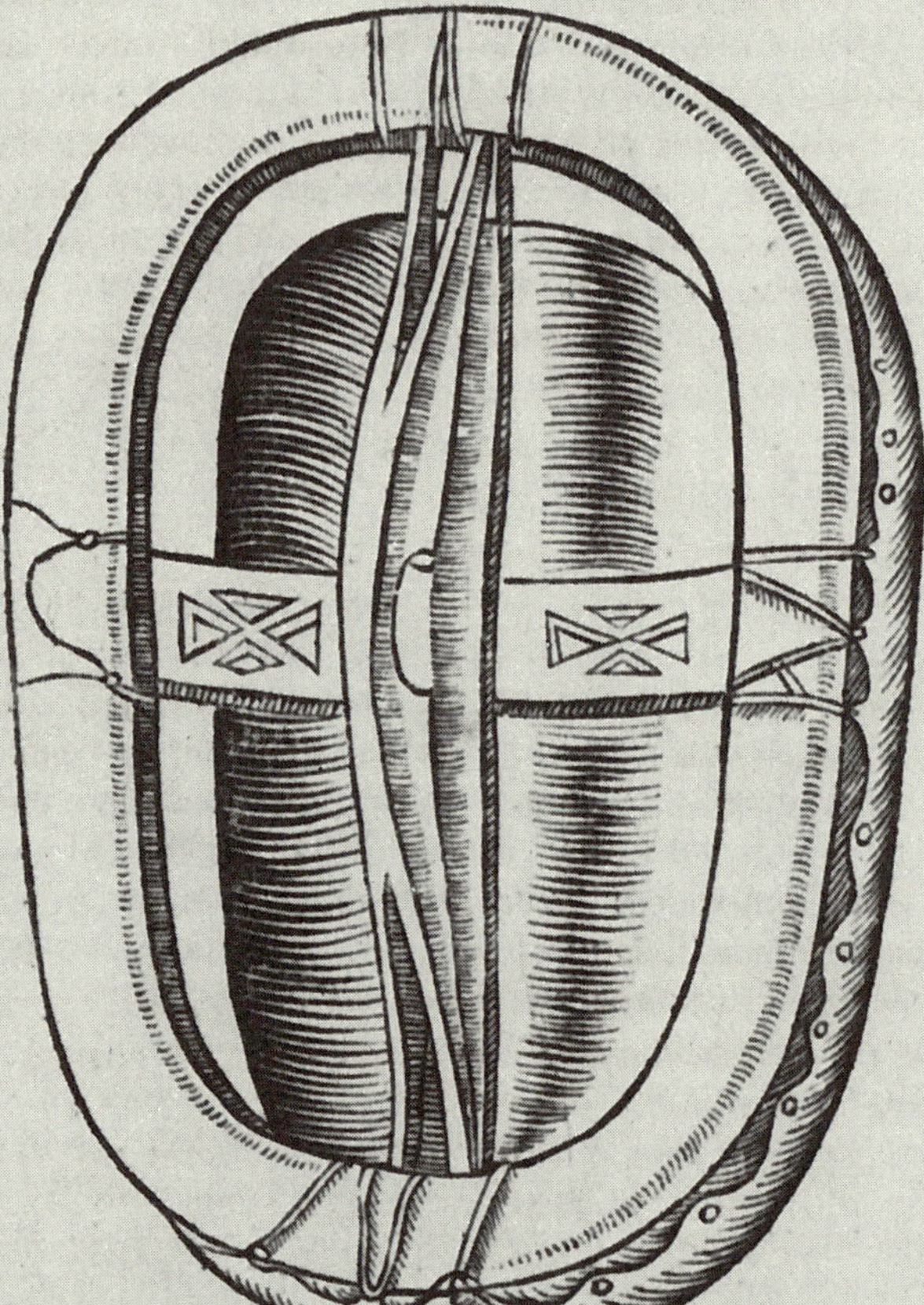

tes pulſantes, non unum tantum, cum uxore, quod Olaus tradit, verum plures, non modo viros, ſed & fœminas, cantiones deni-que ab omnibus prolatas, pulſante pariter, & cæteris, comitibus ipſius. Quin imo cantiones diverſas, quarum quæ pulſanti eſt in uſu, *Ioiike*, quæ comitibus, *Duura* nuncupatur. | Sequitur nunc

S

de

図版2 ❖シャーマンの太鼓の内部

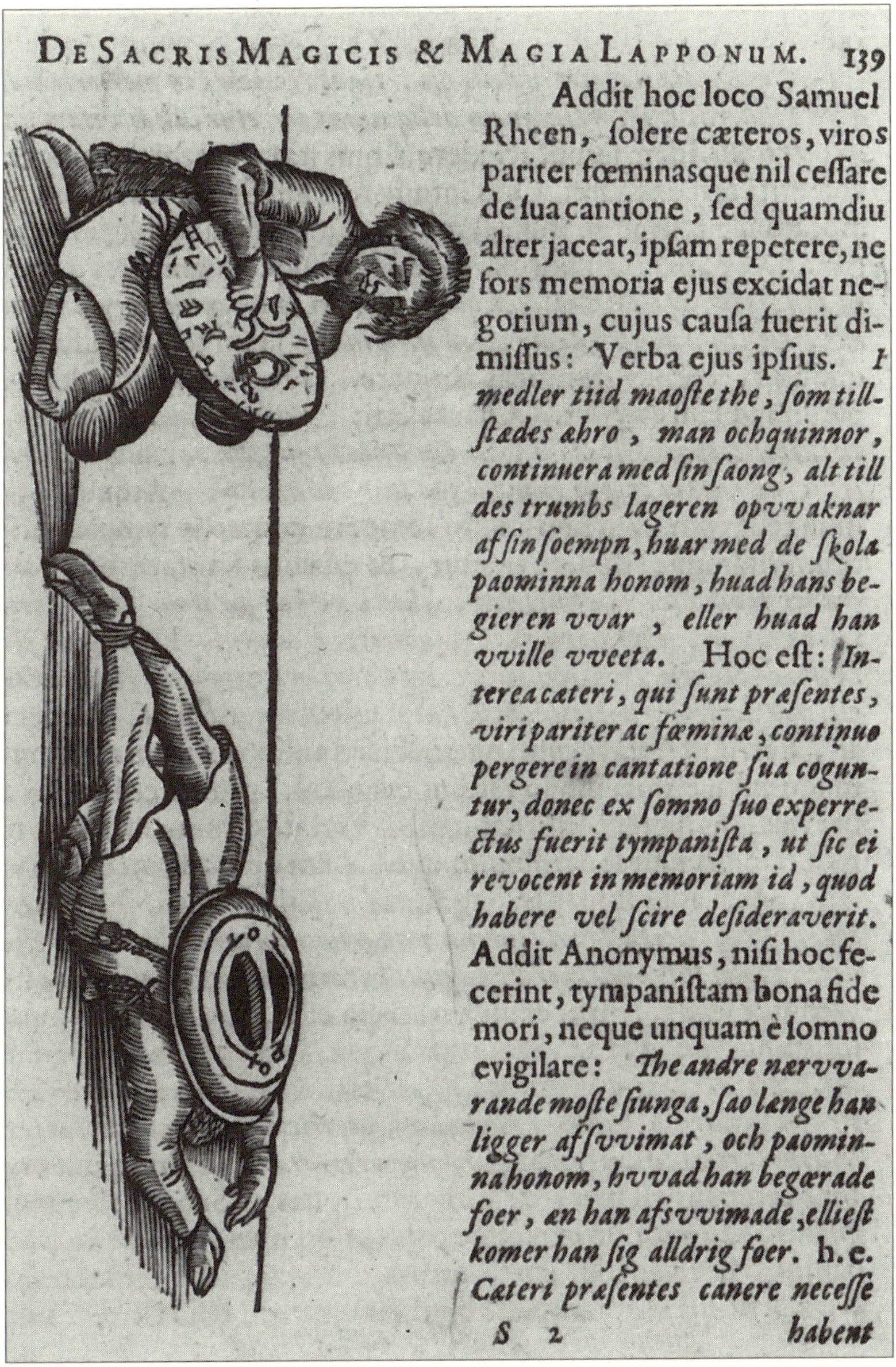

DE SACRIS MAGICIS & MAGIA LAPPONUM. 139

Addit hoc loco Samuel
Rheen, ſolere cæteros, viros
pariter fœminasque nil ceſſare
de ſua cantione, ſed quamdiu
alter jaceat, ipſam repetere, ne
fors memoria ejus excidat ne-
gorium, cujus cauſa fuerit di-
miſſus: Verba ejus ipſius. *I*
medler tiid maoſte the, ſom till-
ſtædes æhro, man ochquinnor,
continuera med ſin ſaong, alt till
des trumbs lageren opvvaknar
af ſin ſoempn, huar med de ſkola
paominna honom, huad hans be-
gieren vvar, eller huad han
vville vveeta. Hoc eſt: *In-*
terea cæteri, qui ſunt præſentes,
viri pariter ac fœminæ, continuo
pergere in cantatione ſua cogun-
tur, donec ex ſomno ſuo experre-
ctus fuerit tympaniſta, ut ſic ei
revocent in memoriam id, quod
habere vel ſcire deſideraverit.
Addit Anonymus, niſi hoc fe-
cerint, tympaniſtam bona fide
mori, neque unquam è ſomno
evigilare: *The andre nærvva-*
rande moſte ſiunga, ſao længe han
ligger afſvvimat, och paomin-
na honom, hvvad han begærade
foer, æn han afſvvimade, ellieſt
komer han ſig alldrig foer. h. e.
Cæteri præſentes canere neceſſe
S 2 *habent*

図版3 ❖タンバリンを叩くシャーマンとトランス状態のシャーマン

一七世紀が終わるずっと前に、啓蒙思想家の一部はシャーマニズムも、シャーマニズムを論じるために形成されてきたパラダイムも、信用できないことを示そうとした。かれらの狙いは、合理的な説明によって、キリスト教を含むすべての宗教的神秘の正体を暴くことだった。古代と近代の異教に類似があることはすでに示されていたが、こんどはコンヴァルション派、クェーカー派、ヤンセン主義者、カトリック信徒など、当代ヨーロッパの熱狂的信者と見なされる人びとの宗教行動についてもそれらとの類似が指摘された。フランク・E・マニュエルのいまなお貴重な研究『一八世紀は神々に立ち向かう』(一九五九)によれば、そこから二重の結論が導かれた(38)。すなわち、かれらの宗教行動はぺてんと見なされ、信者は知的障害といわないまでも精神障害者と考えられた。

このような見解を示す著書が多かった中で、ベルナール・ル・ボヴィ・ド・フォントネル(一六五七—一七五七)の『託宣の歴史』(一六八六)は博識と、証拠の扱い方、場合によっては、乱用の仕方によってきわだっていた。ここには、ある種の知識人の姿勢が典型的に現われている。かれらはパリやロンドンやベルリンやナポリに構えた快適な書斎から一歩も出ずに、一方ではヨーロッパの既成宗教を中傷し、他方、探検家たちの報告を利用して現代の先住民の宗教行動を才気ととびきりの知的洗練をもって理論化することを自分にふさわしい仕事と心得ていた。

フォントネルの著書は、当時知ることのできた事実からはきわめて遠かった。これは、数年早くアントニー・ファン・デール(一六三八—一七〇八)がラテン語で書いた異教の託宣に関する研究書のフランス語訳だが、自由な翻案で、通俗化したことを自分でも認めている。ファン・デールも、大変な勉強家で、書斎の批評家だった。フォントネルの通俗本に想像力を大いに刺激された冒険家で才能豊かな小説家アフラ・ベーン(一六四〇—一六八九)はそのフランス語を英語に訳して、一六八八年に『託宣の歴史と異教の祭司のぺてん』という題で出版した。彼女の「献呈の手紙」は、フォントネル自身の序文ともども、読者の知的な姿勢を予想して、強い警告を発している。

この本は、神話あるいは古代史の一見不思議な出来事に、著者が合理的であると考える説明を与えることによって、非神話化を試みたものである。託宣の起源を論じる部分にその意図がもっとも明白に現われている。パルナッソス山（ギリシャの山。その麓にアポローンの神託所デルポイがあった）には、人間と獣の気分を浮き立たせるような気体を放出する穴があったにちがいない、と書いてある。陽気な錯乱状態で自分でもなにをいっているかわからない人間がおり、そのときしゃべったことがたまたま事実であったことが後に確認される、ということがあったのだろう。その結果その穴が崇拝の対象になった、というわけだ。

ファン・デール、フォントネル、ベーンがヨーロッパ以外の地方について語られたことに精通していたことは明らかである。かれらは気候だけではなく地形も託宣の発達の重要な要素であることを強調している。多数の同時代人同様、かれらも洞穴、地下の洞窟、閉鎖空間が人間に及ぼす影響にとくに興味を抱いた。たとえば『託宣の歴史』には次のような文がある。「そのうえ洞窟自体が、迷信とほとんど変わるところのない恐怖を感じさせる。人間の想像力に強い印象を与えるものはなにひとつ無視するべきではない[★035]」。

神聖な場所として発達してきたのは、つねにその地域の地形の特徴を利用できる地点だった。光の変化に加えて、聴覚も考慮された。デルポイの巫女は人間らしからぬ不自然な声で語ったといたる所に記されている。しかもそこには人を酔わせるような蒸気が噴出して、神々の到来を告げるのだった(110)。信者志願者を選抜し、有名なボイオティアの神託所であるトロポニオスの洞窟に下る準備をさせる過程も同様に分析された。結論はおよそ同じ——合理的説明は必ず見つかる、ということだった(130)。

ファン・デール、フォントネル、ベーンは、かれらが託宣の変質と見なしたものを四つの要因に帰した。①術者自身の基本的に堕落した性質、かれらはあらゆる策略を用いた。②古代ギリシャ哲学者による揶揄、かれらはこの問題に勇敢にかかわろうとした。③次の時代のローマ人征服者による寛容な無視、かれらは完全に無関心だった。④キリスト教の興隆。かれらは当時流布していた多数のさまざまな報告から、先住民の活発な想像力と、その言語の豊かな比喩的表現力を知り、託宣の伝統の変質を普遍的伝達手段である韻文の衰退に結びつけた。韻文の言葉とリズムが現代の先住民にも古代人にも、生き延びるために必要な知識を記憶する助けになった、と三人とも考えた。「韻文が散文より先に生まれたこと、人間が自分の考えを表現するもっとも自然で容易な方法に最初に出会わなかったことは、実際じつに不思議だ」(208)。

知識人が韻文の優先を認める論拠を考えはじめたのは一八世紀だった。紀行文学に食傷した人びとの多くは、太古の伝達手段として韻文は実際に散文より優れていたのだと考えるようになった。次の章では、シャーマニズムに関するその後の報告を論じ、とりわけ創造的な演技との結合が公分母のひとつとして残ったことを示そう。

第二章　一八世紀の探検報告

Eighteenth-Century Observations from the Field

記録する探検家の台頭

一八世紀になると、探検家たちは未知の地域を観察する方法自体に関心を持つようになった。なによりもまず自分自身を考察の対象としたのである。じつのところかれらを触発したのは、自分自身をよく知ってからでなくては、完全に異質な非ヨーロッパ文化を理解できるはずはない、と主張した大学教授たちの堅実な方針だった。その種の包括的、常識的なハンドブックには、そうでなくては人類についての真の知識は決して得られないであろう、と書かれてあった。著者は次のように忠告する。「だれでも自分自身の心を点検すべきである。他者の性格を探究しようとする前に、自分自身の性向と矛盾を観察し、あらゆる機会に自分を見守り、欠点を知り、自分の魂の動き方を分析し、その後で他者に向かい、些細なことにも最大の注意を払って観察すべきである」[★001]。

科学者の旅行記録には序文と献辞が付けられ、そこに著者についての経歴、人格、教育水準、その遠征のために行なった特別の訓練ないし準備など、伝記的情報が提供されることが増えた。美化されることもあったこのような告白から、職業的探検家の姿が浮かび上がりはじめた[★002]。それは勇敢で学があり、科学と人類への奉仕に無条件に身を捧げて危険をものともしない人間の肖像だった。ある外科医は、職業上の義務に妨げられて、印象と観察を慌ただしく書き留めることしかできなかった、と告白した。それゆえ略歴を記した、読者は著者の性格を知らされてしかるべきである、そうすれば行間を読むことができるであろう、というのである。「つまりある人間について知ることは、その人の著述家としての利点を評価できるようになるためだけではなく、その著作の多くの部分を理解する、あるいは少なくとも著者の感覚と感情を十分にわがものとするための条件としても、必要である」[★003]。探検家のものの見方を規定するような外界の事情も明示されるのが普通だった。かれらは読者に、自分の仕事の枠組、あるいは少なくともパトロンから受けた指示内容について知らせ、しばしばその指示をそっくりそのまま印刷しさえした。また、それに従って調査するよう定められていた質問表や、分類を容易にするために考案され、あらかじめ確定していた概念区分のことを述べた。[★004]

旅行者のあいだに合理的分析への関心が広がると、かれらの多面的な活動のさらに別の面が検討されることになった。かれらはしばしば自分の観点を率直に認めたうえで、過去のヨーロッパ人の見たものが、現在の現地での観察によって確証されたりされなかったりすることについて批評した。[★005] かれらはミシェル・エイケム・ド・モンテーニュ（一五三三―一五九二）（フランスの思想家。『エッセー』全三巻は後の思想家、文学者に多大な影響を与えた）が食人習慣を持つ部族についてのエッセイ（一五八〇ごろ）で論じた方法を採用して、先住民に目撃者と情報提供者を求める広告を出した。[★006] かれらは科学者として、実際に使われている加工品と、その使い方に関する情報を集めた。ときにはそれらを先住民から買って、かれらの交易と加工品の価値について多少の知識を得た。またときには盗んででも、先住民にとって神聖なもの、たとえば人間の遺骨、とりわけ頭蓋骨を手に入れた。そのような物は西洋では流行の骨董品陳列戸棚に並べられる珍品というだけではなくなった。大学博物館がそれらを購入しはじめ、そのコレクションは科学的調査研究に積極的に利用された。

記録をつけることはたいていの探検家にとって重要だったので、報告書の序文には使用した方法に関する断り書きがあるのが普通だった。日にちで、あるいは地点で、日記や航海日誌をつける者もいれば、項目でメモを整理する者もいた。手に入れたものや経験したことに偽りやごまかしがないかどうかを確認した方法も、しばしば記述された。ある著者は、先住民にだまされた経験があるらしく、道徳的態度の異なる、あるいはわからない人びとと接触することの危険を考えて、慎重と用心を併せ持つことが肝要だという。「人間を知るには、かれらの仮面を剥ぎ取らねばならない。この予防策を取らないかぎり、われわれが見るものはすべて魔法によるたぶらかしとなり、その舞台では詐欺師と信頼するに足る人物が同じ役を演じ、見分けがつかないのである」。[★007]

報告すること自体も方法上の難問を課すことがわかって、なんとか対処しなくてはならなかった。空想の旅を物語る通俗文学との関係が序文で繰り返し否定された。序文は、ここに述べる事実は、探検家が当人の能力のかぎりで集めえた真実であり、できるかぎり明確に表現し、粉飾は一切加えていないことを誓うのだった。民族誌的な議論をする者は、無味乾燥で退屈な文体からはほど遠かったが、ヨーロッパ式の文学的美辞麗句を懸命に振り捨て、一方では歴史的なルポルタージュとの区別を明確にするよう注意を払った。それでも一八世紀の報告書が前の時代のものから完全に切り離されることはなかった。[★008] 多くは、ヨーロッパ人が芳しくない習慣と見なすものについて詳しく記述する場合のための許容限度のパラダイムをあいかわらず尊重し、あるいは少なくとも尊重するふりはしていた。[★009] 一九世紀に入り、このパラダイムへの敬意が衰えるにつれて、民族誌研究者の多くは、ヨーロッパの読者をあえて不快にするような報告はできないことを自覚した。かれらのよく使ういいまわしによるなら、そのような事柄の前にヴェールをおろす、あるいはカーテンを閉じることのほうをかれらは好んだ。つまりそれは、そのような事柄を完全に抹殺することを意味した。[★010]

一八世紀には探検家はしばしば遠征の前に、地図や方角や生き延びるための戦術のヒントなどの情報を以前の報告に求めて周到な準備をした。そのため、旅行予定者の役に立ちそうな知恵を手っ取り早く提供するような文献が多数出版された。[★011] 未知の地に赴く好奇心の強い人びとは、旅の途上でしばしばそのような書物を思い返して、自分が目にしたものを確認し、あるいは後からそれらを調べて、完全に異質な習慣などを理解しやすくするための基礎知識を読者に与えようとした。参照することで、その間の変化が明確になることもあった。[★012] 探検家は可能でさえあれば、言語、海図、地図、測定値、説明図を一揃い提供した。図示への要求が強くなるにつれて、芸術的な質の認識も高まった。[★013] 製図工、イラストレーター、画家が遠征隊の不可欠のメンバーになった。この点でも、専門分化が進む全般的傾向が目立ってきた。

ところが客観性と科学的精密性への関心の高まりが、シャーマニズムのような、従来の方法論や仮説に合致しないように思われるものへの興味を刺激することになった。このようなものを非難し、無視し、あるいは隠すだけではもはやすませない。しかしこうしたものの存在を認めることによって、科学的な研究者は現在使える方法の限界を思い知り、あらゆることを合理的に説明できるわけではないと認めざるをえなくなった。こうしてかれらは、科学とは出来上がったものというよりはむしろひとつの過程であることを学んだのである。

シャーマンを否定する探検家・受け入れる探検家

シャーマニズムに関する情報を見つけだして報告した探検家たちの著述を読むと、一八世紀の初めには仮説と方法の検証がすでに十分に行なわれていたことがわかる。標準的な例としてはスコットランドの外科医ジョン・ベル(一六九一—一七八〇)の『ロシアのペテルブルグからアジアの諸地域へ』がある。著者は序文で自分の受けた医学教育を語り、外国を見たいという若いころの願望を回想する。そして一七一五年から一七三八年まで念入りな旅行日記をつけてきた、と述べる。その日記を一七六三年になって出版するのは、ある友人の長年の薦めによる。この記録を虚構と考えてはならない。というのは自分は「全体を通じて、そのとき注目する価値があると思った観察を記録したのであって、しばしば旅行者がするといわれる勝手な誇張や想像を付け加えて話を面白くしようなどとは一切しなかったからである」[★014]。

ベルの著書にシャーマニズムが登場するにははっきりした理由があった。つまり遠征隊に参加した大使が「多数の不思議な話の真相を厳密に究明する決意を固めていたからである」。大使はどこに行っても、術者を呼び集めて魔術を実演させた。その地方では男女を問わず魔術師はシャーマンと呼ばれる、とベルは報告している。通例かれらは用具一式を集めはじめる前に、まずタバコやブランディやその他プレゼントを要求した。かれらの用具とは、「シャイタンと呼ばれる、木片に人間の頭部に似た形を刻んで、それを色とりどりの絹と毛の布切れで飾ったものと、直径一フィートくらいの小さい太鼓に真鍮と鉄の輪を止めつけ、やはり布切れを周囲にぐるりとぶら下げたものだった」[★015]。ベルは評価や個人的な感想を書く前に、その魔術の会で観察したことを比較的客観的に記述した。ある女性シャーマンが与えた答えは、「非常に巧妙に、神託所の巫女の答えもこうであったかと思われるほどに漠然とあいまいに告げられた」(1・208)と書き、続けて彼女の外観について、醜い老婆というヨーロッパの通俗的な魔女観と矛盾することさえ報告している。「若い女性で、非常に美人だった」(1・208)。

ベルが絶対的客観性を装うには、ときとして隠れた動機があった。すなわち、シャーマンのぺてんを暴き、シャーマンのすることを真実だと思う人びとの軽々しい信じやすさを指摘したかったのである。南シベリアのブリヤート・モンゴル族の中で目撃したシャーマンの巫儀の記述には、現地観察者がすでに考慮する習慣になっていた項目がすべて含まれている。問題のシャーマンが有名であること、したがってヨーロッパ人の間に期待が高かったことに加えて、時間、場所、参加者、観察者の明記、さらにシャーマンの行動の記述、結果の検討、全般的評価が続く。そのときの巫儀はヨーロッパ人の期待を満たさなかったので、それを特異現象の領域に属し、科学的検討に値する水準のものと認めるわけにはゆかず、検証する気にもなれなかった。ただの演劇であり、演劇としてもたいして良いものではなく余興程度のものとしか思えなかった。ベルの記述は非常に長いが、全体をかれ自身の言葉で読む価値はある。

このシャーマンたちはこの辺りで大評判で、無知な民衆は、かれらは霊感を受けていると信じているので、とくにこのひとりのすることを少し書いてみよう。そうすれば全体がぺてんであることが明らかになるであろう。

この男を大使に紹介したのは司令官であるが、同じ部族の長老が数人ついてきて、うやうやしいもてなしぶりだった。当人は三〇歳くらいで、風貌、態度は重々しかった。紹介されたとき、ブランディを勧められて一杯は飲んだが、それ以上は断わった。

少し言葉を交わしてから、技術の見本を少し示すよう求められたが、ロシア人の家の中では何もできない、とかれは答えた。聖人の肖像があって、それが妨げになる、という。それでパフォーマンスは郊外のブラツキのテントで行なわれることになった。晩になってわれわれが指定された場所に行くと、そのシャーマンが数人の仲間とともに小さい火を囲んで煙草を喫っていた。女性は混じっていなかった。われわれはテントの一方の側に陣取り、反対側をかれとその部族の男たちに明け渡した。三〇分ほどすわっていた後で、シャーマンは石炭がいくつか燃えている炉のすぐそばの床に、仲間のほうに顔を向けてあぐらをかいた。それから長さ四フィートくらいの棒を両手に一本ずつ持ち、それで拍子を取りながら陰気な歌を歌いはじめた。仲間の男たちは全員コーラスに加わった。パフォーマンスのこの部分ではかれはずっと体をさまざまな姿勢に折ったりねじったりしていたが、動きがしだいに激しくなり、最後には口から泡を吹き、ついには裸足で火を踏み消した。目はすわって真っ赤になった。この不自然な動作を、民衆は神がさせると考えていた。実際なにかの魔物にとり憑かれたかと思うほどだった。かれは踊りに疲れ果ててテントの入り口に引き下がり、そこで恐ろしい叫び声を三度上げた。魔霊を呼んで、出されるはずの問いへの答えを示すよう求めているのだ、と仲間の男たちはいった。それからかれは元の位置に戻り、落ち着き払ってすわりこみ、どんな問いを出されても解決できる、といった。われわれの何人かが多くのことを尋ね、そのすべてにかれはためらわず答えたが、非常にあいまいな言い方で、要するになにひとつはっきりとはわからなかった。つぎにかれは巧妙なトリックをいくつか演じた。ナイフを体に刺して、口から出すとか、剣で自分の体を刺し貫くとか、いうも愚かなことをたくさんして見せた。要するに、このシャーマンたちがジャグラーの一群で、無知でものを信じやすい民衆を欺いていることは明白このうえないのである。(1・253—55)

ベルが、この問題を論じた多くのヨーロッパ人同様、ジャグラーという語を選んだことは非常に意味深い。英語だけでなく、フランス語でもドイツ語でも、魔術師、占い師、トリックスター、吟遊詩人、音楽家はしばしばジャグラーと呼ばれたものである。

ダニエル・ゴットリープ・メサーシュミット（一六八五—一七三五）は一七〇七年に医学博士号を得たが、一七二〇年代の初めにシベリア探検に出発したとき、やはり特別な目的を胸に抱いていた。メサーシュミットはピョートル大帝の任命を受けた最初の学者たちのひとりで、地勢、自然史、社会習慣、地方の言語、遺跡の見聞を期待していたが、かれにとってもっとも重要だったのは、風土病、とくに伝染病と、先住民が受けることに同意する医療の種類、かれらの治療者が使う技術と医薬品についての知識だった。[★016]

メサーシュミットはあらかじめ持っていた方法論で突き進んだので、シャーマニズムと真っ向からぶつかることになった。偶像が医療に応用される可能性を考えてみることすらかれにはできなかった。[★017] 実見したシャーマンの巫儀にもたいして信頼を置けなかった。先住民より優れた、ヨーロッパの科学の専門家というかれの自己イメージが、一七二一年三月一九日に起こったことの記述から明瞭に浮かび上がってくる。

われわれがそこに着くと、少し遅れてひとりの男が現われた。その男は、占いか予言をしよう、と申し出た。博士が、そばに来るようにといった。その男はシャーマンの太鼓を携えていた。その太鼓の内部には、布切れで覆われたシャイタンが固定してあった。男はその技をはじめる前に、パイプか煙草を喫いたがった。望みどおりにしてから男ははじめたが、それは、腰を下ろして、まるで脂肪をなすりつけようとでもするかのように、スプーンかばちのような物で太鼓の裏面をこするのだった。そうしながらそっと静かに少し歌を口ずさんだりぶつぶつ呟いたりした。しかし左手は、太鼓に固定してあるシャイタンをしっかりつかんでいた。やがて博士

> は、なにを知りたいか、尋ねられた。博士の答えは、博士がどこへ行こうとしているか、その他博士について知っていることをいってほしい、というものだった。それを聞くと、シャーマンは立ち上がって、ばちで太鼓を叩きはじめ、どんどん叩き方を強くしていった。また叫び声を上げたが、その声もしだいに大きくなった。跳び上がったり、狂人のように跳ね回ったり、炉の中の熱い灰に片手を突っ込んだり、要するに大騒ぎをやらかした。こんなことを一五分続けたと思うと、突然ぴたりと止まり、視線を上に向けたまま目がすわり、長いあいだ凝固したように突っ立っていた。(67)

メサーシュミットは全体を嘘とトリック以外の何物でもないと解釈し、科学にとっての価値を一切認めなかった。かれの意見では、このような事象は管理された条件下で再現できるものではなかった。メサーシュミットの所見は全体として非常に微妙なところがあったので、科学院はその研究材料をかれに引き渡し、それについては沈黙を守った。メサーシュミット自身はそれを出版しなかったが、科学院の関係者は利用することができた。[★018]

フィリップ・ヨーハン・タベルト・フォン・ストラーレンベルイ(一六七六—一七四七)も客観的方法の開発を心にかけた。かれはスウェーデンの将校で、シベリアで一三年間捕虜生活を送り、メサーシュミットの遠征に、最初の一年間同行した。[★019] ストラーレンベルイのアプローチは、かれの報告書の題名が示すとおり、人類学的調査と言語学と考古学を組み合わせたものだった。その報告書は初めドイツ語で書かれ、一七三六年に英語に翻訳された。[★020] 当時の習慣どおり、ストラーレンベルイは序文で、その著書の理解を助けるような情報を読者に提供した。他の著者の書物から書き写したことはひとつもないし、つくりごとは一切加えていない、とかれは読者に保証する。ときどきは目撃者である情報提供者に頼らざるをえなかったことを詫びさえするが、正直であることを完全に確かめた人びとしか信頼しなかった、とすぐに書き添える(iii)。

ストラーレンベルイは著書の第八章全部を宗教的信念に割いた。そして三種類に分類するなら、この北東地方ではムスリムとキリスト教徒に比べて異教徒の数が圧倒的に多い、と説明した(288)。続けて、異教徒をキリスト教に改宗させる努力がたいてい失敗しているのは、かれらがロシア語を知らず、書かれたものも本も持たず、住居が互いに遠く離れてばらばらに暮しているからだ、という。ストラーレンベルイは、かれらの信仰と、かれがラップ人とフィン人の迷信的偶像崇拝だと思うものとを比較する(326)。シベリアで多数の先住民に会ったが、身体に危害や損害を被ったことは一度もない、とかれは証言し、実際、その比較はほぼつねに先住民のほうに好意的である。「そしてこの異教徒たちは愚かで神の知識という点では無知だが、天性正直で、善良で道徳的な民族である。かれらは偽証、盗み、姦淫、泥酔、詐欺、その他の悪徳をほとんど知らない。そしてロシアのキリスト教徒に混じって暮し、かれらからこの種の悪徳を学んだ者を除けば、このようなことで非難される者は滅多にいない」(289)。

フランシス・ムーア(一七四四ごろ活躍)も、活動した地域こそ違え、優越した科学と技術を持ったヨーロッパ人に抵抗しようとする先住民に共感を抱いた。アフリカのガンビア川流域を探検した経験から、ムーアは、たとえば奴隷取引を営利が生み出したものとして全面的に非難するようになった。[★021] ムーアが一七三八年にロンドンで出版した『アフリカ奥地への旅』の序文には、すべて事実そのままであるという御定まりの主張と、事実を輝かせるために、潤色と「美しい想像力の産物」は完全に排除した、という説明が見られる(vi)。ただし、古代のナイル川流域の地理学者と歴史学者の著述を研究して、かれらから得られる情報は得た、と率直に告白している(vii)。

ムーアは、過去の学者の知識を現実によって検証したのみならず、宇宙創造、魔法などにかかわる性的な慣習を重視する傾向を支持した。マンボージャンボーについての報告は、魔術と迷信について書いたものより挑発的になった。マンボージャンボーは、女性を恐れさせ服従させておくことのできる性的な力の強い男性の守護霊である、とムーアは説明する(40)。かれ自身一度マンボージャンボーの訪問を受けたことを報告している。

五月六日の夜、わたしはマンボージャンボーの訪問を受けた。これはムンディンゴ族の謎めいた偶像神である。マンボージャンボーは樹皮でつくった長いコートを着ている。そのコートは一番上の部分に細いわらでつくった房が付いていて、人間がそれを着ると、背丈が八フィートか九フィートになる。これは男たちが妻を怖がらせるために考案したもので、彼女たちはそれを森に住む野蛮人だと思うくらい無知な(あるいは少なくともそう装わねばならない)のだ。そして実際、知らなければ、だれもこれを人間だとは思わないであろう。なにしろここの先住民にはほとんど出せないようなすさまじい音を立てるのである。マンボージャンボーは夜しか出ない。夜のほうが効果的だからだ。男女のもめ事が起こるとマンボージャンボーが派遣されて裁定する。結果はつねに男に有利だ、といってよいだろう。(116)

エロティックな観念

先住民の生活の性的な面はゲオルク・ヴィルヘルム・シュテラー(一七〇九―一七四六)も論じている。かれは医学研究者で、ヴィトゥス・ヨナセン・ベーリング(一六八一―一七四一)の、豪勢な装備を整えた第二回カムチャツカ遠征に参加して、『カムチャツカ調査、その住民、習俗、名前、生活様式、慣行』を書いた。[★022] シュテラーは、先住民の各種性的行為と、かれらのいうところのパートナーの種類とを記述し、さらにかれらのシャーマニズムについて聞き知ったことを報告して、盛装した術者がその技を演じている図を三点添えた(図版4、5、6)。[★023]

先住民の信仰によれば、世界を創造したのはクトカという名のあまり利口でない男性神で、その妻のチャチは優れた魔法使いだった、とシュテラーは書いている。自分が聞いたその夫婦の話はばかばかしいか、それとも気分が悪くなるようなものだといいながら、かれはその例をいくつか示す。ひとつの例では、飽くことを知らぬ悪名高い男色者であるクトカは、ムラサキイガイを強姦していたとき、貝が殻をぱたりと閉じたので男性器を失ってしまった、それをチャチが見つけだしてまた付けてやった、という(263)。また別の話では、クトカはもっとひどい堕落した行為の現場を捕えられ去勢されてしまう。さらに別の話は、雷雨の最中に天の偉大な神が下ってきて女性のシャーマンの体内に入り、彼女に予言と占いの賜物を与える、という。彼女はその賜物を、夜、ちらちら燃える非常に小さい火を明りに、狭い部屋に参集した人びとに分かつのである(277―78)。

あらゆる場面にエロティックな観念が現われ、ここの先住民は肉体的なことか、たまたま想像力を刺激されたこと以外は理解できなくなっている、とシュテラーは書く。このことに加えて、かれらがなにごとについても、自分たちの信仰についてさえ、たえず白痴的な笑い方をすることから、シュテラーは、かれらには生来の恥の感覚も、神的なものへの畏怖心もない、と結論づける。

シュテラーの意見では、神学、道徳という文化がなくても、新しい観念への偏見のない好奇心に変わりはない。というのは、変化のない過酷な風土で暮しているにもかかわらず、住民の大部分が一七四〇年から一七七〇年までのあいだに受洗したからである。★024 問題なのは、キリスト教の宣教師が宗教教育を継続することができなかったために、先住民はかれらの以前からの信仰と新しい信仰とをむやみに混ぜ合せて、いくつもの奇妙な宗派が生まれたことである。シュテラーがここで言及しているものは、一八世紀を通じて繰り返し現われたもの、すなわちじつは先住民がシャーマンの活動を潜行させるために完成させた戦略であった。

ステパン・クラシェニンニコフ(一七一三―一七五五)は植物学者で、やはりベーリングの遠征に同行した。かれはシャーマンすなわち魔法使いや奇術師を十分に観察したと感じて、かれらについての情報を含めて省察の書を書いた。この書物はそれから二〇年ほど後の一七六〇年代にいくつものヨーロッパ語の版が出た。ドイツ語版を作成した

図版4 ❖背後から見たシャーマン

図版5 ❖横から見たシャーマン

図版6 ❖背後から見たシャーマン

のはゲッティンゲン大学教授ヨーハン・トビーアス・ケーラー、英語版の『カムチャツカ、クリル列島および近隣諸国の歴史』(一七六四)の責任者は医学博士ジェイムズ・グリーヴだった。

クラシェニンニコフは科学者として、シャーマンが自分のエクスタシーを引き起こし、信者に麻酔をかけるためにも用いる物質を手に入れ、分析することにとくに関心を抱いた。かれらはある種のキノコの煎じ汁を醸造する。ところがそれは、先住民がハエを殺すために普通に使うキノコであることにかれは気づいた。その煎じ汁の人体への影響は、致命的ではないが、激烈だった。

この醸造酒の影響を受けた人間が示す最初の兆候は、全身の関節の震えである。三〇分も経つと、まるで熱病のようにうわごとをいいはじめる。そしてその人の体質に応じて陽気な、あるいは陰気な発狂状態を示す。一方は跳び上がり、踊り、歌う。他方は泣き、恐ろしく苦しむ。かれらには、小さな穴が大穴に見え、スプーン一杯の水が池のように見える。だがこういうことは、この醸造酒を飲みすぎた人に起こることであって、少量を用いるなら、気分を高揚させ、飲んだ人は活発、大胆、陽気になる。★025

このキノコの醸造酒を飲んで酔った人は、尿を容器に取るよう頼まれた。尿でも、元の酒以上とはいわないまでも、同様の効果があると考えられた。クラシェニンニコフは、かれのパーティに来たコサック族のひとりがその尿を試して危うく死にかけたことも、書き漏らさなかった。

クラシェニンニコフはシュテラーら同世代人の多くと同じように楽天的で、シャーマンの行動を観察しても合理的に説明をしようともしなかった。あるシャーマンがかれと同僚たちを快く儀式に同席させたときも、西欧人の優越感から驚きも不思議がりもしない。

一七三九年にわたしはカムチャツカ半島南部の砦で、もっとも有名なシャーマン、カリムラチャを見る機会を得た。このシャーマンは多くの並外れた離れ技を演じたことで、この地方の未開人のあいだで名高いのみならず、ロシアのコサック族からも尊敬されていた。とりわけ自分の腹をナイフで刺して大量の血を流し、それを飲む、というようなことをした。ただし非常に無器用に演じたので、迷信に目をくらまされていない者なら、簡単にトリックを見破るだろう。初めこの男は両膝をついてすわり、しばらく太鼓を叩いた。それからナイフを腹に突き立て、毛皮のコートの下から血液をすくった手を出して、それを飲み、指をなめた。わたしは笑わずにはいられなかった。どんな粗末な手品師でも恥じ入るような単純なトリックだ。かれがナイフを毛皮の下に滑り込ませて、その胸の部分に取り付けておいた袋から血液を絞りだしたことくらい、だれだってわかる。この手品の後で、男はさらに、われわれをもっと驚かそうとして、血だらけの腹を見せ、もともとなかった傷を治したふりをした。さまざまな悪霊がいろいろな姿を取ってあちらこちらから現われて……自分をひどく苦しめるので、気が狂いそうだ、とシャーマンはわれわれに話した。(230)。

クラシェニンニコフもシュテラーと同じく、先住民のあいだでなにか説明不可能なことが行なわれていると推察していた。西ヨーロッパの白人が科学的決定論を携えて侵入してきたとき、シャーマンたちは静かに、だが速やかに姿を消した。隠れなかった信者たちはシャーマンの実践について語ることを拒み、それを崇高な神秘として観察者から守った。

　ポウル・ハンセン・エゲーデ(一七〇八—一七八九)は宣教師の子として生まれ、生涯、布教の努力にたいするグリーンランドの民族の反応を見て暮した。★026 かれの報告は、一部の現地調査者のような方法意識がないことは明白だが、先住民の思考に見られる強い性的な傾向、女性と再生の連想、シャーマン(グリーンランドではアンゲコクと呼ばれていた)の重視について、他の研究者が書いていることを確証するものだった。かれの報告はデンマーク語からドイツ語に翻訳され、『グリーンランド便り　一七二一年から一七八八年までの日記から』という題で一七九〇年にコペンハーゲンで出版された。

エゲーデは少年時代に父の許可を得ずにシャーマンの巫儀に加わったことを告白している。巫儀はつねに夜、慎重に周囲を囲った、照明の暗い空間で行なわれた。かれはあらゆる種類の説明できない出来事を記録している。あるときはアンゲコクは堅く縛り上げられたが、抜け出して自由になり、その後何時間もばちでタンバリンを鳴らし、そのあいだ会衆は唱えるように歌っていた。後のある巫儀では、アンゲコクの体内から不思議な声が出てくるようだった。あるアンゲコクがひとりの少女に、彼女には影がないから、新しい影を吹いて膨らませてやると信じ込ませたときは、エゲーデはぞっとした。だが一番身の凍るような思いがしたのは、先住民たちから、怖くて死にはしないかとしつこく尋ねられたときだった。あまり何度も問われたので、怖くて死ななくてはいけないような気がしはじめた。エゲーデの父親は、ある程度は放任していたのだろうが、家にいない息子の行く先を突き止め、危ういところで押入ってきた。そして真の神に祈り、あのようなつまらぬデーモンに仕える者たちに脅かされるな、と息子を励ました。

一七三〇年代にはエゲーデは先住民に同意して、あるアンゲコクに弟子入りするところまで行った。しかし何回か稽古を受けたものの、準備があまりにもばからしくなって中断してしまった。かれは、自分たちの流儀に改宗させようとする先住民の企てに抗して父親の信仰に留まり、土着の信仰の正体を暴くことに個人的に専念するようになった。一七三六年に、エゲーデが指導していたある宗教的な討論のグループで、ひとりが別の男を指して「天の月まで飛んでゆくことのできるアンゲコク」(95)だ、といった。エゲーデは激して、実演を要求して容赦なく迫り、アンゲコクを驚かせた。「わたしはかれに、われわれの目の前でその空中飛行をしてみろ、そうすればおまえが偉大なアンゲコクだと認めよう、と要求した」(95)。そういうことにはならなかった。というのは、そのアンゲコクは、一年のうちでこの季節は太陽が強すぎて飛べない、と主張したからである。このシャーマンも、いよいよ地下に潜行するしかないと感じて姿を消したことだろう。

グリーンランドからのこのような報告は、宣教師と探検家の介入が先住民のあいだに混乱を引き起こし、かれらのものの見方に根本的な影響を与えたことを示している。あるアンゲコクはエゲーデに、天界旅行が思うようにできなくなったことをこぼした。半身が飛び立つだけで、残りの半身は地上に横たわったままだ、霊魂は天に達するが、身体は地上に囚われたままだ、という。かれを破滅させ無力化した責めを、そのアンゲコクはキリスト教の説教に負わせるのだった。

アンゲコクの中には、生き延びるために必要なものを新しい教義から巧みに吸収する者もいた。かれらは問われると、奇妙にごちゃまぜになった信仰をまくしたてた。たとえば、あるアンゲコクは、かれを改宗させようとした宣教師に、天国とは本当にこの上なく壮麗ですばらしいところだと、そして、先日の天界旅行で確かめてきたからよく承知している、と得意になって話した。長い長い時間まっすぐに昇っていってキリスト教の天国を見つけ出した、そこには無数のトナカイと人間が住んでいた、という(214)。また別のアンゲコクは、遠い国の処女が夢のような能力を持つアンゲコクを産んだ、そのアンゲコクは死者を蘇らせ、どんな病気でも治すことができた、エゲーデの父親のような者たちがかれを殺害したが、すぐれた力に恵まれていたので自力で復活し、天へ飛んでいった、と語った(36)。さらに別のアンゲコクは宣教師から、地球の内部は高温で、そこで霊魂が一種の不滅を経験する、と聞きかじり、自分の住む寒冷な地から地球の内部への旅を企てた、という(121—22)。

探検家が自分でもそれと知らずに、エゲーデのような宣教師がはじめたことに手を貸し、結着をつけることがあった。かれらがシャーマニズムにたいして取った極端に合理主義的、科学的な方法は、ヨーロッパの目で見れば、シャーマニズムの神秘性を剥ぎとったのだろうが、先住民側には別の反応をもたらした。すなわちシャーマニズムの信者は身を隠すことを、少なくとも公開の場には姿を見せないことを強いられた。とりわけ、かれらの真の信仰と儀式に、あまり寛大にヨーロッパ人を招いてはいけないことを教えられたのである。

シベリア先住民報告からアメリカ先住民研究へ

ヨーハン・ゲオルク・グメーリン(一七〇九―一七五五)はテュービンゲン大学の化学と植物学の教授で、ベーリングの第二次探検の一環として一〇年間をシベリアで過ごした。[★027] かれの四巻本の観察記録『シベリアの旅 一七三三年から一七四三年まで』は一七五一年から一七五二年にかけてゲッティンゲンで刊行され、その地の科学者から好意的に迎えられた。扉には世界的に有名な医師で、ゲッティンゲン大学植物学教授のアルブレヒト・フォン・ハラー(一七〇八―一七七七)による文学的な賞賛の辞さえ載った。「ロシアの広大な領土が地球の涯と出会うところ、そして東の端と西の端とが溶けあうところ、好奇の目が覗き込んだことのないところ、見たことのない種の動物がまだ名づけられない民族に奉仕していたところ、未知の鉱石が未来の技術者を待って眠っていたところ、そして調査されたことのない植物が茂っていたところ、そこに新しい世界が、グメーリンが発見するまで自然によって隠されていた」。[★028]

グメーリンはシベリア全土に広がるシャーマンの実践を見たと述べ、術者を呼ぶ名が部族ごとに異なることを示した。Kam, Schaman, Schamanka, Ajun というような、音をドイツ語風に綴った名称に、ドイツ語の単語で Zauberin(女魔法使い)、Gaukler(奇術師)、Hexe(魔女)、Taschenspieler(手品師)、Betrüger(詐欺師)、Schelm(いたずらもの)などを当てている。かれは単語を集めてそれを西欧人に理解できるように翻訳しただけではなく、当時流行の科学的方法を使いもした。シャーマンに接近してインタビューを行ない、かれらの大部分が文字を知らないことに驚いている。またシャーマンの儀式用の衣装の記述にはしばしば精密な寸法を書き加えた(2・11)。かれはシャーマンのその他の道具類も観察し、できるかぎりの物を手に入れた。シャーマンがそうしたものを手渡す前になにか小さい象徴的なものを取りのけるのを、グメーリンは、かれらは部族員をだまし続けるためにそうする必要があるのだ、と説明してすます(1・288)。

グメーリンが実見したシャーマンの巫儀は、大部分がヨーロッパ人用に演じられるものだったが、その解釈の仕方も同じである。どこで、いつ、だれが、なぜ、という報告の標準的な項目に、グメーリンは腹話術、手品、トリックの珍しいもの、たいして珍しくないものを明示する細目を加えた。仮面、衣装、太鼓、舞踏、歌を伴う巫儀に、かれは強い演劇性を見てとった。見たと思うものを記述するために、かれは宗教や科学ではなく、演劇の言葉を使う。準備行動はプロローグ、巫儀の全体がコメディ、シャーマンの異様な身体運動はファルス、そして円陣をつくってすわる観客に囲まれる空間は舞台とよばれる。先唱者とコロスもいる(2・352—53)。グメーリンは、シャーマンは凡庸な演技者で、役に夢中になるあまり、動作が「ヨーロッパの狂人がいつもするように体をねじる」(1・275)だけになるようだ、とほのめかしさえする。別のシャーマンは「まるで狂乱の体で右往左往」し、「やがてまた腰を下ろすと、発狂でもしたかのように恐ろしい顔つきをし、体をねじ曲げ、目をぐるぐる回し、ときどき閉じた。このコメディを半時間ほど演じた後、他のひとりがその手から太鼓を取り、それで魔法は終わった」(1・284)。パフォーマンスによって誘発される狂乱とその感染力はこの瞬間に最大になるらしかった。「続いて三人全員が発狂したように暴れはじめ、けんかになるかと思うほど金切り声を上げて跳びはねた。女は太鼓を打ち続けた。かれらのいうことを信じるなら、このとき悪魔の軍団がそこに来ていたのだった」(2・85)。

グメーリンは資力の豊かな科学者だったから、かれを信用したシャーマンに、技の秘密を打ち明けさせることができた。シャーマンがすべてを話すと、かれは感謝するどころか、そのトリックを人びとの前で率直に告白することを要求した。シャーマンの拒否を、繁盛している商売を守ろうとしている、とかれは解釈した(2・87,3・44も見よ)。グメーリンの調査の噂が先住民のあいだに広がるにつれて、その地方のシャーマンの多くはかれの前に出ることを完全に避けるようになった。そのような一時的な雲隠れにはつねに信者が手を貸した。たとえばこういう記述がある。「かれらの魔術を見たいと思ったが、住民は狡猾で、この辺りにはKamはいない、といった」(1・276)。

徹底した合理主義者が感じるフラストレーションの強さを反映して、シャーマニズムを信じているシベリアの先住民を啓蒙しようとして骨折っているのだ、という自負の語が増える。悪人にたぶらかされているのだと指摘してやった、とグメーリンは繰り返し書いている。かれがあきれ返ったのは、かれらの底知れぬ信じやすさと絶望的な無知だった。グメーリンは、その知性と学識と経験にもかかわらず、なにかほかのもの、なにかずっと大きいものが働いているかもしれないとは思い至らなかった。それにはまだしかるべき人びとを待たねばならなかった。

そのひとりがジョセフ・フランソワ・ラフィト(一六八一―一七四六)、宣教師として長年カナダに住んだイエズス会士である。かれはグメーリンのような探検家が広めた科学的な方法に疑念を抱いた。あまりにも多くを排除し、否定しえないものを否定する、と思われたからである。★029ラフィトは、物事に内在する仮定に従って見ることのほうを選んだ。その仮定をまず発見すべし、というのである。かれ自身は鋭利な観察者であるのみならず、未知のものは既知のものによってしか理解できない、と考える実用主義者でもあった。★030かれはつねに古典古代を引き合いに出した。それというのも大学で完全な基礎知識を与えられ、フランスで古典文学の教師を志願した時期さえあったくらいだからである。ラフィトは、フォントネルのような頑強な合理主義者の意図を否定しながらも、かれらの比較方法を改良して、いくらかの謙遜と大量のフィールドワークを加えた。かれは鋭敏な科学的本能によって多くの貢献をした。たとえば北アメリカ大陸のチョウセンニンジンを発見したのはかれだとされている。インディアンの言語を研究し体系化する言語学者としての仕事と、人類学者としての先住民文化の研究とは連携しながら進められた。

ラフィトの研究書『アメリカの未開人の習俗 古代の習俗との比較』は、一七二四年、ジャンバティスタ・ヴィーコ（一六六八―一七四四）の『新しい学問の原理』の前年に、二巻本として刊行された。ヴィーコはラテン修辞学の教授で、紀行文、とくにイエズス会士の著作を広く読んでいた★031。アメリカの宗教の基盤は、初めギリシャに住み、その後アジアに移動した民族のものに似ている、とラフィトは書いている。それは、「バッカスが戦争に赴いたときかれに従った者たちの宗教的基盤、そしてその後すべての異教の神話とギリシャ神話との基盤として働いたものと同じである」★032。ラフィトはヴィーコと同じように、現存の人種と神話的な太古の民族とを比較し★033、アメリカインディアンと、ヘロドトスに記述の多い古代スキタイ人とに見られる共通性をとくに指摘した。アメリカインディアンも、潔めのために蒸し風呂を好むし、現代のドイツ人、フランダース人、スイス人でさえかなわないほど大量のアルコール飲料を飲む習慣がある。アメリカインディアンの祭司は治療師でもあり、ラフィトの考えでは、古代のメルクリウス（ローマの商業の神。ヘルメースと同一視される）、アヌビス（古代エジプトのジャッカルの頭をもつ神。冥界の支配者、医学の守護神）あるいはヘルメース（ギリシャ神話の神。商業、盗人、旅人の守護神。また死者の魂を冥界へ導く）に、あるいはまたオルペウス、エウモルポス（ギリシャの女神デーメーテールを崇拝する秘教の創建者といわれる）、タミュリス（ギリシャの伝説的音楽家。歌と竪琴に秀でていた）その他の占い師に似ている。時代によってさまざまな民族がさまざまな名称を用いたことを強調して、かれは祭司、女祭司、魔術師、占い師、秘儀の祭司、ドルイド（古代ケルト人の宗教の祭司階級）、まじない師、さらにはSaiotkatta, Agotsinnachen, Arendiouannens, Agotkon, Piayés, Boyés, Pagés、あるいは香具師、そしてもっとも多くはジャングラーという語を用いた（1・237［371―72］）。

ラフィトは先住民を確実にカトリックに改宗させるために適切な計画を定めることを目指し、そのために自分が宣教師として責任を負う住民の基本的な人生観を確認する必要があったので、かれらの儀式と、それ以外のときにかれらが生と死の神秘に対処する態度に注目していた。アメリカインディアンの信仰にあっては性と豊饒が重要である、とかれは書いている。その信仰は、地上の人類の起源を、性的な誘惑に負けた罰として天から追放された女神に求めさえするのである。ラフィトはその地の女性の役割を調べ、そこで発見したことを、ギリシャのマイナス（ギリシャの酒神ディオニュソス

（バッコスの供の女たち。忘我、狂乱状態を示す）、ローマのウェスターリス（ローマのかまどの女神ウェスタに仕える女祭司）など、古代の女性についての知識と比較した。処女性の力はたいていの部族で崇拝されるほどに強く、それをいい表わす特別の語があり、それを護るための細心の配慮が定められているほどである（1・218［339］）。ラフィトはインディアンの身体的な、完全に性的な祭を古代についての知識と比較して、その主たる目的は奔放無差別な乱交ではなく、なにか秘儀と関係のあるものだ、という結論を導いた。そしてその主張を支持するものとしてイシス（古代エジプトの女神。主神オシリスの妹、妻）、ケレース（ローマの豊穣の女神）、穀物の束、箕について述べ、また、先住民は植物に一定の性的な特性を認め、純潔な手で用いなくては薬効が失われると考えている、とも書く。治療のために植物を使う秘訣を心得ているという既婚のインディアンがラフィトに、自分はもう力を失ってしまったから治療を試みる気はない、と告白したという。

そうなると治療はジャングラー、つまりシャーマンに委ねるしかない。ラフィトはシャーマンの召命、イニシエーション、義務、用いる治療法の種類について知りえたかぎりのことを報告した。長く厳しいイニシエーションの過程を論じるところで、かれはトロポーニオス（ギリシャ神話の建築家。深い洞窟内に神託所があった）の洞窟に入る前に必要な準備段階と比較する。霊魂を感覚に起因する肉体的な事柄から解放して、神々と交感できるようにするために、多数の試練と罪滅ぼしが考案された。ラフィトはフォントネルとは違い、錯覚を利用する人為的なたぶらかしよりも、宇宙の真理を伝えるための教育的手段としての錯覚の有効性のほうに関心を抱いた。まさにこの錯覚こそが、イニシエーションを受けた人が死に、すなわちプロセルピナの住居（冥界の意。プロセルピナは冥界の王妃、二七五ページのペルセポネーと同一視される）に近づき、もっとも奥深く隠された自然の秘密を経験し、神の権能を間近に拝し、その後まるで奇跡のように、日常生活の現実に戻ることを可能にするのであることを、かれは強調する（1・220―21［342―43］）。

ひとりのインディアンの少年が幼いころに家族から引き離され、ある老シャーマンに弟子入りした。新弟子はタバコの絞り汁を飲み、断食して、肉体を否定することを強いられた。皮膚に切り傷を無数につけて、無感覚になることも学ばされた。最後の儀式は、かれとかれのために働く精霊とを結びつけるもので、夜行なわれ、恐怖が胸にしみ込むように構成されていた(図版7)。それはつねに成功した。というのは、新弟子たちはその後で食べ物を与えられて肉体的には回復するが、「デーモンによって想像力に刻みつけられた傷の治癒は困難だからである。デーモンに奴隷のように縛りつけられるのは、そのデーモンの暴虐の恐ろしい結果をしばしば経験するからこそだ、とかれらはいっている」(1・223[349])。

このような経験は神秘の認識のみならず、霊界との交感能力をも与える。こうして非凡になった者は部族の中で高い身分を認められ、つねに助言と医療を求められる。この点でもラフィトははるかな古代との一致を強調した。

異教の時代にはつねに占い師は、神々と人間にかかわることとの知識を持ち、植物、岩石、金属の効能と、自然の隠された力と秘密のすべてを知る賢者と見なされた。かれらは人の心の深みを探るのみならず、未来を予見した。星という運命の書物を読み、他の人間には許されない仕方で神々と親しく交わった。見受けるところ禁欲的なかれらの生活と習慣と、批判も非難も超越しているという事実とによって、神々の口として神託を伝えるかれらに助言を求めてくるすべての人びとから尊敬された。(1・237—38[372—73])

許容限度のパラダイムとそのレトリックを用いて、ラフィトはシャーマニズムの起源が太古にさかのぼることを示し、フォントネルに反論して、このように遍在し、深い根を持つ現象を、蓄財のために人びとを欺く少数の詐欺師がいたからというだけで信じないのは、論理的でも科学的でもないだろう、と主張した。自分の利益のために人を欺く者は人間の営みにはつきものだ、とラフィトは言葉を続け、何百年もだまされ続けるほど人間は愚かだったという意見に同意しなかった。シャーマニズムにはなにか真実なもの、価値あるものがあるにちがいない、とした。

ラフィトはシャーマニズムに含まれる真実の探求の一部として人間の心理を探り、人間心理と神話との関係の可能性を考えた。アメリカインディアンのシャーマンは、古代のピューティアー（デルポイのアポローンの女祭司）、シビュラ（アポローンの神託を告げる巫女）などの占い師たちと同じように自分の身体を驚くばかり支配している、とかれは書いている。かれらは自分の意志でトランス状態に入ることができ、熱狂に身を委ねていてもきわめて正確に歌ったり踊ったりすることができる。激しい興奮の絶頂においても、内容は通常漠然としているが、託宣を告げる程度にははっきりとものをいうことができる。どのようにしてか、かれらは自分で引き起こした自分の狂気から回復することができる。なにをするにしても、かれらは同胞のために一種の代理人として働く。ラフィトは次のようにまとめる。

> シャーマンの生まれつきの特質の中には、むしろ神的なものがある。かれらが明らかなエクスタシーの状態に入ると、すべての感覚は閉ざされ、停止してしまう。外来の霊が現われて目に見える形で肉体に憑依し、身体器官を支配して、その内部で直接的に行動する。その霊はかれらを狂乱状態に投げ込み、シビュラのような痙攣的な動作をさせる。その霊が胸の奥から未来のことを語ると、腹話術師さながらである。その霊はときにはかれらを空中に浮かばせ、あるいは体を実際より大きく見せる。
>
> 　このような狂乱状態では、かれら自身の霊は憑依している霊に吸収されてしまったように見える。ヤンブリコス（一世紀シリアの新プラトン派哲学者）が語っている占い師のように、もはやかれらはかれら自身ではない。つまり内部で外部の霊が行動するので、自分自身がわからないだけでなく、そのあいだは感覚がなく、傷を受けても感じない。火を押しつけても火傷をさせないことも、焼き串で刺すことも、斧で肩に切りつけることも、剃刀で腕を切り裂くこともできる。（1・243―44[383―84]）

図版7 ❖カリブ人のシャーマンのイニシエーション

図版8 ❖集団治療と葬儀

図版9 ❖フロリダの地方会議とチカ（ノウゼンカズラの葉を煮て作る赤い染料）作り

ラフィトがこのようなシャーマンの能力を人間の豊かな想像力の所産と見なしたのは非常に重要な指摘だった。シャーマンは想像力が並外れて発達しているので、患者の想像力の目に見えない働きを直感的に察知し、同時にその想像力をどのように操作すれば治療ができるかも悟る（2・209―10［375―76］）。

アメリカインディアンのシャーマンは「自然界に存在する薬効のある物質」の知識も豊富であるらしかった。それにもラフィトは関心を引かれた（図版8）。かれらの食事の管理が効果を上げていることにラフィトは気づき、「われわれより肉体的に健康」なのは塩分を控えるからだ、と考えた（2・295［368］）。とくに興味を抱いたのは、チョウセンニンジン、チカ、タバコ、コホバ、大麻その他のハーブ類の使用だった（図版9）。傷の治療法はじつに優れており、「かれらの医学の代表」と呼ばれてしかるべきである（2・204［365］）。かれらがもっとも普通に行なう治療は発汗させることだった。そして予想されるとおり、ラフィトは読者に、古代スキタイ人が行なっていた方法についてのヘロドトスの記述を想起させるのである。

ラフィトは、アメリカインディアンの医療は比較的単純で部族の生活に直接結びついているので、だれでも使えることを認めた。この事情を同時代のヨーロッパの慣行と比較してみせて、当然ながらヨーロッパ人の怒りを買うことになった。

ある種の植物は人間に効く天然の万能薬であるが、その効能をかれら（インディアン）は精緻な推論によってではなく、むしろ長年の利用によって知っているのである。われわれは、過度の精製を欲して植物の秘密を奪わなくても、また無数のわけのわからない専門語で医学をややこしくしなくても、このような植物で病気を治してもらえるだろう。医学というものは万人に関係があるのだから万人の手の届く科学であるべきなのに、わけのわからない言葉が医学を不可解な謎のようなものにしている。生活と健康の調和を保つために役立つものが少数の人の手に握られ、職業の威光のもとに、嘆かわしい実験をしたり、人を殺しても刑罰を免除されたりして名声を博するような現状を変えることは、万人にとってきわめて重要である。ただしこれは、今日の医師たちを侮辱する意味でいうのではない。かれらは実際に優れた技量を持ち、先人に比して技術をずっと改良し、向上させてきたのである。（2・202［362］）

ラフィトは職業意識と科学の専門分化の進行に反対し、神の賜物としての洞察力あるいは占いによる病気診断を断固として支持した。

第三章 相互作用・変容・消滅

Interaction, Transformation, and Extinction

一八世紀後半は学術探検の時代として知られる。探検を後援したヨーロッパの科学界と大学は方法論に特別の関心を寄せていた。探検家の多くは引き続きなにか既知のこととの一致を求めるか、あるいは合理的基準を適用してシャーマニズムを解明しようとした。しかし現地でたまたま出会い、あるいは頼んで見せてもらったものを、観察、記録、収集し、そして説明はできなくてもそれについて熟考しようとする人びとの数はしだいに増えていった。一般に測定と統計が、また心理学的、言語学的因子に関する論評が、はやりはじめた。個々の部族がシャーマニズムの術者を呼ぶ呼称が勤勉に記録され討議された。

探検家の中にも、信者とシャーマン双方の想像力、情緒、知的特質に興味を持つ者が出てきた。先住民の薬物を探し、調査するだけでなく、さらに儀礼、儀式の目的を確認しようとする者、またシャーマンの選任または召命について、訓練について調査する者もいた。部族内でのシャーマンの評判を尋ねたときは、あらゆる時代を通じて人類に影響を及ぼしてきた問題のいくつかにぶつかった。そのひとつは、正統と称する多様な宗教が信者を獲得しようとするところから生じる混乱と、その結果としての信仰の部分的一致だった。部族の統一にかかわる問題もあった。シャーマンは神聖な場所と古代の神話とを知り、霊を宥める能力を持って、部族の統一を支える主要な役割を果たすらしかった。さらに滅亡の問題があった。一八世紀末になり、アメリカ大陸でもシベリアでも入植者のために先住民が移転、移住させられるにつれて、この問題が深刻になった。

人文学を学んだ若い科学者は(おそらくいくぶんロマンティックに)、トロイア人、ケルト人、ニーベルング族が地上から姿を消したときに失われたもののことを考えた。そこでかれらはアメリカ大陸と広大なロシア帝国に殺到し、滅亡しかけている民族の現状を後代のために記録した。この科学者たちは、同化とかジェノサイドとかいう概念こそまだ使いこなさなかっただろうが、滅亡ということの意味を理解したことは確かである。そしてかれらはそれを憂えたのである。

事実を捜し出し保存しようとするかれらの熱心な反応は、かれらがたまたま富裕な貴族で探検費用の捻出に苦労しない（そういう例もときどきあった）というのでなければ、経済的要因によって当然修正を受けた。だが財政的にも知的にも解放された探検家の多くは、事実と見なすことになっているものについての通常の基準に疑問を抱くに至った。ときにはその疑問自体が、自然へのニュートン力学的な、すなわち数量的なアプローチの限界を越えることがあった。オカルト的なものを知識の源でありうるとして徹底的に調べようとする者さえ現われた。

一八世紀後半のこのような知的先駆者の報告は、許容限度のパラダイムと、伝統的に承認されてきた概念区分を、捨て去るとはいわないまでも、無視する自由を広げる大きな力になった。その結果、利用できる方法の数が増え、新しい学問分野が生まれるとともに旧来の学問分野に大きい変化が生じた。

社会的存在としての人間の研究はさまざまな方向に向かって発達しはじめ、それらがやがてそれぞれ固有の方法を持つ独立の科学になった。知性と霊魂を持つ生体としての人間の研究も変化した。医学は頭蓋骨その他解剖学的特徴の調査に加えて、人間の想像力の作用と魂の欲求をも考慮しはじめた。

ロシアのシャーマニズム研究の動向

ヨーハン・ペーター・ファルク（一七三二―一七七四）は一七六〇年代末にロシアの諸地方を旅した唯一の「学究的」探検家だった。★001 かれの発見は、ペテルブルグの帝国科学院発行の二巻本の地誌概観に収められた。かれが諸民族の習俗を考察したのは、風土と環境が社会的行動に影響する、と信じたからだった。ヴォチャーク族はシャーマニズムを信じていた時代には森林に覆われた山を神聖なものと見なしていた。そしてファルクの強調するところでは、かれらはキリスト教徒になってからも、非常に迷信深くて洗礼名を使うことを拒み、また妻を買い続けた。★002
ファルクの調査の主目的のひとつは、一種の人口学をつくることだった。人口調査の数字と宣教師の手になる改宗の統計を調べ、民族ないし部族、宗教、女帝に支払った貢租額を明らかにした。たとえば、かれはチェレミス族について、一七四七年に八六一八名がキリスト教に改宗して「シャーマニズムという偶像崇拝」を捨てた、と書いている。一七八五年には洗礼を受けたキリスト教徒の数は五万四〇三九、異教のシャーマニズムに留まっている人数はたった一六七三人になっていた(2・453―54)。

ファルクは出典を良心的に示し、かれの発見を支持する旅行記についてながながと論じた。客観的であろうと努めたにもかかわらず、全体を通じてファルクのヨーロッパ中心の姿勢は明白である。テレウトのシャーマニズムの論じ方にもそれははっきりと見てとれる。テレウトのシャーマニズムが示す特徴の中でかれが特別視したことは、Kamと呼ばれる祭司の魔力と、男女を問わずその職への選任が生得権であるという事実だった。シャーマンのエクスタシーに関してはファルクは太鼓の重要性を強調した。「Kamは非常にばかばかしい服装で歩きまわっているが、太鼓の打ち方は心得ていて、かれの太鼓に応じて神々が姿を現わし、かれの問いに答え、願いを叶えたり退けたりする――悪魔のほうはその太鼓に耐えられず、退散する」(2・560)と。

イヴァン・イヴァノヴィチ・レペーチン(一七四〇―一八〇二)はロシアの医師で、ペテルブルグとストラスブールで学んだ後、帝国科学院助手になった。一七六八年と一七六九年に東部地方を探検したが、その地の未知の「異質性」にたいして先人に比べてずっと偏見なく心を開いて接した。かれの目的は、歴史と経済および動物、植物に関する情報収集だった。そのかたわら、医学との関係もたえず気にかけていた。

レペーチンが用いた多数の経験的方法のひとつは一種の現地インタビューだった。かれはいつも先住民、とくに農民と庶民に健康法と病気治療法について質問して、かれらの利用する薬草や草木根を覚え、それらの調剤法、配合、用法を習おうとした。先住民が魔力を持つ神聖な植物と見なすものにも注目した。かれは先住民をあざけったり避けたりせずに、なぜ一定の植物が魔法使いや悪魔の力を奪い、汚れた霊を泣かせると考えられるのか、その理由を突き止めようとした[★003]。

レペーチンはシャーマンが非常に高い評価を得ている事情を検討した。先住民は公的にはロシア正教に信仰告白をしていたが、それとは無関係に私的にはシャーマンの病気治癒力への確固たる信仰を保っていた。ほんの些細な不快や身体の不調を治療してもらうためにも、かれらはシャーマンを訪ね、ときにはある特定のシャーマンに相談するために五〇〇ヴェルスタ（およそ五三〇キロメートル）以上の旅をする者さえいた(2・45)。

レペーチンは、実見する機会のあった供犠と治療を詳細に描写している。バシキールで、とくに重い産科の患者を若いシャーマンが担当した。かれの祖父は非常に強力なシャーマンという評判を得ていた。同席者は男も女も、ぜいたくな食事をしてから悪霊をおどして追い払う舞踏をはじめた。かれらは金切り声や大声を上げながら、気が狂ったように体を揺すり足踏みした。しばらくそれが続いた後にシャーマンは、その中で霊力の強い者たちに、名を名乗り、引き続きかれの戦いに加勢するよう求めた。かれらは指示どおりにした。真夜中ごろになってシャーマンは突然恐ろしい顔をした。それは人間の顔というよりはデーモンの顔に似ている、とレペーチンは思った。シャーマンは窓をじっとにらんでから、銃を撃ち、剣をつかんで全速力で外へ駆け出した。そして戻ってくると、父親になろうとしている男に、悪霊はもうかれの妻を悩ますことはないだろう、と請け合った。勝利がまちがいないことを証明するために、シャーマンは血の染みのついた場所を指し示した。消えた悪霊はそこにいたのだった。翌日患者は死亡したが、レペーチンは非常な難産の間の大騒ぎと興奮と強すぎる刺激のせいだ、と判断した(2・45—46)。かれはこのような興味深い描写に加えて多数の統計と収集した語彙を公表した。かれの貴重な三巻の旅行記はいずれも巻末に、とりわけ植物の図を豊富に載せている。

先住民の習俗の図が旅行記にはつきものになった。探検家の多くは、見たり経験したりしたことを言語で表現することの限界に悩んだからである。ペトルス・シモン・パラス(一七四一―一八一一)の三巻の著書には、シャーマニズムの現に見られるさまざまな面のかなり客観的な記述に加えて多数の挿画が載っている。パラスは有名なナチュラリストで、ロシア全土を探検するにあたってはエカチェリーナ女帝の温かい支援を受け、後に十分な報酬も得た。[★004] かれの著書『ロシア帝国遍歴記』は帝国科学院の援助を受けて一七七一、一七七三、一七七六年にペテルブルグで刊行された。[★005]

パラスは序文で探検の意図と目的を伝え、さらに本文でも補足した。つまり、かれの行程が二五年以上前にグメーリンが探検した地域と重なることにたいする批判を予測し、動機がグメーリンとはまったく異なることを前もって説明して、弁明しておこうとした。そうはいってもパラスはグメーリンと同じように先住民に広告して、シャーマンを求め、目の前で実演させたのである。かれの活動スケジュールは、夏の快適な気候のあいだに旅をして、厳寒の冬は安全なところに腰を据えるように組んであった。その冬ごもりのあいだに、書き留めておいたものを読み直し、練り上げ、いっそう明晰にすることができた。

パラスは先住民の心理にとくに熱中した。シャーマンは心に恐怖をしみ込ませるような話を何度も聞かせることによって、絶大な支配権をふるっている、とかれは書いている。シャーマンは幻想的な出来事を日常の現実として話す。かれらは自分の夢を分析し、その構造をサスペンスに満ちたものにすることによって、そのような話しかたを身につけた。夢と覚醒状態との区別がぼやけているので、シャーマンを信じなかったり、その言葉に従わなかったりする者を、神々の罰が下るといっておどす。たとえばオスチャック人は想像力が過度に鋭敏なので、なにかほんの少しいわれるだけでびくびくして恐怖におののく(3・62)。北方、とくに北極地方に住む他の民族も同じような神経質な反応を示すことがわかった。とくにサモイェード人は独特の身体的興奮を示しやすい。パラスの考えでは、それは「ひとつには、北方の気候とそれが要求する生活様式の影響で神経系が過度に緊張し苛立ちやすいことから、またひとつには迷信が想像力に与えた悪影響から」くるのである(3・76)。

パラスはエニセイ川流域のブリヤート族とタタール族にも、多くはないが、若干の極端に苛立ちやすいタイプを認めた。このような過敏性はさまざまな民族にさまざまな程度で見られる、とかれは報告している。ほんのわずかな刺激にも反応する人びとがいる。「たとえば脇腹など、体の敏感な部分に不意に触られるとか、突然の叫び声や笛の音、その他恐ろしいことや突然なことに出会うと、このような人びとは我を忘れ、ほとんど狂暴な状態に陥る」(3・76)。また北欧神話の狂戦士のように、狂憤を抑えられなくなり、斧でもナイフでも人を殺せる道具をつかんで安らぎを乱した敵を追う者もいる。犯人がすぐに見つからなければ、手当たり次第のものが身代わりにされる。パラスは続けて「狂憤のはけ口が見つからなければ、辺りを探しまわり、叫び、体を激しく震わせ、完全に狂人のようになる」(3・77)と書いている。その発作から引き戻す治療法のひとつは、トナカイの毛を焼いた煙を吸入させることである。その煙を吸うと身体がだるくなり、次に熟睡が少なくとも二四時間続く。これをパラスは、問題の根をいっそう明らかにする治療形態と見なした。ひとりの探検隊員との会話から、この種の心理現象がヤクート族に広く見られることが確認された。ツングース族とカムチャツカ族の事例を記述した旅行記があることも、この現象がじつは非常に古く、かつ遍在するのではないかというパラスの予感を確証するように思われた。

このような鋭敏な感受性がシャーマンになる必要条件だとパラスは考えた。シャーマンの極端に繊細な神経系は、幼児期にたびたび病気の発作に苦しんだ結果だとされ、しばしば女性的であると見なされた。だからといってシャーマンカ、つまり女性のシャーマンが女性であることによって幼いころの身体的、情緒的な苦悩を知らなかったというわけではない。それどころか、シャーマンカの振る舞いは厭人的、奇矯、ヒステリックと報告されることが多い。パラスがひとりのシャーマンカについて聞いたところでは、彼女は「少女時代に長いあいだ呆けたメランコリー状態に」あったという(3・223)。

パラスは、シャーマニズムはシベリア中で行なわれているといったグメーリンに同意し、さまざまな相違はあっても多くの民族は互いに似かよっている、という。かれはシャーマンという語をシャーマニズムを行なう者の総称として用い、諸民族が多様な語を使っていることを強調して、例としてBöh, Uduguhn(1・359)、Kamnö(2・682)、Tadyb(3・75)、Kahm(3・345)をあげている。また会ったりパフォーマンスを見たりしたシャーマンについては固有名詞も記している。

シャーマンの衣装と付属品には、先人同様パラスも魅惑された。かれは、そのような物がそれ自体で信者に吹き込む畏敬の念を語り、儀礼においてそれらが持つ意味を説明しようとした。素材とスタイルについては記述すればよかったが、小さく薄い鉄片、鈴、羽根、毛皮または動物の皮を小さく切ったもの、偶像、その他の装飾品、とくに頭につける、本物または象徴的なシカの枝角を論じることは難しかった(3・182)。ドイツの伝統に忠実な科学者の苛立ちとでもいえそうな調子で、シャーマンは魔法を行なうとき「どちらかといえばフランス風の衣装一式」を身に着ける(3・402)と、書く。その衣装がすこぶる恭しく扱われる理由も、儀礼の場まで仰々しく運ばれて、そこでシャーマンが素肌にじかにまとう理由も、かれは説明できなかった(3・222)。

シャーマンがその衣装を身に着けるのは、パラスによれば、エクスタシーを伴う巫儀を行なう、部族全体のための供犠を執り行なう、偶像をつくる、病人を癒す、という主要な四つの機能を果たすためである。巫儀は通常暗くなってから、ちらつく炎を明りに、あるいは月明りで行なわれ、参集者の歌と太鼓と舞踏が、シャーマンのトランス状態にあるような痙攣的な動作を誘い出し、ついでその動作がシャーマンから参集者に伝染する。供犠はさまざまな折りに行なわれ、シャーマンの参加が必要なのは、霊を宥めねばならないときだけである。トナカイ、ヒツジあるいは他の獣を儀式の規則に従って殺し解体してから、血の滴る内臓と骨を西の方角に投げる。皮は偶像をつくったりするために取って置き、肉は全員が感謝を捧げて食べる(3・62—64)。シャーマンが病人治癒のために使う手段は、霊を呼び出す巫儀や供犠から偶像の礼拝や「天然にある薬物」までさまざまである。

同世代の探検家と同じようにパラスも、先住民は観察されることをだんだん、防衛的な態度を取らないまでも、嫌がるようになってきたと報告している。旅のあいだずっと、パラスの西洋の科学者特有の高慢な態度は変わらなかった。かれは霊魂輪廻信仰を不愉快がり、しばしばアニミズムを否認した。それにもかかわらず、シャーマンたちがその過酷な風土の中で、かれらの固有社会が存続するために必須の職務を続けたいがためにのみ、キリスト教への改宗に、あるいは少なくとも受洗に応じたことに、パラスはいくばくかの同情と一定の個人的な温情さえ表明している。

ロシア人旅行者が、単純だが生来客好きな先住民をしばしばからかったりだましたりすることをパラスは笑っていたが、その地方で神聖視されているものを汚すことは原則的に承認しなかった。それどころか不当に残酷なことだと考えた。したがってかれは、土着民の不満や、それと平行して起こった、シャーマニズムを地下に潜行させる企てについて、知ったことを記録した。オスチャック族の中に入って、かれらが宗教活動のための道具一式を隠したのみならず、見張り番を立て、そこに近づく通路をすべてロシア人から隠したことを、かれは教えられた(3・60)。また別のところで、ステパンというクリスチャンネームを持つ才能のあるシャーマンのことを耳にした。かれは非常に狡猾で、「もしわれわれの一行が、かれが別のユルトに隠しておいた魔法のタンバリンを偶然に見つけなかったなら」(3・347)、その能力を隠しておきたかったのであろう。

パラスがツングースでシャーマニズムの調査をしていたとき、その地方で一番有名なシャーマンが、旅行中の教授たちに魔法の衣服を奪われて以来霊力を失ったと主張している、という情報を数人のコサックがもたらした(3・223)。だがパラス自身、あるシャーマンが命令に従っておとなしく出頭しなかったとき、もちろん科学の名においてだが、類似のことをしたのだ。「かれは家に見つからなかった。そこでわたしは、たぶんわたしの前で奇術をしないですむように姿を隠したかったのだろうと考えて、せめてのことにかれの魔法の用具一式を取ってきた」(3・345)。それでもその没収されたものは挿画となって、少なくとも、太古の風習が一八世紀後半になお実践され、了解もされていたことの記録を後代に提供することにはなったのである(図版10)。

シャーマニズムの演劇的な面とともに文学的な面もすでに一部の探検家によって指摘されていた。だいたいは、かれらの目的は神秘性を剥ぎ取ること、正体を暴露することだった。パラスの念頭にはそのようなことはなかった。かれは、自分が見た、と真に思うことを評価してみせたかっただけだ。巫儀で誇示されることのある滑稽な動作を、かれはヨーロッパで知られているおどけたパントマイムに似ていると思った(3・64)。また別の儀礼は、むしろファルスか薬売りの身振り入りの口上に似ているし(3・176, 182)、もっと洗練された演劇的要素を持つものもあった。後者は、かれの考えでは、フランスの新古典主義の規範から学んだヨーロッパ人の演じるものに近づいていた。パラスは、ヨーロッパ中心思想と男尊思想にもかかわらず、寓話ないし文学的虚構の起源を見て取るだけの鋭敏な能力はたしかに持っていた。[★006] シャーマンは物語、英雄譚、騎士のロマンスの創作者かつ伝承者であり、これらの物語が、先住民が生き延び、部族の統一を保つために必要な共通経験の基盤と力とを与えてきたのだ、とかれはいう。[★007]

ヨーハン・ゴットリープ・ゲオルギ(一七三八―一八〇二)は『ロシア帝国旅行記』と『ロシア帝国の民族のすべて、かれらの生活様式、宗教、習俗、住居、衣服、その他の特徴』で同じ主張をした。[★008] ゲオルギも「学究的探検家」のひとりで、ロシアの辺境地方におけるかれのフィールドワークは一八世紀末には模範的と見なされていた。シャーマニズムと芸術の起源との関係は明白だとかれは思い、しばしばそのことを論じた。古代の神託と同じように、現代のシャーマンとシャーマンカが告げる言葉はきわめて装飾的で不明瞭なので、結果はともあれ、あらゆる場合に適用できる、とかれは書いている。実際それは必要でもあった。信者は象形文字しか持たず、アルファベットを知らなかったか

図版10 ❖シャーマンの３つのポーズ

ら、イメージと感覚を共有するしか意思疎通の方法がなかった、とゲオルギは続けていう。連禱の形式が好まれるのは、そのリズムと音調が身体に直接作用して、理性という高度な機能に頼る必要がないからである。かれらはいきなり興奮する。ゲオルギは特殊な神経系にその理由を見る。「このような体質でこのように過敏な人びとの心は、夢と霊の出現と迷信とおとぎ話に満ちているにちがいない。かれらもそのとおりだ」(1・14)。ゲオルギはシャーマンの並外れた文学的才能にすっかり感嘆し、その活動にたいする不信感をほとんど忘れるほどだった。かれらの言葉はおのずからあふれだし、しかも驚くばかり洗練されていると感じられた。

多数の同時代人と同じように、ゲオルギはシャーマンとその信者たちの心理的素質に注目した。気候、地勢、環境全般が神経に、さまざまな神経繊維に、大きい影響を与えるという見解では、ゲオルギは他の探検家と一致していた。先住民の過敏性と興奮性について、見聞きしたことを、何度も繰り返し書いた。思いがけない事件、何気ない一言、不意に目に入ったものでかれらは失神や激しい痙攣の発作を起こした[★009]。『民族のすべて』の序文でかれは方法に触れて、シャーマニズムとの接触の性質を報告するとともに当時一般的だった学界の見解を傾聴する姿勢を示し、シャーマン像を描き出すためにその人格を分析してみせる。その分析は、シャーマンをトリックスター(世界中の神話、民話に見られる、文明をもたらす一方で社会秩序を破壊するという両義性をもつ、いたずらもののヒーロー)や詐欺師になぞらえただけの人びとの分析とはまったく違う。「わたしはさまざまな異教徒のシャーマンが行なう偶像崇拝の儀式をたびたび見た。祭司は男も女も一部は狂信者、一部は詐欺師だが、一部は本当によい人びとで、同胞をはるかにぬきんでた知性を持っていた。概してかれらは、友好的に接してささやかな贈り物をするだけで、簡単に心を開いてくれる」(1・x, 377も見よ)。

シャーマンを表わす単語のリストにゲオルギはMuschan, Moschan, Maschan, Juma, Jömma, Toteba, Totschebaを加えた(1・33, 42—71)。かれはシャーマンのあまり重要でない務め、各種儀礼、かれらが護る神聖な場所を論じた。また多くの先人同様、太鼓、偶像、金属片などで飾り立てた衣装についてひとつひとつ述べ、ところどころに図を大判の折込みページで入れた(図版11)。衣裳着用に付随する神秘的な事情も述べた。言語による記述の不十分さを強く感じることが多かったので、九五点の図をフォリオ判で添付した。それは盛装したシャーマンとシャーマンカの八つの例を示しており、ロシア語、ドイツ語、フランス語の説明が付けてある(図版12—19)。

ゲオルギは『民族のすべて』に異教のシャーマニズムについてのまとめの章をつくって、その巫儀の標準的な特徴、とくに体の痙攣的な動きと脱魂状態を説明した。大部分のシャーマンは自分が精霊と交感していることを心から信じている、とゲオルギは考えた。霊魂の旅自体についても、かれは他の探検家より詳しく記述した。しばらく顔を歪めてから「かれらは気を失って倒れる。それは霊魂が体から抜けだして、地獄の神々をその住居である山、森林、深海などに訪ねてゆき、協議するからである。霊魂はこの旅をするためにクマ、ブタ、ワシなどの背に乗る。かれらはすべて後で、精霊をクマ、ライオン、フクロウ、ワシ、ハクチョウ、カブトムシ、クモ、トカゲの姿で、あるいは光または影として見た、と主張する」(3・394)。

シャーマンの死という問題にも、ゲオルギはたいていの探検家以上に注目した。異教徒であるシャーマンが、容易に殺害されないだけでなく、たいていは堂々と死んだ、と聞くと、「よく死ぬことの技術」をキリストへの信仰のうえに築いてきたヨーロッパの読者は奇異に感じた。ゲオルギは、シャーマンが死を恐れないのは、善霊と悪霊とを和解させるために生涯努力したことから恩恵が得られると期待するからだ、と説明した。生前に敬われたのだから、死後は聖人となっている先祖たちに混じって、常時豪華な供物を捧げられるだろうと考える、というのである(3・383)。

同胞も来世を信じているが、部族の模範たるシャーマンほど楽天的ではない。かれらはどんな死体でも嫌がる。生き返って苦しめられることを恐れるのである。葬儀の一部として、このうえの害毒を避けるために死神と死者を追い払う演劇的な儀式が行なわれるのが普通である。「かれらは火を跳び越し、立てた柱のあいだを這って通る。シャーマンは棒を打つように動かして、死神を押し戻す。それから自分の体とこの儀式のために建てた小屋とを煙でいぶす、または小屋を遺棄する。その後は死者の記憶を恐れて、死者の名を呼ぶことをしない。同じ名を持つ親戚は名を変えるが、それでかれらの経歴は少なからず害を被る」(3・382)。先住民は死を、いまこの世界が地下の世界に変わることと解釈する。だが地下の世界はここの世界と変わらない。同じように悲しみに満ち、したがって望ましいものではない。「地下の世界は地霊が統治し、かれらは死者に数々の害を加えようとする」(3・383)。

ゲオルギは宗教史家を自称することはなかったが、フィールドワークで発見したことは、シャーマニズムが古代的な宗教信念の体系であり、そこでは治癒、占い、予言については男女が少なくとも等しい能力を示すにもかかわらず、通常は男性優位であることを明確に示したのである。彼の説明は、退化説の痕跡をいくらか含んではいるが、十分注目に値する。

シャーマンの宗教は古代世界の宗教のひとつである。東方の最古の宗教であり、ラマ教、ヒンドゥー教など異教諸宗派の母である。インドではシャーマンの宗教の祭司はある程度哲学者でもあったから、いまでも宗派がある。ヨーロッパではシャーマンの宗教は、経典も教団もなく、戦争、移民、生活態度の変化、伝統の断絶、それに祭司の無知からの誤りや意図的な虚偽により、信者もともに退化が進み、矛盾だらけの偶像崇拝と不合理な迷信になってしまった。(3・375)

現在と過去との一致を求めるあまり、ゲオルギは、シャーマニズムは自然宗教の典型的な例であるばかりかモーセの教えとも関係がある、とまで断言してしまった。

シャーマニズムには、とりわけその現在の神話には、意味不明なところ、混乱したところが多いとはいえ、自

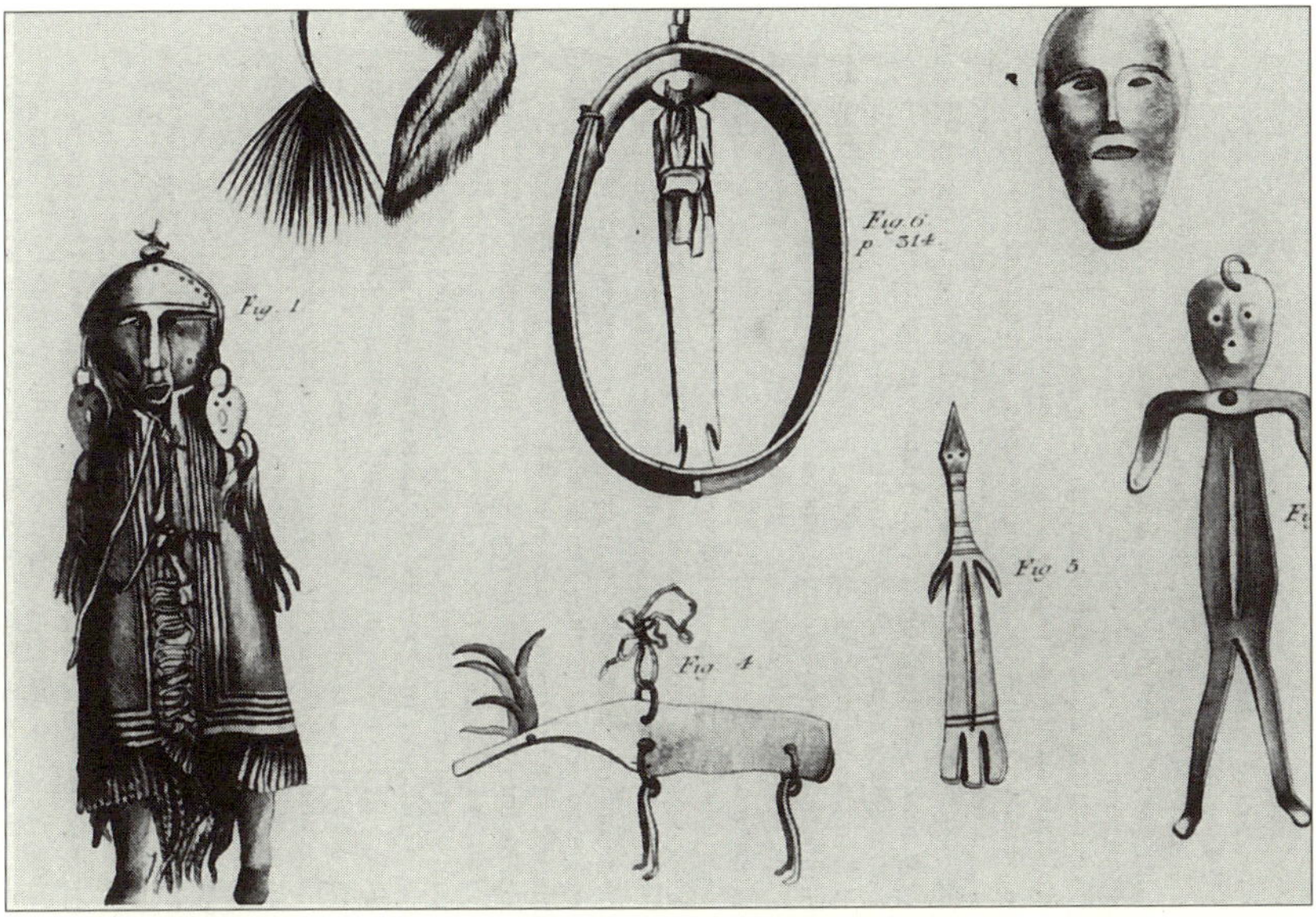

図版11 ❖ 1: 神像　2: 太陽の像　3: 人形　4: トナカイ　5: 白鳥
6: 死んだシャーマンの像　7: 魔法の杖

図版12 ❖カムチャツカのシャーマン

図版13 ❖クラスノヤルスク地方のシャーマンカの背面

図版14 ❖クラスノヤルスク地方のシャーマンカ

図版15 ❖ツングースのシャーマン

図版16 ❖ツングースのシャーマンの背面

図版17 ❖ブラトスクのシャーマンカ

図版18 ❖ブラトスクのシャーマンカの背面

図版19 ❖モンゴルのシャーマンカまたは占い師

然宗教全般に共通の概念とモーセの宗教の持つさまざまな要素とをそこに見て取らずにはいられない。供犠の火、いけにえの奉納と誇示、礼拝、自然な体の変化があるから女性は汚れているという見解、その他多くのことがユダヤ教に起源を持つことは間違いない。(3・395, 1・xi も見よ)

ゲオルギは、ラマ教であれ、キリスト教のネストリウス主義であれ、それ以外であれ、霊魂の輪廻と永遠回帰を信じるさまざまな宗教をくり返し「シャーマニズムの娘」(4・413)とよぶ。

ゲオルギは明敏な観察者であったから、聖職者、医師、火器を持つ冒険者など「大いなる医薬」を知っていそうな人びとから罰せられる恐れなしに昔からの慣行を続けるために、先住民が選んだ道を見逃しはしなかった。多くは、宣教師の厭がらせを終わらせたいという理由だけから甘んじて改宗したのである。ゲオルギはつねに真理探究者だったから、キリスト教への余儀ない改宗が広く行なわれているという情報を調査した。かれが発見した兆候は、キリスト教徒とは名のみの異教徒が無数に存在することを示していた(2・230)。ラマ教信者やムスリムがかつてしたことを調べて、かれは同じ結論を得た(4・433)。すなわち先住民は生存の危機を悟り、なすべきことをしたのである。かれらは寡黙になり、よそ者を歓迎しなくなり、巧妙になった。ゲオルギのロシア帝国旅行記は、多くの欠点はあるにせよ、問題点を明確にすることによって、答えを出す以上のことを成し遂げた。★010 かれの仕事は、宗教、心理学、医学、人類学、哲学、芸術の相互関係を明らかにしていった過程のひとつの例になった。

芸術的創造力の起源としてのシャーマニズム

ゲオルク・フォルスター(一七五四—一七九四)は育った環境と受けた教育によって、この相互関係を明らかに示す役割を引き受けることになった。父ヨーハン・ラインホルト・フォルスター（一七二九—一七九八）は科学に関しては明敏だが気難しい人物だった。かれが幼い息子を探検と実験の生涯に導き入れた。[★011] エカチェリーナ女帝の委託を受けてロシアのいくつかの地方を視察することになった父親は、九歳のゲオルクを伴った。その地で暮らすあいだにゲオルクは多くのことを、とりわけロシア語を学ぶことができた。ヨーハン・ラインホルトはパトロンと不仲になると、ただちに息子を連れてイングランドに渡った。そこでは自然科学の教授のポストがかれを待っていた。思春期になっていたゲオルクはこの地で科学的なアプローチの理解を進め、英語に習熟することができた。父親はその地位にもまた不満を感じ、親子はロンドンに移った。そこにしばらく逗留するうちに、ジェイムズ・クック船長（一七二八—一七七九）の二度目の世界一周の航海に誘われた。ゲオルクはそのとき一七歳ほどだったが、四年後に帰国すると、カッセルの大学教授の職を提供された。そこでかれは当時の一流の科学者、とくにゲッティンゲンのゲオルク・クリストフ・リヒテンベルク（一七四二—一七九九）（文筆家としても高名。とくにアフォリズムで知られる）と同僚として親しく交わった。リヒテンベルクの研究には多少なりとも機械論的アプローチと有機的アプローチとを媒介しようとするところがあった。一七八四年にゲオルクはヴィリニュス大学教授になった。

ゲオルク・フォルスターのたびたびの旅行から生まれた著書は、生前、新奇な情報が非常に読みやすく語られていると評価された。客観性は本物のようだったし、つねにヨーロッパ人に理解できるような情況を設定していた。可能なかぎり数量的に表現したが、たいていは記述的な言語を精一杯駆使した。みごとな描写によって、その長旅を読者がみずからしているように感じさせるこつを心得ている、とさえ評された。

かれの著述を年長の学者の著述と比較してみれば、ある類似が明らかになる。ゲオルク・フォルスターはかれ自身の方法への関心について述べただけではなく、あらゆる紀行文学についての途方もない知識を実証してみせもした。ピアン・デル・カルピーネら宣教師の著書も、マルコ・ポーロら商人の著書も、かれは繰り返し引用する。人口調査、改宗、貢租額などの統計数字もたびたびあげて、キリスト教化の過程がいくつかの民族の変化と衰退を招いたことも示す。たとえばグリーンランドの先住民の人口がおよそ五〇年以内に三万から一万に減ったことを報告し、ラブラドル半島の海岸地帯のエスキモーについても同じような数字を示した。[★012] このような人口の全般的減少の原因は、先住民が生き延びるためになにが大切かということがまったくわかっていないキリスト教宣教師にある、とかれは率直に述べる。かれは許容限度のパラダイムを完全に無視して、アメリカインディアンは十分に自足しており、ヨーロッパ的な意味の君主も司祭も不要だ、という。好戦的な敵の脅威が生じれば、部族内でもっとも優れた戦士を選んで指揮官にするだけのことだ。アメリカインディアンは公式宗教にも建築物にも関心がない。かれらは滝の前で、あるいは宇宙の不可視の力が働いていることを感知したところならどこででも、おのずから祈る。かれらには神聖なものについての本能的な感覚がある。それにもかかわらず守護霊の像を身に着けることを重視するのである。[★013]

ゲオルク・フォルスターは広い世界へ出もせずに、いわゆる野蛮人の生活条件と習俗について発言し続けているヨーロッパの書斎の知識人にたいしても同じく批判的だった。かれらのヨーロッパ的な洗練された機知、人種間の相違に関する一般論、宗教退化説、ノアの洪水後の諸民族の分散についての主張をフォルスターは慨嘆した。[★014] もっとも不愉快なのは、かれらの論点があいまいなことだ。互いに他人の著書を盗用するだけで、自分の目で見もせずにニュートンの科学的方法の原理を応用するからだ。実際に旅行した人の報告の焼き直しが長年の慣行であったことを考えるなら、きわめて意味深いことだが、ゲオルク・フォルスターは読者に、ただの編集者と実際の探検家とを区別するよう警告した。

先住民自身については、ゲオルク・フォルスターは他の学者同様、かれらの心理的素質を見逃せなかった。このような人びとが地球上に居住し、いまなお生存しながら、なんらかの複雑な社会組織をつくろうと思いつかないことには驚く、とかれは書く。かれは、アジアのいくつかの部族が東方へ移動してアラスカに達し、それからアメリカ大陸の西海岸を南下したことの証拠を提出し、未開人は、ヨーロッパの同時代人が考えるほど未開では決してない、と主張した。かれのような科学的フィールドワーカーにとっては「高貴な野蛮人」などというものは存在しなかった。これこそ軽蔑すべき書斎の批評家がでっち上げたものである。[★015] ヨーロッパの同胞の自己満足と優越感に揺さぶりをかけるために、かれはノルマン人のことを書いた。かれらは九世紀に逆方向に向かってアイスランドとグリーンランドに至り、一一世紀にさらに進んでアメリカに達したのである。

ゲオルク・フォルスターは、それまでもフィールドワーカーが気づかなかったわけではないが、先住民の方位その他の高度に発達した感覚にとくに注目した。そのような能力が実際にあることは、必要ならいつでも実証できたし、かれ自身何度も驚嘆していた。とはいえその理由を説明することは、また別の問題だった。かれは先住民の活発で豊かな想像力を取り上げて、それが気候と地勢に育まれたと考えた。先住民がその環境に育まれたことは、現在のヨーロッパ人がその環境の所産であるのと同じことだ。

一八世紀の多数の探検家と同じように、ヨーロッパとは異なる民族、異なる文化の中で暮した経験から、ゲオルク・フォルスターも、一八世紀のヨーロッパで知られている芸術の起源は比較的単純な民衆の信仰と儀礼にある、と考えるようになった。かれはシャーマンの巫儀とそこで起こるエクスタシーについて述べ、エクスタシーは不思議ですばらしい異世界への霊魂の旅と解釈される、と書いている。ピグミーについての論文では、すべての文芸創作の起源は、生まれ育った文化の境界を越えて広い世界へ出ていった旅行者にある、とまでいう。そのような文芸作品の現代の主要な例として、かれはジョナサン・スウィフト(一六六七—一七四五)の一七二六年の風刺小説『レミュエル・ガリヴァーの遠い国への旅』をあげる。ガリヴァーはまさに初め外科医で、その後いくつかの船の船長を務めるのだし、[★016] この作品には魔法使いと手品師の島グラブダブドリブの話さえ含まれている。この島では霊界との接触はだれにも起こるありふれたことなのである(3・vii, viii)。

ゲオルク・フォルスターのさらに雄弁なエッセイに『夢想、芸術の母』がある。二ページほどの長さで、実生活で観察したことに基づく思索のまとめである。ここでもかれは、民間信仰こそより進んだ芸術の母体であり、宗教的エクスタシーであれ、性的快楽であれ、麻薬や前庭器官への刺激による幻覚であれ、熱狂が、創造的想像力が天駆けるために必要な翼を与えるのだ、と主張する。★017

マティウ・ド・レセップス(一七七四—一八三二)も芸術的創造力の起源としてのシャーマニズムと、人間の心理にとってのシャーマニズムの意味に関心を抱いた。かれはフランス領事館員で、有名なジャン=フランソワ・ド・ガロ・ラ・ペルーズ(一七四一—一七八八ごろ)の難破した遠征隊の数少ない生存者のひとりである。ルイ一六世の命を受け、科学院と医科大学から調査すべき項目の表を託されていたラ・ペルーズは、一七八五年のフランス出発から一七八七年のカムチャツカ到着までのあいだに発見したことの多くをレセップスに預けた。かれはそれを携えて陸路パリに戻ったおかげで、他の遠征隊員が遭遇することになった水死を免れた。数年にわたる旅の記録、二巻の『航海日誌』は一七九〇年に王立印刷局によって出版された。

フォントネルの伝統に従う多くのフランス人と同じく、レセップスも理性と、理性が要求すると信じる方法とを強調した。情報源を明らかにすることは大切であるから、通常かれは、自分の目で見たことか、情報提供者を信頼して記録したのかを明記した。いかさまを暴露し、神のお告げと称するものの真相を解明することはもっと大切だった。機会があるごとに、先住民のおろかさ、愚行について語った。ときには歴史的な態度をとることもあった。あるときはいくらか歴史的な、だがやはり哲学的な問を提起した。

カムチャツカのシャーマンに起こった変化については、これこそまさにわが国の香具師のすべてに起こった物語ではないだろうか。同じぺてん、流行、没落である。さてこれをどう考えるか。カムチャツカの住民のように無知で単純な人びとが魔法使いにだまされても少しも驚くにあたらないし、許されてよい。だがそれほどに無器用で信じやすい人びとが己の過ちに気づき、恥じるのは、驚き喜ぶに値すると思われる。というのも、ヨーロッパでもっとも開化された民族のあいだでも、同じく不実で危険な各種のシャーマンをわれわれは毎日見ているではないか。ただ後者においてはひとりひとりが使徒と弟子と相当数の殉教者を持っているというだけのことだ。(1・130、注 r)

シベリアのシャーマンの霊感と痙攣をイギリスの「クエーカー派」と比較したとき、レセップスにはフランス人の暗黙の仮定をあからさまに書いたという自覚はなかった。かれはただ、全般的な一致を指摘しても責められることはないと考えた。(1・183)。

シャーマンの巫儀は卑俗で恐ろしく粗悪な形の見せ物で、見物人を一緒に歌わせるなど、参加させることによってだますのだ、とレセップスは書いている。このような見せ物は人工的な技術だという意味でのみ芸術である。というのは、そこには理性が存在せず、幻想と現実との距離が失われているからである。見物人は「鈴と薄い鉄片で飾った」(2・279)奇妙な衣装と突飛な身振りにだまされて、シャーマンがいって聞かせるだけのことを、実際に経験していると信じてしまう(1・128―29)。シャーマンにこのようなことができるのは、見物人を引きずり込んで、筋の通らないごまかしを吟味しようと思う暇を与えないからだ、とレセップスは説明する(1・181―83)。かれはフランスの新古典主義の体系から学んだことを基準として、シャーマン信仰を起源とする不合理なつくり話、寓話、おとぎ話、民話を否認し、これらはすべて、あまりにも奇怪で非理性的であるとした(2・280―81)。

レセップスはフランスの政治家や財界人のほうが高級だという前提で、このような子どもだましにどういうわけか依存して暮している先住民の心理は、説明できないまでも指摘しなくてはならない、という。かれらは知的に未発達だというだけではなく、どういうわけか人種として従順にできている。大切な偶像や儀礼の用具を破壊しようとする宣教師に抵抗するよりも、むしろ便宜上改宗しさえする。一八世紀の探検家の例にもれず、レセップスもシャーマニズムの実践を地下に潜行させる先住民の戦略を証明する記録を残した。その結果、無数の秘密宗派が生まれて宗教問題を混乱させていることへの憂慮を表明している(1・179, 181)。

シャーマニズムを科学的に調査する価値のある主題と見なすことにたびたび異を唱えたにもかかわらず、レセップスは一八世紀末のシャーマニズム理解に大きく貢献した。かれは正統学説を信奉する学者が「恐怖説」というレッテルを貼った宗教起源説を論じ(2・302)、シャーマンの義務について述べ、巫儀の模様を記述し(2・278—79)、呪術的なものから外科的なものまで、シャーマンの治療法を検討した(2・94)。もっとも重要なことは、シャーマンの呼称として魔法使い、ジプシー、芸術家、魔術師、予言者などを使いながらも、ドイツの探検家が以前から使っていた総称が一八世紀末にフランス語化された語形であるChamanを一番多く用いたことである(1・128—29)。

先住民文化の中に生き続けるもの

例外はあったが、ゲルマン系の人びととフランス人とでは発見と探検にたいする態度が非常に異なっていた。ルネサンスと宗教改革の時代以来、ドイツ人は個人主義への強い傾向を発達させてきた。フランス人が世間一般の知識体系、行動体系の構成要素である既成概念にしばしば忠実であったのにたいして、ドイツ人およびかれらと共通の先祖を持ち、この時代に等しくハノーヴァー王家出身の支配者の下にあったアングロ・サクソン人(ドイツのハノーファー選帝侯がイギリス国王に即位、ハノーヴァー朝初代ジョージ一世になったことによる)はもっと自由に、個別のものを研究してそこから一般原則を定める傾向を示した。この帰納的な傾向を、ジョウゼフ・ビリングズ(一七五八ごろ—一八〇六)の秘書を務めたマーティン・ソーアーがはっきり示している。

ビリングズはエカチェリーナ大帝の命を受けて一七八五年から一七九四年までアメリカ大陸の北西海岸へ向かって伸びるロシアの北東地域を探検した。ソーアーの『地理学と天文学から見たロシア北部遠征記』は一八〇二年にロンドンで出版された。[★018]

ソーアーが一個人として行動したことを、さらに自分がある特定の文化の中で育ったことをも率直に認めたことによって、この書物の客観性は高められた。ヨーロッパの読者は、先住民に教えられてかれが馬のようにトナカイに乗れるようになった報告に、熱狂せずにはいられなかった。かれの感謝の念は、「なによりもわたしの指導者たちの男らしい活動力、独立心と足るを知る心にわたしは魅惑された」(46)という感想に表われている。ソーアーは「高貴な野蛮人」という表現を知ってはいたが、書斎の評論家たちの語に頼るのはやめて、出会った先住民を「偉大な自然の国の幸福な住民」(46)と呼ぶことを好んだ。以前の探検家の中には、先住民を知恵の足りない動物と書いた者もいたが、かれはそうは思わなかった。先住民のほとんどは健康で頑健で正常である。「かれらは旅行者、とくに善良な行動をする旅行者を歓迎し、親切にもてなす。そして非常に好奇心が強く知的である。遠慮なくものを尋ね、どんな質問にも当惑したりためらったりせずに答える。かれらは友情とよい評判を大切にし、自分たちにとって役立ちそうな人の気質を研究するようで、そういう相手には贈り物も、お世辞さえ、惜しまない」(124)。ソーアーの人格は、風景について語る言葉にも表われている。その風景は、比較的温和なヨーロッパの田園地方に育った人間にはまさに畏怖を感じさせるものだった。「しばしば周囲に見たロマンティックで荒涼とした風景はわたしの魂を高め、人間が宇宙の主であることを完全に確信させた」(47)。

先住民文化の現状の報告では、ソーアーは、キリスト教が不幸な影響を与えたと書かざるをえなかった。熱心なロシア正教の宣教師は、かれら自身しばしば文字を知らず迷信深いのだが、病気と戦争と、そしてかつては全能に近かったシャーマンの完全な屈服をもたらした。シャーマンの仮面と楽器は奪われ、大切な偶像は燃やされた。そればかりではなく、かれらは公開の場でばかにされあざけられた。「観察をはじめたが、古い慣習はすべて廃止され、種族は絶滅寸前である」(61)ことに気づいたとソーアーは書いている。かれはすでに見たような人柄から、とくに先住民自身の衰退の自覚についての情報を求めた。ある者は祖父や父親の代が自分の部族をどう自称していたかさえ忘れており、またある者は占領、逃亡、移住を神話化していた。ヤクート族には、オモガイ・ベイという族長が強力な侵略者の軛を逃れて同胞を新しい土地へ導いた話があった。しばらくしてアレイと名のる男がやって来た。その男は征服者を巧みに避けて、圧倒的な体力と技術を持つ労働者になり、急速に監督に、それから支配人に出世した。族長はしだいに嫉妬を感じるようになった。とくに「部族の全員がアレイを崇拝することを知ったときにはそうだった。それというのもかれらはアレイが超自然の力を持つと信じ、かれがいつも幸運で成功するのは、守護霊の直接の働きによる、と考えたからである。族長は不安になり、自分の財産と名声を確保するために、アレイに娘を妻にやろうと申し出た。アレイはシャーマンを自称し、占いの力を持つと主張するようになった」(110)。この話は、アレイが族長の娘ではなく養女と結婚したいといったところで終わる。望みは叶えられ、夫婦は一二人の健康な息子を生み、かれらの努力で部族は以前の居住地にふたたび住み着いたのである。

部族の統一を守る者としてのシャーマンの重要性は、ソーアーが出会った先住民のあいだでしばしば言及された。強制的にキリスト教に改宗させられたある情報提供者の、土着の信仰の運命についての報告を、かれは感情を込めて筆記した。

「魔法使い(とかれはいった)は不吉な前兆を見張っていて、危険が近づくと警告し、それを転じるためにデーモンに犠牲を捧げた。そのころはわれわれは豊かで満足しており、自由だった」。かれが続けた話をわたしはできるかぎりそのとおりに翻訳した。「以前の宗教は一種の夢だった、とわたしは思う。いまわれわれはその実体を見ている。女帝陛下は地上の神であり、その将校たちはわれわれを苦しめる。かれらの怒りや欲望を宥めるためにわれわれはありったけのものを犠牲にするが、無駄だ。かれらは混乱を広め、その中でわれわれは父母を失った。そしてかれらは富と幸福を奪い、救われる望みをいささかも残さなかった。というのは、何年もかけて集め得る富のすべてをもってしても、われわれの悲しみを女帝陛下に告げてくれる代弁者を確保するには足りないだろうからだ」。(308)

ソーアーはシャーマニズムがかつて意味したものに心を捕えられ、一章を割いてその実践を詳しく述べた(119—21)。この部分には、タンバリン、衣装、意味のわからない歌、痙攣、トランス状態についての以前の探検家による情報の多くが繰り返されている。続けてソーアーは、いままでほとんど言及されてこなかった、シャーマニズムと結びついた性的慣習について、十分な説明とはいえなくても、きちんと述べた。アラスカには少年に女性の服装をさせて、「不自然な愛情の対象」にする風習がある(160)。ソーアーの聞き知ったところでは、アメリカ北西部の他の部族では母親が男の子をかわいがって軟弱に育てるが、それは過酷な戦争や狩猟に出さないためであり、この母親たちは、「族長が不自然な欲望を満たすためにかれらの息子を奪えば、喜び」さえする。「少年たちは女性のような服を着せられて家事万端を教えられる」(176)。

アメリカの他の地域でも似たような慣行が探検家の注意を引いた。ウィリアム・バートラム(一七三九—一八二三)の、一七九一年にフィラデルフィアで出版され、翌年ロンドンで再版された『南北カロライナ、ジョージア、フロリダの東部と西部、チェロキー族の土地、マスコギ語族、あるいはクリーク同盟の広大な領土、チョクトー族の土地の旅』が多数の例を記録している。★019 チェロキー族の祭礼は、儀式の場合も、ただの娯楽の場合も、概して性と生殖に結びついている、という。バートラムも多くの研究者同様、演劇性が基礎にあることを認める。「実際かれらの舞踏と音楽はすべて演技ないし芝居で、滑稽な、ときにはエロティックな幕間劇が変化をつけるようだ。ただし女性の振舞いはいかにも優雅で上品で、そうした幕間劇で自然の欲望に従おうとするらしいときでも、ヴェールで顔を隠して、輝く眼差しと、敏感さを示す紅潮した頬をわずかに見せるだけである」(369)。他方クリーク族にはそのような慎みはずっと少ない。「かれらは舞踏に合わせて戦争や祭礼や恋などの歌を歌うが、その恋の歌たるや、とんでもなく扇情的だといわざるをえない」(504)。

バートラムは、かれが観察したアメリカインディアンにとっての音楽の重要性を強調した。かれらの娯楽音楽らしいものは「おそろしく憂鬱な不協和音」(503)だが、祈りの音楽、つまり宗教音楽ははるかに高級だという。差し出された黒い液体を飲む気にはなれなかったが、夜の巫儀で聞いた音楽には心から感動した。「音が非常に荘重で、宗教的畏敬あるいは至高者への賛美がすぐに想像力を強く刺激する」(451)。ある巫儀に加わった後で、音楽が参加者の感情に強力に訴えて人と人とが調和で結ばれ、それが部族の統一を支える力になる、とかれは説明する。

タンバリンと打楽器のがらがらいう音に正確に拍子を合わせて低い甘美な声が重なり、感動的な調和を生み出す。そして演奏する人びとの顔は音楽の内容に添って高揚した崇高な心の状態を表わすようだ。そのとき演奏家とかれの楽器とが調和するのみならず、その調和がただちに、活動的で強力な精霊の作用として、集まっている聴衆の感情に触れ、すると集会全体に、歓喜と霊魂の平和な合一という全員一致の感覚がみなぎる。(503)

インディアンの心に畏敬の念を吹き込む場所もある。そこからバートラムは、そのような場所も部族の自己確認と統一のための基盤の一部をなす、と考えた。精霊との関連で知られる場所もあれば、墓地といわれる場所もあり、神聖なものの保管所と思われる場所もあった。この最後のものを見つけたときのことをバートラムは報告している。

「この人目につかない場所は宗教に、あるいはむしろ祭司に捧げられた聖域であるように感じられる。というのはここにあらゆる神聖なもの、薬の壷、がらがら鳴る楽器、シカの蹄でつくった数珠、その他まじない師の道具が納められているからである。カルメットと呼ぶ和平のパイプもあった」(453)。

境界の明確な一定の空間の聖性には、イタリア人ジュゼッペ・アチェルビ（一七七三―一八四六）も、「広大な北の未開地」への旅で気づかずにはいられなかった。かれは帰途イギリス滞在中に考えをまとめて英語で『一七九八年と一七九九年のスウェーデン、フィンランド、ラップランド経由ノール岬への旅』を書き、一八〇二年にロンドンで二巻本として出版した。★020 いくつかの魔の山のほかに、もっと小さい区画があって、タンバリンやルーン文字（ゲルマン人の古い文字体系。石碑など多数の碑文が遺っている。）を刻んだ太鼓などの道具類がキリスト教の宣教師から隠されていた。女性が立ち入ることで、月経中かどうかとは関係なく、そのような場所の聖性が汚される、と一般に考えられていることも、アチェルビは指摘した。その種の習慣への共感は科学的態度がもたらすのである、とかれは第一巻の序文で読者に率直に表明している。このような極北の人びととの習慣と生活条件を客観的に評価することは「自然にたいする公正で男性的な好みを持つ人間にしか」(1・x)できない。

アチェルビの報告は、性差別と科学的限界はあるものの、一八世紀末のシャーマニズムの状況についての貴重な情報を提供する。かれの報告を、パーチャス、シェファー、エゲーデらの書いたものと比較すれば、異教徒の改宗に精力が注がれたこの二世紀のあいだに何が起こったかが、少なくとも部分的には明らかになる。

アチェルビの報告によれば、シャーマンはもはや問われても自分がシャーマンであることを認めない。先住民は尋ねられればつねに、部族の昔からの慣行には無関心なようすでキリスト教を熱烈に信じているといい張る。かれらはキリスト教の命じることに、少なくとも人前では文字通りに従っている(2・156―58)。結局アチェルビは、かれらは用心すべきときにはそのようなポーズを取ることを学んだのだ、と気づく。偶像崇拝を続けていることを隠すためなら、かれらはどんな策略でも喜んで用いるつもりなのだ(2・294)。

アチェルビはかれらが隠している実践に注意を怠らなかった。第一に魔力を持つ詩句やルーン文字がキリスト教と近代科学の猛攻撃に抵抗していた。人びとは、このような詩句には「秘密の効力があり」、病気治癒のために用いれば効験あらたかだと信じ続けていた(1・321)。アチェルビは歴史的なものにたいする本能的感覚がすぐれていたので、そのような詩句を禁じたり破壊したりせず、むしろ「古代の貴重な記念品」(1・321)として尊重することを提唱した。第二に歴史的現象として多神教に注目する必要があった。これは、北国の先住民が暮す苛烈な気候と荒涼とした環境の結果であると思われた。しかしアチェルビは退化説に挑戦して、「多神教は人類のもっとも古い宗教であったにちがいない」(2・294)という結論にまで進んだ。かれが依拠した北欧神話は、魔法はオーディン(北欧神話の主神)が東方からもたらした、と説明していた。オーディンのシャーマン的な力は、かれの八本脚の乗用馬スライプニルの持つ魔力とともに、一般に認められていた。一八世紀末にはラップランドの魔女といえば神秘的現象とほとんど同義だったという理由だけからしても、オーディン自身がしばしば女性の姿を取ったことを述べなくてはならなかった。このような事柄が着実に変化して、より高い段階にあるヨーロッパ人の意識を形成してきたことに、アチェルビは気づかずにいられなかった。魔法と魔法使いについての物語が、古代にも現代にもとにかく多すぎる、とかれは書いている(2・308)。

アチェルビが論じた第三のテーマはシャーマンの太鼓だった。これこそすべての異教の要約だ、とかれは考えた。太鼓は神聖なものと見なされ、たいていの家庭には太鼓が一個あり、小さな問題ならその力に助けられて自分たちで解決する、とかれは書いている。非常に重大な問題だけが、公式のシャーマンであるノアーイドに巫儀を求める理由になった。巫儀のあいだ、ノアーイドの霊魂は治療法を、あるいは解決策を探しに魔の山へ行く(2・310)。かれの魔法の歌はジュオイゲと呼ばれたが、それはアチェルビにとっては「これ以上すさまじいものは考えられないわめき声」(2・310)だった。

アチェルビがシャーマニズムについて書いたことは一八世紀末の特徴をよく示している。かれは諸学問分野に関連する情報を集めて総合しようとした。かれは芸術を薬理学の問題や心理学的要因と同じように重視した。歴史的構造の全体を見失うこともなかった。精霊に満ちた、目に見えない世界を信じることは、よかれあしかれ一般庶民と芸術家に普遍的であるばかりか、あらゆる時代にあったと思われる、とアチェルビは主張し、科学者は大昔から、まだ説明できない自然現象とはこの目に見えない世界そのものではないかと疑ってきた、とさえいう。末尾近くの要約は、この章の最後の言葉にふさわしいだろう。「イギリスでは魔術の存在がジェイムズ一世（イングランド王、在位一六〇三―二五。魔女を論じた著書『悪魔学』がある）という国王の権威によって確認され、偉大なベイコン卿（フランシス・ベイコン（一五六一―一六二六）、イギリスの哲学者、政治家。ジェイムズ一世の下で大法官の地位にまで昇るが、失脚。著述に専念した）も支持していた。同様に不合理な精霊信仰をジョンスン博士（サミュエル・ジョンスン（一七〇九―八四）、イギリスの詩人、批評家、辞書編集者。一八世紀後半の文壇の中心人物だった）のような活力に満ちた知性でさえ免れなかった。しかしこのようなばかばかしく有害で残酷な誤った信念は幸いなことに、もっとも無知な人びとの住む地方からもほとんど姿を消した。そしてわれわれはすでに、先祖たちがなぜそんなことを信じたのか、いぶかりはじめている」（2・313）。

第四章　医学者が見たシャーマニズム

Shamanism among the Medical Researchers

一八世紀は医学研究者のあいだに仕事への自意識が高まった時代でもあった。産科学、小児科学、精神医学、病理学というような専門分野が形成されてゆく一方で、医学の性質や社会にとっての医学の意味が問われはじめた。医学自体は科学なのか技術なのか、それとも両方の組み合わせなのか、という疑問がもっとも重大だった。[★001]最後の説を採る人びとにとっては、両者の比率が大問題だった。人間は数学的な抽象概念によっては治療できないことがすでに認識され、医学をニュートン的な意味の純粋科学とする解釈が力を得てきた。感情、想像力、飲食の習慣など、要因として考慮しなくてはならないことが、なにしろ多すぎた。

助産婦、理髪師、薬剤師、外科医、内科医の役割が重視され、かれらの社会的地位が着実に上昇するとともに、教育と実習の必要性も高まった。薬草の調合など、産婆たちがその土地で育ててきた技術は、大学で勉強した男性の医師の提供する「科学」に負けて軽んじられるようになった。医師たちは社会に出る前になにか深遠な理論上の論点について学位論文を提出しなくてはならなかった。専門主義が勝ち誇って登場するかに見えたが、苦しむ人を慰め、少なくとも先祖より安楽で長い一生を与えるためには、たんに大学で学ぶだけではない、別のなにかが必要ではないかという感じは残っていた。公衆衛生の問題が大きく浮かびあがり、心身ともに幸福であるための条件が熱心に論じられた。衛生学、保健、その他の予防医学がまっ先に取り上げられたが、中程度の障害者のリハビリテーションや治癒の見込みのない患者の管理ないし拘束ということも看過されなかった。

シャーマンによるあらゆる病気の治癒を語る旅行者の報告には、医師も心を捕えられた。それらを頑固に拒否し、昔のヨーロッパの魔術の話にたとえたり、子どもじみた手品だと簡単にレッテルを貼ったりする者も少なくなかった。[★002]しかし先住民のあいだには自己保存とかかわりのあるなにかが働いているにちがいない、と考える医師もいて、それはなんだろうかと問いはじめた。このような疑問を提起するだけの好奇心と勇気の持ち主は、医学における専門主義を抑止しながら、不気味で、一見超自然的な物事の研究を進めようとした。ベイコン（フランシス）やバートン（前出四八ページ以下参照）や、その他心身関係の研究に携わった多数の医学研究者と同じように、かれらも、どんな民間療法でもいんちき療法でも検討してみなくてはいけないと感じた。動機が、あるいは結果がどうであったにせよ、シャーマンとシャーマニズムへのかれらの関心は一八世紀末の二、三〇年間に著しく高まった。

ジェローム・ゴーブ（一七〇五―一七八〇）はロンドンの王立協会、エディンバラとペテルブルグの学会の会員で、一七三一年にヘルマン・ブールハーヴェに請われてライデン大学の化学講師に就任した。数年後に同じ大学の医学教授の地位を得て、「化学者が約束する長命への期待の空しさについて」という題で就任講義をした。[★003] ゴーブは機械論的アプローチと心理学的アプローチとの中間の立場を模索する多数の著書によって有名になった。その時代に広く知られるようになった心身医学についての論文もある。

ゴーブの多数の著書の中には、哲学者と医師が心身の問題について従来書いてきたこと、すなわち精神的なものと身体的なものとの、証明はされないが認められている調和や、とくに情緒的障害のある患者どうしの相互作用をつくりだす仕組みなどを取り上げたものがある。脳の合理的な部分、非合理的な部分におけるイメージの役割、怒り、苦悩、恐怖、歓喜、希望の身体に及ぼす効果と、それらの治療への利用可能性もかれは論じた。自然の全般的治癒力と、患者の習慣の管理や生活様式の変革という分野では、大学で学んだ医師の役割はきわめて限定されるという事実もかれは見逃さなかった。情緒は人間の非常に重要な一部であるから決して抑圧してはいけない、とゴーブは何度も繰り返し強調した。

一方ではゴーブは、良心的な研究によるにせよ、生まれつきの本能だけによるにせよ、同胞の情緒に影響を与える力のある人に関心を抱き続けた。「ほら吹きのいかさま医師、いんちき薬売り、理髪外科医」[★004]をかれはたびたび非難したが、一般庶民の心を操作して望ましい生理的な結果を実現するかれらの能力には感心していた。かれはこの種の操作を分析して、希望が与える自然な再生力と、どんな患者にもそのような積極的な思考を吹き込むいかさま医師ないしシャーマンの能力を強調した。ゴーブの説明は長く引用する価値がある。

> この信仰こそ、医師の欲するものである。なぜなら、患者からこのような信仰を得られるなら、医師は患者をもっと従順にさせ、言葉だけで新しい生命を吹き込むことができるからである。そればかりか医師の治療能力が増大し、成果はずっと確実になる。いかさま医師、旅の薬売り、小便占い師、小便沸かし屋らは、この信仰という資源から名声と富を得ようとして呪文や護符や交感能力で人びとをだます。というのは、かれらが手品をしてみせて、大げさな言葉と空いばりで自信たっぷりに病人に回復を約束すれば、信じやすい心は感嘆の念に捕えられ、感嘆は希望を生み、そして希望は、長患いに疲れ弱り、助けを求めている心を力づけるからである。身体器官の覚醒はときとして非常に力強く、生命力が活動を再開し、神経系が正常な調子を回復し、体液の流れが加速される。そうなれば自然が自力で、長期間の治療も空しかった病気を攻撃し、克服する。学者の承認を得ている治療体系よりも、このような実質のない技術によって速やかに回復した幸運な人びとは、理由はともあれ健康を取り戻したことを喜んでよい、とわたしは思う。★005

ゴーブの非の打ちどころのない学問的経歴を考えるなら、一八世紀がオカルトと見なしたものの堅実な研究にうち込んでもよさそうだが、かれはさまざまないんちき薬売り、魔法使い、老婆のことを書き、かれらの治療が有効であることは証言できるが、合理的な説明ができない、という。そのような治療者のひとりを、腹立たしげに「ある有名なヘカベー（トロイアの王妃。トロイア陥落時に、わが子の殺害者の目をくり抜き、その後牝犬に身を変じたという）のような女★006」とさえいう。ゴーブはこのような女性に敬意を示しはしないが、麻酔剤や人を変心させる物質についてのかれらの知識には強い関心を持ち続けた。かれのこの関心が精神薬理学の誕生と発達に大きく貢献することになった。

ゴーブは「精神に影響を与える新しい薬物」[★007]を積極的に研究するよう同僚に奨めた。アルコールやアヘンやハシッシュにたいする反応はよく知られていたが、ゴーブは「マラバル海岸に生えるガンショとよばれる植物の種子」に関する情報を集めたがっていた。「その煙を口と鼻から吸引すると、陽気な酩酊気分を誘い、兵士には勇気を、祭司にはエクスタシーを吹き込む、と考えられている」[★008]。これは実際はカンナビス・アクティヴァというインドの大麻だったが、このような植物から取れる物質は正規の取引で手に入れることができた。

入手困難だったのは、女性の魔法使い、すなわちシャーマンカが「深い昏睡状態に陥る」ために用いる調合薬と軟膏だった。そのような昏睡には「長い空中の旅をして遠いところに運ばれたという同一の幻覚が必ず伴った。そこでかれらは同業者と混じりあい、一緒に暮し、踊る。こうしたことすべてが空想にしっかりと刻みつけられるので、かれらが目覚めてからどんなに説得しても、それが実体のない夢だと納得させることはできない」[★009]。ゴーブも、同僚の研究者も、トリカブト、ベラドンナ、ドクニンジン、その他必要なものをどのような割合で調合すれば、飲んだ者を空中飛行させられるのか、知りたくてたまらなかった。

ツィマーマンの精神医学

同様の関心をスイス生まれのヨーハン・ゲオルク・ツィマーマン（一七二八—一七九五）も持っていた。かれはゲッティンゲン大学でハラーについて医学博士の学位を取った後、ライデン大学に行ってゴーブの下で研究した。ツィマーマンの名声が急速に国際的に高まったのは、よい師に恵まれたためだけではなく、若いうちに書いた著書の力でもあった。それらは専門家のための理論的な論文ではなく、臨床医としての実地の経験から学んだことについて書いており、紀行文学に親しんでいた人びとに喜んで読まれた。ツィマーマン自身も紀行文学の熱心な読者だった。★010 ツィマーマンは、身体を支配する、少なくとも苦痛にうち勝つ、精神の力を確信して、今日なら患者への感情移入とでも名づけられるような技術を開発した。この技術は患者の心に希望を、あるいは少なくとも積極的な感情、イメージ、観念をしみ込ませる、とかれは考えた。

ツィマーマンはこのようなことを論じた二巻の『医療技術の経験について』をチューリヒで一七六三年から一七六四年に出した。医学は数学のような精確な科学ではないし、そういうものには決してなりえない。明確に捉えられないものが多く関与するからだ(1・3)。信仰と希望はもっとも統御しにくい、とかれは考えた。これらは一面では身体が本来持っている再生力を活性化するが、その反面、想像力を刺激して、迷信をつくりあげ、いんちき療法のつけいる隙を与えるからである。

いかさま医師であれシャーマンであれ、人類の歴史がはじまって以来ぺてん師が享受してきた力は、明確に捉えられないものを支配して、理性を混乱させ想像力を操るという、かれらの異常な能力から生じていた。従順な信仰を獲得してしまえば、戦いは勝ったも同然である(1・37—38)。精霊ないし自然力に間違いなく執り成してもらえることで、患者は安心して元気が出るだろう。そういうことが事実起こっている。ツィマーマンは、病人、健康人を問わず、心理を考慮することで、大学で学んだ医師は大きい成果をあげることができようが、なお「医師は学識と天賦の才を持たずにただ大胆なだけなら、ぺてん師になる」(1・36)と警告した。

ツィマーマンの考えでは、たいていの医学書には真実と誤りが入り混じっているが、それは著者が多くのことを検証せずに権威の受け売りをしているからである(1・114)。そのような著者は記憶している知識は提供できるが、経験のみがもたらす真の科学的な学識を欠いている。「医学の経験は観察と実験をよく考え、よく実践することから得られる。そのような観察と実験は、病気を予防し、発症可能性のある病気を識り、症状を和らげ、治療技術を熟達させる」(1・46)。

経験は、人間の知覚機能、すなわち現在なら診断技術と名づけられるようなものを完全にする。ツィマーマンはそれを医学的才能とよび、それは、同胞が示す隠された兆候を理解しうる個人的な鋭敏性に、芸術家の持つ創造的な想像力と、科学研究者の研ぎすまされた知性とが組み合わされたものだ、という(2・2—4)。読書量も研究の量も医学的才能を保証することはできない。それればかりか、もっとも学識豊かな学者である医師といえども、実際の臨床の場では普通は無能である。かれらは人間的な事柄に関する感性を、ありふれた奇術師やいかさま医師以下しか持っていない。ドイツ語圏で「天才運動」なるものがはじまる一〇年も前に、ツィマーマンは次のように説明していた。

> 天賦の才に恵まれた医師はどれほど個々ばらばらな観察でも総合し、多様な原因から単一の症候を推論し、症例報告の基礎をつねに本質的なものに置き、事態に応じて方法を変えようとする。既知から未知へ進むためには、医師は実際、不可視の現在そのものが見えてくるまで考え続け、そして現在の状態から何が生じるかを推理しなくてはならない。しばしば推量し、しかもしばしば推量が完結する前に仕事にかからなくてはならない。天才は疑問のある道はゆっくり進み、既知の道は危険でも勇気をもってすばやく進む。(2・23—24)

模範的な医師としてヒポクラテスの名がたびたびあげられる。古代ギリシャに数多い才能ある人びとの中からツィマーマンはとくにヒポクラテスを取り上げて、その驚くべき哲学の知識を強調する。ヒポクラテスはプラトーンにまさる、プラトーンは自分で観察するのではなく、ただ他者の報告を系統だてて論じることにすぐれているだけだ、とツィマーマンはいう。哲学を重視したのは、単純な民衆が苦痛や病気、その他生活を紛糾させるものの原因を理解できないときに迷信が生じるのを防ぐことは哲学にしかできない、と考えたからである。「哲学のみが迷信を治療する。哲学のないところには必ず迷信が現われる。そこには魔女がいる。精霊がいる。悪鬼がいる。そこには悪魔が遍在する。要するに迷信がある」(2・90—91)。ツィマーマンは続けて、太古以来そうだったし、啓蒙されたといわれる一八世紀のフランスでさえ同じで、痙攣の発作を起こす人や憑霊された人がいくらでもいる、と書き、南ドイツ諸邦でも類似の現象が多数記録されており、ウィーンからも女性の憑依と名づけられる症例が数多く報告されている、と書き加えた。

ツィマーマンは臨床医としても著述家としても名声を馳せ、一七六八年にイギリス王ジョージ三世を兼ねるハノーファー選帝侯の侍医になった。一七七五年には『若きヴェルターの悩み』の著者として名高いヨーハン・ヴォルフガング・ゲーテと知りあう。ふたりは医学と精神医学についてたびたび討論しあった。その後ツィマーマンはゲーテ一家の親しい友人、家庭医になった。かれが危篤状態のコルネリア・ゲーテ・シュロッサーを治療し、励ましているあいだ、ゲーテ家の人びとは、ひどい不安から情緒不安定になったツィマーマンの子どもたちの面倒を見て、できるかぎりの手助けをした。エカチェリーナ女帝も、ツィマーマンに関心を抱いた一八世紀の有名人のひとりだった。ツィマーマンはペテルブルグに来るようにとの女帝からの魅力的な誘いには応じなかったが、一七八六年にフリードリヒ大王の終末期の治療を依頼されたときは即座に引き受け、後にその経験を数冊の著書にまとめた。[★011]

これらの著書が哲学者王フリードリヒ二世のその後の評価に大きな影響を与えたことはたしかだが、後代までのツィマーマンの名声を決定したのは、一七五六年に出版され、一七八〇年代に増補改訂版が出た『孤独について』である。ここでかれは、人の心が孤独に向かう原因を検討し、孤独の影響を考察した。とくに孤独の影響を受けやすいのは想像力で、実際の感覚から誤った推論をしがちである。それゆえ交際を避けて長期間ひとりで閉じこもっていると、妄想的なイメージや異常な幻視を伴う病的状態に至る。個人的な空想や、宗教的あるいは政治的な狂信はその結果である。[012]

女性のほうが行動にとっぴなところが多いのは、女性の想像力と直感が生物学的にそのように決定されているからであろう。ディドロらと同じようにツィマーマンも女子修道院や類似の制度の危険を指摘した。そこでは孤独から生じる情緒不安定に、自然な感覚の喜びをすべて断つことを要求する生活様式の重圧が加わる(2・105―6)。エクスタシーを経験した女性は、修道女も魔女も、その経験を神聖な結婚の至福の成就として語っている。ツィマーマンはそれを、報われない現世の恋に起因すると解釈した。自然なことの否定が、不自然なこと、あるいは超自然的なことさえ、引き起こす。たとえば「孤独は男性より、女性の心にずっと多く異常な幻想をつくりだす。男性ならただの空想ですむものが、女性の場合は昂じて精神錯乱にまで至る。それゆえプラトーンは、女性をすべての迷信と狂信の起源と見なしたのである」(2・133)とかれは説明した。

身体を克服することによって霊魂を解放するために孤独を求めた男性も、奇妙な体験をした。実際ツィマーマンは「孤独はインドの行者、その他すべての神秘主義宗派の生みの親である。どんな宗教にも神秘主義者は必ずいるだろう」(2・106)と書いている。修道院への隠遁が憂鬱症から生じることは周知のとおりだが、そこで人はいっそう陰気になり、はては狂気に至るのである。

治療法のひとつは社会復帰である。楽しい活動への熱中も効果がある。ツィマーマンはしばしば演劇を例に取る。ここでは、ふさぎの虫に取りつかれた男の話をする。その男は長く続いている憂鬱症を治したくてパリのもっとも名高い医師のひとりの診察を受けた。医師は、「〈イタリア喜劇に〉」行くことを勧めた。「〈もし道化師のカルリーニの魔力に会っても退散しないようなら、あなたの病気はよほど頑固にちがいありませんな〉。〈先生、わたしがそのカルリーニです。世界中を大笑いさせているのに、わたしのほうは気が沈んで仕方がないのです〉」(2・142)。

ヨーハン・ペーター・フランク（一七四五―一八二一）も国際的に名を知られた医師で、やはり演劇と演技は等しく重要な治療手段であると考えた。一七八〇年代にゲッティンゲン大学医学部教授として哲学と公衆衛生を教え、次にパヴィーアで臨床医学の教授を務め、その後ウィーンに、ついでヴィリニュスに移った。フランクは『完全な医療政策体系』の一章を大衆娯楽の効用に充てた。この著書は一八世紀最後の四半世紀をかけて六巻本で出版されたが、一九世紀初頭に増補版全八巻が出て、多数の言語に翻訳された。★013

社会的活動において生産的であり続けるためには性格と趣味に合ったレクリエーションが必要である、とフランクは書いている。退屈は無気力と機能不全という深刻な危険をもたらすから、国家は、娯楽が不可欠であることを認識するのがよいだろう。大都会には正式の劇場、オペラハウス、コンサートホールをつくり、地方自治体が設計を検査して安全を確認し、換気装置を設置して場内の空気を清浄に保たなくてはならない（3・728）。上演時間はきわめて重要であり、観客の循環系の耐えうる時間や注意を集中できる時間などにしたがって判断しなくてはならない（3・734）。

フランクは音楽に病状を一時的に緩和したり、快方に向かわせたりする力があることを認めて、オルペウスの超人的才能に言及し、それを当代の同様に魅力的な演奏家の才能にたとえた。続けて、万人の幸福を支えるために構想された現実的計画にとってのシャーマニズムの意義を論じる。大昔から人間は一定の神秘的な呪文、まじない、あるいは歌を唱えたり歌ったりして同胞の行動を支配しようとしてきた、とかれは書いている。舞踏と歌によって、さまざまな動物に変身したり、いくつもの天界を経めぐることができる、と主張する者もいる（4・523）。

フランクはたしかに知的で思慮深い熟練した医師であり、たまたま同時代の旅行文学の熱心な読者でもあった。そしてかれはヨーロッパの魔術、迷信、憑依現象、過度の情緒不安定を、とりわけグメーリンとパラスの著書のシャーマニズムについての記述と関連づけた。たとえばこう書いている。

最古の人間の歴史が教えるところでは、かれらは占い師、預言者、降霊術師に全幅の信頼を置くことに慣れていた。そして後者は一般にデーモンととくに親しいことを自慢し、デーモンに援けられて並外れた能力を発揮していた。タタール族の中でkamすなわち祭司に分類される者はだれでも、要するに奇術ができるのである。そのようなkamは、しばしば幾晩も戸外にすわったまま信者に何を命じるべきかを考え抜く、といわれる。このような祭司は読むことも書くこともできない。ヨーロッパで狂人が否応なく委ねられているような身体のねじれこそ、かれらが祭司の資格ありと認められる兆候である。(4・538—39)

このような魔術信仰は、結局ぺてんであることが暴露されるとしても、科学的に注目されてしかるべきだとフランクは主張し、多くのページを割いて、各種の予知と、雨乞、豊作祈願、変身から病気治療、魔法、そして恐怖を与えることによる致死まで、さまざまな行為について述べた(4・545—65)。このようなことが続いているのは、大学で学んだ多くの医師が、自分の科学的知識の不十分さを隠すためにそれらを許容するからである(4・598—99)。

フランクは自分で集めたり、手に入る文献で読んだりした証拠を整理して、「忘我状態、占いなどこの種の事にはつねに同じ原因が見つかる。まやかしか病気である」(4・626)という結論を出し、加えて、このような異常な状態はコーヒー、タバコ、麻薬など一定の不健康な物質の摂取によって誘発されることもある、と述べた。ただし先住民がこれらの物質を利用する主な目的は、健康の維持、さらに積極的には治療である。フランクは繰り返し読者の注意を世界中の先住民に向ける。またシャーマンが先住民を服従させ、子どもの扱い方、食事、教育に影響を与える方法を重視する。かれは、人間の運命を支配すると考えられる不可視の世界のことを語るが、自分が信者でないことは強調する。未開時代のゲルマン人やケルト人があのように迷信深かったことは理解できるが、長年模範的だと考えられてきた古代ギリシャ人の、とりわけピンダロス(古代ギリシャの詩人)によればあのアスクレーピオス(ギリシャの医神。死者を蘇らせたという)が従事していたという空想的な魔術行為は想像を絶する(6, 1・27)。

フランクが導入を望んだ改革は、患者と医師の両方を対象としていた。予防医学と公衆衛生の普及に併せて、患者も医師もすべての人が常識と同情をもって、未婚の母、庶子、無免許の売春などの社会問題に関する基本的な法律を変える必要がある。現在の医学教育には臨床経験があまりにも足りない。かれはそれをたとえて「空想的な超越的医学の領域に生まれた夢！」(6, 1・389)と断じた。改善策は、学生に強制的に必要な科学的基礎知識を獲得させ、解剖を実習させ、臨床知識を得させ、現実の人びとの、患者になる前の生活を観察させるしかない。フランクは科学、経験、社会的責任を強調したが、他方、完全な信頼の獲得、守秘、精神的欲求の認識、また恐怖、憐憫、希望のようなつかみどころのないものの操作についての叙述は、シャーマンから多くを吸収したことを示すようだ。シャーマンは個々の患者を救えなかったことはあるとしても、少なくとも人類を絶滅させずにきたのである。

クリスティアン・ヴィルヘルム・フーフェラント(一七六二―一八三六)はヴァイマルの高名な医師の家系の出で、フランクやリヒテンベルクと教育的関心を同じくしていた。このふたりにかれは師事し、著書を献呈している。一七九三年にフーフェラント自身がイェーナ大学教授になると、講義にはしばしば五〇〇人以上もの学生が出席し、人間の心理と身体の病気との関係について、また心身の調和すなわち健康の回復における医師のほとんど神のような、だが真に危険な役割について、学ぼうとした。一八世紀のヴァイマルは探検に関する情報の大集散地のひとつだった。ヴァイマルの日々の文化と接触することで、かれは若いころから世界各地で行なわれている治療法に鋭敏になった。機会があるごとに、それらを試してみて、その意味を考えた。

フーフェラントは、『病理学講義序論としての病因および疾病の発生と形態に与える生命力の影響に関する観念』(一七九五)という書物で、病理学こそすべての医学の基礎である、と主張し、免疫の問題を取り上げた。高度文明社会に生きる人びとは、本来なら生まれつき持っているはずの、一定の種類の病気を防ぐ自然の能力を失ってしまった。未開社会に生きる人びとは、どれほど頑健なヨーロッパ人でもたちどころに殺してしまうほどの猛毒にも耐える身体をいまも保っている。この相違をフーフェラントは食事、衣服、運動、空気の成分、一般的な生活習慣と精神状態に帰した。しかし、先住民は各種麻酔剤を医療目的にふんだんに使いながら中毒になるようすもないのはなぜか、という疑問には解答を示さなかった。

フーフェラントの『寿命を延ばす技術』(一七九七)の扉には、地元の患者のひとりだったゲーテの言葉が記されている。この書物でかれは、健康にかかわる医療技術と、生活の質は問わず、生存時間を最大に延ばすための長寿法や長命の科学とを区別しようとした。初めの理論的な部分でフーフェラントは古代エジプトの秘儀からはじめて歴史的概観を述べながらさまざまな職業に言及した。比較的長生きするのは一般に詩人、画家、哲学者、そして自分で管理できる世界に住む人びとであり、医師や、現実世界の中で生き延びるために闘わねばならない人びとは通常短命である。統計的に寿命が一番短いのは、奴隷にするためにアフリカから連れてこられた西インド諸島の黒人で、五人か六人に一人が若死にする。もうひとつはヨーロッパにあまりにも多い捨て子である。フーフェラントによれば、パリで幼児期を過ぎるまで成長したのは七千人の捨て子中わずか一八〇人という記録がある。この数字を見るだけでも、ジャン・ジャック・ルソー(一七一二—一七七八)のような、結婚せずにもうけた子を平然として孤児院に委ねる人間の思想的基盤、むしろ倫理的基盤を疑わずにはいられない。

フーフェラントの著書の実践的な部分は、ヨーロッパ人が流行を追うことによってどれほど命を縮めているかを論じる。子どもの気儘な育て方、コーヒーなど興奮性飲食物の摂り過ぎ、性的に活力のある人びとへの禁欲生活の強制、公衆衛生と私生活における衛生への無関心、そして体の自然な均衡維持を妨げるような、想像力への絶え間ない強烈な刺激など。

フーフェラントは、ヨーロッパ人が自らと子孫の寿命を延ばす方法も提案した。乳幼児の体を丈の長い産着でくるまないほうがよいことの衛生上、解剖学上の理由は理性的に考えれば明白であり、偶然に出会った乳母の乳より生みの母の乳のほうがよいことも同様である。体と下着を毎日洗うことは不可欠であり、どんな、いわゆる野蛮人でも勧められなくても自然にすることである。ヨーロッパ人は全員水泳を習うべきであると、フーフェラントは何度も主張した。水難事故犠牲者の蘇生術も教わらなくてはならない。さらに、大学で学んだ医師で、ヨーロッパ以外の地方のシャーマンのような、つまり先住民にとっての友人ないし精霊への執り成し人としての役割を果たしてくれる医師を見つけるべきである。「有能で誠実な医師を見つけたなら、その医師を完全に信頼しなくてはならない。そうすれば患者としても安心でき、医師にとっては治療がどれほど楽になるかしれない」(664—65)。

フーフェラントは以前発表した論文の中から、このような問題点を取り上げたものを『健康と幸福の増進のための公益に関する論文集』(一七九七)としてまとめた。その序文で医師を志す読者に警告して、医療という職業は高貴で神聖なものではあるが、深刻な挫折感や孤独感に襲われ、手近にある麻酔剤が強い誘惑になることも予想される、と書いた。

そのような麻酔剤も薬剤師の本に書かれているその他の物質も、多くの病気、とくに想像力に起因する病気には効かないことがわかるだろう、と「想像力の危険」という論文に綴った。かれはその種の病気について、「実際、これ以上恐ろしくて現実に苦しい病気をわたしは知らない」(101)と告白した。まじないや呪文からでも身体の衰弱が生じうる。これらが想像力を呪縛して、「病気への危険な素因」(114)を抑えこむ機能を妨げるからである。想像力が身体に及ぼす力は、まだ説明されていないが非常に強く、ヨーロッパでもその他の地域でも人びとは命令を受けて、あるいは恐怖から、あるいは予言を聞かされるだけで、死ぬことが知られているほどである。流行は、まじない、魔法、悪霊憑依から、心気症、憂鬱、神経過敏に移行したかもしれない。しかし前者と後者は同じ原因、共通の症侯、類似の予後がある、とフーフェラントは主張する。かつて超自然、異常と見なされたものと、医学的に理解可能になったものとのあいだの類似が認識されただけでも科学の偉大な進歩を証明するものである。「悪魔が引き起こす病気の症侯と今日の神経病の症侯、過去の概念と現在の概念とを比較して、科学と人間文化の進歩を尊敬することを学び、真の啓蒙の影響を感得することは、じつに愉快な仕事である」(119―20)。

狼狂の説明も類似の比較が基礎になる。ここではエクスタシーと身体的幸福感が想像力に結びつけられる。フーフェラントは過去についてたとえばこのように書く。

当時は、自分はオオカミだと想像する奇妙な発作をときおり起こす人びとがたくさんいた。じつはそれは真正のエクスタシーであった。一八世紀の社会はずっと繊細になっているから、その状態で人は天使の声を聞くとだろう。オオカミに囲まれて生きていた当時の人びとはその咆哮を聞き、その性質をわがものとした。そしてオオカミのふるまいをすべて思念においてしたのである。かれらは意識を取り戻したとき、夢の中でしたことをなんでも、まるで実際に起こったことのように精確に語った。たしかに、幻を見るにとどまらず、実際に駆け去って戻らなかった者もいたのである(120―21)。

フーフェラントは『メスマーとその催眠術』で、想像力とその作用を探究するために用いられる方法を論じた。催眠術にかかった被験者が示す行動は、エクスタシー状態の人、痙攣の発作を起こした人、一定の麻酔性の物質による酩酊状態の人の行動に似ている、と書いている。「四肢の不随意的なすさまじいねじれ、半ば窒息した状態、胴体の膨満、混乱した眼差しが見られた。ここで突き刺すような叫び声が上がる。あそこで体が破裂するほど笑っている。向こうでは滝のように涙を流している」(153—54)。フーフェラントは多数の実験を引用して、このような反応は動物磁気の力によるよりは、むしろ想像力によって引き起こされることを示した。音楽はこのような反応を誘発したり、強めたり、変化させたりすることがある。鏡で光を反射させても同様の効果がある。だが想像力がそれ自体で、そのような発作を生じさせるだけでなく、他者に感染させもする十分な証拠がある。「その力が他の多数の集団においても大きいこと、たとえば勇気や恐怖心は一兵から全軍に広がりうること、同様に神経性の苦痛さえ感染力を持ちうることはよく知られている」(183)。

フーフェラントの結論は、想像力を応用し、、またその利用法を開発すれば、現代医学は一種の科学的魔法を成し遂げ、他の方法では不可能な治療効果をあげうるだろう、ということである。ただしそのような実験の継続は「知的な医師にしか」(185)許されるべきではない。科学的に説明され、大学で学んで権威ある医師社会の一員である男性によって監視されるかぎりにおいては、シャーマニズムの有益な実践に異存はないという口ぶりだ。「ところで、ドイツ国民の名誉となるに足るひとつの観察がたしかにある。すなわち催眠術は曲芸になりはじめるやいなや、もはやドイツに根づくことはできなくなった。そしてふたたびドイツに戻ってきたとき、催眠術は急速に、より堅実で哲学的な姿を獲得したのである」(187)。

リヒターとユング=シュティリングの洞察

一八世紀には、権威ある医師社会を形成させる要因が急に増えた。ヴィルヘルム・ミヒャエル・リヒター(一七六七—一八二二)の著書がひとつの好例である。当時発達中の歴史学方法論は、民族誌や人類学の分野からの報告を男性優位の思想に適合するように解釈するものだった。リヒターはモスクワに生まれ、レーファルのギムナジウムに入り、ゲッティンゲンとベルリンの大学で学び、フランス、イギリス、オランダで研究を続けた後、一七八八年にエルランゲン大学から医学博士号を得た。一七九〇年にロシアに帰り、産婦人科を開業した。モスクワ大学医学部教授にもなり、著述家としてもかなり多産だった。

問題の著書『ロシア医学史』全三巻は一八一三年から一八一七年にかけてモスクワで出版された。ドイツ語で書かれ、ロシア語には後に翻訳された。序文は、医学に関する歴史的情報の不足を嘆き、その理由として史料が手に入らないことと信用できないことをあげる。記録文書は修道院に隠されていて閲覧できなかったり、動機を信用できない外国人が書いたものだったりする(1・v-vi)。そのために、手に入る多数の旅行記を読むことと、基本的な文書館の蔵書調査に長時間を費やした、と多言語を駆使するリヒターが告白する。

リヒターはまず、病気治療の努力は人類の誕生とともにはじまった、と説く。最初の人類は自然に強いられて未知のもの、試したことのないものを実験し、観察能力を用いて実験の成功、不成功を判定した。かれらは動物や同じ人間のすることを見守り、少しずつ、食べられるもの、薬になるものを、毒物から区別していった。リヒターは証言として、新旧両大陸の先住民の反応についての報告を提出する。かれはマグナ・マーテル(自然、大地のように一切を生み出し育くみ、また滅ぼす女性的存在。英語でグレート・マザーともいう)、シャーマンカ、魔女にいささかも言及せず、医学、看護、すべての治療手段の発明を、原始時代の家長の、家族を保護する持続的な活動に帰す。

> 人類の幼児期、きわめて粗雑な経験的、偶然的な方法ながらも治療技術を実践したのは一家の父親だった。自然の必要に強いられてかれらは集まって社会を形成し、先人が一致して有効性を認めたものについての口承から学んだものだけでなく、生活の中で新しい経験や観察が生み出したものも、医薬品として利用した。つまり

一個人が医学を発明したのではない。医学は多数の観察を通じて徐々に成立し、その範囲は状況に応じて広がってきたのである。(1・3—4)

神話時代から記録のある有史時代に入り、リヒターは古代ギリシャの貢献を急いで概観する。古代ギリシャは神秘的な医術をアジアからヨーロッパへ伝える役割を果たした。リヒターは同時代の多くの人びとと同じく、ロシア人とスキタイ人を同一視したので、人類が生まれたときからかれらは医学の知識を持っていた、と考えた(1・13—14)。リヒターの主張によれば、かれらの健康と幸福をもたらしたものは家父長制度である。というのは父ないし家長は怪我の治し方、風邪のような軽い不調の治療法、もっと重大な苦痛の継続的な看護の仕方を本能的に知っていたからである。この主張の根拠として、頑健な人びとに会い、その習慣と生活条件について書いたマルコ・ポーロらの著書が引用されている(1・14—44)。

リヒターは次にロシア正教会の聖職者に目を転じ、かれらは純粋に慈善のために治療と看護を行なった、と書く。個人を健康に保ち、部族の絶滅を防ごうとする先住民の努力を無視し、民間の「魔法の呪文やまじないなどについての話」(1・93)を信用せず、一定数の男性が組織をつくり、科学的な思想を持つ祭司的治療者集団として出現した、と主張した。

この種の主張にもっとも激しく反論したひとりはヨーハン・ハインリヒ・ユング(一七四〇—一八一七)である。かれはゲーテと同じ時期にストラスブールの大学で学び、一七七二年に医学博士になった。ユングは古風な人間で、二二歳のころに宗教的覚醒を経験し、それで人生がすっかり変わった。かれは医学、農学、林学、獣医学のように直接人間の役に立つすべての科学に知的、感情的に献身したが、一七七八年に発表した小説『ハインリヒ・シュティリングの青春』によってそれに劣らぬ名声を得た。ベストセラー作家ゲーテは、かれは今後この小説の作者としてユング=

シュティリングと呼ばれるだろう、といった。ユングは宗教書に加えて『シュティリング』の続編を何冊も書いて通俗的な人気を博したが、その基盤には学者としての地位と外科学への寄与、とくに白内障の手術法があった。

ユング＝シュティリングには、フランス啓蒙思想家の客観的合理主義も、シュトゥルム・ウント・ドラング（一七六〇年代末から八〇年代のドイツの文学運動）の主観的で情緒過多の詩人たちもまちがっていると思われた。前者は理性を抑制することを知らず、後者は病的な想像力によって苦しめられている。ユング＝シュティリングは両者とも人間として健康な均衡を失したものと評し、キリスト教的な価値によって生活を秩序づけるほうがよいと考えた。そこから、通常の目には見えない、霊の住む世界を想定することになった。

その考えをまとめたものが霊についての論文「霊の学問の理論　予知、幻視、亡霊について何を信じるべきで、何を信じてはいけないかという問いに、自然と理性と聖書にしたがって答える」である。[★014] 第一に、もし機械論的なアプローチが自然研究に唯一妥当であると見なすなら、不可視の霊界は決して感知されず、まして研究されることはないであろう(43, 61)、とかれは書き、もっと多様な方法を実験することを訴えて、数学中心ではないアプローチを承認し、それらを最大限に利用してみることを提唱した。かれ自身は、「独自の神政的方法に従って」研究してきた(43)。その方法は大部分の現象を理解可能にするのみならず、長年科学者の前に立ちふさがっていた多くの謎を解明するものだ、という。

ユング＝シュティリングはその「方法」のおかげで、霊との交感には、超自然的なことへのたゆまぬ集中に加えて、「敏活で、非常に鋭敏な神経系と活発な想像力」が必要であることを説明できる(53)。しかしかれは、一見超常的なことをなんでも神の手になると解釈することには警告する。

> 注意深く仕事に取りかかり、ときどき普通でないことに気づいても、そのたびに神を想定したりはしないこと

も、等しくキリスト教徒としての重要な義務のひとつである。一般の老若男女はすぐさま有頂天になったり、その他なにかの形で熱狂し感極まってしまう。そのような人びとは、最初はしばしば神の御言葉に基づく崇高なことを口にする。すると信者ができ、それを見てさらに信者が増える。しかしその後は悪魔につき纏われるようになるのである。(113―14)

神を信じない邪悪な人間がかかわったとき魔法が生じた。かれらの思いは悪霊にしか届かなかったからである。一種のシャーマン、つまり奇跡を行なう人であったキリストの復活以来、そのような魔法は理性によって迷信の領域に追いやられ、厳格な境界が定められた。魔法使いは、まだ科学的に説明のつかない身体的苦痛を引き起こしはしても、キリスト教徒の魂に影響を与えることはできない(147)。

ユング＝シュティリングは、ヨーロッパ人の心理へのキリスト教の影響を説明するために、神話と、太古のシャーマニズムについての人類学的考察とを結びつけた。かれによれば、古代の異教にはドルイド、すなわち精霊を呼び出す男女の祭司がいた。かれらは偶像を礼拝し、定期的に精霊と交渉を持ち同胞の執り成しをした。供犠の儀式は数多くあるが、五月一日の夜、ハルツ山中のブロッケン山で行なわれるものが一番桁はずれだった。このような祭司たちのその他の義務は祝福を与え、精霊を呼び出し、魔法をかけたり解いたりすること、そしてとくに薬の調合と病気治療だった(148)。キリスト教に改宗させる努力は、先住民に公開の場で儀式を行なうことを控えさせる結果になった。シャルルマーニュ(七四二―八一四、ドイツ名カール大帝)は異教の痕跡をすべて拭い去るために断固として武力を行使したが、結局「かれらはなるほど公にはキリスト教の礼拝に出席したが、私的には異教の宗教活動をなお長らく続けた」(149)。

異教の宗教活動のうちで、後に魔術と呼ばれるようになるものが一番後まで残った。先住民にはほかに信頼できる相手も、頼ってゆく先もなかった。科学的な訓練を受けた医師がいないところでは、魔女が社会生活の結束力としてのみならず、治療者としても働いた。かれらは立腹している霊たちを供犠で宥めることによって医療の力が得られると思っていたから、キリスト教の時代になって死刑をもって脅されてもなお供犠を続けた。ユング＝シュティリングは出版されていた魔女裁判の証言を引用して、この種の術者たちが近代まで種々の麻酔性物質の調合剤を用いてエクスタシー状態に入り、本人の申し立てによれば空を飛んで魔女のサバトなど、何らかの儀式に参加したことを示した。ある被告は、王者のような牡山羊とともに官能的満足と性的至福もろもろを経験したと主張したが、じつは一晩中自分の家のいろりの前で両脚に棒を挟んで横になっていたことを見られていた。

このような証言から引き出したユング＝シュティリングの主要な結論は、性的に満たされていない女性は年齢と関係なく一定の薬物を摂取すると明確な身体的反応を示すが、それは彼女らの想像力がすでにその方向に向かっているからだ、ということである(150—51)。かれ自身の明白な神秘的傾向にもかかわらず、かれの分析は同時代の医学者の分析に非常に似ている。予言、同時に二ヵ所に存在する現象、催眠術、夢中歩行にかかわる問題の論じ方も同様である。かれの幻視の論じ方は、いわゆる古代のシャーマンの人格的特徴への感受性を示している。かれは、幻視は完全に無意味だという。というのは

幻視が証明するものは非常に活発な想像力と、イメージを実在と見なす生まれつきの素質だけだからである。ヒステリーと心気症の人に幻視が起こりやすいが、かれらの幻視はエクスタシーを伴う場合も伴わない場合もある。だがこのような人びとは予知能力を発達させやすいので、同時に霊界と接触することになる。そうなるとなにもかも混じりあってしまうので、幻視と実際の精霊の出現とを区別するには豊富な知識と経験が必要である。(171)

ユング＝シュティリングはキリスト教神秘主義の医学的な意味を強調したことによって、同時代の筋金入りの科学者の目にはいかがわしく映ったかもしれない。一方では医学の基本的仮定であるニュートン的な機械論と科学的決定論への懐疑から、少なくとも一時期、ヨーロッパ・ロマン主義運動の最前線に立ったこともある。この運動は最初期には歴史と有機体説と心理学にしか興味を持たなかった。芸術的感性、哲学的ピュタゴラス主義、民族誌の素養、人類学的思想、心理学の知識、科学の学識、医学の経験のすべてが混じりあって、思考を刺激するが、奇妙で奇怪なかれの言説を評価するような資質の持ち主がこの運動に参加していたのである。

シャーマニズムと想像力

［第二部］

虚構と空想への回帰

一八世紀芸術とシャーマニズム

Back to Fictions and Fantasies:
The Implications of Shamanism for the Arts in Europe

第五章　ディドロ『ラモーの甥』とロシアの影響

The Impact of Russia on Diderot and *Le neveu de Rameau*

エカチェリーナの『シベリアのシャーマン』

一八世紀にはシャーマニズムに関する情報が大波となって西ヨーロッパに打ち寄せ氾濫し続けたので、知識人は新しい情報が届きしだい、なんとか折合いをつけるしかなかった。旅行記から吸収した驚異的な観念にすばやく標準的な美学理論を適用する者もあった。[★001]悪戦苦闘してそれらを芸術作品に変容させた者もあった。少なくともそのいくつかはその種の作品の傑作として褒めそやされた。さらにそのような観念を同化して独自に公的な人格を考えて自分の生涯の軌道を選ぶ者もあった。刺激的な新情報の高波にさらわれて、たまたま見てしまったものに怯える者も出てきた。この非合理的な現象の含む意味は影響が大きすぎ、簡単に処理するわけにはゆかなかった。ドニ・ディドロ（一七一三―一七八四）のエカチェリーナ大帝（一七二九―一七九六）とロシア帝国へのかかわり方はこの反応をもっともよく示す例である。[★002]

プロイセンのフリードリヒ大王はオーストリアに対抗するための同盟国を求めて婚姻政策に頼り、アンハルト＝ツェルプストの公女をロシアに送った。彼女は長旅と不幸な結婚に堪え、夫の死後、女帝として一八世紀のもっとも狡猾な政治的指導者のひとりになった。彼女エカチェリーナはカリフォルニアをロシアのペルーと、すなわちペルー同様豊かな資源を持ち、それを好きなだけ取ってくればよい土地と見なした。またおよそ学会と名のつくものの初めての女性会長になったエカチェリーナ・ロマノフ・ダシコヴァ皇女（一七四四―一八一〇）に宛てた手紙で、ロシア語は「ドイツ語の力と富みとエネルギーとイタリア語の美しさを併せ持つのですから、いつかは世界の標準語になるでしょう」[★003]と予言した。

エカチェリーナ女帝は実際困難な仕事を抱えていた。第一にその広大な領土にヨーロッパ人を住ませたかった――つまり入植させたかった。彼女の人種的優越感は明らかにこの件でも貫徹された。というのは彼女は主としてスカンディナヴィア、バルト海沿岸、ドイツ出身の北欧ゲルマン系の人びとを移住させようとしたのである。入植者には土地を与えるうえ兵役も免除するという条件を出した。ただし宗教と社会的階級には無関心だった。ユダヤ人でも、かつて外国へ出ていった農民が祖国ロシアに戻るというのでも、定住を約束しさえすれば歓迎されることになっていた。

第二にエカチェリーナは広大な領土の経済的開発と統一をめざして、国土に関する情報を求めていた。そのために彼女は、後に自由経済協会とよばれることになる団体を創設させた。その協会が資金を出して、一七六八年から一七七四年までに学術調査隊が数回のロシア帝国全土の調査に出発した。この探検隊員は大部分がドイツの科学運動にかかわっていた。かれらはペテルブルグの科学アカデミーの定めたルートに従って旅をし、専門の研究者が作成した質問票にそって調査を行なうよう指示された。命じられた地図、測量値、観察記録は忠実に提出された。エカチェリーナが一掃しようとしていた現象に関する報告書もあった。その現象とはシャーマニズムである。彼女はシャーマニズムの根絶に初めは消極的だったが、しだいに積極的になっていった。

彼女にとってシャーマニズムは、啓蒙主義が熱心に励まし誠実に支持する理性の前進にたいして陰謀をたくらむ、反啓蒙主義的な闇の力の全体を意味した。★004 エカチェリーナは彼女の帝国の非合理的、アジア的すなわち女性的なイメージを合理的、ヨーロッパ的すなわち男性的イメージへ全面的に変革する決意だった。そしてシャーマン信仰を広める者とかれらに従う者を、麻薬嗜癖者、同性愛者、痙攣派信徒（一八世紀初頭のフランスのカトリック信徒のうち、熱狂的なヤンセン主義の人びと）、宗教的狂信者と政治的狂信者——反体制派と暗殺者——と見なした。★005 アメリカを征服した初期のスペイン人と同じように、できるかぎり迅速に効率よくかれらを絶滅させることに女帝はなんの呵責も感じなかった。★006 しかし、科学に忠実な遠征隊員は、そのような結果を回避しようとして、作成した報告書と収集した工芸品をドイツ諸邦など政治的に安全な避難所、とくに小さくのんびりした大学都市ゲッティンゲンに送ってしまった。

エカチェリーナは修正主義を作戦として、彼女の領土をシャーマニズムに関連づけるものには必ず反論した。三〇〇ページの著書『解毒剤』は、アベ・ジャン・シャプ・ドトロシュ（一七二二―一七六九）の『シベリア航海記』（一七六一）がロシアをシャーマンによって破滅した国家と決めつけたことにたいする反駁である。[★007] エカチェリーナのこの著書には、初期ロマン主義の情緒性と温和性を全面的に軽蔑していたことを示す言辞が多い。彼女は百科全書派さえ、シャーマニズムなど超常現象に関する記事を載せたことで批判した。彼女の考えでは、この種の項目は一時的に流行している危険な禁制品だった。とくに「神智学者」の項目は、知らせずにおくに越したことはない事柄をわざわざ読者の消費に委ねたものとして、腹立たしかった。[★008] そこに報告されている人びとは、人間の理性を至高のものではなく、哀れなほど限定されたものと見なし、体に現われる印を魂の仮面として読み解き、予知、予感、透視を重んじる。「かれらは、神から与えられる超自然的、内的な元素によって精神を照らされていると主張する。その元素は内面で燃えているが、ときどき消える――その元素は活動しているときはかれらを高めてもっとも崇高な知識に至らせるが、活動を停止すれば生まれたままの愚かな状態へ転落させる」(253)。かれらにとっては「熱狂こそ、よかれあしかれすべての偉大なことの源泉である」(254)。百科全書の記事はさらに、信仰がすべての魔術の基礎である、と主張する。「人が生まれながらにもつ自然な信仰はわれわれを精霊のようにする。この信仰こそ魔術の効果の背後にある原理であり、想像力とそれが行なうすべての驚異とのエネルギーである」(257)。神智学者の中でもパラケルススの執念は卓越していた。かれはドイツの鉱山であろうとタタール地方の辺境であろうとあらゆる源泉から隠された知識を集めるための努力を惜しまなかった。かれとその同僚の幾人かはアヘンなど精神状態を変化させる物質を用いて狂乱、狂喜状態に達したことが知られている(260)。専門分野はなんであれ、かれらはすべて非合理主義を助長し、偽宗教、神秘的秘密結社、エクスタシーを誘発する手工芸品を利用して人類をだまし続けたのである。

エカチェリーナはそのような非合理的な行動とさまざまな方法で戦った。世界的に有名な医師、ツィマーマン宛の手紙で彼女はしばしば戦略のあらましを告げた。神智学者に関する記事のせいで喜劇を書く気になった、と一七八五年四月一七日付けの手紙は説明する。[★009] 一七八六年に『詐欺師』、『うぬぼれや』に加えて『シベリアのシャーマン、喜劇』が出版された。三作は二年後に大合理主義者フリードリヒ・ニコライ(一七三三―一八一一)によって一冊にまとめられ、『狂信と迷信に反対する三つの喜劇』と題してベルリンとシュテティーンで刊行された。[★010] 一七八七年四月二二日にエカチェリーナはツィマーマンの好意的な書評に礼を述べている。彼女の言葉は、この現象がいたるところに蔓延していることを強調する。

> 『シベリアのシャーマン』にたいする肯定的なご意見、たいそう嬉しゅうございます。あの作品はわたくしも気に入っておりますので。けれどもだれも読もうとしないのではないかと恐れております。あの愚行は執拗で、しかも現在の流行でございますもの。ドイツの公子たちはたいてい、ああした騙りに材料を与えてやるのが当然と心得ているありさまです。健全な哲学に飽きてしまったのです。一七四〇年には哲学的どころではない人びとすら哲学者になろうとして骨を折っていたことを思い出します。今日では理性と公共精神は姿を消してしまいました。今回の過誤はわたくしどもの周囲の、かつてなく多くの人間を熱中させております。[★011]

一七八七年七月一日にエカチェリーナはもう一度ツィマーマンを相手にこの問題を取り上げた。カリオストロ(一七四三―九五。ヨーロッパ各地の宮廷に身分を詐称して出入りし、奇跡や予言を行なった人物。エカチェリーナの宮廷にも現われた)のように明らかにそれとわかる詐欺師以外に、同様の者が無数にいる。彼女自身クリミア旅行中に、目的はなんであれ、踊ったり叫んだりしてトランス状態に陥る人びとを見た。「その者たちは霊感を受けたようで、シベリアとドイツのシャーマンに近いようでございます」[★012]。

五幕劇『シベリアのシャーマン』は、恋愛のもつれを解きほぐしながら、その時代のヨーロッパ人がシャーマニズムにすぐ感化されるありさまを描き出す。シベリア先住民であるボビン夫妻が娘のプレスタをペテルブルグに連れてゆく。娘の恋人イワン・ペルナトフは貧しすぎると考えて、もっと似合いの相手を捜すつもりである。かれらの旅にはアンバン・レイが同行している。かれは病気を治す力を持つと称し、ボビン夫人の命を救ったことさえあるので、一家のシャーマンになっている。第一幕はアンバン・レイの過去を、探検家の報告のような調子で詳しく語る。かれは中国との国境地帯に生まれ、両親を早く失って先住民であるツングース人の男に育てられたが、その男がかれの素質に気づいてある老シャーマン——「モンゴル人やその他のシベリア住民はかれらの祭司をこう呼ぶ」★013——に弟子入りさせた。エカチェリーナは会話と劇的な報告を使って、観客にアンバン・レイの詐欺行為を教える。お手伝いの娘が問われて、かれのごまかしと計略を語る。娘は得意になって自分の優越性を誇示し、かれが自分の悪行に主人夫妻が気づくことを妨げる力を持っているのか、「それともご主人たちのほうがだまされたがっていたのか」(21)どちらかだという。

第二幕はシャーマンのさまざまな振る舞いを描く。アンバン・レイは、自分のシャーマンの等級は一四〇級であるといい、雇い主がやって来たと告げて意識を失う。ボビン氏は機会を捉えてレイの状態について解説する。「この男は考えに耽ると、いつも我を忘れたようになります。そしてそれはこのうえなく幸せな状態なのだといって、できるだけたびたびその状態に達しようと努力しています」(24)。この男を正気に戻すには、その想像力に直接強く訴えるような手段が必要である。しかしそういうものはすぐには見つからないので、ト書きは俳優に、体中をくすぐられるような身振りをせよ、続けて中国の人形のように頭を左右に振り、それから犬のように吠え、猫の鳴き声、おんどりの声、めんどりの声を次つぎにまねよ、と指示している。長い脚注が、シベリア地方で魔法をかけられた人を例にあげながら、「自分は魔法にかかったと信じ、あるいはそのふりをして、ヨーロッパ諸国の悪霊に憑かれた人びとのように奇妙な身振りをしたり体をねじ曲げたりし、無意味な言葉を立て続けにしゃべって未来の予言だと主張し、ときにはさまざまな動物の声をまねたり、人の名を叫んで、その人間が幽霊になって脅したとか、自分を破滅させたとか、いったりする人びと」(29)にアンバン・レイは似ている、と説明する。次にシャーマンはタンバリンを手に持ち、部屋中走ったり、跳んだりはねたりしながら、タンバリンに合わせてさまざまな母音を唱えるように歌う。それから倒れて死んだように動かない。信者たちがかれを取り囲んで短いバレエを踊る。それが終わると、かれは目を覚ましてシャーマンの衣装を脱ぎ、おごそかな声で話しはじめる。その声はときに低くなり、あるいは完全に沈黙してしまう。かれは非存在の状態に達しようとしているという説明が、集まっていた人びとに深い感銘を与えて、この幕は終わる(34)。

次のふたつの幕は、特定の状況にたいしてシャーマンが取る異様な行動と、それにもかかわらずペテルブルグの分別ありげな市民たちの信頼を得てたちまち商売が繁盛してゆくようすを示す。かれの周囲に大勢の若者が集まって教えを受けようとするのを見て、使用人のひとりが「あの人はシャーマンの学校をつくるつもりじゃないだろうか」という(84)。しかしアンバン・レイは主人の娘の恋煩いに手を焼く。彼女は、恋人が別の少女といそいそと婚約してしまったと思い込んでいるのである。

第五幕で理性が勝つ。まことの恋人どうしがふたたび結ばれ、シャーマンの犯罪がすべて暴かれる。シャーマンの裁判を受ける権利が論じられた後、最後の対話が、シャーマンの商品を買った人びと全員の共通項を指摘する。「実のところかれら自身がシャーマンそっくりなのです。かれらはシャーマンと同じように想像力の法則に従って、初めは自分が思い違いし、次にかれらを信じる人びとを間違わせるのです」(110)。

エカチェリーナの作品は知識人のあいだでは概して評判がよかった。フランス人は紙もインクも惜しまず彼女を賞賛した。ヴォルテール(一六九四―一七七八)はエカチェリーナを高く評価し[★014]、「われわれはなんという時代に生まれたのだろう。フランスが〈哲学者〉を迫害し、スキタイ人がかれらに好意を示すとは」と嘆じた。ひとりの女性が短期間にこれほどのことを成し遂げたとはほとんど信じられない、とヴォルテールはいい、また別のところでは、真実ローマを見たいと思ったことはないが、ロシアには行きたい——それはまた別のことだ、と書いている。「勇敢な女性たちによって砂漠が誇らかな都市に変じ、二千リーグの国土が文明化されたありさまをこの目で見られないとは死ぬほど残念だ。これは世界史にも他に類のない事件、最高の革命である」。こうして生じたフランス人のロシアへの心酔から、フランスとロシアとの外交関係の黄金時代がはじまり、それはフランス革命が国王の主権の土台そのものと王権神授説を脅威にさらすまで続いた。★015

ディドロのエカチェリーナとの交際は一七六〇年代の初期にはじまって一七八四年にかれが死ぬまで続き、その後はエカチェリーナがかれの著書と原稿すべての合法的所有者になった。ディドロは女帝と親密になるにつれてシャーマニズムへの関心を深めていった。かれとしては初めは投機的な事業ないし生きるための作戦だったかもしれないが、やがてそれはディドロほどの敏活な精神をもってしても広がりを把捉しきれない知的な冒険になっていった。エカチェリーナのほうはディドロを金銭で誘ったのだが、当時かれの著作、無神論的発言、合理的精神にすっかり魅了されていたので、かれをペテルブルグのアカデミー会員に選ばせ、★016宮廷に招きさえした。その間ディドロはシベリアのシャーマンのトランス状態の経過、結果と、プラトーン以来何百年間の西欧思想家が提出してきたすべての理論との不可解な類似について考えをめぐらさずにはいられなかった。同時に『ラモーの甥』を書きはじめてもいた。★017

ディドロの『百科全書』

シャーマニズムに関する情報は広く流布していたから、ディドロは多数の資料をいくらでも読むことができた。多くの同時代人と同じようにディドロも虚構であれ事実であれ報告書を求めて飽かず、当時の人類学の文献も読みあさった。しかしそのことよりも、むしろ筆者はある出版事業のことを述べたい。ディドロは編集委員長格で携わり、深く関わっていたにちがいない。一七五一年から一七六五年までにパリで出た一七巻の『百科全書《アンシクロペディ》あるいは科学、技芸、手工業の解説辞典』には、ロシアとシャーマニズムに関する項目の数が並外れて多い。それらの記事に引用されている第一次資料は、シェファーとストラーレンベルイからペリイとデギュイニュまで多岐にわたる。グメーリンの著書はたびたび大いに推奨される。当然ヴォルテールの『ピョートル大帝治下のロシア帝国史』もしばしば言及される。[★018]

ロシアについてのかなり長い記事は、その広大な領土に住んでいた、スキタイ人を始めとする古代の多様な種族を論じている。宗教についてはキリスト教、イスラム、偶像崇拝、その他小規模な異教の宗派を取り上げる。探検家たちが出会った異教徒の性質として、誠実さと親切心をあげていることについての説明もある。「かれらの徳性を高めたのは異教信仰ではなく、むしろかれらの牧歌的な生活だった。外国人と接触することがなく、天地創造のときとほとんど変わらぬ世の中に、相当な地位にある人なら避けられないような激しい感情を経験することなく暮していた」[★019]。たとえばサモイェード族には殺人、強盗、その他の反社会的行動がまったく見られないと報告されているが、かれらの言語には美徳、悪徳を意味する単語すらなかったのである。それにもかかわらず「魔術師」への確固たる信仰を抱いていた。魔術師はかれらのために予言し、自然界の威力を宥めると信じられた。キリスト教に改宗させる努力をたゆまず続けたにもかかわらず、政府は「かれらの迷信を根絶することはいまだにできない。呪文を唱えながら、たえずそこにキリスト教の聖人の名とともにかれらの偶像神の名をさし挟むのである」[★020]。ブリヤート族とオスチャーク族は偶像を崇拝する未開民族とされ、カムチャツカの住民「の中にはシャーマンとよばれる魔術師がいる」[★021]と記されている。多くの場合、シベリアの現象についてはドイツ語の語形が用いられ、フランス語の文章の中に schaman という綴りが入っているが、ときには chaman も見られる。タタール族については「数人のシャーマン以外には祭司を持たない。シャーマンをかれらは祭司というよりは魔法使いとして扱い、助言を求める」★022と書かれている。ヤクート族の風習については比較的長い記述がある。

> かれらはときどき神々と悪魔たちに犠牲を捧げる。その儀式では大きな焚き火に雌馬の乳を注ぎ、馬と羊を屠殺して、意識を失うまでブランディを飲みながらその肉を食べる。かれらはシャーマン以外には祭司を持たない。シャーマンというのは一種の魔法使いで、信頼を集めているが、さまざまなトリックといたずらでかれらを欺く。そういうものに惑わされるような原始的な民族しかここにはいないのである。★023

シャーマンについての、イニシャルによる署名のない別の記事は、流布している情報を薄めて保守的で穏健にしたもので、シャーマニズムについて従来からの慣習的な観方を述べている。精神状態を変える物質、演劇的パフォーマンス、トランス、信じさせるテクニック、住民への寄生、高度な合理的知力、今日なら脳の左半球の機能といわれるようなものを欠く住民の信じやすさ、などである。この記事は全文を引用する価値がある。というのはこれも、フランスでさえドイツ語の語形が一般的名称としてすでに確立していたことを示す証拠のひとつだからである。

> シャーマンたち（SHAMANS）名詞、男性、複数形。シベリアの住民が、祭司、ジャグラー、魔法使い、まじない師の機能を果たすぺてん師に与えている呼称。シャーマンは悪魔に影響を与える力を持つと称し、悪魔の助言を得て未来を予言し、病気を治療し、無知で迷信深い人びとの目には超自然的に見えるようなトリックを使う。そう信じさせるためにかれらは太鼓を使い、急速度で踊ったり回転したりしながら激しく太鼓を打つ。そのような体の捻転とその疲労から方向意識を失ったときに、悪魔がその気になればかれらに姿を現わすのだと

いう。ときには儀式の最後にナイフで自分の体を突き刺すように見えることがあり、素朴な観衆の驚きと敬意を高める。普通は太鼓と舞踏の前に犬か馬を犠牲の供え物として殺し、それを食べながらブランディを飲む。集まった観衆がシャーマンに金を与えて、この喜劇の幕が下りる。このときシャーマンは、同種の他のぺてん師と同じように無関心を装う。★024

「ジャグラー」と「まじない師」という語がここに出てくるのは適切である。一八世紀にはこのふたつがシャーマンという語と総称としての使用を競っていたからである。ラフィトら、フランスの宣教師たちは北アメリカのカナダほかに見られたこの現象を故国の同僚に説明するために、たびたび前者を用いていた。ディドロはどういう理由からか初期にはこれらの語をシャーマニズムと結びつけなかったが、『百科全書』第八巻を読んでからはたしかに両者を関連させるようになったにちがいない。『百科全書』第八巻には「ジャグラー(占い)、アメリカの未開民族のあいだで名声があり、医術を職業とする魔術師ないし魔法使い」★025についての縦の欄ふたつ半にわたる記事がある。この記事はかれらの霊界との交渉について非常に詳しく述べ、「デーモンと一種の契約」を結ぶことができると主張する、と説明している。かれらはしばしば鳥を霊界との媒介として使う。鳥の言葉を解し、自力で「エクスタシー状態」に入って、その間に鳥の飛翔をまねる。精霊がこのジャグラーないしまじない師に助力して、深く隠された病気の原因と性質を教えるので、治療が可能になる、と思われている。守護の霊が予言や夢の解釈にも、込み入った人間関係のもつれをほぐすさいにも、かれらに力を貸す。これら術者の成功は、一見説得力のあるまやかしを依頼人が信じる気持ちになっているかどうか、信じずにはいられないほど必要に迫られているかどうかにかかっている。

この記事には古代との比較がいろいろ出てくるが、もっとも適切なのは、施術の準備と手順に関する比較である。ヘロドトス、マルコ・ポーロ、フォントネル、ラフィトの記述も引き合いに出される。

かれらがまやかしの準備としてもっとも多く使う方法のひとつは、汗が吹き出すまでスチームルームに閉じこもることである。そうすると、ギリシャの詩人たちが描いているデルポイの祭壇のアポロンの巫女と少しも変わらなくなる。見ているとかれらは痙攣して我を忘れ、さまざまな音調の声を出し、人間技とは思えないようなことをする。呪文で唱える言葉はどんな未開民族の言語とも共通なところがない。たぶんその言葉は、過度に高まった想像力が即興的に出す、わけのわからない唸り声だけなのであろうが、このぺてん師たちはその音を神の言葉と称して人びとを欺いてきたのである。さまざまに調子を変えて、あるときは声を張りあげ、次には細くて高い、ちょうどマリオネットのような声をつくるので、人びとは、精霊がしゃべっていると信じるのである。[★026]

この記事は、一種の天然の医薬品による医療が行なわれていたことも書き落としていない。筆者は、溺死者や窒息による死者にたいするアメリカインディアンの人工的蘇生術には、一八世紀のたいていのヨーロッパ人同様懐疑的だが、術者は樹皮、薬用植物、麻酔剤などを組み合わせて苦痛を軽減し、病気を治療すると書いている。

その他の見出し語の記事を手当たりしだいに読んでみると、啓蒙された『百科全書』の寄稿者たちは、おそらく自分でも気づかずに探検記録や旅行記から一定の影響を受けているらしい。霊的熱狂とエクスタシーについての記事がとくに目を引く。そこには、生まれつき豊かな想像力が解放されて高く舞い上がり、ロンギノスが言及しているような忘我状態に陥ることが記されている。古代と近代の異教の祭司とぺてん師は顔と身体をねじ曲げ歪めることによってエクスタシーに達したことを表現するといわれる。[★027] だがそれ以上に強調されるのは、かれらが意識の高揚したその状態を参集者に移す能力である。たとえば、「伝達され再生産されることは〈霊的熱狂〉の本性の一部である。しだいに燃え広がるのは命を持つ炎である」。[★028] 当代一八世紀の西欧文化から例としてあげられるのは、なんと演劇である。つまりこの記事によれば、熱狂が「俳優の魂から観客の魂へ移る」のだという。このような移行は、俳優と観客の魂に源を持つので、人間の合理的能力を避けて通ることができる。[★029]『百科全書』全体に、病気治療にすぐれていたスキタイ人のアポロンの祭司アバリスのような伝説的シャーマンや、すでに近代の神話に幾重にも包まれているオルペウスへの言及が散在する。[★030]

啓蒙思想の中心を自負するフランスにこのような情報が流布していたのだから、一七七三年の秋から年末までの三ヵ月をロシアで過ごすようにとのエカチェリーナの招待をディドロが喜んで受けたのは当然だった。だがその旅行は双方にとって不幸というに近い結果に終わった。エカチェリーナは生まれ故郷のドイツ人と現に統治するロシア人の社会的行動に慣れていたから、ディドロが発するげっぷその他の音は我慢できたが、たえず背中や膝を叩いたり手をつかんだりする、かれの無神経な肉体的接触がしだいに嫌でたまらなくなった。とりわけシベリアについて、また学術探検隊が観察し記録した多くの変わった風習について、ディドロが遠慮会釈なく質問することが癇に触った。かれが大胆にもペテルブルグの――彼女の――科学アカデミー宛に自分で作成した質問票を送ったことは彼女を驚愕させた。[★031] さらに回答を求める執拗さに唖然とした。エカチェリーナは研究の一般的な自由を支持したかもしれない。だがシャーマニズムや彼女の領土に広がっている不合理な風俗に関する自由な研究を許容するつもりはたしかになかった。

エカチェリーナは分別のある、つねに機敏な政治家だったから、その後しだいにディドロとその仲間の百科全書派たちから距離を取った。かれらを攻撃するキャンペーンさえ展開し、社会不安と革命の種を蒔くとして非難した。したがってエカチェリーナは、ディドロの死後は彼女の所有になると定められているかれの原稿をひとつとして公開しない決意だった。あるときエカチェリーナはフリードリヒ・メルヒオール・グリム（一七二三―一八〇七）に次のように書き送った。かれはドイツで彼女と同じ立場を取る人びと、とくにゲーテとの仲介役をしたひとりで、両者のあいだに意図しない共謀関係が生じることになった。「ディドロの著作をすべてわたくしのために手に入れて下さい。もちろんそれらはわたくしの手を離れることはなく、したがってだれにも害をなすことはありません。それらをかれの蔵書と一緒にして送って下さい」。★032

『ラモーの甥』の波紋

このドイツとの関係は従来ほとんど看過されてきたが、じつはきわめて重大である。一七七〇年代のドイツの若い文学者や知識人にとってディドロはすでに崇拝の対象になっていた。ゲーテは一七六〇年代にたまたまライプツィヒで一二人のロシア人学生と出会い、当時の経験を後に『詩と真実』に記した。「われわれはディドロに大いに親近感を抱いていた。ディドロがフランス人から非難される点はすべてじつにドイツ的だったからである」。★033

ゲーテが一七七〇年代にストラスブール大学に移ったときには、親友のヘルダーがパリから駆けつけて、ディドロについてのニュース、かれの目下の仕事の企てについて直接の見聞をもたらした。ディドロがロシアへの旅の途上で滞在した町々にいたゲーテの友人たちは、ディドロとの会話の要旨を熱烈な調子でゲーテに書き送った。一七八〇年代には、ロシアで幸運をつかんだグリムがゴータの宮廷に継続して送っていた「文芸通信」がゲーテにディドロの近況を伝えた。★034 この非公式な一種の手紙新聞のおかげでゲーテは『ラモーの甥』も知り、感想を書きとめた。ディドロの他の作品についてもゲーテは感想を書き残している。ゲーテは若いころから美学理論の持つ矛盾と格闘を続け、エクスタシー状態で創造的昂揚が訪れることを認めていた。エクスタシーを誘発するものは、黙想、アルコール、麻薬、あるいは内耳が受ける刺激、なんでもよかった。だが、そのような抑制の働かない昂揚が、実際に芸術作品を生みだすうえでどれほどの価値があるかをかれはすでに疑っていた。ゲーテは知的成長のこの段階では、ロマン主義、無秩序、相対主義、非合理性、シャーマニズムの匂いのするものすべてを危険視し、むしろ距離と秩序のほうを好んで、登場しはじめたメディアと権威ある学者たちがギリシャ的理想として掲げたものを守る必要性のほうを強調した。

一九世紀初年にディドロの『ラモーの甥』の原稿の写しがヴァイマルに届いたとき、ゲーテはかつての約束どおり熟読し★035、その重要性を確信して独訳を引き受けた。できれば対訳を、それがだめならまずドイツ語版を出し、すぐ続けてフランス語版を出版するつもりだった。ゲーテは注を付けるにさいして、ディドロ自身使ったにちがいないロシア旅行記のいくつかを参照した★036。一七六〇年代に構想され、ロシア旅行後の一七七〇年代に改稿されたディドロのこの作品は、一八〇五年のゲーテによるドイツ語訳が最初の出版である。ディドロの自筆原稿の存在は一八九一年まで知られなかった。

風刺的対話ないし会話劇『ラモーの甥』は、一八世紀に激しい論争の的になった美学上の問題をほぼ残らず取り上げる。ディドロは創作過程と、鑑賞者に伝わるその力に焦点を当て、かれ自身の芸術思想と、哲学、科学、人類学の知識とをみごとに総合してみせる。ここに書かれたことの多くは、ほぼ同時期に構想され同様の手法で仕上げられた対話『喜劇のパラドクス』でも論じられる。どちらも演技論の両極端を対照的に示す。一方の演技者は自分が演じる役と自分自身の人格とに距離を取るだけの理性を維持し、したがって自己を保っているのにたいして、もう一方の演技者は役に完全に感情移入する結果、役に魂を奪われて自己を失ってしまう。『ラモーの甥』では、「わたし」は現実的なヨーロッパ精神、すなわち哲学ないし真理、数学、理性、冷静、平静、常識、男性の成人を代表し、「かれ」のほうはシャーマン的なことを、すなわち芝居または幻想、天駆ける空想または天才、不合理、熱狂、情緒不安、軽薄、両性具有的小児性を代表するように造形されている。

ディドロは「かれ」の議論と性格を具象的に描き出すために、シャーマニズムについての通俗的情報をたびたび利用した。対話の冒頭で、「かれ」はエキセントリックで生まれつき他の人間とは異なることを、われわれは知らされる。

つまり「かれ」は他の人とは違う、極端な矛盾の一例として描かれる。「かれ」はいつもは癒しがたい精神異常に委ねられているが、ときどき非常に優れた感性を示す。その猛烈な談論はときに高潔、ときに下劣である。世界中のシャーマンと同じように長期間断食を続けることができるが、腹一杯詰め込む機会に出くわせば、その機会を情熱的に利用する。全体として、自分の肉体的反応と、それが精神に及ぼす影響とを抑制する力が並外れている。「強健な体質と特別に活発な想像力と異常な肺活量に恵まれている」[★037]。またシャーマンと同じように関節が異様なほど自由に曲がり、あるいは動作が機敏で、人間というよりは操り人形のような体位を取る、とも書かれている。比較のために示すなら、『パラドクス』では「名優はきわめて精巧な人形でもある。かれを操る糸は劇作家の手にある。劇作家は一行ごとに、俳優が取るべき正しい体の形を指示するのである」[★038]とディドロは書いている。

ラモーの甥の意見には旅行記の告げるシャーマニズムと共通するところが多い。かれは性衝動を人間の条件の一部として認め、偽善的に禁欲を守る人びとを嘲り、自然の欲求の充足を求める人びとのために売春の周旋をする。血筋と祖先も重要である。「それに遺伝というものがあります。父の血はおじの血と同じです。わたしの血は父の血に似ています。父系の分子は硬くて鈍く、それが始原の胚細胞のように他のすべてに影響を与えたのです」[★039]。息子との関係を問われると、「かれ」はかわいくてたまらないように息子を野蛮人と呼んで、答える。「あの小さな野蛮人を愛しているかですって？　あの子に夢中ですよ」[★040]。

ラモーの甥は先住民のシャーマンと同じように、自分はほかのだれも知らないことをいろいろ知っているから、社会にとって非常に価値があると主張する。「わたし」は「かれ」のすることを非ヨーロッパ社会のシャーマンの行動と比較して、その主張に同意するようである。「もしこのような人物がどこかのグループに現われるなら、一粒のイースト菌のように、われわれひとりひとりの生まれつきの個性の一部を発酵させ、回復させることだろう。われわれを揺さぶり奮起させ、褒めさせたり責めさせたりし、真実を明らかにし、立派な人を世間に知らせ、悪人の仮面を剥ぐ。

そうなれば分別のある人はその言葉に耳を傾け、付き合う相手を選ぶだろう」[★041]。ラモーの甥は、社会に有益な娯楽を提供する独特な能力を持つことを強調してはばからない。「わたしのような人間は稀です。きわめて稀です。わたしを失った人びとはどうしているか。犬のようにしょんぼりしています。わたしはばかばかしいことの無尽蔵の貯蔵庫です。わたしは休みなくしゃべり、かれらは笑い転げて涙を流しました。わたしはかれらにとってこの世にまたとない慰安だったのです」[★042]。

ディドロは「かれ」に多様な性格を与え、さらに「無学、愚か者、狂人、怠け者、厚顔、欲張りの役立たず、要するにならずもの」[★043]であることを自認させる。「わたし」の反応の両義性を「かれ」は適切に指摘する。「あなたはいつもわたしに興味を持っていましたね、それはわたしが付き合いやすくて、内心わたしを軽蔑しているが、わたしの話が面白いからです」[★044]。他の人びとは猿や悪霊やいかさま師で間に合わせている。ラモーの甥は、道化師を自称することも好み、なにかが自分の内部にいて、それが自分に話しかけ、また自分を通して話す、という。『パラドクス』はこの着想を取り上げて人間を分類する。「ねえ、人間は三種類に分けられるんですよ――自然人、詩人、俳優です。自然人は詩人よりつまらない、詩人は名優よりつまらない。名優こそもっとも高貴な人間です。最後の者がひとつ前の者の肩によじ登って、大きいかご細工の中に閉じこもる。つまりかれはその細工の魂に当たるのです」[★045]。

だましたりだまされたりすることの、人間が生きてゆくうえでの重要性が何度も語られる。対話の初めの部分で「かれ」は「地上の諸民族にとって嘘ほど役に立つものはありません。真実以上に有害なものはありません」[★046]と断言する。かれ自身の策略は精緻だったり粗略だったりするが、それらが必然的にかれの職業の一部を成すと考えているので、それらを卑劣と見なすことを拒否する[★047]。治療したり慰めたりするときのつねで、そのときのその相手の事情が、成功するための戦略を決定する。「真実をいうことが利益になるときには、決して偽りはいいませんし、偽りがほんの少しでも役に立つと思えば決して本当のことはいいません」[★048]。

ラモーの甥は泥酔してらんちき騒ぎをすることについて、肉体的享楽、とくに性の解放の可能性を含めて、興奮して語る。先住民の巫儀で酔った参加者たちがシャーマンの話に心を奪われる。そのように、ディドロはかれにいわせる。「飲んで話をでっち上げ、あらゆる気紛れと不品行をほしいままにしましょう。愉快ですよ」[★049]。未開民族のいくつかについて報告されている狼への変身と人肉を食する習慣をほのめかして、「かれ」は「雪が地面に積もって何日も経つと、わたしたちは狼のように互いにむさぼり合い、その後に残るものをすべて虎のように引き裂きます」[★050]という。このような暴力をヨーロッパの芸術表現に持ち込んで、自分のおじのような入念な制作者による生気のない退屈な作品を真に崇高なものへ変えなくてはならない、とかれは主張する。「動物の激情の叫びが旋律を定めるのでなくてはいけません、そして表現が凝縮されなくては」[★051]。「かれ」は不道徳も重罪も、それらが崇高の域に達しているかぎりは許容するばかりか、「わたし」がかれを「洗練された不道徳漢の偉大な伝統」[★052]に連なるものと見なすことを望みさえする。

一八世紀に知られていたシャーマニズムとの類似点はまだいろいろある。それらについても述べねばならない。まず宗教的な回心、つまり異国の神々が土着の偶像神と並べて置かれる過程への言及がある。次に「わたし」と父殺し、近親相姦など人間心理の基本的な問題について話しながら、ラモーの甥がどうやら無意識につくる偶像神の像がある。「かれはこね粉の塊を指でこね、自分がつくりだす奇妙な形を見て微笑しているらしかった。それが仕上がると、かれはその奇怪な偶像を遠くへ投げ捨てるような身振りをした」[★053]。ラモーの甥は、自分は生まれたときから偶像神の群れの中に投げ込まれていたように感じるが、自分を取り戻す方法をすでにいくつも発明したと語って、この場にけりをつける[★054]。ディドロは、空中飛行についても甥に語らせる。ただし、以前から古代スキタイのシャーマニズムと結びつけられていたツルが住む天国に達するほど高く飛びはしない。対話の中で場の区切りをつけるためにしばしば演劇的に利用されるパントマイムのひとつで、甥は矢のように動く。矢は、シャーマンの誕生以来とか、ラスコーその他の洞窟画家以来とはいわないにしても、神話化したアバリス以来、シャーマンが普通に使う乗物のひとつである。

舞台芸術家は一八世紀のシャーマン

ディドロの対話はさらに、啓蒙思想を経験した西欧人の心の中でシャーマンの特性と、天才の観念を形成しつつあるものの特性が接近する兆候をも示している。どちらも当の本人は苦しい思いをするが、社会にとっては必要である。どちらも、よくて社会の除け者、悪ければ狂人のレッテルを貼られる。[★055] どちらも、より因習的で、数にまさる同胞の設けた規則や制限や障害を無視する。どちらも奔放な空想に身をゆだねる。ディドロは、「わたし」から一定の天才を認められたいという望みを「かれ」に表明させさえする。それからディドロは「かれ」にいわせる。「お言葉どおりです。しかしわたしが方法や規則のことを考えないと知られたら、驚かれるでしょう。教科書が必要な人間はたいして先へ進めません。天才は読むことは少なく、もっぱら実験するのです。かれらは自力で学びます。シーザー、テュレンヌ、ヴォバン（二人ともフランスの軍人、名将）、タンサン侯爵夫人（百科全書派のダランベールの母。彼女のサロンは有名だった）、その兄弟の枢機卿、またその秘書のアベ・トリュブレをご覧なさい。そしてブレ（司税官、この引用箇所の直前で「かれ」はブレの「天才」の実例を語っている）はどうです。だれがブレに教えましたか。かれに教師はいません。卓越した人間は自然がつくるのです[★056]」。

シャーマンの実践についての報告書の影響が一八世紀にはまだ強かったことが、ラモーの甥のパントマイム、模倣表現、見せかけに、あるいは楽器の演奏だけにでも、はっきり表われているだろう。かれの魂は対立しあう動機のあいだで分裂しはじめる、と書かれている箇所があるが、どうしてか分裂はとまらない。精神の分裂は加速し、細分化し続ける。発汗、痙攣、陶酔が起こる。『パラドクス』にも類似の記述があることは、不思議ではないが、興味深い。

「このような特徴がどこから生まれるのか、だれも知らない。これらは一種のインスピレーションである。天才が自然とその模倣との中間にとどまって両方を注意深く見守っているときに、これらは生じる。インスピレーションの美しさと偶然の成功がかれの作品を満たし、その突然の到来にかれ自身驚くのである。これと、最初の思いつきのままの突進とでは、重要性も成果も確実性もまるで異なる。冷静な熟慮が激しい熱狂に位置の認識を与えなくてはならない」[★057]。

人気を得た演技者はだれでも同じだが、ラモーの甥も、真に迫った演技で観衆を屈服させることが自慢である。しかもかれはそのさいの秘密の手順を大事にするだけでなく防ぎ守る。カラスのような声と敏捷に動く体に加えて、かれの演技から伝染性の熱狂が生じることも、何度も語られる。ディドロがシャーマニズムに関する文献を自在に使いこなしていることを示すもっとも顕著な例は、音楽の稽古でも、演劇論でも、パリ市民のオペラをめぐる口論への言及でもなく、カフェ・ド・ラ・レジャンスでラモーの甥がおじラモーのオペラ作品の霊の虜になるところに認められる。初め甥は行ったり来たりしながらいくつかのアリアを口ずさんでいる。それからしだいに霊に圧倒され、正気を失うにつれて、大声で歌いはじめ、声がどんどん大きくなる。かれは何人かの登場人物の声、歩き方、身振りをまね、気分が目まぐるしく変化する。

カフェの客に、その騒ぎに誘われて入ってきた通行人が加わる。かれらは初めげらげら笑っているが、徐々に注意を向けはじめ、やがて完全に心を奪われる。

しかしかれはなにも気づかなかった。なにかにとり憑かれて、狂気とほとんど変わらない熱中状態が続くので、もう元に戻らないのではないかと思われた。馬車で、壁にも床にも厚い敷物を張り詰めた精神病院の病室に連れ込まなくてはならないだろうか。かれはヨンメッリ（一七一四―七四、イタリアの作曲家）の「ラメンタツィオ」のあちこちを歌い、信じられないほど正確、忠実、熱烈に各シーンのもっとも美しい一節を再現した。エレミアがエルサレムの荒廃を描写する格調高いレチタティーボをかれは涙を流して歌い、するとすべての見物人の目からも涙があふれ出た。かれの技術は完璧だった——繊細な声、力強い表現、真実の悲しみ。作曲家がその技量をもっともよく発揮している箇所にかれはとどまった。声のパートを離れて楽器のパートを取るかと思うと、また突然声に戻り、両方をつなぎあわせて全体の関連と統一を保ち、われわれの魂をつかんで、わたしが経験したかぎりでもっとも奇妙な状態に宙づりにした★058。

このパフォーマーは、初めはかれをあざ笑っていた見物人たちを魅了し、自分の熱狂をかれらに伝染させ、かれらを結び合わせて全員をまるでひとつの種族のようにしてのける。「かれは口笛でピッコロを吹き、フルート・トラベルソを鳥のように囀り、歌い、叫び、正気を失ったように体を揺すり、ひとりで男女の踊り手にも、歌い手にも、プリマドンナにも、全オーケストラにも、オペラハウス全体にもなった。それから二〇もの役を一度に引き受けて、走り、立ち止まり、目は憑かれたように燃え、口から泡を吹いた★059」。ラモーの甥は「夜とその闇、陰と沈黙だった——沈黙さえ音で描けるのだ★060」と書くとき、ディドロはまさにパラドクスの核心を衝く。

　ラモーの甥がトランス状態から醒める、エクスタシーから墜落するときの描写には、後の理論的な著述で感受性が鋭く創造的な演技者を論じるさいにもたびたび反復される観念が見られる。

深い眠りから、あるいは長く続いた夢想から醒めた人のように疲れはてて消耗しきって、かれは驚き、呆然として、じっと立っていた。道に迷って、自分のいるところを知ろうとする人のように、周囲を見まわしていた。かれはぼんやりしたようすで顔を拭きながら体力と才気が戻るのを待っていた。目が覚めてみたらベッドが大勢の人にとり囲まれていて、自分がなにをしたのか憶えていない、あるいは想像もつかない人のように、かれは尋ねはじめた。「どうしたんです、みなさん。なぜ笑っているんです。驚いているようですね、なぜです」。それからつけ加えた。「さあ、これこそ音楽と、音楽家と、呼ばれるべきものです」。★061

ディドロの『ラモーの甥』は、舞台芸術家が高度文明社会——つまり一八世紀西欧文明社会——のシャーマンと見なされはじめていたことを明らかに示している。

第六章　ヘルダーの芸術家シャーマン論

Herder on the Artist as the Shaman of Western Civilization

一八世紀にシャーマニズムに関する情報が急に増えた。ヨーハン・ゴットフリート・ヘルダー（一七四四—一八〇三）の関心が着実に高まっていったのも当然と思われるほどである。ヘルダーは旅行文学に没頭して、地理、気候、食物が人間の生理と心理に与える影響を調べていた。またそれらと神話、比較宗教学、美学、舞台芸術論とに関係があるかどうかを確かめようとした。フィールドワークを行なう科学者の多くと同じように、かれはたえず方法論に注意していた。研究者との個人的な相互影響に加えて、この注意が、目的と方法を明確化し、社会的存在としての人間を対象とする新しい研究のための、より健全な科学的基盤をつくりだす助けになった。

ヘルダーは早くから旅行記の類を厳密に吟味していた。ある論文では、分別と素質の欠如を嘆いている。「さらにもっと嘆かわしいことに、旅行の観察記録が思慮と、同じ人間同胞を理解する力とを備えた人びとによって書かれることはきわめて稀である」★001。かれらの個人的な鈍感さに劣らず、ヨーロッパ中心的な物の観方を自覚していないことがヘルダーを苛立たせた。別の文章では、かれらが自身を、特定の地域的自然条件から形成されたいくつかの信仰体系によって構成される特定社会の所産として認識していないことを痛烈に批判する。地球の他の部分に生まれ育った人びとがヨーロッパ人の目に奇異に、あるいはおろかしく映るのは「その人びとのものの考え方と好みが、幼いころに母親や子守やクラスメイトから植えつけられた自分の考え方や好みと違うからだ」★002とヘルダーは説明する。ヘルダーの考えでは、ヨーロッパの宇宙論者が想像上の生き物の存在を推定したことは、『ガリバー旅行記』のような虚構の内容を豊かにしただけで、それ以外ではむしろ科学研究を大いに妨げることになった★003。歴史認識を持たないヨーロッパ人も同様に知識の前進のために有害である。かれらの独善的な自己中心性は、自分の時代、自分の趣味、自分の行動様式しか認めないような優越感を生み出した。その規範から少しでも外れるものには劣等とか、人間以下とかいうレッテルを貼るのである。

一番腹立たしいのはフランス人だ、とヘルダーは書いている。かれらは自分たちの文化の完全性を信じこみ、それ以外はなんであれ、ある程度堕落したものと見なす。その視野の狭さと知的な偏見を具体的に指摘してみせるために、しばしばフォントネルの名があげられる。その時代のドイツ文学についてのある論文では、フォントネルは「自国民の中になにひとつ見ず、なにも見たがらず、最後に、老牧羊犬にさえ他のなにものも見ることができなかった。かれは自分が見たものと見たかったものを描いた。つまりフランス人を喜ばせるだけで、ギリシャ人にとっては卑しくいとわしいにちがいない習慣と社交と教養と上品な作法を」★004とまで書く。他の箇所では、たんにフォントネルの信頼性を問うにとどまらず、かれを軽薄な才子、あるいは自称流行の権威と呼び、また退屈な「文章読本著者」のひとりに数える。さらに別のところでは、フォントネルには知的な厳密性も哲学的な深みもないから、かれの本を読むのは浮ついたフランス女だけだ、とカントと同じようなことをいっている。★005

学識がいい加減なことも、ヘルダーが知的な企て全体にとって有害と見なす要素のひとつであるが、この点に関してはイギリス人もフランス人と大差ないという。近東の探検記録を論じたある書物のドイツ語訳について、ヘルダーは、著者は自分の意見をあらかじめ決めておいて、そこから推論するから肝心な点を見落とすのだ、と酷評する。この書物は多数の旅行記を渉猟したにもかかわらず、「われわれ自身の先入観という奴隷根性から」★006書かれている、というのである。ヘルダーはこの書物が取り上げていない数冊の重要な旅行記を紹介してから、結論として「著者と訳者は、この退屈な仕事をもって今世紀の学問の成果の乏しさと形式主義の精神を再度確認させた」★007と断じる。

ニュートン、ライプニッツ、その他科学的決定論を思わせるものはなんであれヘルダーは拒否した。数学または論理学のみに基づく理論による還元的な認識に強く反対していたからである。測定と統計に意義がありうることは疑わなかったが、それらが安易に乱用されることを恐れた。測定と統計はその性質上、単純化した証拠しか考慮しない、とかれは考え、考慮すべき要素はまだ多数ある、と主張した。かれにとって現実とは、現実を認識し処理する人間の能力と同じように多様なものだった。ヘルダーは生涯、人間の知識を進めるために、できるかぎり多数の要素を謙遜に認める方法論を発達させることを提唱し続けた。ヘルダーはまた、人間の心理自体にもっと精密な注意を向けるべきであると考え、世界各地で記録されている神秘的な事物やその不思議な現われ方の調査に赴いた過去の思想家の著書を知的にもっと尊重すべきであると主張した。すでに職業的数学者、科学者の中核を形成していた人びとからの圧力に抗して、神学者、哲学者であるヘルダーはルネサンス時代の研究者の意図を熱烈に擁護した。かれらは自然の秘密を明かす手掛かりを得ることを当てにして、魔法の奥義を探ったのである。ヘルダーはピコ・デラ・ミランドーラ（一四六三—九四。イタリアルネサンス期の哲学者）、アグリッパ・フォン・ネッテスハイム（一四八六—一五三五。哲学者。神学者、医師。スコラ学に反対した）、パラケルススと同じように、神話、文学、アニミズム、博物学はすべて初めから織りあわされていた、と考えた。[★008] 一七世紀に厭がらせを受けながらそのような研究をやめなかった人びとにもヘルダーは関心を抱いた。たとえば医者のロバート・フラッド（一五七四—一六三七）や神秘思想家のヤーコプ・ベーメ（一五七五—一六二四）にかれはしばしば言及する。ヘルダーは、過去の迷信が未来の科学的事実を準備する可能性があることを主張して、かれらの仕事に一定の正統性を与えさえした。食事、性行動、精神性、風土、地理にかかわる事柄の影響を視野に入れるばかりか説明もするような、納得のゆくホーリスティックな方法をかれは追求し続けた。

　科学的方法論へのヘルダーの理論的な関心の強さを明らかに示す著述が一七七〇年代に出はじめた。ちょうど、世界の遠隔の地方でまだ行なわれているシャーマニズムから学ぶべききわめて重要なことがある、とかれが気づいた時期である。ヘルダーはある論文で人類一源説の妥当性を考察して次のように書いている。「すべての国民は単一の民族からこれらの富を盗み取った、われわれはあらゆるものを東方から得たにちがいない、すべての川はひとつの大きな水源に源を持つ、という事実に異論を唱えるべきではないという。この仮説は独断的なところが多すぎる」[★009]。ヘルダーは、歴史の反復と哲学思想の照応関係とを見きわめようとしながら、帰納法と比較研究、また文化的に謙遜であること、少なくとも自制することの重要性を強調した。

ヘルダー自身、一七七〇年にベルリンの王立学士院賞を受けた『言語起源論』でそのような知的な姿勢を実際に示した。かれは多数の旅行記や調査遠征報告から得た情報と神話学、生理学、心理学の知識とを組み合わせて、人間の言語は神から与えられたという学説に反論した。論文はこういう調子ではじまる。「人類は動物であったときからすでに言語を持っていた。すべて強烈なもの、強烈な中でももっとも強烈なもの、そして肉体の苦痛の感覚のすべて、魂の燃えあがる熱情のすべては、伝達されえぬながら、叫び、音調、不分明な荒々しい音声となって現われた」[★010]。そのような音声と神経系の興奮との関係はすべての動物に認められる、とヘルダーは書いている——ディドロがラモーの甥に語らせた「動物の叫び」に似た着想である[★011]。それは自然の法則だった。しかし文明が任意の記号から成る個別の言語を発達させるにつれて、人間はそのような自然言語を理解しなくなった。言語が文明化されていないほど、つまりヘルダーの表現によるなら洗練されていないほど、その言語は自然の音調に頼る部分が大きい。当代のブラジルの先住民やカリブ族は、シベリアの原始時代さながらの住民と同じようにうなり声や鼻を鳴らす音や甲高い叫び声と陰気なアクセントで意志の伝達をしている。ヨーロッパの研究者は現地調査のために遠方へ行く必要さえない。「ヨーロッパに残存する少数の未開民族であるエストニア人、ラップ族などは、ヒューロン族やペルー人と同じように、十分明瞭に発音されず、文字に移すことのできない音声をしばしば使う」[★012]。

最高度に洗練された西欧人の精神にさえその痕跡は残っている。「われわれの本性の中には非常に多様な感覚能力が、そしてまた多数の音調が眠っている」[★013]。したがって先住民がごく身近に接触する動物の欲求と反応を理解するのは、狩猟家が猟犬を理解するのと同じである。探検家も、かれらが観察していた先住民の悲嘆やお祭り騒ぎ、呪文を唱える声に深く心を動かされたとしばしば告白している[★014]。

任意の音で構成される言語は自然音を利用する言語から発達したのではない、とヘルダーは主張した。前者は人間が知能を用いて意識的に発明した言語である。人間はまず動物に、それぞれの発する音声にしたがって名をつけた。ヘルダーは次のように説明する。「自然はすべて音を出すのだから、感覚能力のある人間にとって、自然が生きていること、話すこと、行動すること以上に自然なことはない。未開人は丈の高い樹木の堂々たる樹冠を見て驚異の念に打たれた。樹冠がざわめく。これは動き行動する神だ。未開人は地に伏して拝む」★015。韻文のほうが散文より先に生まれたことについて、古代と近代の多数の著述家がすでに述べていたことをヘルダーも認めた。ヘルダーがあげている例の多くは旅行記からの抜粋だが、そのほかにも神秘思想家、清教徒や痙攣派の例も示した。かれらはアクセントやリズムと感覚的なイメージや具体的な比喩とを結びつけて、表現不可能と感じられた経験を他者に伝えようとしたのである。そのような個人的な言語は、やがて言語の一般規則に従うようになってもなお、「つねに歌の一種である。それは多数の未開人のアクセントが証明するとおりである」★016。

ヘルダーは続けて、家族に依存する生き物である人間は意志伝達の手段を発明しただけでなく、その手段の使い方を発達させ、そのことがさらに社会的結合をいっそう強固にした、と述べる。

> すべての大陸のほぼすべての少数民族には、どれほど文明が未発達でも、先祖についての歌物語、つまり先祖の事跡を伝える歌がある。それはかれらの言語と歴史と文学、かれらの知恵と道徳、教育とゲームとダンスの宝庫である。ギリシャ人はアルゴー船の乗組員やヘラクレースやバッカス、トロイア戦争の英雄と勝者のことを歌った。ケルト人はかれらの種族の先祖、フィンガルとオシアンのことを歌った。ペルー人や北アメリカインディアンでも、カリブ諸島やマリアナ諸島の住民でも、氏族と先祖についての歌はこのような言語の起源を濃厚に感じさせる。そして同様に、世界のほぼすべての部分で父と母を呼ぶ名詞は似ているのである★017。

古代歌謡の評価

ヘルダーは一七七三年の『ドイツの気質と芸術』中の「オシアンおよび古代諸民族の歌謡についての往復書簡抜粋」でこのような方法に含まれる意味をさらに考究した。ヘルダーはパリで、フランスの体制派貴族が信奉する新古典主義を拒否するディドロらの人びとに会った後、高揚した精神状態でストラスブールに到着した。この書物はそのころ構想された。この論文は、旅行記作者たちが序文でしたのと同じように、西欧文明の付着物を剥ぎとり、自分自身の立場を明確にしようとするヘルダーの企てを明らかに示している。未知のものにたいする自分の反応に文化的偏見の兆候が見られないか、たえず油断なく見張っている、とヘルダーは主張し、大部分の知識人の自民族中心主義を非難して、そこから誤った概念と画一性が生じ、それがさらに、自分の地位を保とうとする危険な傾向になる、という。「しかし人類とその習俗の研究者で、自分が生きている世界を唯一のものと思い、昔のものほど劣っているとつねに誤解する者は災いである」。[★018] ヘルダーは旅行記の著者には他人の著書からの盗用と虚偽との長年の伝統があることを十分に知っていたから、提出する個々の証拠について、信憑性の判断を精密に示した。かれは読者に、あることについては目撃する機会を得たと断言し、また別のことについては同じく率直に、他からの引用であると告げた。[★019]

ヘルダーは、民謡は人類学の証拠として許容できるのみならず、なんら非難すべきところはない、と主張した。かれの論拠は、いまなお世界中の人びとが歌っているその種の歌は先史時代の遺物であり、文化の進化の足取りについて、また気候と地理的条件の異なる地域において作用する要素の多様な組み合わせについて、多くのことがそれらから明らかになるということである。[★020] そのような歌には人類全体に共通の心理的特性が含まれてもいるだろう。ヘルダーは自分の方法が公表でき、論理的に整然としていることを主張する一方で、自己目的としての学識や理論的抽象を否定した。自然民族の歌謡の研究から得た知識をなにかの形で実用的に利用することをかれは欲した。つまり権威主義的な体系化と決定論がもたらした無気力状態からヨーロッパ文化を、とりわけドイツ文化を解放するために、そのような歌謡がなにかしら助けになることを期待したのである。

生涯続いたこの期待に動かされて、ヘルダーはアメリカインディアンの歌に関する情報を得るために旅行文学を調べることを人に勧めた。かれの考えでは、アメリカインディアンの歌は、人類の文化発達過程のある一定段階で生まれた本能的な文芸の典型だった。かれは一七九五年に発表した論文で、イロクォイ族の習俗その他は「ある特定の教育法をもってすれば、技術も規則もなしに本能だけで文芸がこれほど偉大で力強くなりうる」ことを示す最良の鏡である、と書いている。ヘルダーは知りえたかぎりの中から「未開民族の道徳と文芸の概論」[★021]としてラフィトの報告書を選びだした。未開民族が生み出したものを、かれはエッダや、当時発見されたばかりだったケルト人と古代スコットランド人の歌謡に比肩するものと見なした。

ヘルダーが収集した『古謡集』は一七七四年に出版された。ここにもかれは、未知のものや馴染みのないものの認識、記述、評価の方法などについての見解を記している。古代人が夢にも思わなかったであろうような数多くの民族の存在を知りえた、かれの時代の特権をヘルダーは好んで強調した。ギリシャとローマの歌という通常の選択に加えて、マダガスカルからラップランドまで、カムチャツカからグリーンランドまで、世界中の諸民族の歌がこの本には収められた。それらは探険家の報告書や手稿、他の刊行物から拾い集めたものだった。かれは注に、それらの相互参照と評価とともに、信頼性の程度をも良心的に書き加えた。

第四巻の序章が、ヘルダーが着実に練りあげてきた考えをこれまで以上に精緻に表現している。かれの主要な関心は、ヨーロッパ人がヨーロッパ以外の地に住む人びとを知るに至った過程にあった。かれは非ヨーロッパ諸民族を「人間同胞」と考えるほうを好み、文明人を自称するキリスト教徒がかれらに人間性を認めようとせず、「その土地から産出するものと、そこに住む人びとをもっとうまく支配し、利用し、苦しめ、管理し、破滅させる方法」[★022]にしか関心を持たないことに抗議した。かれらは、無差別に物のように使ってよい人間以下の生き物ではない、言語と霊魂と感情を持つ人間である。ヘルダーの考えでは、このような嘆かわしい勘違いが続いているのは、研究法に重大な欠陥があるからだ。それは多くの探検家や宣教師の外面的な観察と、ヘルダーがヨーロッパ人の素通りと名づける態度である。かれらが行なった歪曲は、あいかわらず通用している旅行記の偏見に基づく翻案、添付される「戯画的な図版と、それに合わせた報告文」[★023]によっていっそうひどくなる。こうしたことが重なって、ヨーロッパ人の心の中に、完全にまちがった、しかも不幸なことに消すことのできないイメージをつくってしまった。この勘違いを解消するには、先住民が生み出したものについてのもっと事実に即した情報を集め、急いで広めるしかない、とヘルダーは考えた。

ヘルダーの信じるところでは、そのような情報がもっとも得やすいのは、過去および現在の世界中の洗練されていない諸民族に共通の要素、すなわち「言語、音調、動作、描画、平衡感覚、舞踏、そして唯一あらゆるものを合わせている――歌」である。歌が無限に豊かな資料であるのは、「どんな歌にもせよ、歌は必ずあり、しかもたいていは知識、宗教、精神活動、過去の特筆すべき事件、生活の喜びと悲しみのすべてが歌に集約されている」[★024]からである、とヘルダーは書いている。

現在の愚かな方法を終わらせたいというヘルダーの願いは、かれの仕事をだれかが継承してさらに多くの歌が知られるようにしてほしいという熱望として現われ、また歌の持つ社会的な役割への言及ともなった。このこともたえず繰り返し語られる。

> 本書の貧しいささやかな企てがなにかもっと大きなことを呼び覚ませるなら、すなわちだれかある人が諸民族の真実の発達史の全体を、残された史料からある程度完全な形で構成してくれるなら、なんと嬉しいことだろ

う。その人は、諸民族の性格に強い影響を与えてきた民謡、神話、おとぎ話、先入観を収集することだろう。その人はみずから語るのではなく、むしろ資料に語らせるだろう。その人は、つねに物の効用を問うのではなく、役に立つ立たないにかかわらず、美化せずにその物自体を呈示するだろう。その物を、宗教や古典的な趣味で飾ることによって歪曲せず、ありのままに呈示するだろう。それも誠実に、喜びと愛をもってそうするだろう。★025

個人的な恐怖を和らげ、種族の一体性を生み出すために歌をつくり、歌い、広めた責任者を論ずるとき、さまざまな方向に向けられていた方法への関心が一点に集まる。ここでもヘルダーは、ヨーロッパの抑制の強い文化は民謡の持つ自然性と活気、そして生命を保持させる力を研究すれば学ぶところが大きいだろう、という。かれはグリーンランド人とアメリカインディアンを、後に消滅してしまった人びとが社会を発達させつつあった歴史的段階を今日示している実例と見なした。ヘルダーはかれらの歌から、かれらが古期スカンディナヴィアとケルトのみならず、当時ヨーロッパに知られていたギリシャ文明とも、一定の特性を共有することを見てとった。ヘルダーによれば、注目すべき焦点はつねに、自然を支配すると信じられる霊力を呼び出すことのできるシャーマンである。状況がどうであれ、オルペウスこそはシャーマンの典型的な例であったし、今後もそうであろう。★026 ツングース語をドイツ語化した単語であるシャーマンの概念をヘルダーが利用した最初の例のひとつを示す。

オルペウス、あの偉大な、永遠に人類にふさわしいオルペウス、かれが残したわずかな断片にも自然の魂のすべてが生きている。あの詩人が元来はトラキアで、また北タタール地方などでも見られたもっとも高貴なシャーマン以外のものだったなどときみは信じるか。もしギリシャのテュルタイオス（紀元前七世紀の詩人）を知りたいなら、北アメリカの、歌の指導者が登場して軍歌が歌われる戦争の祝典を見たまえ。古代ギリシャの喜劇の誕生時の姿を見たいか。その同じ北アメリカの未開民族のサテュロス劇とパントマイムで、いまなお完全にホラティウス（前六五―八。ローマの詩人）が書いているとおりに、寸劇とダンスを伴って演じられているのだ。[★027]

ここでも他の箇所でも、シャーマンに言及するときヘルダーはドイツ語のedelという単語を使って、英語のnobleという語に翻訳される「高貴」という以上のことを伝えようとしている。それはつまり人道的な、公正な、助力を惜しまない、気高いという意味で真に人間的、ということだった。[★028]

シャーマンは人間社会に不可欠の存在

一七七四年のもうひとつの著書『人類の最古の文書』では、ヘルダーは現存する過去の資料の理解に努める。ここでも方法と視点の意識が目立つ。扱っている証拠の信頼性がつねに問われる。伝聞だから割り引いて受け取らねばならないとされる証言もあり、「状況判断力のある編集者」[★029]の手になる文献に分類されるものもある。ヘルダーは還元主義はまちがう可能性があることを強調する。「すべての古代史は、ただひとつの仮説から物事を考える思想家がつくりあげる整然とした虚構とはまるで異なっている」[★030]。「真理への愛と文献の正当な評価」以外の動機を持つとして、イギリスの研究者をもフランスの研究者をもかれは等しく非難する。前者は愛国心によって、後者は「パリ市民の足跡にしたがって」[★031]現実を構築しようとする欲求によって、迷わされているという。

この書物を書いたヘルダーの意図は、シャーマンがすべての人間社会の形成に不可欠の要素のひとつであることを明らかにして、フォントネルやヴォルテールのような合理主義者の虚偽を暴くことにあった。人生の過酷な転変に耐えて生きてゆくために必要なものとして、しばしば迷信を擁護したユストゥス・メーザー(一七二〇—一七九四)に倣ったのである。宣教師も探検旅行者も科学者も啓蒙思想家も追放できなかったほどに、迷信は根元的なものだ、とメーザーは書いていた。「その根を引き抜くことはかれらにはできなかった」[★032]。ヘルダーはそれと同じように、カオスから秩序をつくりだして、同胞が自然および自分自身に対処することができるようにする責任がシャーマンにはあった、と考えた。シャーマンは呪術、音楽、医療、数学、法律ないし行動規範、文字など、有益な社会構造のために役立つすべてのものの創始者だった。人間的な努力においてはつねに失敗の危険同様、詐欺が成功する見込みも大きい。しかしシャーマンを称える歌が無数にあることは、かれらが長年揺らぐことなく畏敬を受けてきたことを立証する。そのこと自体が、シャーマンを無価値で利己的な詐欺師と決めつけることを不可能にする十分な証拠である。ヘルダーの考えでは、啓蒙時代の合理主義者の反応は、エカチェリーナ大帝が帝国内からシャーマニズムの痕跡をすべて抹消しようと努めたのと同じである。かれらは自分の理解能力を超える現象をもてあつかい、人類の進化史におけるシャーマンの役割を否認したり、それぞれの偏見に合致するような人類進化史を構築しようとしたりしたのである[★033]。

ヘルダーはその正反対をしようとした。かれは手に入るかぎりの事実を骨折って集め、それらが途方にくれるようなものであっても、そこに内在する仮説であると思われるものに従って正当に扱うよう努めた。そこから、石器時代の洞窟に住んだ人びとはもっぱら感覚に頼って生活していたので、かれらのコミュニケーション手段は一にも二にもイメージと行動だった、と考えた。したがってかれらは記録を残したいときには、絵文字と象形文字しか思いつかなかった[★034]。具体的に、活き活きとリズミカルに伝えられた情報なら、かれらには記憶しやすかった。太古の歌は普通、共同で歌われ、汚れを浄めるか、腹を立てている精霊を宥めることを目的とした。後代の歌も、大変動や先祖たちの行為を記憶に刻みつけることによって、社会の構成員に一定の自己確認を与え、連続性を感じさせることができた。

そのようなパフォーマンス、つまり一連の身体表現には不可欠の要素として舞踏と模倣が必ず伴った。というのは、ヘルダーが別の箇所に書いていることだが、かれらの歌はつねに「動かない絵画にではなく、命の活動に」[★035]付随するものだったからである。

やがて人類が巨大な石の構造物、神聖な柱などを考案しはじめるにつれて、その建立事業と、それが記念する事績とを後代に伝えるための、別種の歌がつくられるようになった。そしてついに、後にシャーマンとなるような人びとのひとりによって文字が発明された。かれらはつねに魔力を持つ言葉、まじない、呪い、呪文を操る力を持っていた。「自然言語全体が祭司階級特有の神聖な言葉だった。エッダには専用の神聖な辞書があった」[★036]。ピュタゴラスやオルペウスのように神話上の人物と見なされているシャーマンは、実際はずっと後に登場したのであることをヘルダーはしばしば指摘している[★037]。しかも、かれらの作品と伝えられるものはさらにずっと後のシャーマンないし詩人が書いた可能性が非常に高い。そうであるとしても、その作品はやはり本物である。そこには太古からの人びとの真の関心事が反映しているからだ、とヘルダーはここでも、ジェイムズ・マクファースン（一七三六―一七九六）の『オシアン』（マクファースンは古代ケルトの吟遊詩人オシアンの作品の英訳を発表、ヨーロッパで人気を博し、ロマン派詩人に影響を与えたが、当初から真偽が疑われていた）を弁護する文章でも、主張し[★038]、したがって偽作ということは適切な概念ではないし、そもそもありえない、という。

オルペウスについての情報をもとに、ヘルダーは、歴史時代に入り、以前より、ヘルダーの好む言葉づかいによるなら、洗練された民族になってゆく人びとのあいだにおけるシャーマニズムの、ある程度有効な概念図を描くことができた。かれはオルペウスに関するすべてのことを、東方のはるかな過去に起源を持つエジプトの秘儀から生まれた異郷の谺の余韻と見なした[★039]。ヘルダーの説明によれば、すべての賛歌は宇宙の生成を歌っており、たまたまトラキア（オルペウスの生地）の洞穴でつくりあげられた「万物の太初の歌がばらばらになった断片」にほかならない[★040]。かれはそれらを「古代の神聖な象徴の栄光を称える歌、すなわち古代の自然哲学と神話の根本的な観念の痕跡が受容され広まり、そしていわば六詩脚《ヘクサメーター》の韻律を持つ連禱と典礼文になったもの」[★041]であるという。

オルペウスという名に関するかぎり、ヘルダーはそれを、ヨーロッパの遠い過去にシャーマンが残したさまざまな事績の、文化的には周縁の記憶を刺激し新たにするために振られる旗のようなものと考え続けた。奇跡を行なう人(Wundermann)という、一八世紀にシャーマンを指して用いられたもうひとつのドイツ語の単語を使って、ヘルダーはオルペウスの伝記を要約してみせる。

> オルペウス、古代ギリシャの預言者、法律制定者、設計技師――なんという奇跡を行なう人。エジプトのヘルメース(古代エジプトのトート神のギリシャ名。とくにヘルメース・トリスメギストスと呼ばれた)とまったく同じ。ヘルメースのものとされているとおりの、まさに同じ肩書き、著作、発明。文字、音楽、七弦の竪琴、博物誌、呪術、予言、占星術と宇宙論、だがとりわけ神学と詩作と法律――これらすべてがオルペウスにふたたび見られる。
> ヘルメースに起こったことがオルペウスにも起こるにちがいない。[★042]

だが人間の文化の初期段階にはなお別の名も唱えられた。たとえばエジプトのトート(学問の神、神々の書記役。月の神)、フェニキアのサンコニアトン(フェニキアの作家。かれが書いたとされる神話の断片が前一世紀ごろギリシャ語に翻訳されて伝わっている)、ペルシャのザラツシュトラである。[★043] このようなシャーマンたちに関する情報が過剰なほどあるので、かれらの先祖をたどってゆけば最後にはアダムとエデンの園に行き着くのではないかとヘルダーは考えた。[★044] だがそれを企てはしなかった。

文学は、あるいはむしろ歌われた歌は、人間の心に触れて、怒りを鎮め、緊張をほぐし、人びとが互いの気紛れや欠点に寛容になれるようなものをなにか身体に注入するという信念をヘルダーは持ち続けた。符合するかのように、最新の脳生理学研究は、イメージや詩や音楽や舞台芸術によって誘導されるシータ波(周波数4Hz以上8Hz未満の脳波)が身体の免疫系の調節を助けることを示している。[★045] ヘルダーは、シャーマンの演劇的才能が人間の文明を生み出し、発達させた、と確信していた。晩年にもなお、文明ないし人間性とオルペウス、つまりシャーマンとを結びつけて考えた。[★046] 一七九四年に出た『人間性を涵養するための手紙』の第三一番目の手紙でヘルダーは、「ギリシャ人は人間性という語を持たなかった。しかしオルペウスがその竪琴の響きによって動物から人間をつくりだしたときから、この語はミューズの技術（ギリシャ神話のムーサたちは文芸、音楽、舞踊、哲学、天文などの女神）を意味することになった」[★047]と書いている。さらに重要なことに、そのようなシャーマンの才能は人間社会が存続するためにまさしく必要なものを提供し続けた、とヘルダーは信じた。すべての文明は、すべての段階、すべての時代にシャーマンを持っていた。人間の生きているところ、必ずシャーマニズムはある。

このような思いを抱いてヘルダーは一七七〇年代末にさらに研究範囲を広げた。一七七七年に出て広く知られた『ドイツ博物館』に含まれる「中世イギリスとドイツの作詩法の類似およびそこから考えられること」という論文は、チョーサー、スペンサー、シェイクスピアらと古代北欧の魔力を持つ吟唱詩人たちとを比較する。ヘルダーは東洋最古のシャーマンからオルペウスのようなシャーマンへ、さらにローマを経てヨーロッパ中世の吟遊詩人トロバドゥールやミンストレルに至る系列さえ想定した。[★048] かれらの作品はすべて美的な傑作であるだけでなく、文化的な記録文書でもある。かれの考えでは、両者は深く関係しあっていて切り離せない。「かれらの歌はかれらの同胞の古文書であり、かれらの知識と宗教、かれらの神々と宇宙の誕生、先祖の事跡、歴史上の事件を貯蔵する宝庫であり、かれらの心情の表現、かれらの家庭生活の喜びと悲しみ、新床と墓地を描く図である。自然は、かれらを苦しめる多数の不幸の代償としてひとつの慰めを、そしてわれわれが享受している多数の、いわゆる幸福に代わるものを、かれらに与えた。それは自由と怠惰とエクスタシーと歌への愛である」[★049]

ヘルダーはゴットホルト・エフライム・レッシング（一七二九―一七八一）（ドイツの劇作家、批評家）、エーヴァルト・クリスティアン・フォン・クライスト（一七一五―一七五九）（ドイツの詩人、レッシングの友人）、ハインリヒ・ヴィルヘルム・フォン・ゲルステンベルク

(一七三七—一八〇三)(ドイツの詩人)らによる解釈を概観してから、この時点におけるかれ自身の考えを要約して述べる。「ギリシャ人も、かつてはいわば未開人だった。かれらの文明の最盛期の所産にも、見れども見えぬ古典文学の注解者や研究者が発見するよりはるかに多く自然が生きていた」★050。合理主義でものを考えるヨーロッパの学者たちがシャーマニズムについてのいたるところにある明白な証拠を無視し続けていることを、かれは嘆く。「テュルタイオスの戦いの歌はギリシャのバラードだった。そして生前のアリオン(紀元前六〇〇年ごろのギリシャの詩人、音楽家)、オルペウス、アンピオン(ギリシャ神話でゼウスの子、竪琴の名手)はギリシャの高貴なシャーマンだった」★051。

ヘルダーもまた、多数の同時代人同様、文学と心理学と生理学の関係を考察し続けた。一七七八年に書かれた『古代および近代の諸民族の習俗にたいする文芸の影響について』では、かれは、言語とは詩人、シャーマン、霊媒が、人間に自然ないし自分より偉大なものを内面的に経験させるために使う道具である、という意見を述べた。人の心が開かれていればいるほど——すなわち生理学的にいうなら感覚器官が刺激を受けやすい状態にあればあるほど——いっそう深い経験をすることになるだろう。文芸が集団的に経験されるなら、発生する熱がそれだけ高まり、経験はいっそう深みを増す。ヘルダーはこう書いている。「文芸が集団に与える影響が大きいほど、かれらはひとつの共同体として印象を受け止め、その印象をちょうど光線が反射するように互いに伝えあうので、そこから生じる熱と光はいや増す」★052。このような心理的操作は、文化が発達の初期段階にあるほど起こりやすい。その段階では人びとは操作されやすいのである。ここでもヘルダーは、権力が乱用される可能性はつねにあり、そうなれば医薬はただちに毒薬に変わることの指摘を忘れない。

ヘルダーはこのような経験に魅惑され、霊魂の再生、輪廻転生にいっそう注意を向けるようになった。一七七八年に出版された『人間の霊魂の認識と感覚、観察と夢について』は、人の心についての主要な情報源は「伝記、医師や友人の観察、詩人の予言」★053の三つである、という。かれはホメロースやシェイクスピアのような大文学者の研究を勧め、その理由として、かれらは生まれながらに人間とその空想を理解する力を持つらしいからだ、という。人間の空想はイメージだけではなく、無数の音調、単語、記号、そしてしばしば呼び名のまだない感情から構成される。ヘルダーは同時代の医学研究を評価しながらも、心理学が、とりわけ精神病の研究が生理学から切り離されてはいけない、と警告した。かれのこの関心は、「われわれは神経が伝えることしか感じない。それに基づいて、そこからのみ、われわれは考えることができる」[★054]と信じるところから生まれた。

　ヘルダーは子どもがもって生まれる能力にとくに関心を抱いた。子どもの気質と想像力は、手足や諸器官の将来の発達と同じように誕生時にすでにあらかじめ定まっている、とかれは主張した。胎児は母胎内ですでに想像力の発達を促すような信号を受信している、とさえいう。ヘルダーはタブラ・ラサ説（人間の心は初めはなにも書かれていない板、白紙状態で、しだいに経験が刻みこまれてゆくという考え）を完全に否定した。遺伝的なものが多く、それも両親からだけではないことを示す証拠は十分ある、と考えたからである。他の存在から漠然と伝わるというようなことがつねにある、と——後にレッシングが『人類の教育』（一七八〇）でいうように——かれは推量していた。「柔らかい音調が響く。いわば別の世界から来るような音だ。あちこちで思念、情念、感情が動きはじめる。その動きが、まだ眠っている多様な力の総体、生きている全体的人間を予言する。そしてわたしは思うのだが、すべての人間の霊魂は同一で、人間はすべてなにも書かれていない平らな石板として生まれてくるという意見は、書斎の学者の紙で埋まった頭にかつて入りこんだ中でもっとも味気ない考えであるにちがいない」[★055]。ヘルダーは別の著作で、だれもが多数の可能性の貯蔵庫を持っている、という。この言い方は、後に遺伝子として確認されることになるようなものが予感されはじめていたことを示唆する。「子どもの中には、まだ蒸気と靄に覆われた多様な命の源泉がある。一本の樹木全体、完全無欠な花が埋め込まれた蕾が開いてゆくのである」[★056]。

　この論文には、シャーマンについての報告を、形成されつつあった天才の理論に結びつける傾向も認められる。ヘルダーは謙遜におのれの無知を告白する。「わたしは天才とはなんであるか、またそれが男性なのか、女性なのか、それとも中性なのかをまったく知らないからである」[★057]。ここでもまたかれはフランスを、そしてかれのいうところのフランスの制度化された偏見を非難する。つまりかれらは新発見の驚くべき事実さえ既知の項目に分類して、それらを操作してフランス文化の強大化をはかり、フランスには天才がたくさんいるように見せかける、というわけである。一方ヘルダーの同国人たちはといえば、やすやすとだまされて、ひとつの単語の文法上の性と発音を重大問題視するという愚行に追随し、かれをさらにも呆れさせた。実際ヘルダーは、「ジェニー Genie」という発音を「シェニー Schenie」という発音がついに制したことを慨嘆したのである[★058]。

一七八〇年代のヘルダーの著作はしだいにシャーマンと天才とを対立させて考え、前者が普遍的、自然的存在であるのにたいして、後者はフランス人のでっちあげと見なすようになった。かれは数十年間シャーマンの系譜を明らかにすることに努めてきたが、今度は歴史時代のシャーマンを現代まで跡づけることに努力を集中した。一七八二年にクリストフ・マルティーン・ヴィーラント（一七三三—一八一三）編集の有力な雑誌「デア・トイチェ・メルクール」に「霊魂の国、断章」が載った。それは、すべての文化はその進化の一定の時点で、エリュシオン（ギリシャ・ローマ神話の神々に愛された人々が死後に住む野）、祝福された死者の島（ギリシャ・ローマ神話で、幸いな死者たちが住む、はるか西方にあると考えられた島）、ヴァルハラ（北欧神話で、戦死した英雄が集められたオーディンの館の大広間）、パラダイス（旧約聖書ではエデンの園、新約聖書では死後の住まい）など名はさまざまだが、来世の生を仮定する、という内容である。探検家の報告がヘルダーに、霊魂の輪廻とそのような異界への往復の旅の例証となる歌と物語を供給した。ラフィトはアメリカインディアンの若者の話を記録している。その若者は、幼い妹の死を悲しむあまり、あの世から妹を救い出すことを決心した。若者はシャーマンから忠告と所持品を与えられて危険な旅に出発し、霊界の王の保護を得て、恐ろしい闇の女王の手を逃れる。若者は生きている人びとの国に戻るが、妹の霊をつかまえてきた容器を早まって開けてしまったので、妹の霊はただちに逃げ帰り、もはや永久に取り戻すことはできなかった。ヘルダーはこの若者をもうひとりのオルペウスと名づける[★059]。

ドイツのもっと近くにも、とくに、異教の信仰が長く残っていたバルト海沿岸地方にも似た話が見つかった。リトアニアの農家の娘の話が一七六三年に知られ、人びとの口に上るようになった。その娘は夢で精霊の国に行き、そこが非常に気に入って、永遠にそこにとどまりたいと思った。そこで受けた忠告に従って、娘は生きている人びとの許に戻ると森に入って一本の木によりかかった。まもなく家族に見つけられたが、逃げ去った。三ヵ月後に家族は一本の木のところにいる娘を発見して手を触れたが、そうしたことによって娘は永久に死んでしまった。

　このような現象を説明するヘルダーの文章には、表面に現われない心の動きへの注意と、心理的、生理的なこと、とくに性的なことの影響の大きさへの理解が見て取れる。

> この種の信仰は先祖の言語、習俗、神話に従う。抑圧されている人びとのただひとつ残った民族的な幸福なのであるから、このような信仰は禁じられれば禁じられるほど、ひそかにいよいよ熱烈に伝え広められるだろう。若者の思考はその信仰に密着する。孤独が、とりわけ野外の草原や木立の中でかれらの思念を育む。そして自然が目覚め、暗い気分や晴れやかな気分に合致する対象をあるいは穏やかに、あるいは激しく天空と地上に求める年ごろには、目覚めているときも眠っているときも、現実と区別のつかないような夢を見るのである。★060

　ヘルダーは一七九七年のこの断章を「輪廻、人間の霊魂の再生について、例と解説」と合わせて「ツェアシュトロイテ・ブレッター」に再録した。後者は主として、レッシングの人類の教育についての論文に応えて書かれたものである。ヘルダーはかれのいつもの手法で、まず古代の輪廻転生信仰の概略を述べた部分をレッシングから直接引用する。第一二段落が、人類学の新しい発見を、昔の哲学思想を確証するものとして論じる。「この仮説は確かに古代のものである。思想として古代的であるのみならず、人間の感覚的な観念としてはさらにずっと古いものである」★061。第二二段落はもっと明確に述べる。「霊魂輪廻説が思想体系になる前、それは民間信仰だった、つまり人びとは感覚に基づいてそう信じていた」[★062]。どの種族も民族もそれ自身の生存に特有の信仰をつくりあげていた。「たとえば墓の地下に亡霊の世界が、あるいは墓の彼方に楽園が考えられた。ヘブライ人のシェオール（冥界。天国でも地獄でもない死者の世界）やエデンの園に、また別の状況ではギリシャ人のハーデース（死者の国の支配者の名だが死者の国を指していうこともある）とエリュシオンに見られるとおりである」[★063]。曇りがちな風土に住む民族は雲を基準に考え、攻撃的で好戦的な種族は、英雄の身体から離れた霊魂はそのすぐれた属性を保ったまま広大な大広間に迎えられると信じた。さらにそれほど結束の固くない民族は、自然の豊かな恵みの無限の可能性に従って転生信仰を発達させた、とヘルダーはいう。このような民族はすべて動物と心が通じると信じ、かれらの歌と物語はつねに動物との会話を当たり前のこととして伝えている。

第二一段落でヘルダーはこのようなことと、シャーマニズムについてのかれの知識とを関係づける。

> 魔法使い（シャーマン）の技術はあらゆることを達成する。万一肉体から飛び去った魂を取り戻すことができなくても（そのような場合についての物語もあった）、かれらはその魂を捜して、あの動物とか、この鳥とかの肉体に入っている魂を求めることができた。このような自然民族は一般に、活力のある思念は歩きまわり、目に見える姿を取ることができる、そればかりか夢や激しいエクスタシー状態では魂は実際に肉体から出ていって、その人が心に描くことをなんでも実行する、と信じた。この信仰があるからこそ、霊魂の輪廻は実際に経験したことのように信じられたのである。[★064]

ヘルダーはこの後で、非常に幸福で陽気な民族にたいしては――タヒチ島人のことを考えていたかもしれない――輪廻思想は「アヘンのように無感動をもたらす」[★065]とさえ書いている。

好奇心の強い知識人ヘルダーは、すぐにふたたびピュタゴラス学派と新プラトン学派の伝統における輪廻の意味に戻る。だがヘルダーは答えを与えるのではなく、次つぎに驚くような問いを出す。その中でももっとも思い切った問いは、長い年月の中で見た啓蒙思想の真の意味を取りあげる。[★066] ヘルダーはこの種の問いへの答えとして、詮索好きの宣教師にアメリカインディアンが「わからず屋！　おとぎ話を聞かせたのに、嘘だというなんて」といい返したという逸話を何度も引用する。[★067] ヘルダーはさらにカーリダーサの「シャクンタラー」（カーリダーサは四、五世紀のインドのサンスクリット語詩人、劇作家。「シャクンタラー」は七幕の戯曲）に関係する証言をつけ加える。この作品は当時ヨーロッパで知られたばかりで、ヘルダーにとって旅行文学の読書経験の総まとめになった。かれの結論はまたしても、「この種の想像は哲学ではなく、むしろ感覚の鋭敏な人びとの幻想である」[★068]ということである。

『ヘブライ文学の精神について、ヘブライ文学と人間精神の最古の歴史を愛する人のための入門』は一七八二年から三年にデッサウで出版され、従来からの自説の確証以上の内容を含んでいる。この著書は今日の聖書研究の前身のようなもので、多様な分野から情報を持ってきて、正統神学に反論の余地を残さないヘルダーの能力がいよいよ研ぎすまされている。勝利の賛歌の章は、すべて古代の人びとは危機的な事態が生じたときには占い師の助言を得て決断した、と述べている。モーセはそのような迷信的な慣行に反対して支持を得た。少なくともひとつの事例では、バラムの幻の中でエホバが直接干渉した（旧約聖書・民数記二二―二四章）。すなわち神の使者がトランス状態のバラムに現われて、ロバのように無意味なことを騒がしく叫んだことを叱りつけた。イスラエルの神がその魂に与えたことだけを告げるよう命じられて、その後バラムは恐れて口を閉ざした。ヘルダーの分析は全文を読む価値がある。

筆者はこの出来事にもシャーマンの魂に似つかわしくないようなものを認めない。いまなおシャーマニズムが存在する地方の旅行記を読めば、シャーマンがどのような圧倒的な状況をつくりだせるかを知って驚くであろう。霊魂は肉体からさまよい出て、肉体が命を失って横たわっているあいだに、行った先で見たことについての情報を持ち帰る。つまりそれが、かれらの予言なのだ。土地の人びとはその予言を敬い、観察眼の鋭い旅行者といえどもその予言のあいだは呆然としていた。もちろんすべての旅行者は、そのような圧倒的な状況をつくりだすかれらの努力に敬服した。それに比べれば、バラムの幻などは児戯に等しい。なぜ神はこのときこの老練な預言者の声を消そうとしたのか。実際預言者は呪詛をせず、かれがいつもすること、かれにとって一番有利なことをしなかった。途中で恐ろしいことが起こったにちがいない。そう、ここで語られていることを、かれは目覚めたまま幻として見、聞いたのである。しかし、ロバは実際にしゃべったのか、どんなふうにしゃべったのか、神はロバに理性と人間の言葉を話す器官を与えたのか、どのようにして、などと問うのはみじめなことだ。ロバはシャーマンの幻の中で実際かれに話しかけた。すなわちかれはその声を聞き、その姿を見たのだ。ロバはわれわれに話しかけはしないだろう。そういうことはあるべくもない。たとえわれわれがシャーマンになりたがったとしても。★069

憑依、シャーマニズム、非合理の再評価

ヘルダーのもっとも包括的で鋭利なシャーマニズム解釈は、一七八四年から一七九一年までにリガとライプツィヒで刊行された『人間の歴史の哲学序説』に見られる。ここでかれは公正で合理的な研究方法の要素を定める努力を尽くし、一八世紀のもっともすぐれた精神、パラス、グメーリン、シュテラー、クラシェニンニコフからラフィト、シャルルボア、メイナーズ、フォルスターまでがこの現象について考えたことをほぼもれなく要約した。

『序説』でヘルダーは、地球上の人間の四分の三以上がシャーマンを信じている、と述べる。シャーマンの実践の具体的な細部が異なるのは、それらが場所、風土、住民の特性に合わせて形成されるからにほかならない。そしてそ

のような細部に応じて、ヘルダーはシャーマニズムのあるものを宗教、あるものを迷信と呼ぶ。啓蒙の時代である一八世紀にもグリーンランド、ラップランド、フィンランド、北極海沿岸、シベリア、アフリカ大陸、そして西半球のいたるところでなんらかの形のシャーマニズムが記録されている、とヘルダーは書いている。★070 かれはさらに説明を続けて、極東では、より正統的な宗教とより人工的な政治制度の侵入によって禁じられたものの、シャーマニズムは孤立した地域で純朴な人びとのあいだに私的に生き残っている、という。その状況は南太平洋諸島にとくに顕著に見られる。

ヘルダーによれば、シャーマンをトリックスターとか詐欺師とか呼んでみても何にもならない。たしかに詐欺師の面も多々あるが、かれら自身も住民の中から出てきたのであり、その種族の根にある伝統的な偏見に欺かれてきたのだということを認識しなくてはならない。新しくシャーマンになった者が、自分の守護霊を最初に呼び出すために長期間の断食、孤独、感情のストレス、肉体疲労に耐える理由はその他にないし、同胞のことを霊界に執り成すために、ただでさえ常人より過酷な生活をしながら、その上にも心身を衰弱させる労苦をたび重ねる理由もそれ以外にはないだろう。

ヘルダーは、シャーマンが忘我状態、トランス状態を招き寄せるために用いるさまざまな手段よりも、他者の想像力に影響を与えるばかりか、完全に支配さえする能力のほうに関心を抱いた。一八世紀にシャーマニズムについて考えた多数の人びととは違って、ヘルダーは、タンバリンに合わせた歌と舞踏、腹話術、手品、その他技術を要するトリックを蔑視しなかった。その実際の効果が、探検記録や旅行文学で繰り返し語られていたからである。

もっとも理知的な旅行者でさえ、この種の奇術じみたトリックには驚かされた。というのも、かれらは、到底ありうるとは信じられず、どう説明すればよいのかもわからないような想像力の勝利を見たのだからである。

結局のところ空想は、人間のすべての精神作用のうちで、まだもっとも研究されていないもの、そしておそらくもっとも研究の困難なものである。空想は身体組織全体、とくに脳と神経に結びついていることは、多数の奇怪な病気の示すところである。したがって空想は、すべてのもっと精緻な精神的な力の結合剤でも基盤でもあり、さらにまた精神と肉体との接合点、いわば理性的機能の使用をいっそう進めるために感覚組織全体から咲きだす花のようにも思われる。[★071]

『序説』はさらに、ヘルダーがヨーロッパ語以外の単語を多数知っていたことも証拠立てる。それらの単語はそれぞれ、ツングース語からすでにドイツ語の語形に移されてしまったシャーマニズムという現象の多様な段階のどれかを意味する。かれはある箇所では「アンゲコク、魔法使い、呪術師、シャーマン、祭司」と書き、別のところではラマ僧、ものまね役者、ミンストレル、ジャグラーと書く。[★072]これらの類型が時代を下って、かつての吟唱詩人、スカンディナヴィアのスカルド、ケルトのバードになり、かれらはまたヘルダーの時代にも影響力を持つ詩人たちの先祖なのである。

このような関連をかれは、一九世紀の初年に出た『アドラステア』で確証した。[★073]ここでヘルダーは人間の生活において憑依が持つ普遍的な意味を検討した。霊を感じる、霊に満たされる、ということは必要であり基本的に有益だとかれは考える。「われわれの内部には火花となる機会を待つ火種がある、それは観念と行為を生み出す力である」。[★074]ただし適切に育まなければ、それは過剰になり、非常に有害になりうる。さらに忘我、エクスタシー、憑依などを論じるさいによく見られる火のイメージを使って、適切に抑制されなければなにもかも焼き尽くす大火事になるかもしれない、という。そのことは、過去の預言者や詩人の例ばかりか、また現在も神の恩寵を受けたと称するキリスト教徒や、知恵や力を求めて秘密結社に集う人びとのしていることが実証する。[★075]

ヘルダーは憑依、シャーマニズム、そして非合理的なものの持つすべての面を率直に認め、分析すべきであると考えるようになった。それらは自然なものだ。自然なものをフランス新古典主義であれなんであれ、既定の規範によって否認、無視、抑圧し、あるいは封じ込めるなら、とんでもない暴発が生じることになるだけだろう、とかれは主張する。ヘルダーは生涯をかけて開発した研究方法によって、啓蒙思想とフランス革命を振り返って、常識に合う評価をくだすことができた。

熱狂的信念なしには偉大で豊かな善は生み出されないが、また狂信はどんな醜行もおそれないと長いあいだいわれてきた。まさに前世紀末にこのことが想像を絶する恐ろしい形で証明された。啓蒙思想が力を得て普及した、しかも温和で、いわば浮薄な国民は狂信や迷信や熱狂的信念に捕らえられるはずがない、とたびたびいわれてきたが、その国民が、突然凶暴になり、ヨーロッパの多数の人命を奪い、土地を荒廃させた。熱狂や狂信の火種が人間性から根絶されたとか、根絶されうるなどとは決して考えてはならない。★076

ヘルダーが祖国の人びとに残した遺産は、活動的な生活を伴う芸術と科学への尊敬だった。その要点は「何事も過剰にならず」だった。その標語は中庸だった。★077

第七章　オルペウスの再来、モーツァルト

Mozart, or, Orpheus Reborn

レーオポルト・モーツァルト（一七一九―一七八七）（モーツァルトの父。ナンネルルとアマデウスの姉弟の演奏旅行を行なった）が子どもたちの驚異的な才能を世人に示しはじめたころ、すでにヨーロッパの人びとのあいだに現代のオルペウスを待望する気分があった。旅行文学で未開の地のシャーマンにふれたことで、芸術家の本性についての議論が身近になったようだった。一八世紀の普通の人びとの心の中で、芸術家はつくられるのか、生まれつきなのか、という疑問が大きくふくらんだ。生まれつきだと考える人の数が増えてゆき、かれらは芸術を、あらかじめ定められている規則を書物から学ぶ以上のものと見なした。感受性、伝達技術、そしてやがて天賦の才と呼ばれることになるものが不可欠の条件であるように思われた。

新しく発達してきた理論が、オルペウス神話とシャーマンについての報告とを天賦の才という観念に結びつけた。[★001]ドイツの音楽家モーツァルトが一八世紀後半にこの結合の生きた実例として出現したとき、それは単なる知的な抽象概念ではなくなった。モーツァルトの伝記資料を見ると、父親、本人も含めて、モーツァルトのことを語った人びとはこのオルペウス・シャーマン・天才の結合を信じていたことがわかる。そしてそのことによって、一般人にも学者、知識人にも理解される、文明をもたらす者としての芸術家という新しい神話がつくりだされたのである。

モーツァルトの伝記に入る前に、形成されつつあった天才理論の主要な論点を概観したい。天才についての著作は医学者、科学者、文学者、神学者たちの手によって、モーツァルトの生前に数多く出されていた。ドイツ語で書かれたもっとも早いものの中には、レーオポルト・モーツァルトより一〇歳若いフリーランスの著述家ゴットホルト・エフライム・レッシングの著述がある。レッシングはたびたび天才を擁護して、天才とは自己の内面の法則に従って芸術作品という小宇宙を創造する力を持つ人であり、その法則は神自身の法則と同じように神秘的で、われわれには計り知れないと書いている。早くも一七四九年に二〇歳のレッシングはある音楽学雑誌のために、創作過程に関するかぎり感嘆すべき天才の自己規制力を論じた。「自然によって模範になるものと定められた精神は、自分自身によって自分となり、規則なしに偉大になる。そのような精神はどれほど大胆に前進しても、なにも教えられずに安全に進む。そのような精神はたえず自分自身から先へと出て行く。自分が自分の学校であり教科書である。かれを動かすものは人びとを動かす。かれを喜ばせるものは人びとを喜ばす。幸いにかれに好まれるものは世界の好みになる。かれの価値をだれが測るか。かれ自身にしか測れない」[★002]。

レッシングは、「自分」は天才ではないという自覚に甘んじながらも、天才の知的探究を続けた。第一に、天才とは知識や学識、規則を守ること、あるいは今日の言葉でいうなら左脳機能ではない[★003]。レッシングは一七六七年に『ハンブルク演劇論』に「天才は、どんな学童でも知っていることを無数に知らなくても許される。獲得した記憶の蓄積ではなく、自分自身から、自分自身の感性から生みだされるものが天才の富である[★004]」と書いた。レッシングによれば、真の天才はなにひとつ偶然に委ねずに原因と結果とを結びつけるような作品を創造することができる。もし天才が規則を無視するなら、そうせずにはいられない、芸術家としての圧倒的な心の動きがあるからにちがいない。かれの創造物が文化的な雑種かどうかは関係がない。問題は、その作品が人びとを喜ばせ、喜ばせ続ける力を持つかどうかである。レッシングは他のところで、天才が生まれつき与えられている多数の才能のひとつは批判的認識力である、という。その理由は、「芸術鑑定者は必ずしも天才ではないが、天才はすべて生まれながらの批評家である。天才はすべての規則を自分の内部で吟味する[★005]」からである。

ドイツではさまざまな背景を持つ思想家が、天才にかかわる問題に関心を抱き続けた。その結果、天才はドイツおよび全ヨーロッパの標語になった。ハインリヒ・ヴィルヘルム・フォン・ゲルステンベルクは、天才の概念を構成する要素としてインスピレーション、想像力、火花、幻想の創出、新奇性、独創性をあげた。かれは続けて、知識人と才人には程度の差があるが、天才にはどんな程度の差も一切ない、と説明した。天賦の才を欠く芸術家はまったく芸術家ではない。[006] ゲルステンベルクは、芸術を自然の模倣に還元するような合理主義に反対した。自然の模倣ということで、天才の創造的想像力が説明されるとはかれは考えなかった。

ヨーハン・ゲオルク・ズルツァー(一七二〇—一七七九)は、全体的見解はゲルステンベルクより保守的だったにもかかわらず、創作過程で起こることをより精密に分析、記述してみせた。かれの『芸術概論』(一七七三—一七七五)は従来の芸術観の集大成だが、次のように書かれている。

なんらかの天賦の才を持つ芸術家は、つねならぬ精神的集中をときどき経験するという。その状態では仕事が不思議に容易になり、努力せずにイメージが湧きあがり、すばらしい着想がまるでなにか崇高な力の持ち主からの贈り物であるかのようにどんどん浮かぶ。これこそインスピレーションと呼ばれるものであるにちがいない。芸術家にこの状態が訪れると、自分の目的とすることが異様にはっきりと見える。まるで神々の力に導かれるかのように、努力もせずに着想が生まれ、骨を折らずにその着想にもっとも適した形式を与えることができる。インスピレーションを受けた詩人には、この上なくみごとなアイディアとイメージがおのずからこんこんと涌いてくる。雄弁家はこの上なく明敏に判断し、強烈に感じ、そして力強く活き活きした表現力に富む言葉がおのずから舌に上る。[007]

神学者の中ではヨーハン・ゲオルク・ハーマン(一七三〇—一七八八)が「北方の博士」と呼ばれた。かれは認識の限界は合理的には定められないことに同意した。「感覚と情念が語り理解するのはイメージだけである。人間の貴重な知識と幸福のすべてはイメージとしてある」。[008] ハーマンは古代とルネサンスの新プラトン学派のように、文学は宗教と同じだと説明した。かれのいうところでは、どちらも予言の自然な形態である。つまり、今日の精神神経免疫学の言葉でいうなら、人間に本来備わった力に働きかけ、自然の回復機能を刺激して治癒を助けるのである。★009 われわれの知識のすべては感覚から得られる具象的なものである、という信念をハーマンはかなり明確に述べている。「詩は人類の母語である。園芸が農業より古いように、絵を描くことは文字を書くことより、歌は朗唱より、比喩は三段論法より、物々交換は商業より古い。われわれの先祖の休息はわれわれより深い眠りだった。かれらの運動は旋回する至福の舞踏だった」。★010

天才の問題は臨床医にとっても魅力的だった。かれらは舞台芸術家——俳優、歌手、舞踊家、音楽家——に注目した。医師たちはできるかぎり頭部の構造、脳、神経組織を調べた。頭蓋骨を集めもした。かれらはしばしばそこから得た結果と、その人物の生活様式についてわかっていることとを比較して、芸術や文化と、健康、寿命、それにいわゆる生活の質とを関係づけようとした。

ハイデルベルク大学医学部教授でマンハイムの宮廷医師だったフランツ・アントン・マイ(一七四二—一八一四)は観察結果を多数の論文に発表した。公衆衛生に関心を抱いていた多くの医師と同じように、マイも継続的な知的活動、精神、芸術活動が人体に及ぼす効果に注目した。かれはその研究の有用性を説明して、舞台芸術家は潜在的「精神医学者」であり、訓練を受けさえすれば感情面で社会の福利に貢献しうる、と主張した。馬車の御者や木こりのような神経系の持ち主は芸術家として公衆に感銘を与えないだろう、一方舞台芸術家の多くは感覚が過敏だったり、興奮しやすかったりする、とかれは書いている。マイも他の医学者も、芸術の創作に向くような感受性を女性の神経系を手掛かりに説明した。両性具有の舞台芸術家についても盛んに議論が戦わされたが、それは旅行記のシャーマニズムに関する記述と関係があったように思われる。★011

マイの同僚で著名な医学者、メルヒオール・アーダム・ヴァイカート(一七四二—一八〇三)は一七七〇年代に思索的な医師についてのかなり長い著書を出し、そのひとつの章で「空想ないし想像」を論じた。そこには次のような記述がある。「天才、すなわち想像力の旺盛な人間の脳の神経繊維は常人より興奮しやすいにちがいない。つまりその神経繊維は常人より迅速に、かつ容易に動きはじめ、したがって活き活きしたイメージが頻繁に浮かぶにちがいない」[★012]。一八世紀の医師たちは創造的な人間の奇矯性――他の人びとが狂気とか、正気の沙汰ではないとか、わけがわからないとかいうもの――を、そのような人は自分がつくりだす世界に住む必要があるからだろう、と説明するのが普通だった[★013]。

一八世紀のうちに、理論的に考えられる芸術家像と、ルネサンス以来伝えられ変化してきたオルペウス神話とが融合していった[★014]。サー・ウィリアム・テンプル（一六二八―一六九九）の『古代と近代の学問について』（一六九〇）に好例が見られる。

> 人も獣も、魚も鶏も蛇もしばしば魅惑され、その本性さえ変わってしまったといわれる音楽の魔力とは何か。音楽の魔力によって人間の情熱は絶頂にまで高まり、暴力的にさえなり、それから不意に静まった。かれらはこの感嘆すべき技術の威力と魅力によって獅子に、また羊に、狼に、また鹿に、変えられるといってもよいくらいである。古代人が尊重していた音楽の学問は完全に失われてしまい、現在われわれが持っているものは、朝の祈りを唱えていた修道士の空想または思考の中に入り込んだ、いくつかの音符だけからできている、という点で学者の意見は一致している。つまり音楽と詩というふたつの尊いものは、一方はヴァイオリン演奏、他方は押韻以外ほとんど発達していない。実際、これらをわれわれにもたらした無知な修道士と粗野なゴート人そのままの水準にあるのだ[★015]。

ヨーハン・ゴットフリート・ヴァルター（一六八四―一七四八）は、オルペウスの文明化する力の有効範囲を植物と鉱物の世界にまで広げた。かれは『音楽事典または音楽文庫』（一七三二）でオルペウスについて、非常にすぐれた音楽家で、

「その技術と竪琴の力で人間のみならず山、岩、樹木、野生の動物やそれに類するものを引き寄せることができた。この最後の語が粗野なトラキア人を指すことは確かである」[★016]と書き、続けて参考文献をあげている。その後音楽について書いた人びとは、芸術作品が人間の聴覚を支配したとき、興奮や忘我状態を生み出すことにしばしば言及している。[★017]音楽の治癒力に加えて、この力も魔術的であるといわれた。

レーオポルト・モーツァルト自身さえ『ヴァイオリン教程』で、古代のもっとも注目すべき音楽家の中にオルペウスを数えている。かれはオルペウスの歴史的な実在を疑う人びとに反論して、あまりにも多数の有名な著者がオルペウスの偉大な成果を証言している、と主張した。そうはいっても、「そこに伝説的な性格が多く混じっていることは確かである。だがその伝説にも多くの真実が含まれている」[★018]。この箇所に付けられた脚注はきわて興味深い。かれはここで、この時代に音楽家にたいする実際的な認識が欠けていることを嘆いて、近代の音楽家のオルペウス観に大きな影響を与えたのである。

このような人びとが生きていた時代には、学識のある人は神々のようにあがめられた。そしてこのことこそ、何もかもが伝説めいている理由なのである。だれにもわからないことだが、ひょっとすると未来の詩人は、われわれの時代の名歌手を称える材料を十分に手に入れるかもしれない。というのは、古代が戻ってきているように思われるからだ。いますでに学者、芸術家があちこちで喝采を浴びることにわれわれは慣れている。もっともそれ以上の、かれらが受けて当然の報酬はないのだが。それでも、この種の実質に乏しい賛辞でも、すぐれた技量を持つ人びとに神々のような性質を与え、その肉体を変質させて、天から与えられる思想によって生き、地上の必需品を不要にすることができるように思われる。[★019]

詩人・音楽家・魔術師・幻視者・預言者としてのオルペウスに関するこのような議論はすべて、やがてヨーロッパの音楽家が、専門家として果たすことを期待されている義務から自由になろうとするとき、自分が特例であることを主張する論拠になった。

ドイツでは芸術家が自由を得ることはとりわけ困難だった。何世紀間も、初めはローマ、続いてイタリア、フランスが文化的に世界を制覇してきたために、ドイツ語とドイツ語による作品は蔑まれたばかりか、ときには禁じられさえした。ドイツ音楽も歓迎されなかった。ドイツのものはなんでも劣っていると見なされた。

フリードリヒ大王(一七一二―一七八六)はフランス語で多数の論文を書いたが、一七八〇年にそのひとつを刊行した。それはドイツの文化活動、とくに文学と舞台芸術についての見解を述べたものである。その意図は、およそドイツ民族は才能と趣味を欠いており、フランス人やイタリア人に太刀打ちできるわけがないと論証することにあった。フリードリヒはドイツ語を馬と猟犬にたいしてしか使わなかったといわれる。ドイツ語は「まだ半分未開の言語で、ドイツが多数の小国に分裂している、その国々の数だけの方言がある」。実際その数はおよそ三〇〇だった。「シュヴァーベンで書かれたものはハンブルクでは理解されず、オーストリア人の文体はザクセン人には感受されない」★020とかれは続ける。「ドイツ民族の神聖ローマ帝国」の積年の弱みであるが、共通の言語を育てるだけの全体を包括する政治的統一がなかった。その結果、辞書もなければ、言語使用の規範を定める文法書もない。またそのような規範を励行させる、学士院のような権威ある機関もない。このような粗野な言語を巧みに扱うことは、どれほどすぐれた精神(ドイツ語のGeistではなく、フランス語のesprit)の持ち主にも物理的に不可能であろう、とさえフリードリヒはいう。また別の箇所ではドイツの舞台芸術家についての意見を述べる。「ドイツの歌手。馬のいななきを聞く楽しみ以上のものは期待すべくもない」★021。母方の祖父や親戚のハノーファー家の臣民の言葉もだめだ。「どの言語も翻訳に耐えない。翻訳しても読めるのは英語だけである」★022。

これはドイツ語に翻訳する場合のことではない。フリードリヒの念頭にあるのは明らかにフランス語かイタリア語への翻訳である。一八世紀最後の四半世紀に神聖ローマ帝国全土に蔓延したシェイクスピア熱は、確かに才能と趣味の欠如を示すものだった。あの「すさまじい芝居」がいたるところで上演されるばかりか、熱狂的な喝采を浴びているのだ。フリードリヒはイタリア・オペラとフランス語の戯曲を愛していたから、「満場の観客があのばかばかしい笑劇を並々ならず楽しんでいる」ことを考えるとぞっとした。「あんなものはカナダの野蛮人に見せるくらいの値打ちしかない。あれらの芝居は戯曲の規則のすべてに違反しているのだから、酷評するしかない。戯曲の規則は守っても守らなくてもよいというようなものではないのだ」★023。フリードリヒの考えでは、ドイツ人が、シェイクスピアの形式と様式をまねた芝居をつくって、それを楽しんでいることこそ、趣味を解さぬことの明白な証拠であった。もっとも腹立たしいのはヨーハン・ヴォルフガング・ゲーテ（一七四九―一八三二）という名の男だった。

ゲーテは、モーゼス・メンデルスゾーン（一七二九―一七八六）（ドイツの哲学者）、イマーヌエル・カント（一七二四―一八〇四）、フリードリヒ・シラー（一七五九―一八〇五）、クリストフ・ヴィリバルト・グルック（一七一四―一七八七）（オーストリアの作曲家）、フランツ・ヨーゼフ・ハイドン（一七三二―一八〇九）らと同じように、ドイツに統一をもたらす政治的指導者としてのフリードリヒの資質には大いに期待していたかもしれない。だがかれらはフリードリヒの芸術観は信用しなかった。フリードリヒの「天才」、「趣味」、「傑作」という概念は、フランス新古典主義が発展する、いやになるほど長い過程から出ていた。新古典主義は創造性と批判的反応に関する法則を最終的に定めた。その法則が実際に一七世紀のフランス人、ルネサンス期のイタリア人、古代ローマ人にたいして有効だったかどうかはここでは問わない。とにかく一八世紀のドイツ人にも、ヨーロッパ大陸に住む人びとにも、イギリス諸島に移住した人びとにも、それは無益だった。この人びとはすべて演繹より帰納を好んだし、草の根運動を愛した。そのうえかれらは法則に基づく規則ではなく、むしろ先例による規則を求めた。★024 フリードリヒ大王の閉鎖的な精神について長々と書いてきたのは、一八世紀のドイツ人が幾重にも重ねられた束縛、あらかじめ定められた形式、与えられた思考態度を打破しようとしたときの圧倒的な困難を明らかにするためである。

神童モーツァルト

モーツァルトが生まれ、両親の嫡出子として出生届が受理された日に神話化過程はすでにはじまった。モーツァルトの父はバイエルンのアウクスブルク市民だったが、バイエルンでは嫡出子の名はラテン語形で記録される習慣だったので、ヨーハン・ゴルトムント・ヴォルフガング・ゴットリープ・モーツァルトという名はヨアンネス・クリュソストムス・ヴォルフガングス・テオフィルス・モーツァルトゥス（実は名の語義をギリシャ語訳し、語尾のみラテン語形にしたもの）と書き記された。当時としては普通のことで、姓はさまざまな文書にMoser, Mozer, Mozard, Motshart, Motsart, Mozhart, Mozzart, Mozarth そして現在一般に使われているMozart などと書かれた。[★025] だがまた一八世紀ドイツの誇り高い両親は、神がつねにかれらの男の子とともにあることを欲した、ということも忘れてはならない。その結果、神という語を含む名がむやみにあった。ゴットフリート Gottfried、ゴットリープ Gottlieb、ゴットホルト Gotthold、ゴットロープ Gottlob、さらにフュルヒテゴット Fürchtegott、トラウゴット Traugott などという名もあった。ゴットリープのラテン語訳アマーデウスが喜ばしい興奮を誘うのは現在、一九八〇年代なればこそであろう。一八世紀のドイツではこれは好まれはしたが、おそろしくありふれた名前だった。ゴットリープ・モーツァルトは初めのころ文書にヴォーファール Woferl、ヴォルフガングル Wolfgangl、ヴォルフガンガール Wolfgangerl あるいは本名のヴォルフガング Wolfgang と署名していた。権力と影響力を持ち、フランスかイタリアかラテン風のもののためにしかその力を使おうとしない人びとの耳に、自分の名が快く響くようにしなくてはならないだろうということをかれは承知していた。かれはイタリア旅行の後に、フランス語形のアマデ Amadé を使うことに決めたらしい。このことも生前からモーツァルト伝説がつくられる要素のひとつになった。イタリア人は一七七〇年代にモーツァルトに数々の詩を捧げ、かれをつねにアマデオ Amadeo とイタリア語形で呼んで自国の音楽家と見なした。[★026] 本書は以下でできるだけヴォルフガング・ゴットリープ・モーツァルトと書いて、かれの本当の名——そういうものがあるとして——の響きを感じてもらおうと思う。

さて幼いヴォルフガング・ゴットリープ・モーツァルトの名は急速にドイツ全土に広まった。もちろん父親は、かれの息子は只者ではないという印象を人びとに与えるよう努めた。たとえば一七六三年にかれはポスターの一番上に息子の名を置き、「ドイツ生まれの少年がこれほどの音楽的才能、天賦の才と、これほど豊かな精神を示すとは、驚くべき、信じがたいことである」と書いた。[★027] 一四歳のゲーテさえ、王と廷臣たちの前で演奏した七歳のヴィルトゥオーゾの印象を、大きいかつらを着け、もっと大きい剣を下げた、貴重な小さい大人、と書き留めている。ゲーテの回想を読むとよくわかるのだが、かれは人と比較されて自分の影が薄くなることを非常に嫌った。にもかかわらず、である。それはともかく、ドイツに天才が生まれることに人びとは懐疑的だった。一八世紀のヨーロッパでは、ドイツ人にはスタイルも趣味もなく、やぼったいことが常識だった。ドイツ人にも正常な知性はあると信じようとする人は、当時は稀だった。たとえばベンジャミン・フランクリン(一七〇六—一七九〇)は知的に劣る皮膚の色の黒い人種について書き、スウェーデン人、アフリカ人とともにドイツ人をもそこに含める。ドイツ人はどの分野であれ芸術的才能に恵まれているとは見なされなかった。音楽、文学、その他どれをとってもドイツ人は絶望的だというのがおおかたの見方だった。

そこに突然ヴォルフガング・ゴットリープ・モーツァルトが登場した。かれはいっとき世界的なセンセーションを巻き起こしただけでなく、父親の絶えざる助力もあって、当時理論的な著述で論じられていた問題と結びつくことによって神話化過程を推進することができた。本能のみによってか、昔からのショービジネスのこつを会得してか、モーツァルトは自分の名と天才という語を持ち札として自己を創出し、自分の社会的なイメージを思うままに操作することができた。かれは父親宛の手紙で自分の天才について述べている。[★028] 流行小説の登場人物に自分を結びつけもした。一八世紀の作家は、舞台芸術家が不品行な流れ者から新しい流行のつくり手に変貌する社会状況に注目していた。そのため天才、自称天才、さまざまな程度の偽天才がしばしばかれらの作品のテーマになった。

酢漬けキャベツ《ザウアークラウト》を添えたレバー入り茹で団子が好物だったといわれるヴォルフガング・ゴットリープ・モーツァルトは、フランス人さえ足を止めて注意を払うほどに特殊だった。フリードリヒ・メルヒオール・グリムはモーツァルトのことならなんでも支持した。このこともかれは『文芸通信』に書いている。これは一種の雑誌で、パリの最新の文化的ニュースをドイツおよび悪名高いエカチェリーナ大帝の治めるロシアの予約購読者に報じていた。パリ市民が少年モーツァルトの音楽の才に驚嘆した、とかれは何度も書いている。グリムはモーツァルトという現象を記述するために、天才、才能、奇才などの観念を表わす語をすべて、理論家たちが用いたのとそっくり同じ仕方で使っている。[★029]

当代のオルペウス頌

モーツァルトはしだいに世界中で「現代のオルペウス」として知られるようになった。オルペウスが一八世紀にとくにシャーマン視されるようになってきたことは先に述べた。七歳のヴォルフガング・ゴットリープはすでに、自然界のすべてに魔法をかけ、その無数の生き物を魅惑したこの神話的人物の生まれ変わりであると信じられていた。[★030] かれはそのほかにも魔法や呪術の世界から取った呼称で呼ばれた。皇帝さえかれを小さい魔法使い（Hexenmeister）と呼んだ。[★031] ディドロやエカチェリーナのサークルに加わっていたグリムの考えでは、モーツァルトの即興演奏は真のインスピレーションと「無数の魅力的な着想」を示し、「しかもそれらの着想によい趣味が伴い、混乱することがなかった」。[★032]

一八世紀には世界各地への探検旅行によって人類学の情報が増えたために、新しい表現が人びとの耳にもなじんできた。モーツァルトは神童、滅多にない現象、奇跡であるのみならず、公開の場で聴衆を捕らえ、呪縛するという驚異の技を示しさえした。[★033] 病気を癒す力があるという推測まで語られた。ある人はモーツァルト体験を次のように友人に書き送った。「もしたった一五分でもあれを聞けば、あなたの健康と聴力は回復したことでしょう。とても言葉ではいえないほど魅力的でしたから」[★034]。有名な探検家を息子に持っていたチャールズ・バーネイ（一七二六―一八一四）は冷静で比較的客観的だが、それでもシャーマンについての報告の要点は把握していた。[★035] かれは「あの小さいドイツ人は数年前にロンドンで、まだほんの子どもだというのに、早熟で超自然的といいたいほどの才能によってわれわれを驚嘆させた」[★036]と書いている。ヴォルフガンガール・ゴットリーバール自身も、同時代人を評価するのにこの種の流行語を使っている。マンハイムから父親に宛てた一七七七年一一月二二日付の手紙には、あるヴァイオリニストについて「かれは魔法使いではなく、非常に健全なヴァイオリン弾きです」[★037]とある。

実際にヴォルフガング・ゴットリープ・モーツァルトを見て、かれをシャーマンないしそれと同義の一八世紀の表現で呼んだ人物を筆者はまだ発見していない。だがひとりだけ、それに近いところまで行った人がいる。神経系を専門とする医学者のシモン・アンドレ・ティソー（一七二八―一七九八）である。かれは実際にモーツァルトの演奏を聴く機会を得て、感応したことをためらわず文章にして一七六六年に発表した。そこでティソーは、モーツァルトのすることはなんでも、才気と創造性と、「天才の刻印である力、燃えるような想像力の表われである多様性、そして確かな趣味を証明する魅力」[★038]を示していた、という確信を述べている。

「われわれの小オルペウス」――ティソーはモーツァルトを何度もこうよぶ――は「繊細な耳と、音楽の影響を強烈に受ける体質とを持って生まれてきた」[★039]。ヴォルフガング・ゴットリープは偉大な音楽しか聞かずに育ったので、かれの肉体そのものがそれ以下のものには堪えられないのだ、とティソーは説明する。「少年モーツァルトの聴覚はきわめて鋭敏で正確なので、間違った音や、耳に障る音、大きすぎる音を聞くとかれの目には涙が浮かぶ。モーツァルトの想像力は耳に劣らず音楽的である。かれの想像力はつねに多数の音を意識しているからである」★040。ティソーはヴォルフガング・ゴットリープが音楽に感じる不安だけは、合理化ないし説明ができなかった。

かれはときどき、隠された力に押しやられるかのように、われ知らずハープシコードのところに行った。そこから引き出す音は、いまかれを摑んでいる観念をそのままに描き出した。そのようなとき、かれは音楽に弾かれている楽器なのだ、といえよう。かれは一組の弦で、その一本に触れれば必ず他のすべての弦も鳴りだして和声を奏でるように張られているのか、と思われる。詩人が言葉で描き、画家が色を塗るように、かれはすべてのイメージを演奏するのである。★041

医者のティソーは天才の理解を企て、次のように書いた。

少年モーツァルトがあれらの柔らかく崇高な、神々の言葉といいたいような交響曲をまるで冗談のようにつくりだすところを見ていると、わたしの存在を構成する繊維の一本一本が、いわば不滅というテーマを感受するようだ。わたしの精神力のすべては、自分には不滅に達する望みのないことを承知しているが、喜ばしい幻想に身をゆだね、五感が閉じ込められているこの狭い領域の彼方へ連れ去られるとき、天の祝福を豊かに受けているこの少年は、わたしのためにあらかじめ定められている幸福な世界に住む清らかな霊たちのひとりであると思いそうになる。★042

ヴォルフガング・ゴットリープ・モーツァルトはじつに独自な天才、あるいは自然が生み出した奇跡であって、そのセンセーショナルな評判は広まると同時に科学的な検証を必要とするというふうだった。つまりはかれの生きた時代が、みずから啓蒙の時代と思いたがったということである。ロンドンの王立協会は、ゲッティンゲン大学を創立したハノーファー選帝侯がたまたまイギリス王になったことによって、ヨーロッパ大陸の研究者、知識人と緊密な関係にあった。この王立協会が科学的研究を重んじ、天才の証拠を、少なくとも証明書を求めた。そこで多国語に通じた法律家で生物学者のデインズ・バリントン（一七二七—一八〇〇）が目撃証人と伝聞証人の報告を集めて、一七六九年に提出した。その報告書は一七七〇年に王立協会で朗読されたが、刊行されたのは翌一七七一年だった。バリントンの報告書は、それ以前、以後の多数の報告書同様、「天才」すなわち「きわめて並外れた音楽的才能」を言語で明確にいい表わすための苦闘を示している。この才能は、どんな過酷な試験にも、まるで普通のことであるかのように耐えることができた。天才論の多くは文学的な情景に関連づけられていたから、バリントンも文学を引き合いにだすことが当然予想された。かれは一七五六年、バイエルンのザルツブルクに生まれたヨアンネス・クリュソストムス・ヴォルフガングス・テオフィルス・モーツァルトについて以下のように記している。

シェイクスピアのもっとも重要なせりふのひとつがこれまで知られていず、ところが八歳の子どもがそれをギャリック（一八世紀英国の舞台俳優）さながらの情感を込めて情熱的に語ったとしてみよう。同様に、この子どもがそのせりふを説明する三種類の注解を一目で読みとる、しかもその注解のひとつはギリシャ語で、もうひとつはヘブライ語で、最後はエトルリア語で書いてある、としよう。

さらに、その子はひとつひとつの語について、どの注解が一番重要であるかを、またときには三つとも重要である、あるいはふたつだけが重要である、ということをそれぞれ異なる記号を用いて示すことができる、と

想像してみよう。★043

その他の点ではモーツァルトの行動は同じ年齢の子どもたちと変わらない、とバリントンは考えた。イギリスの聴衆はこのバイエルンの神童を愛し、「このような早熟な才能は概して短命であるという一般的観察に反して」★044この子がジョージ・フレデリック・ヘンデル（一六八五―一七五九、バロック後期の作曲家。ドイツ生まれだが、イギリスで活躍した）のように長生きすることを願いさえした。モーツァルトは燃え尽きて夭折し、音楽の象徴的存在になるのではないかと憂慮する者もいた。このようにして話題の人は、当時形成されつつあった天才論に適合するように、生前に神話化された。証拠としての記録文書から見て取れる相互作用には実際驚かされる。

モーツァルトにファンが捧げた詩はしばしばかれをオルペウス、アポローン、その他一八世紀がシャーマンとして認識しやすかった存在にたとえている。そのひとつである一七七〇年に書かれた次の詩は、モーツァルトをオルペウスの神話の領域にまで高める。

オルペウスは森を魅惑し、地獄の王の心を動かしたが、
少年よ、いまきみは人の心を盗み、天の星を感動させる。★045

一七八〇年代末にはモーツァルトは古代のシャーマンにまさるとする者が多くなっていた。

オルペウスの魔法の竪琴が鳴り響き、
アンピオンが竪琴に合わせて歌えば、

獅子は懐き、川は水音をひそめ、
虎は聞き惚れ、岩も動く。
モーツァルトが音楽を奏で、
ひとり残らず褒めたたえれば、
ミューズたちも足を停めて聞き、
アポローンさえ全身を耳にする。[★046]

このような賛美の詩は、モーツァルトの抗いがたい魔力と見なすものを強調している。その魔力は個人には精神的幸福感を、ドイツ民族には、政治的とはいわないまでも文化的な統一感を、与える。そしてその魔力は多くの場合、神的な領域から世俗的な領域への霊的な力の移動として描かれた。医師、著述家アントン・ダニエル・ブライヒャ（一七八〇年代に活躍）の一七八六年の作はもっとも長大な例のひとつである。

あなたの魔力に魅せられて、ミューズの助力も
無用にしたい。あなたこそわがミューズであれ。
あなたこそピンドス山脈（ギリシャ中央部にある山脈）の人を酔わせる清い水の源、
その音楽を聴いてたちまち、メロディで考える人よ、
強力で確かな進行に引き寄せられて
あなたの天才の力をわたしは知った。

あなたは音楽で木々や岩を動かしはしない。
野の獣を喜ばせるのでもない。オルペウスの
話のようには。だがあなたは壁を打ち破る。
オルペウスよりらくらくと。人間の魂のために
天上の喜びへの門をあなたは開く、
子ども、むすめ、男そして戦う兵士のために。

心をとろかすあなたのメロディが愛を歌えば
若者は乙女を求め、愛に燃える胸の
鼓動はいよいよ激しい。
乙女は天の喜びへと若者を招き、
若者が乙女の唇に押しあてる長い夢見心地の
くちづけでふたりは天の喜びを永遠のものにする。

燃える苦悩があなたのメロディを生み出すとき
いたわしさと恐怖にわれわれは凍りつき、
メロディが陽気に戯れるとき、喜ばしく生き返る。
墓地のようにいたましく陰うつに響くとき、
あなたの哀しみの音楽はわれわれを暗く包む。

われわれの心の弦はあなたの音楽とひとつになる。

あなたの祖国は、ドイツ人がいつもするように
心を込めてあなたの手を握り、いまこそ外国人との
友情のきずなを断ち、ドイツのアポローンとして
あなたをあがめるだろう。ゲルマニアのミューズは
喜び、激しい争いがもたらした陰険な習慣は
己の企みをみずから打ち砕き、あなたに屈する。★047

ヴォルフガング・ゴットリープ・モーツァルトが死ぬ数年前に、指導的な音楽雑誌のひとつにルートヴィヒ・ファン・ベートーヴェン（一七七〇—一八二七）という若者の演奏の批評が載った。それを読むと、モーツァルトがすでに天才の尺度になっていることがわかる。たとえばこういう文がある。「この若い天才（ベートーヴェン）は、演奏旅行ができるように支援する価値がある。もしかれがこれまでに劣らず進歩し続けるなら、必ずや第二のヴォルフガング・アマデウス・モーツァルトになるであろう★048」。

ある演劇関係の雑誌も、モーツァルトの死の二年前に、かれは天才であると宣言し、続けて次のように書いている。

（かれは）偉大で美しく、新しい着想と思いがけぬ転換をたえず示し、技術と情熱と天賦の才に満ちている。美しく魅力的な歌に魅惑されると思うと、次は洗練された滑稽味のある機知と気紛れに微笑まずにはいられない。あるいは自然な着想の精緻な仕上げに感嘆し、あるいはその芸術の壮大さ、偉大さに驚かされる。これらすべ

てをひとりの人間が併せ持つなら、その効果は絶大で、どれほど鋭敏な耳の持ち主をも、経験と修練を積んだ専門家をも満足させるにちがいない。モーツァルトは、技巧と自然、歌と上品さを調和させることのできる幸福な才能に恵まれている。さらにまたかれは激しく熱情的な逸脱もあえてする。そしてかれの和音のなんと大胆なことであろうか。★049

そしてモーツァルトの死の前年にはベルリンのある雑誌が、かれの才能は、議論の余地なく無類の天才のみが持ちうるものであることを確認した。

モーツァルトは、何世紀も名声が続くであろうような、非凡な人間のひとりである。かれの偉大な天才は、いわば音楽芸術の広がりのすべてを包摂する。その才能は着想豊かであり、その作品は、近づいてくる川の流れをすべて集めさらってゆく奔流である。かれ以前にかれを越えた者はなく、後代はこの偉人に深い尊敬と感嘆を捧げることを決して惜しまぬであろう。ただの音楽通にはモーツァルトを評価することはできない。今日の音楽はまたとない傑作である。★050

モーツァルトを実際に愛したからにせよ、かれがつねにジャーナリズムに追いかけられていたからにせよ、ヨーロッパの芸術保護者たちはかれを保護下に置きたがった。だが誰ひとり十分な財政援助はしなかった。オーストリアのヨーゼフ皇帝も、プロイセンのフリードリヒ大王も、イギリスのジョージ三世も、そこまでの関心は持たなかった。プラハの権力者たちも世界中が認める天才ドイツ人を手中にすることはできなかったし、ポチョムキン（一七三九―一七九一、ロシアの政治家。エカチェリーナのお気に入りだった）もモーツァルトをロシアに仕えさせることに成功しなかった。もっともヴォルフガング・ゴットリープはエカチェリーナが音楽の鑑識力も知識も持たないことを直感で知ったのかもしれない。

一七九一年、モーツァルトの死を全世界が悼んだ。ウィーンのある新聞は、「オルペウスをしのぐ演奏をした」[★051]人間と書いた。他地方のジャーナリストたちも、聴き手の心を捕え、想像力を解放して別天地へ連れてゆくモーツァルトの能力のことを繰り返し語った。ハンブルクでは、モーツァルトを記念して、天賦の才と知性とを区別する記事が出た。脳の右半球と左半球との機能を説明しようとする、後の研究の方向を早くも指し示すかのようである。著者は、モーツァルトは「〈天賦の才〉の命令だけではなく、〈知性〉の命令にも従って作曲すること」をはじめた「――すなわちかれは想像力を知力に従わせはじめていた」[★052]と指摘している。一七九四年には、オルペウスの生まれ変わりと呼ばれた人の記憶と「モーツァルトという全能の魔法の名」[★053]とは固く結ばれていた。

モーツァルトの死後、多数の著者が感覚過敏性ということを論じた。これは、われわれだれもが楽しむことのできる新しい世界を創造する力を持つ舞台芸術家について医学者たちが主張した観念である。舞台芸術の持つ多様な面が二通りの観点から強調されることが多かった。ジャン・バティスト＝アントワーヌ・シュアール（一七三三―一八一七）は天才について当時一般的だった観念と子どもの観念とを結びつけた。「モーツァルトは、早熟な才能で人を驚かす非凡な子どもたちのひとりだった。だが、たいていの神童が年齢を重ねるにつれて凡人になるのとは大違いで、モーツァルトの才能は身長とともに伸び続け、真の天才になった」。シュアールは、モーツァルトは非常に興奮しやすく、メランコリックで、中庸ということがなく、気が変わりやすく不注意だ、という。要するに、「モーツァルトは生涯一種の子どもだった」[★054]。かれが提案したモーツァルトの墓碑銘には次の言葉さえ入っていた。「子どもとしては世界の奇跡のひとつであり、成人としては演奏によってオルペウスをしのいだ男ここに眠る」[★055]。モーツァルトについてこのように書かれることが度重なるにつれて、純真な子どもっぽい性質を失わず、実務的な現実世界の通常の期待に添うような成熟に達することのなかった天才、というモーツァルト像がしだいに形成されていった。

ゲーテとホフマンによる神話化

ゲーテは探検旅行についても魔術についても豊富な知識を持っていた。モーツァルトの神話化にもゲーテの影響が大きく働いた。ゲーテはモーツァルトの才能を、目に見えずに作用している精霊の力を支配することのできる生産的な精神力にたとえた。この種の魔的な作用力と深いかかわりを持ちうるのは音楽だけだ、とゲーテは一八三一年三月二日にゲッティンゲン大学の学生だったヨーハン・ペーター・エッカーマン（一七九二―一八五四）（ゲーテの晩年の秘書。著書に『ゲーテとの対話』がある）に語った。「音楽にはなにか魔霊的なところがある。というのは音楽はどんな理解も届かないほどの高みにあって、あらゆるものを支配し、だれも説明できないような力を放射するからである。それゆえ宗教儀式は音楽なしにはすませない。音楽は、人間に奇跡的な影響を与えるもっともすぐれた手段のひとつである」[★056]。

一九世紀にも神話化過程は続き、天才と子どもについての観念がさらに、探検家が書いたような、そしてゲーテが語ったような魔術と結びつけられていった。それは、プラトーンが「イオン」に書いている観念に似たもので、つまりミューズないし類似の霊的存在から受ける霊感が、宇宙創造者から舞台芸術家へ、ついで観客へと、鎖の環を次々に伝わって移される、ということである。たとえばアイルランドのテナー、マイケル・ケリー（一七六二―一八二六）の回想もこのパターンに従っている。「独創的な演奏者はすべて、あの作曲家の教えを受けるという幸運に恵まれた。かれは霊感によって得た思想をかれらの心に移し植えた。才能の光が輝かせていた、あの活き活きした小さな顔をわたしは決して忘れないであろう。――太陽光線を描くのは不可能なように、あの顔を言葉でいい表わすことはできない」[★057]。モーツァルトの演奏を実際に見たという人びとの回想の多くは、オルペウス・シャーマン・天才という総合を承認する表現を使っている。「だがモーツァルトが即興演奏をしているとき、席を立てる者がいただろうか。スープが冷めようが、肉が焦げようが、あの名人が演奏に完全に没入して、世界の存在を忘れて楽器から魔法で呼び出す音にわれわれは聴き入っていた」[★058]とある人は書いている。モーツァルトは、技術に有能なだけのただの魔術師と見なされることを好まなかったという報告もある。かれはむしろ大胆な飛翔を認められたがった。「かれの最大の苦悩、かれがしばしばこぼしていたことは、聴衆がかれに機械仕掛けの魔法や奇術めいた綱渡り的トリックを期待して、かれの想像力の崇高な飛翔と驚異的な着想についてゆくことができない、あるいはそうすることを望まないことだった」[★059]。モーツァルトの気分が揺れやすく、人格が突然変わる、という目撃者の報告さえある。かれらが書いていることはしばしば、シャーマンが魔術の可能性を追求して狂気との境界にまでいたる、という報告の反映だった。たとえばカロリーネ・ピヒラー(一七六九―一八四三)は作家でウィーンの文化的なサークルの中心人物のひとりだったが、あるとき彼女がピアノフォルテの練習をしていると、突然モーツァルトが現われて、「即興ですばらしく美しいヴァリエーションを弾きはじめたので、居合わせただれもかれもがこのドイツのオルペウスが紡ぎだす音に聞き惚れた」と書いている。「だがかれは突然それに飽きて、しばしばかれを襲う気分の変調に駆られてテーブルや椅子を跳び越し、猫のようにニャーニャーいいながら、躾の悪い男の子のようにとんぼ返りをうちはじめた」[★060]。

ヴォルフガングの誕生とともにはじまり、生涯続いた神話化は一七九一年の夭折の後、著しく加速した。どういう観点から見るにせよ、出現しはじめたメディアにとってかれは格好の材料になった。周知の伝記的事実はどれもこれも、子どもの人形劇など、なにかの形式に当てはめられた[★061]。この神話化過程の継続に力を貸した文学者、音楽家は多いが、中でも目立つのは『ホフマン物語』で有名なE・T・A・ホフマンである。モーツァルトより二〇歳年下のこの熱狂的ファンは、進行中の神話化にただちに身をゆだね、親からもらった自分の名に、ゴットリープならぬアマデウスのほうを付け足した。ホフマンは、シャーマン、魔法使い、まじない師についての探検旅行家の報告ではち切れんばかりの社会に育ち、ヴォルフガング・ゴットリープ・モーツァルトを精神的近縁者と考えたがった。あるときかれは、自分を精神界の深みと高みへ導いたのはまさにモーツァルトだった、と告白しさえした。ホフマンのいうのは、

精神的近縁者たちの世界だった。★062

ホフマンは、音楽が日常生活圏を超越するという点ではゲーテと同じ考えだが、さらに進んで、作曲家とは夢の中でも無限の中でも仕事のできる、この世のものならぬ精神でなくてはならない、とさえいった。やがてホフマン自身の語彙と構文が筋道を失い惑乱していった。かれはたびたび、意識の外の領域に人間を引き込む魔法の「息」について語っている。★063

ホフマンがモーツァルトの天才と、シャーマンなどの驚異的な能力に関する旅行記の報告とを結びつけて考えていたことがもっともはっきり見て取れるのは、「ドン・ジュアン」であろう。この物語は初めライプツィヒの「アルゲマイネ・ムジカーリシェ・ツァイトゥング」の一八一三年三月三一日号に掲載され、後に『カロー風幻想作品集』(一八一四―一八一五)に収められた。★064 シャーマンという現象に関して一八世紀に知られていたことは、霊魂の体外離脱、空中飛行、ふたつの場所に同時に存在することなど、大部分がこの作品に取り入れられている。これはヨーロッパのオペラの聴衆の行動とオペラ上演の慣行の両方を批判するために書かれ、その意図は達成されたらしい。というのは実際モーツァルトの「ドン・ジョヴァンニ」のその後の上演は最後のいくつかの場を含めるようになり、そこではドン・ジョヴァンニと接触したすべての登場人物がもう一度舞台に出てきて、かれらが超自然の力から解放されたことが示されるからである。★065

E・T・A・ホフマンはかれ以前、以後の多くの人びととともに、モーツァルトが神話化に値することを直観的に知った。この神話化過程を推進するためにモーツァルト自身がしたこと、そして同時代のもうひとりの芸術家がモーツァルトの公的イメージの創出に手を貸し、また近代ヨーロッパのシャーマン神話をさらにつくりだすためにしたことは、尽きることなく興味を惹くであろう。その芸術家とはゲーテである。次のふたつの章はゲーテを主題とする。

第八章　ゲーテが描いたシャーマンたち

Shamans Failed and Successful in Goethe

ヨーハン・ヴォルフガング・フォン・ゲーテ（一七四九―一八三二）は幼いころから魔法使い、英雄、支配者に強い関心を示した。フリードリヒ・ゴットリープ・クロップシュトック（一七二四―一八〇三）（ドイツの詩人。四八年に発表した宗教叙事詩「メシアス」で反響をまき起こした）の「メシアス」を遊び友達とこっそり読んだときには、その悪魔的な役割を憶測もしなかったが、かれが喜んで見た人形芝居の主人公は並外れた王や魔法使いで、かれらは知識と権力を求めて恐れを知らず、ユダヤ・キリスト教の神の怒りさえ恐れなかった。そのようなスケールの大きい人物の三人が二〇代初めのゲーテの心を占めていたようだ。それはファウストとゲッツ・フォン・ベルリヒンゲン（一四八〇―一五六二、宗教改革期のドイツの騎士。多数の戦争に参加、農民戦争で農民側の指揮者になったこともある）とユリウス・カエサルである。ゲーテの芸術的想像力は、生涯かれらの偉業と悪行の記録から刺激を受け続けた。カエサルについて考えたことは単独でひとつの文芸作品に結実しなかったが、ゲッツの自伝に基づく戯曲は一七七三年に出版された。そしてファウストを主題とする戯曲の企てにゲーテは終生取り組み、その作品は、オルペウスが古代を代表する元型的シャーマンであるように、ファウストをゲーテ時代のヨーロッパ文明を代表する元型的シャーマンにすることになった。★001

ゲーテは人文学者でも自然科学者でもあり、知的な意味でも地理的にもヨーロッパの焦点にいた。パリ、ペテルブルグ、ロンドン、ローマからのニュースはすべてヴァイマル（ゲーテは一七七五年に請われてヴァイマル宮廷に入った）を通過していった。古代人の過去がついに近代人の未来に道を譲った時代だった。かつてはオカルトの領域に追いやられていたものに光が当てられ、だれでもが公然と見ることができるようになった。魔法やルネサンス期の新プラトン主義の書物を読むときも、最新の自然科学を研究するときも、ゲーテの真剣さは変わらなかった。健全な研究方法を発達させることへの関心もゲーテは同時代人と共有していたが、かれの選択はしばしば他の人びとと一致しなかった。

神話、文学、科学は本来つねに互いにかかわりを持ちながら、個々の特定の時代と文化状況に適合してゆくことをゲーテは確信し、ヘルダーと同じように、「科学史は諸民族の声が次々に聞こえてくるひとつの壮大なフーガである」と主張した。[★002] そして神話、文学、科学のあいだのすぐには見て取れない関係を調べてみることは、人間の文化の進歩と、文化発達上のある時点における科学の出現との解明に役立つだろうと考えた。ゲーテの意見によれば、

科学には四つの時代――
幼い
詩と迷信の時代、
経験的な
研究と好奇心の時代、
独断的、
教訓的、杓子定規な時代、
理念的、
方法的、神秘的な時代[★003]

――があることを歴史は示している。

ゲーテは最初の幼い時代を否認しようとせず、したがって呪術と魔術を偏見を持たずに厳密に分析することを強く提唱した。啓蒙思想の最盛期にはむしろ研究の中心からはずれていた領域にゲーテは力を注いだ。ヘルダー、ユストゥス・メーザー、その他多数の友人と同じようにゲーテも、迷信とは、人間がまだ明確に認識できず、説明することなど夢にも思わない自然現象に対処する方法だ、と考えた。のちにゲーテは自伝的な著書『詩と真実』に、信仰と迷信の

形態はあらゆる時代、すべての民族で同一であると書く。[★004] またかれの考えでは、知的に洗練され合理主義的な考え方をする同時代人は迷信を非難するが、もし迷信がなければかれらの状態はもっと悪くなるだろう。空想や予感、虫の知らせ、偶然の一致というようなことを消滅させることはできないからである。「したがってそのような場合、近代人特有の困難が生じる。古代人が持っていたような不思議な生き物や神々、占い師、神託の代用品は、望んでも容易には見つからないからである」[★005]。

ゲーテは科学の第三の時代の方法を退けた。この方法はあまりにも独断的、教訓的、杓子定規で、現在使いこなせる手段で説明できないような問題をすべて研究からあっさり排除してしまうからである。ゲーテはニュートンの機械論的な自然観を絶対的真理として受け取らないよう警告した。[★006] 理論と数学を強調する結果、研究対象より方法のほうが重視されて、標榜する客観性よりはむしろ粗雑なこじつけをつくりだしてしまう、というのである。「科学研究史を通観して気づくのは、観察者が現象から理論構築を急ぎすぎることによって不適切な憶説に陥ることである」[★007]。数学はきわめて有効な道具で、科学的な企てに大いに役立つが、あまりにもしばしば立身出世主義者によって誤用される。そのことをゲーテはフランス人にたとえて説明する。「数学者は一種のフランス人である。かれらは話しかけられると、それをかれらの言語に翻訳するが、そうするとただちにまったく違うことになってしまう」[★008]。フランス版の啓蒙運動はニュートン力学を体系化することによって、あらゆる事柄、とりわけ一見超自然的な現象の科学的な研究を妨げた、としてゲーテは再三非難した。「ニュートン学説を広め、保守化した最大の責任は、とりわけフランス人にある」[★009]。フランス人は科学においても芸術においても、つねに先例による法則よりも成文化した法則のほうを好むようである、という。

ゲーテのサー・アイザック・ニュートン（一六四二―一七二七）嫌いは『色彩論』にもっともはっきりと表われている。ゲーテは光学の理解には哲学史と科学全体の進歩とを考察する必要があるという立場から、太古の人間の色彩にたいする反応についての情報を提供する。多数の旅行記と人類学研究書を熱心に読んでいたゲーテは、太古の人びとはつねに感覚からはじめて実用へ進んだ、と述べる。しかしたとえば虹などの現象について好奇心が満たされないときには、かれらは複雑な謎を出して、「奇妙な、非常に文学的な象徴によって」[★010]謎解きをした。より高度の文明を代表するギリシャ人をまって初めて理論は生まれた。ギリシャの呪術はその後の時代の呪術とは非常に異なる。「古代の呪術と魔法には、近代のそれらにはない様式があった。古代の呪術は人間的に見られた自然だった」[★011]。歴史的な感覚が発達するにつれて、物事の理論的な見方がしだいに確立していった。「光が多すぎると影が見えない。明るすぎると物体が見えない。木々を見ると森が見えず、人びとを見ると人類が見えない。ところがだれもかれも、当人にふさわしいものを手に入れて、それでとにかく満足しているかのようだ」[★012]。ゲーテは、科学の迷信が出現して、急速に民衆の迷信に取って代わった、と主張し、ロジャー・ベイコン（一二一六―一二九四）が言葉で表現しえないものを指し示すために数字に頼ったことを指摘する。ゲーテは、その動機は理解できる、という。「というのは、迷信とは実のところ、真の必要を満たすために誤った手段を採ることにほかならないからである。つまり迷信は、ふつうに考えられるほど非難すべきものではなく、いわゆる啓蒙された時代の啓蒙された人びとのあいだでもそれほど稀なわけではない」[★013]。知識はつねに力を意味すると考えられ、そのために一般大衆には秘密にされてきた。それぞれの時代に知りうることとして認められていた限界をあえて踏み越えた者は、崖っぷちの危険な賭に身を投じたのであり、たいていは魔法使いとして告発されたのである。

ゲーテは光学研究の歴史を振り返ってみて、基本的に二種類の科学的精神がある、という。一方は天才的で生産的で、世界を自分の中から生み出すだけの力を持ち、他方は知的で鋭利で観察眼にすぐれ、収集と実験を好む。ゲーテによれば、ニュートンは徹底的に前者の型である。「かれはまず自分の理論が条理にかなっていると判断し、次に急いでそれを確信する」[★014]。ニュートンは自然自体から確実な証拠を見つけて示すのではなく、自説を真理であると言明し、中世のスコラ学者のように厳格な服従を要求する。かれは自分の科学者としての名声を守るための後継者を育てさえした、とゲーテは非難する。ゲーテが「ニュートンの福音」を先頭にたって布教する伝道者と見なしたのは、アカデミー・フランセーズ会員のフォントネルとヴォルテール、つまりフランス新古典主義の原則の主唱者だった。[★015]

自然の帰納的探究法に肩入れしたからには、その時代いたるところで行なわれていたシャーマン研究とも当然接触することになった。シャーマン研究の問題点は、人間の心理を探り、恐ろしいこと、予期しないこと、未曾有のことをも公平に取り扱うような科学的方法を開発するというゲーテ自身の関心と一致し、かれの旺盛な芸術的想像力を刺激し続けた。

ゲーテの修業時代

ゲーテは学童のころ早くも、ゲッティンゲンのゲオルク＝アウグスト大学などで、従来の学科の境界を越える研究から新しい学術研究の分野が生まれているというニュースに胸を躍らせた。この新しい大学は多数の同時代人の目に、知的、科学的研究の最前線にあるものと映っていた。[★016]ゲーテも入学したかったらしい。保守的な父親に拒絶されて、やむなく他の大学に入ったが、ゲッティンゲンで起こっていることへの関心を捨てず、引き続きそこで行なわれる実験と議論の結果についての情報を得るよう努めた。

この大学は、未踏査地域への探検隊員の養成に熱心に取り組んでいた。その結果、ゲッティンゲンには卒業生から、遠征先で手に入れた産物や、発見、観察についての書物、原稿、報告書などが送られてきた。ロシアの遠征隊は元来はペテルブルグのエカチェリーナ二世の学士院から資金援助を受けたのだが、とくにゲッティンゲンに忠実だった。隊長のゲオルク・トーマス・フォン・アッシュ男爵（一七二九—一八〇七）はゲッティンゲンのハラー教授について医学を学んだ。学位を取ると、ロシア軍の将校に任じられたが、その地位を利用して関係を広げ、一七七一年から一八〇六年までのあいだはあらゆるものを定期的にゲッティンゲンへ送ることができた。[★017]

こうしてアッシュ男爵はゲッティンゲンの医学と人類学の研究に大いに寄与することになった。たとえば人類学の創始者で旅行記研究の専門家のひとりヨーハン・フリードリヒ・ブルーメンバッハ教授(一七五二―一八四〇)から、ロシア人とアジア人の頭蓋骨を手に入れるよう依頼され、五年間に二二個を送った。[★018] そのほかにもアッシュ男爵は発見した珍奇なもの、奇怪なものを送り続けた。かれが送ったものの中でもっとも印象深いのは、ツングースのシャーマンの衣装一揃である。本来なら火葬の火にくべられるはずのものがどういうわけか残って、アッシュの手に入り、「ヨーロッパの学術コレクション中この種のものではたぶんもっとも古く美しい」とされ、シャーマニズム関係の二〇世紀の書物や論文の図版に何度となく使われてきた[★019](図版20)。これを実際にヨーロッパに運んだのはダルムシュタットのカール・ハインリヒ・メルク(一七八〇年代に活躍)である。かれはギーセンとイェーナで医学を学んだ後に、偶然にもゲーテの文学上の友人でもあった有力な伯父のつてで、ロシアというもっと広い世界で科学の才能を活かす機会を与えられたのだった。[★020]

ゲーテは一七八三年にハルツ地方への旅の途中ゲッティンゲンに立ち寄り、ブルーメンバッハのみならず、物理学や心理学をも守備範囲とするゲオルク・クリストフ・リヒテンベルク(一七四二―一七九九)ら、数人の教授の知己を得た。前述の有名なシャーマンの衣装が届くのは一七八八年ごろだから、そのときにはまだないわけだが、一八〇一年のゲッティンゲン再訪のおりに、すでに名声があがっていた博物館兼図書館に案内され、[★021]一見したはずである。それらはつねに目立つように展示してあり、ゲーテは、入るやいなや衣類と手工芸品に注意を引かれた、と書いているからである。かれや同世代の人びとの多くは、広大なシベリアの住民と北アメリカ先住民との関係を認識していた。ゲーテはアジア研究に魅惑され、最新の研究計画とその成果につねに注目していた。ロシアの政治家、科学者セルゲイ・

セメノヴィチ・ウワロフ(一七八六—一八五五)が提案したアジア学会は、「いずれにせよかなり以前から旅してみたいと思っていたあの地域へと、わたしの心を強くいざなった」[★022]と告白している。

ゲーテとの文通と共同研究を続けていたブルーメンバッハも、ときどきヴァイマルを訪問した。[★023] 一七九六年一〇月一五日付けのゲーテからシラー宛の手紙によれば、ブルーメンバッハはただ立ち寄っただけではなく、「非常に興味深いミイラの頭部を持ってきた」。[★024] その後ゲーテはブルーメンバッハの頭蓋骨のコレクションにたびたび言及する。[★025] ブルーメンバッハはゲッティンゲンの図書館の責任者として、ゲーテに望むだけの蔵書の借出を許可した。またゲッティンゲンに本部を置く学会の会員にゲーテが科学者として選ばれるよう尽力した。

ブルーメンバッハはアイディアを出して人を動かす力を持っていたらしく、ゲッティンゲンに探究心の旺盛な若い科学者を引きつけ、かれらに世界探検の意欲を植えつけた。数多い弟子の中にはフリードリヒ・ホルネマン(一七七二—一八〇〇)、カルステン・ニーブール(一七三三—一八一五)(一七六一年から一七六七年まで、アラビア、インド、ペルシャ、小アジアをめぐる探検旅行をし、著書を出した)、ウルリヒ・ヤスパー・ゼーツェン(一七六七—一八一一)、アレクサンダー・フォン・フンボルト(一七六九—一八五九)(一七九九年から一八〇四年まで今日のベネズエラ、キューバ、コロンビア、エクアドル、ペルー、メキシコにわたる地域を調査し、大著を著した)、アーダルベルト・フォン・シャミッソー(一七八一—一八三八)(詩人として知られるが、自然学者として一八一五—一八年に世界一周航海をした)らがいた。[★026] かれらからの手紙と報告書の多くは「一般地理学新聞」に掲載された。この新聞は、比較的資金が潤沢で立地条件もよかったヴァイマルの地理学研究所が一七九〇年代に発行していたものである。[★027] ヴァイマルのドイツ古典主義中央図書館の記録によれば、ゲーテも、かれらの著書やかれらについての文献を多数借り出している。[★028] そして報告やその他の問題について、フリードリヒ・アレクサンダー・ブラン(一七六七—一八三一)、ヨーハン・クリスティアン・フリードリヒ・アウグスト・フォン・ハインロート(一七七三—一八四三)、クリスティアン・ケーファーシュタイン(一七八四—一八六六)、カール・フリードリヒ・フィリップ・フォン・マルティウス(一七九四—一八六八)(自然学者、民族誌学者。ブラジルの学術探検を行なった)ら民族学研究に携わる著名な同時代人と議論しあった。[★029]

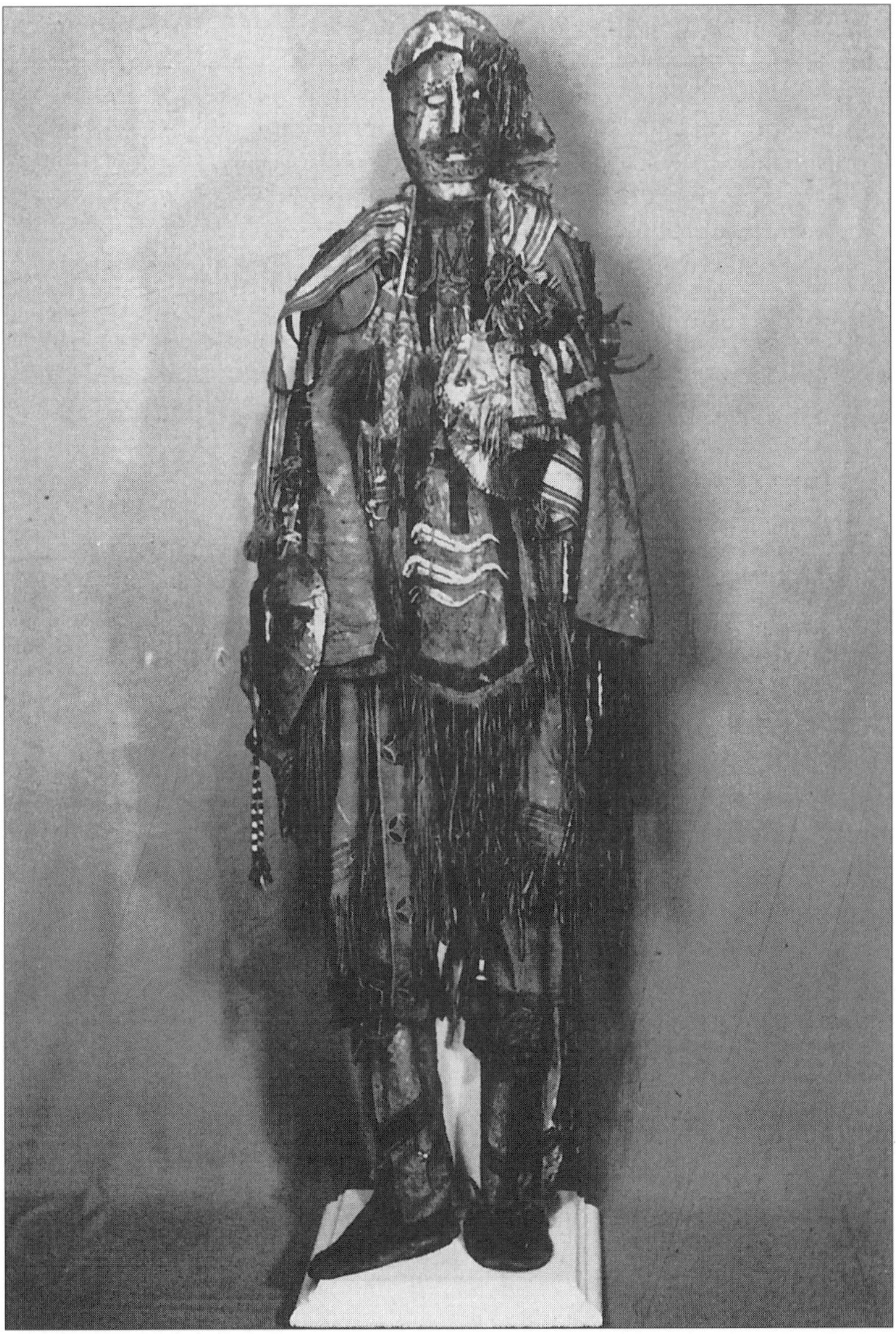

図版20 ❖ツングースのシャーマンの衣装

ヴァイマルの図書館の貸出記録からさらに、ゲーテが旅行記を読んでいた時期が戯曲の執筆および医学と人類学の研究の時期と一致することがわかる。かれが借り出した書物は多いが、その中にはマルコ・ポーロ、アダム・オレアリウス(一六〇三―一六七一)(ドイツの数学者、天文学者。モスクワとペルシャへの通商のための探検に参加した)、ジョン・ホークスワース(一七一五ころ―一七七三)、コルネリス・ド・ブルイン(一六五二―一七二六または一七二七)、ジョージ・ヴァンクーヴァー(一七五七―一七九八)(クックの第二回と三回の航海に同行。カリフォルニアからアラスカまでのアメリカ太平洋岸を探検した)、マンゴ・パーク(一七七一―一八〇六)(スコットランドの医師、アフリカ探検家)らの著書が含まれていた。★030 本書で先に取り上げたゲオルギの『ロシア帝国の民族のすべて』をゲーテはとくに重視して、この三ヵ国語で書かれた報告書の図版の巻を何度も借り出して楽しみ、あるときはロシアからの客であるマリア・パヴロフナ皇女(一七八六―一八五九)を歓迎するために計画された「ロシア諸民族の仮面パレード」というページェントの準備を援助しもした。その図版の多くは、さまざまな種族の男女のシャーマンを描いたものである★031(図版12〜19)。ゲーテが同じようにしばしば参照したもう一冊は、パラスの『ロシア帝国南部の総督管轄区への旅の見聞録　一七九三―一七九四』★032だった。パラスの著書に描かれているシャーマンのポーズは、創作の計画に影響を与えないまでも、少なくともかれの注意を引いたにちがいない(図版10)。

ゲーテはヴァイマルの図書館から多数の本を借り続けた。友人でも同僚でもあったヘルダーの著書を借りに何度も小姓を使いに走らせた。シャーマニズムに関しては二冊がとくに重要である。一冊は『ヘブライ文学の精神』で、前述のとおり、すべての宗教のシャーマンの共通点に注目している。ゲーテはこの書物を非常に高く評価して、『西東詩集』の自注で賞賛した。この詩集は神秘的な東洋への旅という文学的虚構を枠組みとする。その注ではゲーテ自身が古代宗教史という学問分野を提唱し、今日の多数の学者と同じく、シャーマン信仰を宗教儀式に高めたのはザラッシュトラにちがいないという見解を述べている。★033 ゲーテがしばしば借りたヘルダーのもう一冊の著書は『人類の歴史の哲学』である。ここには一八世紀のもっともすぐれた精神がシャーマニズムに関して考えたことが、すべて要約され批評されている。★034 この著書の完成にゲーテが手を貸したと主張する意見が多いが、仮にそうでなかったとしても、若いころ毎日のようにふたりがシャーマニズムについて論じあったこと、そして円熟期のゲーテがすでに出版されていたこの本を図書館から何度も借り出したことに関しては、十分すぎるほどの証拠がある。[★035]

ヴァイマルの図書館のゲーテへの貸出記録から、かれがロシア語をマスターする努力を怠らなかったこともわかる。かれが過去の知的、個人的な経験をたえず思い起こし、再考していたことを、多くの人が強調している。[★036] そのような経験の多くは、シャーマンの心理について旅行記などに報告されていることと非常に似ていた。ゲーテはしばしばかれ自身の透視力や、日常経験する合理的には説明のつかないさまざまなことについて語った。あるときはもうひとりの自分に会ったし、またあるときは墓石にゲーテという名が記されている幻を見た。二四年後、息子の墓石がそのとおりだった。メッシーナ（イタリア南部、シチリアの県、および県都）の地震を、ちょうどそれが起こったときに感じたともいわれている。[★037] ゲーテが霊界のことを本気で考えていたことを、友人、知人は知っていた。ボンの植物学教授ゴットフリート・ネース・フォン・エーゼンベック（一七七六―一八五八）のような同僚の科学者宛に次のような考えを書き送りさえした。「だれもが神秘の世界を歩きまわっています。われわれは自分の周囲にある空気についてまだなにひとつ知りません。空気の中でなにが起こっているのか、思考力と空気とがどういう関係にあるのか、われわれは知りません。だがこれだけはたしかです。つまりある特定の状況においては、魂の触角はその物理的限界を越えて、もっと先まで届くのです」。[★038] 霊魂は何度も生まれ変わって、この宇宙に住み続けるという確信をゲーテはたびたび表明している。合理的理解の限界を越える経験を語ったこともある。「霊魂の転生によるという以外、この女性のわたしにとっての重要性、彼女から放射される圧倒的な力を説明することはできない」。[★039] 一七八六年のイタリア旅行中のもうひとつの不思議な経験は、ゲーテがその種の事柄を扱った旅行文学に熱中していたせいで起こったように思われる。「わたしは、まるでこの地で生まれ育って、グリーンランドへの鯨漁からたったいま戻ったかのように感じて、なにもかもを楽しんでいる」。[★040] この点に関して興味深いことに、ゲーテはイルミナーテンオルデンという秘密結社内でアバリスというコード名で知られていたのだ

が、これはアポローンの祭司で医療に精通していた、伝説のシャーマンの名なのである。[★041]

この種の経験は、同時代の信仰による治療や奇跡を行なう人へのゲーテの好奇心が強まるとともに頻繁になっていったようである。未踏の地の観察記録を著わした人びとの多くと同じように、ゲーテも最初はかれらの活動から演劇性や虚偽を剥ぎ取ろうとした。縁日の奇術のようなひどいいかさまを暴露することは難しくなかった。だが有効に働くものを理解しようとして、知力が極度の緊張を強いられる場合もあった。一七七九年のスイス旅行中とくにゲーテの関心を引いたのは、パラケルススを読むという、エメンタール地方の農夫ミヒャエル・シュパッハだった。かれはハラー、ティソー、ツィマーマンら高名な医師さえ注目するほどのセンセーションを医学界に巻き起こしていた。医学者たちはいかさまと断定したが、人間精神の不思議な作用につねに興味を寄せるゲーテは、シュパッハはかれを信頼して押し寄せる患者の群れにたいして実際になにかの治療効果を上げていたのではないかと考えた。患者の中には貴族も混じっており、遠い道を徒歩でやって来るのだった。[★042] 信仰こそが偉大な治療者なのかもしれない、とゲーテは推測した。

ゲーテの創造性の概念においては精霊の力も重要だった。「イオン」におけるプラトーンや、シャーマンを観察した無数の人びとと同じように、感激、つまり霊に満たされる状態が起こるためには受動性が必要であることを、ゲーテは晩年の話し相手だったヨーハン・ペーター・エッカーマンに話して聞かせた。

> 最高級の創造性、目覚ましい発見、実を結び成果をもたらすような偉大な思想はひとりの人間の力でどうこうできるものではない。このようなことはこの世の存在が左右できる範囲を超えており、天からの思いがけない贈り物、神の清らかな子どもたちとして、喜び感謝して受け取り、尊ばねばならない。これらは精霊に似ている。精霊はわれわれにたいして好きなことをする。われわれは自分の気持ちから行動しているつもりで、じつ

は無意識に精霊に従っているのである。そのような場合、しばしば人間はより高い世界支配者の道具――神々の影響を受容するにふさわしいと認められた器――と見なせるだろう。[★043]

人間が創造的であればあるほど、精霊の影響は大きいだろう、とゲーテは考えた。このような思想をエッカーマンは繰り返し記録している。「文学には、それもとくに無意識的な、つまり理性や知性には届かない、したがっておよそあらゆる概念を超える効果を生み出すような作品には、つねにどこか霊的なところがある」[★044]とゲーテはいった。このことは音楽やその他の芸術についても同じである。芸術は霊界から説明できない力によって支配されている。すぐれた芸術家はとくにそのような力の影響を受けやすい。ゲーテはラファエルとシェイクスピアの名をあげ、そしてもちろん比類ないモーツァルトを忘れはしない。ベンヴェヌート・チェッリーニ（一五〇〇―一五七一）（イタリアルネサンス期の彫刻家、金工家）も、幻視と肉体からの霊魂離脱の経験によってゲーテの注意を引いた。ゲーテはチェッリーニの自伝を訳したほどである。そこにはチェッリーニがいくつもの世界のあいだを自由に行き来したこと、地獄の霊たちと接触したことなどが語られている。この自伝は、一七九六年から一七九七年にかけてゲーテがシラーと共同で出した雑誌に掲載され、一八〇三年に改訂し注を付けて書籍として刊行された。[★045]このような異常な精神生活を経験している創造的な人間を題材とする文学作品もゲーテを引きつけた。前述のとおりゲーテは、ドイツ語訳ではあるが、ディドロの『ラモーの甥』の最初の出版のために骨を折った。ディドロはヘルダーと若いころのゲーテにとって行動様式の模範のようなものだった。ディドロはロシア旅行の途上で一七七三年にペンペルフォルトのフリードリヒ・ハインリヒ・ヤコービ（一七四三―一八一九）を訪ねた。[★046]心理小説作家ヤコービはゲーテの親しい友人で、ゲーテは後にかれの息子マックスを自宅に預かって教師役を務めた。マックスは一九世紀のもっとも有名な精神医学者のひとりになった。

ゲーテはこのような社会的関係や科学的活動から意識的、無意識的に吸収したものをすべて、なにかの形で自分自身の芸術作品に取り込んだ。シャーマン研究も例外ではない。ゲーテの関心は多方面にわたるが、その多くはシャーマン研究と結びついていた。証拠の数を考えるなら、これを偶然の一致ということはできない。シャーマニズムに関する事実と虚構の中からゲーテは知るべきことを知り、その知識をとりわけ不滅の文学活動に活用した。

若きヴェルターの自滅

一七七四年の『若きヴェルターの悩み』はその一例である。その名が作品の題になっている人物は、一般に認められていたシャーマンの特徴をほぼ残らず示す。習慣的な白日夢、内向性、そして特別に過敏な神経系に起因する気分の変動の激しさに加えて、孤独や正常でない社会的関係への、心の奥に根ざして抑制できない欲求がある。身体の機能障害は、休養、気晴らし、食餌療法によっても治せない病気として表われる。この小説に登場する一八世紀の他の中流階級の男性との相違に、ヴェルターの性的未成熟は明らかである。かれは母親に手紙を書かない。ヴィルヘルムを介してしか母親とかかわらない。かれが心を寄せるのは、すでに伴侶のある女性か、上流階級の女性である。かれは略奪結婚を許容する。子どもたち、とくに男の子と遊ぶことへの嗜癖がある。この嗜癖を不健全と見なす医師の意見を、ヴェルターは「独断的な操り人形」★047の意見として軽視する。かれは男性であり専門家であるこの医師の到着を次のように描写する。「おととい町から医師がやって来て、ぼくがロッテの子どもたちにとり囲まれているところを見た。何人かは四方からぼくに向かって這いよってくるところで、何人かはぼくによじのぼっていた。そしてぼくのほうはそいつらをくすぐったり、一緒になって騒ぎたてたりしていた」★048。

遊戯、ゲーム、さらには人形にまで興味を持つことは、役割を引き受け演じる傾向の強さをはっきりと示す。ヴェルターはシャーマンのように、自分のドラマを上演する空間を慎重に定め、衣装、小道具、照明、タイミングに気を配る。かれが綿密に仕上げた死のシーンを考えてみさえすればよい。かれが持つ多様な芸術的才能には、たとえば文学的感受性、ダンスの技量、クラヴィコードの調律ができるほど高度の音楽的知識などがある。

　これら以外にも、シャーマニズムを扱った一八世紀の資料に見られる要素に似たものは多い。術者はしばしば寄食者――種族にとって必要ではあるが、他の成員の労働の成果で暮らす者――と見なされた。そしてヴェルターは明らかに道義によって律せられていない。生活費を稼がないばかりか、ヴィルヘルムを使って財政上の必要を母に伝えさせる。自分で母に手紙を書くことなど考えもしないが、女性問題はすでに何度も起こしている。かれはたびたび自分の生活を牢獄とか墓とか形容するが、これも洞穴など閉鎖された狭い、子宮のような空間でシャーマンや託宣を伝える人が秘儀を経験することに似ている。[★049]しかしヴェルターは極端に取り乱すと、ボイオティアのトロポーニオスの神託所を訪ねた人びとなど、形而上的な問題解決を求めた古代人のように鉱山に行きたいといいだす。さらにかれは直観、感覚、予感のほうを科学的決定論やニュートン的世界観よりずっと大切にする。後者は産婆、薬草医、魔女を否認し、医療の職業化を進めていた。ヴェルターには、精霊を信じ、かれらによって自分の世界を活気づけようとする傾向が強い。かれは早くから、「心を迷わす精霊たちがこの辺りの空中に舞っているのか、それともぼくの魂に天から与えられた温かい空想が、ここのあらゆるものを楽園のように見せるのだろうか」[★050]と自問する。事態が比較的順調に進行するときは、「単純な歌がぼくの心を捕らえて放さないことを思えば、古代の音楽の魔力についての言葉は一言だって疑いようがない」[★051]という。

　樹木はつねに、シャーマンが自在に行き来する宇宙の三つの領域、地獄、地上、天空を意味した。そして樹木はヴェルターに大きな慰めを与えたから、かれはしばしば樹木について語り、また樹木が切り倒されることを嘆いた。[★052]鳥の翼を得てこの三界を移動できるようになる夢を見さえする。かれの夢遊病の傾向は満月のときに強くなるようだが、魂が完全に解き放たれて宇宙を旅するところまではゆかない。「ときどき疲労とのどの渇きから途中で足を停めるとき、それは頭上に満月を見る深夜のこともあるが、ぼくは小さな林の中の節の多い木に腰を下ろして、痛む足裏を休ませ、ほの暗い中でまどろんで疲れを癒すのだ」[★053]。

一八世紀の観察者の多くは、シャーマンは巫儀で向精神薬を用いて忘我状態になっても足は確かだと書いている。ヨーロッパのキリスト教徒には、そのような自分の肉体にたいする支配力とエクスタシーとの両立は理解し難かった。ゲーテの小説では、自殺の直前にヴェルターがフラストレーションから取った行動を語り手が語る部分に、この感じ方が見られる。「後にかれの帽子が、丘の斜面から谷を見下ろす崖の上に発見された。暗い雨の夜にどのようにして足を滑らせずにそこまで登ったものか」[★054]。

ゲーテはヴェルターに奇妙な体外離脱経験もさせる。ヴェルターはしばしば自分は夢想家で、現実世界の上空に漂っている、という。ロッテとダンスをしていたときに経験したエクスタシーを「ぼくはもはや人間ではなかった」[★055]と表現する。別のときには、「あのとき以来、太陽、月、星星は落ち着いてそれぞれの軌道を進んでいるが、ぼくはいまが昼なのか夜なのかわからない。ぼくの周囲から全世界が消えてしまった」[★056]と書く。ヴェルターは自分を悪霊につき纏われる人になぞらえて、「ぼくは操り人形のようにもてあそばれている」[★057]ということもある。ロッテひとりが、かれを日常の意識水準に、中産階級の現実に呼び戻す力を持つ。だがその力は、行間から読み取らねばならないことだが、ロッテがアルバートと結婚してしまうと、失われる。処女性、女性の生殖機能全体と月ごとの周期は、シャーマンを信じる人びとによっても、なお初夜権を主張していたかもしれない一八世紀の田舎の領主たちによっても、魔術的な、少なくとも説明できない深遠なこととして認められていた。その後ヴェルターはしばしば嘆くのである。「ぼくの魂は死んでしまった。この魂から歓喜が流れ出すことはもはやない」[★058]。

ヴェルターは一二月二一日にロッテの家を最後に訪ねてから自殺する。この訪問中に、白鳥の歌と呼びたいものが生まれる。荘厳な冬至の日である。北ヨーロッパのシャーマンを崇める異教徒はこの日を熱狂的に祝った。明らかに精神状態のよくない若者の気を紛らそうとするロッテの提案は、その状態を改善するどころか、ますます悪くする。ロッテは最初はクラヴィコードに頼り、次には、かれが翻訳した憂鬱な詩のいくつかを朗読するよう願う。それらは愛と勇気と、先祖の霊の住む国へと三途の川を渡る死者の船旅を歌うオシアンの歌謡である。オシアンは古代ケルト族のシャーマン、吟唱詩人、予言者といわれるが、マクファースンがその英訳と称して出版した作品は、巧みな偽造かと疑われ、真偽について全ヨーロッパの批評家の激しい論争を呼び起こした。ヴェルターがそれを偽作と見なしたかどうかはともあれ、かれの神経は激烈な影響を受け、もはや回復しない。それらの訳詩を手に取るやいなや、「戦慄がかれの体を（走り）」、目に涙があふれる[★059]。

ヴェルターは激しい感動に満ちた劇的な朗読をはじめる。かれはいつものとおりすっかり役になりきり、完全に感情移入して我を忘れ、たまたまかれと並んでソファにすわっていたロッテにも熱狂を感染させる。「ふたりは恐ろしいほど心をゆすぶられていた。かれらは詩の中の気高い人びとの運命にかれら自身の不幸を感じ取り、それも共同で感じ、ふたりの涙がふたりをひとつに結び合わせた。ヴェルターの唇と目に腕を焼かれ、ロッテの全身におののきが走った。ロッテは自分の部屋に引き取りたかったが、苦痛と共感で体が鉛のように重く動けなかった」[★060]。ロッテは何度もヴェルターに話しかけて落ち着かせようとするが、うまくゆかない。シャーマン的な言葉の威力は、この時代の報告書が繰り返し強調しているとおり、あまりにも強く、どちらも抵抗するだけの理性を保てない。ヴェルターが先にソファから床に崩れ落ち、つかの間だが激しいラヴシーンが続く。「彼女はなにをしているともわからず、かれの両手を握り締め、胸に圧しつけて、憂鬱な動作でかれに身をもたせかけた。ふたりの燃える頬が触れ合った。ふたりにとって世界は消滅した。かれは両腕を彼女の体にまわし、抱き締めた。そして震えながらなにかいおうとする唇を狂おしいキスで覆った。ヴェルター！」[★061]。ロッテは中流階級の常識を取り戻し、自分がヴェルターとともに床に横たわっていることに突然気づいて、かれを押しのけ、身をもぎ離す。彼女がもう二度と会いたくないというと、かれはロッテのほうに両手をさしのべる。その後かれはまるでトランス状態に陥ったかのように、床にすわり頭をソファにもたせたまま三〇分以上じっと動かない。

ゲーテのヴェルターは失敗するシャーマンの完璧な例である。一八世紀には、召命を受けたと信じてシャーマニズムの修行をした者が、その実践によって我が身の治療に失敗すれば自滅する、ということもしばしば書かれていた。ゲーテはそのことを、とりわけいわゆるシベリア学術調査が盛んだった一七七〇年代の初めに知ったにちがいない。ゲーテのヴェルターには文学、音楽、模倣、演劇の才能があり、それらはみずから招いた狂気と自己破壊的な傾向を癒せるかもしれないが、自分からトランス、エクスタシー状態に陥ったとき、その才能を発現することができない。かれはまた、自分のトランス状態を他者に感染させて、種族全体、社会全体のために有益な結果を生みだすこともできない。ヴェルターは崖っぷちの賭に負ける。自身が崖から落ちるばかりか、自分が愛する人びと、かれのために心配する人びとをも道連れにしてしまう。

謎の少女ミニョン

ゲーテのシャーマニズムへの熱烈な関心はずっと続き、探検家、民族誌学者、人類学者の著書で読んだことがしだいに以前からの北欧神話やギリシャ神話の知識と融合して、さまざまな思いがけない形でかれの文学に入りこんだ。サモサタのルキアノス（ローマ帝政期のギリシャの作家）に拠るバラード「魔法使いの弟子」は呪文の力の誤用を描いて、そのような力は、そのために選ばれた人びとに委ねるのが正しいことを示す。ヘルダーが収集した民謡の中の、古代ゲルマン族のシャーマンであるヴォータンの「歌の魔力」という歌も同じ結論を告げる。★062 もうひとつの例は一八一四年の祝祭劇で、フリードリヒ・ヴィルヘルム三世がナポレオンをうち破ってロシア皇帝アレクサンドルとともに帰還したことを祝うためにベルリンの劇場がゲーテに依頼したものである。こうして生まれたのが、クレタ島の羊飼いの伝説を基にした『エピメニデスの目覚め』である。その羊飼いは半世紀間眠り続け、目覚めてみるとシャーマンになっていた。かれにシャーマンの力を授けた神々は、かれの長い不在中に同胞が勇敢に耐えてきた恥ずべき悪の数々が正されるよう計らう[★063]。

　近親相関により、夭折の運命を遺伝的に定められた女性のシャーマンも描かれた。『ヴィルヘルム・マイスターの修業時代』の少年のような少女ミニョンである。この小説には、当時広まっていたシャーマンに関する情報を思わせる表現がいたるところにちりばめられている。とくに主人公が演技と作劇の理論にかかわるところにはっきり認められる。たとえばシェイクスピアが登場人物を住まわせた世界をかれが発見する箇所は、次のように書かれている。

> さまざまな精霊の大群を魔法で自室に誘い込むことのできる魔法使いがいるそうだ。その呪文は非常に強力で、室内は精霊で一杯になり、かれらは魔法使いが描いておいた小さい魔法の円にぶつかり、その周囲をまわったり、魔法使いの頭上に浮かんだりする。たえず動きまわり姿を変え、増えてゆく。部屋の隅もぎっしり、棚の上にも隙間がない。卵がどんどん膨れ続け、巨大な形が縮んで毒キノコになる。ところが不幸なことにその魔法使いはこの精霊の洪水を引かせる呪文を忘れてしまった[★064]。

のちにヴィルヘルムの傷が「ありとあらゆる奇妙な言葉や格言や儀式で[★065]」手当されることになると、これはもう仄めかしの段階ではない。

　ヴィルヘルム・マイスターはたえず劇場の魔術とか魔法とか口にし、ミニョンと出会うときは、綱渡り芸人、ダンサー、ジャグラーらの旅回り一座に加わっているが、非常に型にはまった若者である。ところがこの奇妙な謎の子どもが、いきなりかれにたいする説明のできない力を獲得する。かれの目と心はなんとしても彼女に引きつけられる。

小説全体を通じて彼女は神秘的と形容される。つねづね虐待する団長から殴られるところを救われて、彼女はヴィルヘルムに熱烈な忠誠心を捧げる。ヴィルヘルムは三〇ターラーを支払って団長を解雇し、ついで彼女の身元を明らかにするために大変な労力と費用をかけ、彼女が日曜ごとに早朝のミサに出ることを確かめさえする。一方ミニョンのほうはヴィルヘルムの息子フェーリクスの守護霊の役を果たす。

ミニョンは目と手の運動がうまく釣り合わず、癲癇の発作で引きつけを起こしたり筋肉が奇妙に痙攣したり（シャーマンの典型的特徴）するが、生まれつき音楽的で、たとえば卵を並べた隙間をぬってファンダンゴ（スペインの四分の三拍子の民踊の音楽）を完璧に踊ることができる。ただしそれは彼女が自分でその気になったときだけである。

> 彼女は自分で目隠しをして、音楽に開始の合図を与え、拍子とメロディに合わせてカスタネットを打ちながらぜんまい仕掛けのように動きはじめた。すばしこく軽々と正確に踊り、卵と卵のあいだや、卵の横で敏活で確実なステップを踏んだ。彼女がすばやく体をねじったり回転したりするたびに、見る者は卵を踏み潰すか、転がすかと思うのだが、彼女は小刻みだったり大股だったりさまざまなステップを踏み、ときどきは跳びあがったりもするのに、一度として卵に触らなかった。最後にはほとんどひざまずくような姿勢で卵の列の中をジグザグに進んだ。彼女は機械のようにとどまるところを知らなかった。めくるめくダンスは風変わりな音楽に背を押されるように何度も始めからくり返された。ヴィルヘルムはこの奇妙な見せものに完全に魅惑され、胸の思いを忘れて、この愛らしい少女の動きを目で追った。そして彼女の性格がすっかりダンスに現われていることに驚嘆した。★066

第二巻の最後でヴィルヘルムはミニョンの発作に立ち会う。ミニョンを励ますためにその両手を握ると、ひきつるようなかすかな動きがしだいに大きい痙攣になってゆく。かれはミニョンが苦痛を言葉に表現できずにいることに促されるように、彼女を膝に抱き上げる。彼女は胸に手を圧し当て、ついで叫び声を上げ、全身が激しく痙攣する。それから「彼女は跳びあがったと思うと、全身の関節がはずれてしまったかのようにかれの前にくずおれた。見るだに恐ろしかった」[★067]。痙攣は収まりかけてはまた激しくなり、そしてふいに「こわばった四肢がゆるみ、彼女の内面が流れ出した。ヴィルヘルムは度を失って、彼女が融けて消え、腕の中になにも残らないのではないかと恐れた」[★068]。

第五巻ではヴィルヘルムの俳優たちが『ハムレット』の上演に成功する。終演後役者たちは衣装をつけたまま祝賀会をすることに決める。「それはまるで精霊の国の王族が集まったかのようだった」[★069]。ダンスのあいだ、かれらの楽しみのために、一八世紀に古代シャーマニズムともっとも関連が深いとされていた楽器、タンバリンをミニョンが打ち鳴らす。彼女と竪琴弾きに、フェーリクスがトライアングルをもって加わるが、これまたシャーマンの楽器であることは、一八世紀の旅行文学の読者ならすぐに気づくところである。ダンスは巫儀のように、しだいに速く激しくなる。

> 子どもたちは跳びはね歌い続けた。とりわけミニョンはこれまでにないはしゃぎかただった。彼女はタンバリンを可能なかぎり装飾的に活き活きと鳴らした。ときには指で革のあちこちを圧して低い音を出し、ときには手の甲や指の関節で叩き、リズムを変えながら、あるいは膝、あるいは頭に打ちつけ、またタンバリンを細かく振って鈴だけを鳴らし、こうしてこのもっとも単純な楽器からじつに多様な音響を誘い出した。[★070]

すっかり我を忘れたミニョンは幽霊のために取ってある席にすわり、セルロに注意されると、何気なく答える。幽霊は彼女に害を加えはしない。幽霊は親戚なのだから。「わたしのおじさんよ」[★071]。

次に子どもたちは操り人形のまねをはじめる。一八世紀の多数の報告によれば、シャーマンの標準的な行動のひとつである。かれらの声はシャーマンの腹話術に似ている。それに痙攣性の動作がともない、激しくなる。続いて——

ミニョンの陽気さは狂暴なほどになった。初めは面白がって笑っていた一同も最後には止めねばならなくなった。だが口でいっても無駄だった。ミニョンはこんどは跳び上がり、タンバリンを持ったままテーブルをまわって駆けはじめた。髪をなびかせ、頭を後ろに反らし、手足を振りまわすようすはバッカスの巫女を思わせた。古代の建造物に荒々しい、ほとんど不可能な姿勢で描かれていて、いまもわれわれを驚嘆させる、あの女たちである。[★072]

他の者たちも余興をして、幽霊のスカーフが見つかり、パーティーが終わりに近づいたとき、ヴィルヘルム・マイスターはふいに摑まれ、痛みを感じる。ゲーテの文章が暗示するのは、ある種のシャーマニズムに関連づけられている儀式としての性的なカニバリズムである。「ミニョンは隠れていてかれを摑み、その腕に嚙みついた」[★073]。

旅館に大火事が起こるとき、ヴィルヘルムに重大な危険を警告するのはミニョンである。ミニョンがのちに説明するところでは、竪琴弾きがフェーリクスを神々への犠牲に捧げようとしたが、フェーリクスをつねに守っているミニョンがそれを妨げたので、竪琴弾きが放火した、というのである。ミニョンには直観に加えて、精霊や、ときには聖処女マリアの声が聞こえ、かれらと会話をする能力があることを周囲も認めている。

この小説の第八巻と最後の巻はミニョンの病気に多くのページを割く。痙攣がひどく、生命の兆候が弱まって、心臓が停止したかと思われるほどである。だが痙攣が弱まると、今度は脈拍が異常に早くなる。誕生日のパーティーで天使に扮装するときに初めて彼女の心身が穏やかなバランスを取り戻すようである。彼女は終生忘れられないほど美しく「やがてまことの天使になるまで」と歌い、天使の衣装を脱ぐことを拒む。[★074]ミニョンの行動をずっと見守っていた医師は、故郷への憧れとヴィルヘルムへの思慕だけが彼女をこの世につなぎ止めている、と告げる。[★075] ヴィルヘルムは全快の望みはないと見て、彼女の心が安らぐなら、できることはなんでもすると申し出る。かれが見舞うと、ミニョンはフェーリクスを抱き締めて平和そのものである。「彼女は肉体を離れた霊のように見えた」[★076]。彼女はすでに登ることも跳びまわることもできないが、なお山頂に達し、家の屋根から木の梢に跳び移ることを望んでいる。いかにもシャーマンらしく、鳥が空を飛び、好きなところに巣をつくれることを羨む。

この心を打つ謎の少女は小説全体の筋に統一を与える役割も与えられているのだが、その身の上のすべては、彼女の葬式にやってきて遺体を確認する伯父によって語られる。ミニョンは竪琴弾きとその妹のあいだに生まれた子で、生まれたときから異常なところがあった。並外れて早く歩きはじめ、身のこなしが機敏で歌がうまかった。正式に習わないのにすぐツィターが弾けるようになった。幼児にしては驚くべき創造性を示したが、言葉でものを伝えることはもっとも不得手だった。「障害は発声器官ではなく、ものを考える回路にあるようでした」[★077]。罪深い関係から生まれたために養子に出され、養父母の許で身体表現はいっそうのびのびと発達した。やがて山に登ったり危険な岩棚の上を走ったりするのに便利な男の服を着るようになる。ほんの幼いミニョンがすでに驚くべき空間の記憶と本能的な技術を示して、旅芸人の複雑で気まぐれじみたステップを完全にまねてみせた。彼女はまた周期的に孤独を求めて、何日も姿を隠すことがあった。だがそのようなあるとき、この才能豊かな少女は誘拐され、それきり戻らなかった。ゲーテは、成功するシャーマンについては、その背景に意図的に多くの変更を加えた。それが次の章の主題である。

第九章 ファウスト、近代のシャーマン

Faust, the Modern Shaman

一八世紀シャーマニズムを統合した『ファウスト』

ゲーテの『ファウスト』は本書の結びにふさわしい。それというのもこれは、一八世紀の人びとがシャーマニズムについて聞いたり考えたりしたことのほぼすべてを、ヨーロッパ文化の進化の図式そのものに組み入れた最高傑作だからである。途方もなく常軌を逸しているとか、想像を絶して滑稽だとかと見なされ、やがて無害で珍しいだけのものになったシャーマニズムという現象を、この作品は西欧の歴史および先史の中に位置づけ、意味あるものとした。そしてシャーマニズムを哲学、とくにルネサンス期の新プラトン主義とみごとに融合させたのみならず、ドイツの伝説のシャーマンと神話的な魔法使いとを総合することによって、およそ考えられるかぎりの意味における啓蒙の概念を象徴する近代人像を創造したのである。

シャーマニズムとゲーテの『ファウスト』という主題はそれだけで一冊の書物になるくらい念入りに論じる価値がある。わたしがいまそれをしないのは、さまざまな信念を持つ学者たちが永年探究してきたにもかかわらず、この作品を統一するひとつの原理といえるものがまだ十分明確になっていないと考えるからではない。★001 たんに本書のページ数に限界があるというだけの理由である。したがってここでは主に、本書の主題に関連して新しい解釈を提示できる部分を取り上げるに留める。序幕にあたる三つの場はもっとも重要な箇所に数えられるにもかかわらず、残念ながら編集者、批評家によって必ずしも正当に扱われていない。★002

最初の「献呈の詩」が、芸術作品としてのこの悲劇の世界で、霊界から来るゆらゆらと形の定まらないものたちについての知識が詩人を通じて観客に伝えられることを告げる。★003 準備の呪文を唱えるように、詩人は最初の詩節で直接そのものたちに呼びかける。生涯を通じてかれらは何度も、ときには無理強いに、接近してきて、そのつどかれは捕えようとした。いま、かれらの列を包む魔法の息に若々しく心を揺すぶられ、シャーマンのように、かれらに身をゆだね、自分の体を使って好きなことをさせようと心を決める。

次の詩節は、引き続きシャーマンの用語を使って近い過去のことを語る。形の定まらないものたちが幸福だった日々のイメージを持ってくると、多数の懐かしい死者たちが姿を現わす。ゲーテは原始的な形のシャーマニズムと、先史時代にヨーロッパ文化の基礎を形成しはじめた最初の神話（第二部で取り上げられるようなもの）とのあいだの関係を想定していたので、「献呈の詩」の詩人に、現代人にはほとんど理解できない古代のある神話に言及させる。この神話を思い起こさせたものが恋愛と友情をも想起させるが、そのことによってまた、先んじて他界した人びとを思う悲しみが新たになる。[004]

詩人の歌、とくにこの後に続く歌が第三節の主題である。この詩節は単純そうだが、シャーマンについての報告の多くが歌は霊界への旅に等しいとし、楽器を旅の乗り物と見なしていることを考えてみよう。はるかな古代の詩が、すでにこの種の旅を意味する標準的な表現として歌という語を使っていた。[005] 最初に詩人の歌を聞いた人びとは、プラトーンのいう鎖の環を通じての移動のように、精霊から詩人を通じて伝えられた言葉の、消えることのない谺になった。しかしいまかれの歌は、魔術、まして芸術という魔術を受け容れるとは思えない多数の未知の人びとのために歌われる。かれの歌をいまも喜ぶであろう人びとは共同体の統一を失い、世界中に散って、何より大切な故郷、神聖な大地を失ってしまった。

結びの詩節は、これからはじまる『ファウスト』へと渡す橋（これもシャーマンの装置である）をさらに強化し、同時に詩人がみずからの旅の終着点に近づいていることを示す。静かでしめやかな死者の国への、一度は克服したあこがれにふたたび心を捉えられて、かれのささやくような歌はエオリアン・ハープ（反響箱にガット弦を張った楽器。風に吹かれて鳴り出す）の音のように不安定な調子で流れてゆくばかりである。畏怖の念に襲われ、涙があふれ、魂は穏やかに柔順になりはじめる。詩人自身の旅路は終わろうとしている。かれは自分の人生そのものであった作品の全体を、ふたつの地点に同時に身をおいて見渡す。

所有するものははるか遠くにあるように見え、
すでに姿を消したものが実在になる。★006

シャーマンの世界体系の中で通常の因果律が停止し、現実の時間と空間が仮想の、ないし演劇的な時間と空間に融けこんで、「劇場の序幕」が準備される。「序幕」を構成するのはヨーロッパ演劇の伝統に不可欠な劇場支配人、戯曲作者、喜劇役者で、三人それぞれが、全体に寄与する自分の役割の優越性を主張する。その議論は、主に創造性に焦点を当てながら、「献呈の詩」の主題を拡充する働きをする。劇場支配人は共同作業の重要性を主張し、結びの言葉で、そこに集まっていると想定される観客にわかりやすいように、全宇宙を、目の前の舞台装置とそこで使われる設備にたとえる。この言葉は、シャーマンはこの地上のみならず天上、地下で起こっていることも知ることができるという考えを強調することにもなっている。

ではこの狭い舞台の上に
宇宙万物をずらりと並べてくれたまえ
そして慎重にすばやく移動させたまえ
天界からこの世を通って地獄まで。★007

ゲーテがここで実に効率よく成し遂げたことは、実在のレベルの移行である。シャーマンの技法である演技（ヘルダーの章および前章ミニョンの項参照）の近代的な様式をあざやかに用いて、ゲーテはゆらゆらと形の定まらないものたちの領域から、そのものたちの目に見える姿としての生きた俳優が演じる劇中人物に進んできた。この後に続くものはなにもかも、旅すなわち歌の一部であるとともに、想像力によって、つまり合理的機能の停止によってのみ理解されうる芝居である。いいかえるならこの芝居は、シャーマンが異なる存在領域への旅から得た知識を同胞に伝える手段である。[★008]

ゲーテは続く「天上の序詞」でさらに狙いを明確にする。舞台は宇宙の象徴であるのみならず、宇宙そのものになる。ここでかれは、人類の所産のうち最良のものとして特定の一個人を主に選ばせさえする。ファウストが主演俳優に、手段内の手段になる。主はメフィストフェレスに、その悪の才能を駆使してこの近代のシャーマンに道を踏み外させ、ドイツの民間伝承と一六世紀の民衆本のシャーマンの、野望と我欲の水準に転落させてみよ、ということによって、悪の力の存在を認めていることを示し、また宇宙の中のしかるべき場にそれを位置づける。主は、「献呈の詩」でまず打ち出された主要な主題を強調してから退場する。

永遠に作用し生きつづけ、生成する力が
おまえたち（天使たち）を愛の優しい束縛で抱き締めるように、
そしておまえたちは揺らめく姿で漂うものに
持続する思考をもって定まった形を与えよ。[★009]

第一部「ヴァルプルギスの夜」の意味

悲劇第一部の冒頭がただちに、キリスト教化の過程が長く続いた後の、北ヨーロッパにおけるシャーマニズムの現状を明らかにする。シャーマニズムの自称支持者は、ともかくも召命を受けたと感じているのだが、もはや自然に根ざしていない。そして反対者は、宗教的根拠からにせよ科学的根拠からにせよ、シャーマニズムをいんちきか魔術と見なしている。宣教師の教えによって霊界との直接の交渉を禁じられた一八世紀の先住民のように、ファウストは自然から離れてゴシック様式の書斎にこもり、書物を通じて哲学的に精霊と接触しようと必死に努力している。

　ゲーテは、かれが創造したシャーマンのなかでもっとも幸運に恵まれたファウストについて、その境遇を意図的に大きく変えた。[★010] ゲーテのファウストは一六世紀の伝説が伝える卑賤な農民の子ではない。この伝説を基に、ヨーロッパの民間伝承の邪悪なシャーマン像を描く民衆本が数多く生まれた。ゲーテの悲劇の冒頭が教えるところでは、ファウストの父親は呪医、錬金術師、呪術師であり、敬われはしたがうろんな人物だった。この父親は息子にその商売の手ほどきをしたうえに、キリスト教の教育をほどこしたという。[★011] 伝承ではファウストの名はゲルマン的なヨーハンだが、ゲーテはファウストの父親に息子をハインリヒと名づけさせた。[★012] 父は息子に良心と責任感と、同胞である人間への深い関心とを吹き込んだ。憂鬱な性格で孤独癖のある若者は父親の仕事を観察し、人類の状態を改善するもっと有効な方法を求める気持ちをしだいに強める。[★013] のちに、こせこせしているが忠実な助手との場で、ファウストは、あまたの知識と、宇宙の一切を知る唯一の知識との相違を思いめぐらしながら、自分の胸の中にふたつの魂がある、と語る。

きみは自分を駆り立てる力をひとつしか知らない。
おお、もう一方を知らずにいたまえ。
ああ、おれの胸にはふたつの魂が住んでいて、
ひとつは他から離れて行こうとする。

一方は容赦ない愛の欲望に捕えられて
触手をからめてこの世にしがみつき、
他方は塵を去り、気高い先祖たちの
憩う楽土へしゃにむに昇ってゆく。
おお、空中に精霊たちがいて
地と天とのあいだを支配しているものなら、
金色の靄の中から降りてこい、
そしておれを連れてゆけ、色彩豊かな新しい生活へと。
そうだ、もし魔法のマントがおれのもので、
見知らぬ土地へ運んでいってくれるのなら、
どんな高価な衣装とも
国王のマントとだろうと取り替えはしない。[★014]

ゲーテの時代のシャーマン学では、「人間にはふたつの魂、すなわち影と息」があり、その一方は、夜には肉体から離れて狩りをしたりふざけたり、したい放題できるということが知られていた。[★015] しかし魂を解放しようとするファウストの苦闘は意識的なものであるから成功しない。この時代が与えうる最善の伝統的な手段、大学の四学科の合理主義的学習の積み重ねも役に立たず、ファウストは自殺の企てへと追い詰められる——世界中のシャーマンのイニシエーションの特徴である死と再生の儀礼である。[★016]

ファウストは復活祭を祝う市民たちに混じって町を歩きまわり、書斎へ戻る道でプードルに目を止める。これがメ

フィストフェレスであることが判明する。ゲーテは標準形のファウスト伝説を終始避けながら、ここでは伝説に戻って契約の主題を持ち出す。最高の教育を受けた、もっとも知的な人間が未開人と変わらず途方にくれている。いまのかれは助力を得なくては生の神秘を理解できないと感じている。知識の代わりにイメージと儀礼に頼る未開人さながら、ファウストは英雄的な勝利と性的な力の体感を願う。

　　おお、あの強力な霊を目の前に見たとき
　　歓喜に魂を失い死んでしまえばよかった。[★017]

次にこの教授・自然哲学者は生の隠された意味を問い、目に見えるもの、「魂の周囲に誘惑とまやかしを張りめぐらすもの」[★018]すべてを呪う。かれは科学的決定論の方法を直観や予感と調和させることを期待し、これまでは眠っていた自分の非合理的な能力が告げることをすべて合理的に分析する準備が整ったと信じるに至った。

ファウストはメフィストとの議論によって意気阻喪したかもしれないが、敗北してはいない。かれは人間を宇宙でもっとも驚嘆すべき存在と見なしている。[★019]成長のこの段階で魔術がかれにとってなにかの意味を持つなら、それはまだ悪魔的な力を手に入れるためではなく、自然哲学を最高度に実現するための道具としてである。[★020]ここがメフィストとファウストとの分岐点である。メフィストは前者しか与えることができない。ゲーテがシャーマンを描くつもりであることは、ここでも標準形の伝説を変更するところに明らかに表われている。かれはファウストに、契約に同意せず、むしろ賭を提案させる。

　　もしおまえがおべんちゃらでだまして

おれをうぬぼれさせることができれば、
享楽でおれをごまかすことができれば、
それがおれの最後の日になるがよい。
賭けようじゃないか![★021]

アウアバハの地下酒場の場は、酔っぱらって日々を空費している大学の落伍者たちを楽しませるような旅芸人の奇術のトリックよりずっと進んだ段階にファウストがいることを、観客に、そしてメフィストにも、示す。ここで得られるようなエクスタシーは、ファウストをどんちゃん騒ぎに加わるよう誘惑するどころか、不愉快がらせる。大学からもう一歩離れた魔女の調理場では、シャーマン的なものがさらに堕落した形で描かれるが、それにはファウストは嫌悪を感じながらも引きつけられる。魔女に関する民間信仰の中心となった調理場は、そこの魔法の鏡が「女性というもののもっとも美しい姿」[★022]を映しだすとき、男性的な大学生活から女性の世界への移行の場になる。鏡は以前からシャーマンの道具のひとつだった。鏡は魂を内部に納めるものとして、しばしばトランス状態を引き起こすために使われた。[★023]この場は、ファウストの外観を若返らせ、かれが魔女の主催する降霊会のようなものに慣れていることを示しもする。描かれた円周の中で光がちらつき、音楽が伴うのは、魔法の薬を飲むための準備である。ファウストはいう。

気違いじみた道具、大仰すぎる身振り、
俗悪きわまるまやかし、
こんなものは知っている、大嫌いだ。[★024]

かれは理性では抵抗するつもりだが、騒音に圧倒され、頭痛がはじまる。

あの女はなにを訳のわからぬことをいって聞かせてるんだ。
おれはいまにも頭が割れるぞ。
まるで道化が十万人一斉に
しゃべり立ててるみたいだ。★025

これに続くグレートヒェンのエピソードは、ファウストに罪を経験する機会を与えるだけではない。もっと重要なのは、かれが女性の創造的な領域へと導かれ、ものごとを合理的にも非合理的にも理解しはじめることである。最初は処女を犯す快楽しか考えていなかった――「あの子は一四は越えているな、確かに」――としても、最後にはその女性を、宇宙をひとつに結び合わせている愛の化身であると思い、彼女のことが頭から離れなくなる。★026こうして序詞の主の最後の言葉が実現するだろう。

「森と洞穴」の場で、ファウストは大学における書物の学問と機械論的な自然研究からもっとも遠い地点に立つ。ここでかれはいくつかの絶対的事実を非合理的に認識しはじめる。太古以来、そして一八世紀のたいていのシャーマンの実践でも、洞穴は母と、森は黄泉の国と結びつけられていた。どちらも神秘と、神秘の啓示に満ちていると考えられた。一八世紀には、新発見から神話と文学が新しい意味を獲得することがよくあった。ゲーテの時代にはフランケンを初めとするドイツの諸地方で洞穴が組織的に探検され、太古の人間の精霊信仰と絶滅した哺乳類に関する証拠が集められた。★027ユストゥス・メーザーさえ『古代ドイツ人とゴール人の秘教儀式と民間信仰について』の中で、古代ゲルマン人は、古代ギリシャ人と同じように、地下で演劇に似た礼拝を行なった、と断定した。メーザーは秘教の入会儀式とプラトーンの語る地下への道とを関連づけもした。★028 洞穴の場のファウストのせりふである。

嵐が森でざわめき、きしり、
ドイツトウヒの巨木が倒れながら
近くの大枝や木の幹を押しつぶし、
その音に応えて丘が鈍くうつろに轟くとき、
おまえはおれを安全な洞穴へ導き、おれに
おれ自身を示す、するとおれの胸の
秘められた深い驚異が開かれる。★029

人間に生まれつき備わる価値を知らないメフィストは、相変わらずファウストを、キリスト教の解釈によれば魔法のたぶらかし、シャーマンのいんちきへと誘おうとする。「ヴァルプルギスの夜」ではとくにそうで、メフィストは最初のせりふでほうきの柄に乗ることを勧める。一五世紀にすでに、ほうきの柄で魔女の軟膏を性器に塗りつけると性的なエクスタシーと飛翔感が得られるといわれていた。★030 ファウストはこの勧めに応じず、できるかぎり自分の二本の足で歩くほうを選ぶ。ファウストとメフィストと鬼火は、麻薬、アルコール、内耳への刺激、自己暗示、いずれによってか、意識状態が変化し、歌う。

夢の国、魔法の国に
入ってきたらしい。

道案内して名を上げろ、
おれたちが広い荒れ地を
どんどん先へ進むように。★031

熱病のような騒ぎも、よく効くと魔女のいう軟膏も無視して、ファウストはすべてを学習経験に変えたがる。邪悪なものたちがこれほど集まっているからには多くの疑問が解決されるはずだ、とかれは考える。精霊が実在するかどうかはその疑問の数に入らない。だがそれは肛門幻視者にとっては重大問題である。ここでゲーテは、目の前に見る現実と矛盾していても、断固として自分の認識に頼るニュートン的な態度をあてこすっている。啓蒙思想が妖怪変化を全滅させた、と肛門幻視者は宣言する。

おまえたち幽霊どもに面と向かっていうが、
おれは幽霊の専制を我慢しないぞ。
だがそれがおれの思うようにならん。★032

ファウストは美しい若い魔女に心を奪われて一緒に踊り、あやうくその魅力に屈するところで魔女の口から赤いネズミが跳びだす。赤いネズミはドイツの民間伝承では悪魔につきものである。★033そのときファウストは捨てられて気が狂ったグレートヒェンの姿を見て、そのショックで自分の真の使命を思い出す。

「ヴァルプルギスの夜の夢あるいはオベロンとティターニアの金婚式　幕間劇」という短いレヴューを「形の定まらぬものたち」が演じた後、ファウストは一種堕落した状態に陥り、黒魔術を、すなわち誤ったシャーマニズムの技術を使って愛するグレートヒェンを自由の身にしてくれるよう、メフィストに懇願する。ふたりが地下牢の独房に近づくと、彼女は早くもそれを感じ取る。犯した罪の大きさに打ちひしがれて理性を失ってはいても、彼女は邪悪な魔術をすべて直観的に拒み、神の手に身をゆだねる。その結果、彼女は救われ、そのうえファウストの想念からもはや消えることなく、主の言葉どおり、この後ずっとかれの行動の規範となる。

第二部シャーマンへの道

第二部の幕が開くと、ファウストが花の咲き乱れる芝草に横になり、さまざまな精霊が上空に浮かんでいる。これは第一部冒頭の逆転で、第一部ではかれはゴシック様式の書斎の机の前にすわり、理知的機能を規則どおりに使っていた。罪の意識に打ちのめされたファウストに夜のあいだに精霊たちが施した治療は明らかに効を奏して、かれは気力を回復している。かれは探究を続ける決心をする。ただしこれまでとは観点が異なる。以前のように正面からぶつかろうとはせず、太陽そのものではなく、その反映に光を求める。[★034] 第二部は主にイメージを扱うことになるが、中でも虹が重要である。[★035] 虹は一八世紀のシャーマニズムの特徴だった。第二部でファウストはしだいに演技者に、また見せ物師になってゆく。

場面は皇帝の玉座の間に変わる。メフィストが宮廷道化師に変装して、母なる大地の隠された鉱脈から黄金を掘り出し、枯渇した国庫をふたたび満たそうと申し出、皇帝に取り入ろうとする。宮廷顧問官や廷臣たちの常識はこの提案に否定的に反応する。かれらは、よくてトリック、最悪の場合は魔法が使われるだろうと疑う。理性を信じることを一時中止するべきときだ、と触れ役が告知して、劇中の現実の水準がぼやける。ここでカーニバルの祭がはじまり、ありとあらゆる妖怪がふざけだすからである。ルネサンスの仮面劇として演じられるが、近代化、世俗化された清めの儀式である。★036 またもやヨーロッパの演劇と神話から「形の定まらぬものたち」がぞろぞろと現われる。最新式のシャーマンというべきファウストこそその最たるものだ。触れ役はそのどんちゃん騒ぎの中で秩序を維持するという職務を大まじめに果たしているようだが、招待客と勝手に押しかけてきたものとを区別することができない。

だが恐ろしいことに、窓から
空飛ぶ化け物が入ってきます。
妖怪と魔法からみなさんを
お守りすることはできますまい。★037

この場はカーニバルの劇中劇内の仮面舞踏会であるが、だれもが欲しがる黄金を奇跡のように出して見せたうえ、皇帝を自分の仮装に夢中にならせて、本当にパン（ギリシャ神話の牧人の神。上半身は人間で下半身は山羊、額に角があり、笛と杖を持つ）のつもりにさせてしまう。火事で仮面が燃えて、ようやく皇帝は劇中の元の現実の水準に戻る。このような成り行きに「嘘とまやかし」が非難される。ファウストの到着を告げる触れ役の言葉にさえ、行なわれたことの不思議への驚きが混じる。「これは奇跡です」★038。ファウストはプルートス（富の神。善人にも悪人にも区別なく富を与え、また取りあげる）に仮装して富をばらまきながらやって来る。衣装は豪華なターバンと東洋風の長いローブで、魔法使いを連想させる。★039 かれは魔法の杖から火花を飛ばして欲張りどもを追い払いながら、幻の財宝を守るための魔法の円を描く。かれが伝統的な魔法使いの呪文を唱えてこの場は終わる。

悪霊が害をなそうとするときは
魔法に力を揮わせろ。★040

引き続き「遊歩庭園」の場で起こることから、皇帝がトランス状態で署名して流通を保証した紙幣が国中に広がって、緊急の難問が少なくとも差し当たり解決されたことがわかる。この魔法の紙切れが宮廷をすっかり陽気にして、大蔵大臣さえ厳格な基準を緩めて「魔法使いの同僚を歓迎します」[★041]と皮肉にいう。

金銭問題の解決に成功したために、ファウストは皇帝のもうひとつの望みを叶える約束をすることになる。それにはトロイアのヘレネとパリスを、形の定まらぬ姿ではなく明確な形態としてつくりだす——つまり文学的に記述するにとどまらず、演劇的造形を通して実際に肉体を持つものとして示すことが必要である。[★042]有能なシャーマンならなんなくしてのけるだろう。観客の想像力をよそに逸らせたり引きつけたりする演技は得意中の得意なのである。[★043]ゲーテがよく知っていたドイツの民間伝承のファウストは、とくに芝居が達者なことが知られていた。[★044]ところが「暗い廊下」でファウストが今度の皇帝の望みを持ち出すと、メフィストは困惑する。

異教徒はわたしの知ったことではありません、
かれらはかれらの地獄にいるんですから。[★045]

メフィストは、古代ギリシャ神話の細部まで完全に意のままにはならない、と主張し、悪魔相応のことをでっちあげようと決める。かれは、母たちの許への危険な旅を提案する。母たちは本源の無の中のあらゆる形態の貯蔵所にいる。そこへ行き着くには、入口の近くにある三脚台に鍵で触らねばならない。

形が生まれ、形が変わる、

永遠の想念の永遠の楽しみ。
すべての被造物の像が周囲に漂っていますが、
母たちはあなたを見ません、幻しか見ないのですから。[★046]

メフィストにいいくるめられて、ファウストは勇気を奮い起こし、いわれたことに従い、暗示されたことを信じる。この旅は、ファウストの想像力すなわち非合理的な精神機能がこれまでに経験したもっとも過酷な活動になるだろう。この旅と、シャーマンのイニシエーションとの関係はたんに表面的なものではない。シベリアのシャーマニズムの信者にとっては、九つの丘に住む母たちが宇宙の創造力そのものだった。かれらがこの母たちを歌った多数の民謡を西洋人が記録している。[★047]

ファウストが亡霊の芝居を上演するということが知れわたって、宮廷中が待ち焦がれている。メフィストは伝統的な口車でごまかしてかれらの注意を引きつけている。[★048] 上演の遅れにたいするメフィスト自身の苛立ちが、観衆の期待感の高まりを示す滑稽な効果を上げる。観衆には、巫儀と同じで、霊媒が見せようとするものを見る心理状態がすでにできあがっている。

ここには呪文も要らないようだ。
亡霊どもが自分から来ている。[★049]

触れ役と廷臣たちが舞台と観客席のようすを説明し、それが、かれら自身の期待の高まりをいい表わすことにもなる。星占い師は、かれ自身、人を操作する技術を承知しているから、全体を劇場の魔術と見てとる。

芝居をいますぐはじめろ、と
皇帝のご命令だ。壁よ開け。
妨げるものはもうない。ここには魔法が働いている。
火事でまくれ上がるように壁掛けが消える。
石壁は分かれ、裏返しになる。
奥の深い舞台がつくられて、
不思議な光がわれわれを照らすようだ。
舞台の前に上ってみよう。[★050]

それから想像力の強烈な力を知りつくしている星占い師は、「呪文で理性を縛っておくのです」[★051]という。ファウストがシャーマンとして参集者に代わって危険な旅から無事に戻り、地下から姿を現わす。星占い師がそれを見て報告すると、劇中劇がはじまる。

祭司の服を着て花の冠をかぶった、奇跡の男だ、
自信をもってはじめたことをいま完成する。
三脚台がうつろな穴から一緒に上ってくる。
皿から立ち上る香の匂いをもう嗅ぐようだ。[★052]

ファウストは三脚台を手に入れ、その力で時間と空間の限界を越えた。かれは本源の無における経験を語り、母たちに呼びかけてから、旅の辛苦に耐えて同胞の許に戻り、すべてをかれらの目に明らかに見せるシャーマンに言及する。

あるものは生の穏やかな道が受け取り、
他のものは大胆な魔術師が求める。
そしてかれは、だれもが望むもの、驚嘆すべきものを、
人を信じてたっぷりと見せるのだ。★053

それからもう一度、星占い師がパントマイムの進行を言葉で描写する。それには音楽の伴奏が付き、なにか霧のようなものがつきまとっている。星占い師はこれこそ真の亡霊芝居の傑作と評する。当然予想されるだろうが、一八世紀のフォントネル以後の時期にルネサンス期のシャーマンの巫儀を模倣して催すときには、なにか調製した物質を煙に加えたのである。その効果は絶大で、ひとりの若い女は非常によい気分ですっかり生き返ったようだ、という。★054 年長の女性が同意する。

本当に。胸の奥までほのかな香りが入ってきます。
あの若者の匂いですよ。★055

ファウストはあの恐怖の旅を成し遂げたことで祭司の資格を得たと感じている。そしてヘレネへの燃えるような熱情を隠さないので、プロンプター・ボックスで進行に気を配っていたメフィストが、自制して自分の役まわりを忘れる

な、と警告する。★056 だがファウストは聞く耳を持たず、パントマイム中の自分の役にすっかり感情移入してしまったのか、その振りをしているのか、パリスに嫉妬してヘレネを奪い取り、魔法の鍵でパリスに触れる。舞台に爆発が起こり、ファウストは床に倒れて気を失い、亡霊を演じていた役者たちは靄に溶け込んで消える。シャーマンが参集者の前でトランス状態に入っているときに接触してはいけないということを、一八世紀の情報提供者たちはたいてい報告している。劇中のこの事態は、そのような報告の根拠を具体例で示すものである。昆虫、とくにハエは叩き殺しておかなくてはならない。それが参集者の不信やいたずら心を刺激しないためであったことが、これでよくわかる。ファウストのこの自作自演の芝居は短いが説得力がある。かれはシャーマンとして異世界から帰還し、まだトランス状態からすっかりは醒めていない。この状態は第四幕の初めに雲がかれを運んで、ルネサンスの現実に連れ戻すまで続く。この短い芝居は、これからはじまる、近代と古代の多様な演劇形態を総合した大掛かりな場面の序に当たる。説明部としては、ファウストがヘレネを探して取り戻すというテーマないし梗概を提示し、また魔法の見せ物のつねとして、時間と空間という自然の障壁を踏み越えようとすれば必ず伴う危険を実際に示してもいる。

ファウストの冥府への旅で描かれたこと

議論の混乱を避けるために、劇中のこれからはじまる挿話の概略を述べておこう。場で分けずに、筋の進みでまとめるほうがわかりやすい。第一段はゴシック様式の実験室ではじまる。つくられたばかりのホムンクルス（普通名詞としては「小さい人間（小人）」の意味。人間の胎児のこともいう）が肉体を持ち、独立して生きようとしている。かれはファウストの頭の中を覗き見て、ファウストはヘレネに肉体を与えることに熱中している、という。第二段でテッサリアの魔女たちが集まる古代のヴァルプルギスの夜がはじまる。ここで、ヘレネの居場所を突き止めるための手段を探す危険な旅が語られる。ついで第三段でクライマックスになる。古代のヴァルプルギスの夜の後半で、ファウストは地下の世界に下りてゆく。ホムンクルスがガラテイア（二七七ページを見よ）と結婚しようとすることから、目を奪うような場面が展開する。そしてこれが、やがてヘレネが肉体を持って出現するときに起こる不幸をあらかじめ象徴的に示す。★057 この挿話の残りの部分が『ファウスト』の第三幕である。場所はペロポネソス半島、第四段ではヘレネがメネラーオス（ヘレネはメネラーオスの妃だったが、トロイアのパリスと駆落ちしたことからトロイア戦争がはじまった）の宮殿の前で救出を求めている。第五段でアルカディアでの生活と、ファウストとヘレネの結婚から生まれたエウポリオン（ファウストとヘレネの子というのはもちろんゲーテの創作だが、ヘレネ伝説のひとつによれば、アキレウスとの間にエウポリオンという翼を持つ子が生まれたという）のことが語られる。この挿話はエピローグで終わる。ファウストは機械仕掛けの輝く車に乗って雲の中に消える。トロイアの娘たちが、魔法が破れた、霊界は正常に戻る、と合唱する。

さてこの劇中の挿話の第一段は、ファウストがかれの元のゴシック様式の書斎の古風なベッドに横になっているところからはじまる。少なくともかれの魂はついに肉体を離れて、異なる時間と領域を経験しているらしい。かれがここを去ってから、科学は（先に引用した科学の四つの時代区分でゲーテが使っている用語を借りるなら）経験的な研究と好奇心の時代から、独断的、教訓的、杓子定規な時代に進んでいる。★058 登場する「学士」を代表とする研究者たちは、デカルト風の「思考は存在である」という思想になるはずの意見を大胆に認める。「世界は、わたしがつくる前はなかったのです」。★059 中世風の装置を施した実験室の主任教授、研究主任は、ファウストのかつての勤勉な助手、ヴァーグナーである。かれは相変わらず自然に起源を持つすべての物質と、精神の身体にたいする関係に頭を悩ましている。ヴァーグナーは試験管人間をつくりだそうとしてきた。それというのも、メフィストがからかうとおり、性交のような、動物と同じ行為が人間の命のはじまりに関わると考えるのは我慢ならないからである。人間がずっとすぐれていることを理性は知っているのだから、赤ん坊を生みだす、もっと高級で威厳のある方法がなくてはならない、とヴァーグナーは考える。かれの実験は、メフィストの目の前で成功し、ホムンクルスを生みだす。これは瓶の中のジンのような精霊で、トランス状態のファウストの頭の中を直接見る能力を持つことが明らかになる。ホムンクルスの言葉が、ファウストがレダと白鳥によるヘレネの受胎のことを考えていることを教える。この時点でヘレネは、ファウストにとって誕生と死と再生の秘義の象徴である。

オルペウスのように、またヘルダーがアメリカインディアンに認めたオルペウスの原型のように、ファウストはトランス状態で冥府に下り、失った恋人の魂を探す。[★060] かれが皇帝の宮廷でドイツ人の観客にその探索を語る部分は、壮大な野外劇の形をとる。「序幕」で劇場支配人が約束したとおり、あらゆる書き割り、揚げぶた、昇降機、美しく飾った車、霧、波、雲をつくりだす機械が使われる。[★061] テクストが重んじられるあまり今日までまだ十分に立証されていないが、この野外劇が上演に価することは、装置や小道具との関連で非常に効果的な演劇技法を動員していることから、確実である。たとえば劇的な報告、要約の反復、遠方で起こっているいくつかの事件が同時に語られること、せりふの中のきっかけを与える模倣、せりふで語られる場所の変化などがある。この大野外劇は、近代オペラの出発点である、オルペウスを称えるイタリアの音楽劇に多くの点で似ている。イタリア・ルネサンスが諸学芸を総合してオルペウス神話を賛美したように、ここでゲーテはドイツ・ルネサンスに、ドイツでもっとも高名なシャーマンがトロイアのヘレネを探しに行く危険な旅を賛美させる。[★062] ゲーテはこの旅を利用して、先史時代のシャーマニズムから、徐々に西欧文化の基盤になっていった神話への進化を、演劇的省略法によって描く。それは、ルネサンスがよみがえらせ、その後一八世紀と一九世紀初頭にふたたび復活した神話である。[★063]

ホムンクルスは人の心を読み取る能力と、古典古代に関する驚嘆すべき知識とを併せ持ち、はじまろうとしている古代のヴァルプルギスの夜に行って、ファウストに助力しようと提案する。メフィストが古代のことは知らないといっていやがるのにたいして、ホムンクルスは思い切った批評をする。

　　ロマン主義の幽霊しかあなたは知らない。

でも本物の幽霊は古代的でもなくちゃ。★064

かれらは北西ヨーロッパを去って、悪名高いテッサリアの魔女たちの住む南東をめざす。メフィストは彼女たちを以前から見たがっていた。魔女のエリクトは容貌醜怪としてたいていの文献に名が見られる。そのエリクトがまず古代のヴァルプルギスの夜の装置を説明し、流星らしいものへ観客の注意を促す。★065 三人の空中旅行者が光り輝く仕掛けに乗ってギリシャの伝説的生物の群れの中に到着する。ホムンクルスはここで第一幕の鬼火に似た機能を果たし、ファウストを早く降ろせとメフィストをせかす。

あなたの騎士を
降ろして。そうすれば
すぐに命が戻ります。
このひとは伝説の国で命を探しているのだから。★066

ファウストは、ヘレネの挿話のプロローグに当たる場でイニシエーションを受けて母たちの許へ行ったからには、もはや恐れるべきものはなにもないはずである。心が熱く燃えあがり、巨人のように力強く感じる、という。かれが出遭うグリフィン（ライオンの胴体に鷲の翼と頭を持つ怪獣。黄金の宝を守る）、蟻、アリマスポイ人（グリフィンと闘う一眼の民族）（黄金を守るもの、集めるもの、盗むもの）は、ヘロドトスが報告している古代スキタイのシャーマンの想像を思わせる。★067 スフィンクスとセイレーン（上半身は人間の女、下半身は鳥の海の怪物。その歌を聞いた船乗りは引きつけられて彼女たちの島に上陸して死んだという）は、これから語られる神話を暗示する。ファウストは、民族の集合的記憶に刻まれている壮大な永遠の形態★068を認識できる新しい精神的態度を身に着けたという。かれはスフィンクスにヘレネのことを尋ねて、さまざまな神話的存在は、メフィストも含めて、一定の時間的制約の下にあることを知る。ヘレネは神話のもっと新しい層にいる。それゆえスフィンクスはケンタウロス族（馬の体に人間の上半身がついている怪物）のケイローンに尋ねることを勧める。ケイローンはギリシャのもっとも輝かしい英雄たちの教育者である。

ファウストはまだトランス状態のままケイローンを探しにゆく。夢を見ているのでもなく、幻を見ているのでもなく、むしろ集合的な現実を高められた形で経験しているのだが、劇中のルネサンスの観客の理解を助けるために、かれはみずからの理性の水準と目下の事態とを自問する。

おれはちゃんと目が覚めている。おお、とどめておいてくれ、
たとえようもない姿のものたちを、
おれの目が彼女たちを追うままに。
不思議な気持ちが胸にしみる。
夢なのか、記憶なのか。★069

ゲーテは、同時代の文学者がしばしば用いたロマンティシェ・イロニー（ドイツ・ロマン派の概念。芸術は真でも自由でもなく遊戯的な性質をもつことを意識する態度）という手法で、登場人物に、自分の役と他の登場人物の役への興味や心理的な距離を表白させることによって、この劇中劇の登場人物がそれぞれ距離を保っていることを、たびたび示すのである。★070

ファウストはケイローンの背に乗り、その該博な医学の知識に敬意を表する。

どんな植物の名もいえる、

その根の先の先まで知っている、
病人を癒し、傷の痛みを和らげる名医を
わたしは全身全霊をあげて抱き締めています。[★071]

ケイローンは謙遜に、すぐそばに倒れた英雄を治療しただけだ、と答える。それ以外はいつも「祭司と薬草を集めている女たち」[★072]に委ねてきた。ケイローンはさらに回想を続け、ヘレネをやはり背に乗せたことがあると語って、ファウストを狂喜させる。ファウストが——観客中のご婦人たちを喜ばせるため！——そのときのヘレネの年齢を正確に確認しようとすると、ケイローンはそんな細かいことにこだわるな、とたしなめる。だがその説明は、ファウストのみならず、ルネサンスの観客も、われわれ読者もここでともに経験しているシャーマン的な時間をさらに皮肉にねじ曲げる。

文献学者たちが
自分自身もお前さんもだましたのだ。
神話の女性というのは妙なもので、
詩人が自分に都合がよいように描くのだ。
決して大人にならず、年を取らず、
つねに心をそそる姿をしている。
若いときには誘拐され、老いても求婚される。
よいな、詩人は時間に縛られないのだ。[★073]

ファウストはケイローンに、先人たちのしたことを自分もしたいと語る。

わたしが、身を焼く恋慕の力であのまたとない姿に
命を与えてはならないものでしょうか。[★074]

賢く正しいケイローンにファウストの振る舞いは狂気の沙汰だとまでいわせることによって、ゲーテは、ファウストがここではトランス状態で我を失っていることを強調する。

人間としてはお前さんは夢に熱中しているのだが、
精霊たちの中では気が狂ったように見えるだろうよ。[★075]

それからケイローンは、親切な女予言者のマントーを探すよう勧める。彼女はアスクレーピオスの弟子だから、ファウストの病気を治す適当な治療法を教えてくれるだろう。ファウストは、治療の必要はないといい張るが、ほかならぬマントーの前でケイローンの背から下りることになる。マントーはファウストの無謀さを愛して病人扱いせず、かつてオルペウスのためにしたことをファウストのためにもしようという。そしてオルペウスより幸運に、ペルセポネーの国に至る暗い通路に入り、恋人の失われた魂を取り戻すだろう、と期待を述べる。ファウストはこの後、第三幕まで姿を見せない。

登場人物のシャーマン的傾向

ファウストが舞台裏でヘレネの返還を要求するための冥府への旅を続けているあいだ、ホムンクルスを案内役に、時間と宇宙創造のいくつもの層の探検が行なわれる。これは、念入りに仕上げた野外劇に慣れている宮廷の観客の興味をそそり、つくり物の本物らしさを要求するかれらを失望させないための工夫である。ホムンクルスは真に人間になる方法を求めるうちに哲学者のアナクサゴラス（紀元前五世紀のギリシャの哲学者。無数の多様な微粒子に理性が旋回運動を与えたところから万物が生成したという）とタレース（紀元前七―六世紀のギリシャの哲学者。万物は水から成立し水に還ると考えた）に出会う。ふたりは生命の起源は火か水か、と論争している。メフィストはホムンクルスとともに地震その他、母なる大地がつくりだす現象を通り抜けてきて、見慣れない生き物を多数見たことで、いささか元気を失っている。これらは古代ギリシャ神話がシャーマニズムに起源を持つことをメフィストに教えるために使われている。カベイロスたちとテルキーネスたちはどちらも元来は火と鍛冶に関係があり、魔術と秘密の儀式に携わっていた。かれらは古代世界の神話の名残として、エレウシス（デーメーテール女神（ペルセポネーの母）崇拝の秘教の中心地）の秘教儀式に次ぐ格の儀式で崇拝された。★076 メフィストが一番親しく感じるのは、信じられないほど醜いポルキデス（海の神ポルキュスの三人の娘たち）で、彼女たちに魅惑されさえする。そのあいだにホムンクルスはタレースの忠告に従うことにして、予言の力を持つネーレウス（海神。予言の力を持ち、姿を自由に変えられる）を訪ねてゆく。ネーレウスはかれに答えて、姿を変える海の神プロテウス（海神ポセイドンの従者、海の老人と呼ばれた）に相談することを勧める。

プロテウスの許へ行け、あの不思議を行なう人に尋《き》け。
どうすれば人になり、姿を変えられるのか。★077

タレースにいわせれば当てにならないプロテウスは、不意打ちに現われ、シャーマンの腹話術のトリックを使って居場所を変えてみせ、またあるときは巨大なカメ、次の瞬間にはもっと上品な形を取る。プロテウスはホムンクルスの難問を面白がり、解決は海にあるだろうと陽気にいう。海中で生命が生まれるまでには何千年もかかるだろうとタレースが理屈をいっているあいだに、プロテウスはイルカに変身し、ホムンクルスはその背に乗る。ネーレウスの美しい娘で海のニンフであるガラテイアが貝殻の車に乗って海上をやって来る。いうまでもなく、作劇上の慣例どおり波をつくる機械を使うためである。彼女は誕生と生殖の秘義を祝う壮麗な儀式のために来たのである。水の動きに花火が加わり、セイレーンたちは誘われるように万物の創始者エロース（ギリシャの愛の神。天地ができたときの原初の力と考えられたが、後に愛と美の女神アプロディーテーの子とされ、弓矢を持つ美青年または子どもの姿に描かれる）を称えて歌いだす。ファウストのヘレネ探しを主題とするこの幕にふさわしい終わり方である。劇中のルネサンスの観客もわれわれも、席を立って背を伸ばすことができる。

　次の第三幕でヘレネが実際に登場して、伝説の告げる彼女の運命とは異なり、いま再び肉体を得てメネラーオスの宮殿の前にいる理由を、これが劇中劇であることを知らない登場人物として不思議がる。ヘレネは、自分の目下の状態に確信がない。以前と違うことが多いからなおさらである。この宮殿の妃は自分だと感じるので、醜いポルキュスの娘から丁重にもてなされないのが不愉快である。このポルキュスの娘は、メフィストが演じていることが後でわかる[★078]（前の場面でメフィストはポルキデスに、中のひとりの姿を貸してくれるよう頼んでいる）。ポルキュスの娘、つまりメフィストの無作法はついに、かつてのヘレネの恋人の名を次々に並べあげるところまでゆくので、ヘレネは、わたしは自分にとってさえ幻になりましょう、といって気を失う。[★079]ヘレネとともにトロイアからきた女たちは、王妃が回復するように、苦しみのあまり魂がまた肉体から脱け出してしまわないように、それ以上いい募るなとポルキュスの娘に頼む。ポルキュスの娘のほうは、ヘレネが失神したところで、彼女をファウストの頼もしい腕の中に飛び込ませる筋書きを思案する。ヘレネとトロイアの女たちは、いまにも神々へ犠牲に捧げられようとしている。ポルキュスの娘は、かれらが目下経験している特殊な偽りの現実のレベルについて、辛辣なことをいい続けながら、かれらの命を救う工夫を話し、自分のせりふにつられてヘレネに当てこすりをいうので、ヘレネは出過ぎを責める。

　　役柄を
　お忘れだよ。肝心なことをおっしゃい。[★080]

彼女のほうもメフィストの本性を感知して、かれが「善を悪に転じる」[★081]ことが怖い、という。

霧をつくる機械を利用して、舞台装置がすばやく奇妙な中世風の建物に変わる。ヘレネの供の女たちが構成するコロスの長が困惑して、どうしてこんなに速く、歩きもせずにここに来たものか、と問う。[★082]彼女と他の女たちが、目の前の砦を詳しく描写する。ゲーテは『ファウスト』全体を通じて、きっかけを与えたり、動きを指示したり、俳優の位置を決めたりするために、見たり聞いたりしたことを俳優に語らせるという手法を使っている。これは、観客の想像力を刺激して、そこにないものや、はっきりとは示されていないものを、ともに見ていると思わせる、シャーマンの昔からの技法である。

ファウストが中世の宮廷風の服装で、縛られたリュンケウスを従えて現われる。リュンケウス（ギリシャ神話のリュンケウスは視力が鋭く、透視力を持つ。見張りにその名を与えたのであろう）はヘレネの姿を見ただけで我を忘れ、彼女の到着をただちに報知することを怠ったのである。[★083]ヘレネはリュンケウスのために寛容を乞い、ファウストはその願いを容れながら、ヘレネがかれの臣下の心を征服した速さを比喩をもって称える。ヘレネは、彼女の身分と地位を確かにしてくれる男を必要としているという。ファウストは「果てもしれぬあなたの国土をともに治める者として」[★084]仕えよう、と申し出る。それからヘレネはファウストから詩の脚韻について教えられる。続けてファウストは、時間の停止しているこの時におけるふたりの結合は以前から予期されていた、という。さまざまな技術の壮大な総合がこの時を印づけている。

心は前を見ません、後ろも見ません、
ただ今だけです――[★085]

ファウストはシャーマンとして、神話が語る古代を呼び戻すために時間を廃止した。[★086] この劇中劇の演出家であるゲーテは引き続き演劇的省略法を使う。たとえば寄り添ってすわっているこの恋人たちの求愛行動をコロスが語り、控え目に意見を述べさえする。

王様方はお好きなように
内密の楽しみごとを
人民の目の前で
少しも遠慮なさらない。[★087]

ヘレネは自分が肉体を持ってよみがえったことにまだ順応できないらしく、その気持ちを口にする。

わたしは自分をひどく遠くに、でもまたすぐ近くにも感じます。
そしてこういいたくてたまらないのです。ここにいる、ここに、[★088]と。

ファウストが、『ファウスト』の劇中劇の中の、この時間と空間の停止した状態は夢にちがいない、と答えると、ヘレネは醒めた距離をとって応じる。

わたしはもう命を終えたようにも、新しく生まれたようにも思えます、
初めてお目にかかったあなたとひとつに結ばれ、心を捧げて。[★089]

ポルキュスの娘がメネラーオスの軍勢の到着を告げると、ファウストは、目下進行中の劇中劇の中で報告される、防衛するゲルマン諸族の勇猛さに基づいて作戦を立て、かれらのほうが勝てば、ヘレネの過去と幾分放縦な愛の遍歴が終着点に達することになる、という。

次の場はアルカディアで、洞穴と森の空き地が見える。このような舞台装置で演じられる牧歌劇はルネサンスの観客をいつも喜ばせた。洞穴のひとつから音楽が流れてくる。洞穴は昔から神秘と啓示の場所だった。ここでもそういうものとして使われている。ヘレネとファウストはふたりの結婚から生まれたエウポリオンとともに夢のような幸福を味わっている。エウポリオンをポルキュスの娘は初めは「翼のない精霊」と呼び、ついで観客の目の前でかれの成長を示して「小さい太陽神」[★090]と表現する。地面の束縛を逃れて空を飛ぶことへの生まれながらの欲求と、体内に鳴り響いている永遠の旋律を竪琴で再現したがる性向は幼時から明らかである。エウポリオンのシャーマン的な傾向は、コロスが、ヘルメースが強力な神々に仕掛けたいたずらやトリックを引き合いに出すことによってさらに暗示される。

ファウストはエウポリオンの跳ねまわるのがとくに気がかりである。ゲーテはファウストに、やはり一八世紀にシャーマニズムやまじないを指して使われた「目くらまし」[★091] (Gaukelei) という語をエウポリオンの振る舞いに関連して使わせる。やりすぎないように、という両親の懇請は完全に無視される。エウポリオンは、不可能事を達成することが自分の使命だともう心に決めているのである。狩人ごっこをするうちにかれはいよいよ乱暴になり、ついに両親に「なんという騒ぎ、なんという叫び声」[★092]といわせる。ふたりは結末を感じ取り、声を合わせて問う。

わたしたちをおまえは
なんとも思わないのか。
家族のつながりは夢か。★093

エウポリオンが炎に化した少女を追って空中に跳びだし、ふたりの足もとに落ちると、揚げぶたが開いてかれの体を隠し、同時に機械仕掛けで光の輪が彗星のように天へ駆け昇る。舞台に残るのは、かれの服と持ち物だけである。舞台の下からかれの声が、冥界の闇の中に独りぼっちにしておかないで、と母親に訴える。ヘレネはわが子の頼みに従うことを選ぶ。愛するファウストの最後の抱擁の中でヘレネの姿は消え、ドレスとヴェールだけがかれの腕に残る。それを手放さないことをポルキュスの娘は勧める。それは、古代のシャーマンが携えていた羽や石や皮の切れ端のようなものである。かれらは異世界を経験してきたことの証拠として、その旅からなにかを持ち帰ったと主張するのがつねであった。この後この幕は、モーツァルトが完成し、ロマン主義が模倣し、演出家と聴衆がしばしば誤解してきたオペラの「ハッピー・エンド（リエート・フィーネ）」で終わる。★094 俳優とコロスが、ついにまじないが破れ、神話の世界の生活を続けることができる、と安堵を表明する。かれらの大部分は、ワインの飲みすぎが引き起こすような、現実世界の不思議な体験にしか関心がない。これで観客席の宮廷人たちも終演後の祝宴に出席する気になる。幕が降り、メフィストが幕の前に出てきてポルキュスの娘の衣装を脱ぐ。

科学的方法と直観の共存

幕間にファウストは、メフィストの力を借りて、世界を飛びまわり謎の解明を求めていた。かれはまだ科学の幼い時代の迷信を当てにしながら、一方では次の時代の独断的な方法を軽蔑して、「理念的、方法的、神秘的な時代」[★095]へ急速に近づく。第四幕の幕が開くと、ファウストが雲の乗り物から降りて、解明は女性と、女性の本能的で無限の愛によって与えられる、その愛が秩序と平和をつくりだす、という信念を述べる。そのような経験をしっかりと記憶に留めることについてのかれの言葉は、序詞の主の言葉の反復であり、作品全体の結末を予想させる思想で結ばれる。

魂の美しさのように、優美な形態は上昇し、
崩れることなく最高の天までも昇り、
おれの内面の最良の部分を伴ってゆく。[★096]

このような思想に導かれて、ファウストは、自然力そのものを制御し、海を埋め立て耕地にすることを決意する。[★097]

ちょうど戦争がはじまったので、メフィストは猶予なくファウストの望みを実現するための計画を立てる。悪霊の群れと三人の超自然的な勇者を率い、傭兵隊として皇帝のために戦おう。戦闘に勝利を収めたなら、海岸線の好きな部分をもらうようにしよう。ファウストは皇帝の天幕に行き、ノルツィアの魔法使いに派遣されてきたという。魔法使いはローマで行なわれた戴冠式の式典の一部として焚刑が決まっていたところを釈放されたので、恩にきている。この申し出の合法性を皇帝に信じさせるために、自然力は思うがままにあまりにも圧倒的に働くので、単純な神父たちには魔法としか思えないのだ、とファウストは説明する。戦闘自体は、俯瞰する者たちの嘆声を伴う緊迫した報告によって伝えられる。皇帝は、超自然的な力が直接に関与していることにすぐに気づくが、ファウストがする不思議な話や、「あれはもう消え去った霊的なものたちの痕跡です」[★098]というような説明で宥められる。それからメフィストの使うカラスが戦況がよくないことを報告する。遅れて将軍が到着して、決定的敗北が迫っていることを告げ、「目くらま

しは堅固な幸福をもってきません」[★099]と宣言する。不屈のメフィストはアウアバハの地下酒場で示した手腕に立ち戻り、残忍な水の霊の幻を解き放って敵軍を欺く。

　わたしにはそんな嘘の水なんか少しも見えません、
　人間の目だけがだまされるのです。[★100]

そこにオーケストラの混乱した騒音を伴って、以前からシャーマンとの関係が知られていた鍛冶の霊が花火を打ち上げながら登場する。音楽はすぐに陽気な軍楽調に変わる。

超自然的なものが働いていることを、兵士たちの一部も感じる。かれらは三人の勇者が敵の皇帝の天幕で略奪を働いているところに来あわせる。

　わからん、おれは力が抜けてしまった。
　やつらはまるで幽霊みたいだった。[★101]

戦いが勝利に終わったので、皇帝も魔法めいた手段が使われたことには目をつぶる。

　戦いに目くらましが混じり込んだとしても、
　結局のところ戦ったのはわれわれだけだ。[★102]

続いて皇帝は、ファウストを含めて、助言者たちの献身的な働きにたいする褒賞としてそれぞれに職域を定める。大司教はすかさず、皇帝が魔法使いや悪霊にかかり合ったことを責め、罪滅しとして、かれらに与えた領地からあがる税金その他の現金収入を永続的に教会に納めるよう要求する。こうしてファウストは所領に赴く。

第四幕と第五幕のあいだに、ファウストの帝国主義的な計画はメフィストの助力によって急速に進行し、完成間近になっている。ただひとつの障害はある老夫婦の屋敷である。かれらは、波の荒い海岸に絶やさぬ警告の焚き火と、夫婦愛から生まれる暖かい客のもてなしによって知られる。かつて受けた親切の礼に訪れた旅人が、そこに起こった変化の目撃者として、また奇跡のようにつくられた新しい楽土と、そこの不信仰な地主についての夫婦の話の聴き手として、機能する。

いいですとも。あれは奇跡でしたよ。
いまでもわたしは心が休まりません。
だってあれは全部、正しいやり方で
行なわれたのではありませんから。[★103]

夜中に炎が見えたし、火の玉が走った。人身御供の疑いもある。

ファウストは自分の成し遂げたこと、「人間精神の傑作」[★104]にうぬぼれて、老夫婦の屋敷を欲しがり、持ち主をむりやり移転させてでも手に入れろとメフィストに命じる。見張りが火花が飛ぶのを見る。それが燃え付き、燃え広がり、大火事になって、この世の地獄をつくりだす。メフィストが三人の死者が出たことを報告すると、ファウストは罪をメフィストに転嫁し、影のように漂ってくるのはなにか、と問う。[★105]

灰色の服を着た四人の女が現われ、それぞれ「欠乏」、「罪責」、「気重」、「苦境」と名乗る。ファウストはまだバルコニーから自分の作品を眺め、嘆賞しているが、四人のうちの三人が立ち去ることに気づき、ただちに自分が魔法に巻き込まれてもはや逃れられないことを思う。ファウストは難問の答えを人間的な方法で求める科学者の立場を仮定の願望で表現する。

おれの行く道から魔法を遠ざけ、
呪文をすっかり忘れることができればよいのに。
自然よ、おまえの前にただひとり、男として立つのであれば、
人間であることは苦労し甲斐のあることであろうに。[★106]

かれは自分が以前、第一部では、世間を、その意見、夢、外観もろとも罵った人間であったことを思う。いまでは亡霊がかれの生活を支配しているようだ。自然の現象のすべてに迷信が網を投げかけたので、それらは怪異としか考えられない。以前は自然の内部のある集団の一員だったのに、いまはひとりで自然に怯えている。いいかえるなら、かれは社会に位置づいたシャーマンとしての生来の根を否認したことによって、孤立した探究者になったのである。かれは自然への畏敬の心を失い、したがって自然を意のままに押し曲げようとし、黒魔術を行なう者たちとつきあった。錬金術師と同じように、シャーマンにも本物もあり、偽物もある。ファウストはここで魔法を捨てることによって、人の目を惑わす技術を捨てるが、シャーマニズムの一部である科学を捨てはしない。[★107]

ここに「気重」が登場する。ファウストは呪文を唱えないよう彼女に警告してから、自分の生涯と、そこから学んだことを総括する。かれの流儀である控え目な表現で、人生を急いで駆け抜け、何度も激しく求め、実際に手に入れ

もしたが、この世のかなたで実際に起こっていることは知れなかった、という。最大の神秘は虹の向こう、雲のかなたではなくこの世にある、というのがかれの得た結論である。ファウストが地上に生きるものであることを自認し、この地上は耳を傾け、聞くことのできる者にたいして口をつぐんではいない、というとき、かれが近代のシャーマンであること、つまり科学的方法を支持するが、それは、直観と一見超自然的なことの研究を排除せず、自分の理論に合わせて証拠を修正したりしない方法であることが、明らかになる。

しっかりと立ち、ここで周囲を見るがよい。
能力のある者にたいしてこの世は口を閉ざしてはいない。
永遠の中へさまよい出る必要がどこにある。
見て知ったものは手で摑める。
そのようにして地上の日々を送ればよい。
亡霊が出ても、自分の道を行け。
歩き続けて苦悩と幸運に出会え。
決して満足することなく。★108

「気重」がどういう戦術をとってもファウストは抵抗する。かれが彼女の力を認めないので、「気重」はついにかれに息を吹きかける。するとかれは目が見えなくなる。かれ以前の多数の盲目の占い師、預言者、シャーマンの列に加わって、ファウストは今度は内部の光を経験することになる。

ファウストの生涯の（死の、とはいわないが）悲劇は、この内部の光が、地上に人間の楽園をつくりだすことの不可能性をもっと深く意識的に認識させせなかったことにある。そのためにかれはメフィストとの個人的な関係を続け、その関係から生じる誘惑を退けない。メフィストの黒魔術を利用し続ける。干拓事業の完成を命じ、あいかわらず結果のすばらしさのみを想って悪魔の手段を用いることを気にかけない。ファウストは目が見えないから、聞こえてくる工事の音がかれ自身の墓穴を掘る音であることがわからない。メフィストは傍白で、水は自分のカオスの力と結託しているから、この重労働の成果はすべてやがて破壊される、という。それにもかかわらず、多数の国民が住むための国造りをしているのであり、その国を災害から守るためには国民の力を集めた重労働と寝ずの番が必要だというファウストの確信は揺らがない。かれが技術力で成し遂げたことによってかれの一生は末永く記憶されるであろうと思い、長年求めてきた幸福をいますでに予感し味わっている、とファウストはいう。その夢が失敗に終わることは確定済であるにもかかわらず、人間の条件を改善するという壮大な夢のためにかれは力を尽くしてきた。これは、同胞である人間への敬意から生まれた、いや、もっと大切なことだが、かれらへの愛から生まれた夢である。ファウストは信仰を持つ者として死ぬ。

ファウストが死ぬやいなや、メフィストは例によって人間の価値などなんとも思わず、勝利を予期して、よりによってこの瞬間にファウストが死んだことを嘲弄する。

どんな快楽にも満ち足りず、幸運にも満足せず、
やつは変幻する形を追い求める。

最後のつまらぬ空しい瞬間を
この哀れな男はつかまえて放すまいとする。★109

それからメフィストは、ファウストの魂を奪い合う演劇化された「死の技法」（死者の魂を天使と悪魔が奪いあうようすを図示した本。中世後期に制作された）の戦いへと軍勢を準備させる。メフィストは以前だまされて負けたことがあるので、かれらを急がせて、地獄の大きく開けた口を描いた書割り（地獄を擬人化して描き、その口を地獄の入口に見立てた絵である）を持ってこさせる。こういうものは、たいていの旅回りの劇団が持っていた。続けてメフィストはひとりで俳優と舞台監督を兼ねて、古めかしい、火と硫黄の吼えたける海のようすを描写する。そこは恐ろしい怪物や太ったりやせたりした魔物を追いのけようと戦う亡者たちでごったがえしている。メフィストはかれ独特の皮肉を込めて、罪人を脅してやるのはよいことだ、「かれらはこういうことは嘘、いつわり、絵空事だと思っている」★110からだ、という。

天使の群れがばらの花と罪の赦しを撒きながら、ファウストの魂を天へ導くために下りてくる。メフィストは自分の軍勢に反撃させようとするが、一切を包摂する大きい天使の愛のために失敗する。天使に心を奪われたメフィストは、これを最後にすべてを転倒させる。

おまえたちはおれたちを呪われた霊と罵るが、
おまえたちこそ本物の魔法使いだ。★111

メフィストは天使への同性愛に惹かれた報いとして全身に腫れ物ができる。舞台に設置した装置が天使たちの働きを描き出し、ファウストの不滅の霊魂が肉体から分離して文字どおり天に昇ってゆく——これが作品全体の結末である。

メフィストはそれが途方もない不当な仕打であると嘆く。

最後の場では深い谷、絶壁、森林、荒れ地の景観が上へ向かって階層をなし、そこで隠者たちが全世界を結び合わせている偉大な愛への賛歌を歌う。たいていのシャーマニズムで山岳、梯子、橋、虹などは、天と地を結びつける「世界の軸」の機能を持つ。[112] この場は、演劇的には感動的だが、被せてあるキリスト教信仰が薄っぺらなので、すべての啓示宗教の土台にあるシャーマニズム的なもの、神学者や聖書研究者が今日熱心に論じているものを受け入れたいゲーテの気持ちが透けて見える。[113] 天使たちはファウストの不滅の霊魂とともに上空に浮かんで、霊界のこの高貴な一員を愛が悪から救った、と宣言する。

霊界のこの高貴な一員は
悪から救われた。
つねに努力し努める者を
われわれは救うことができる。[114]

『ファウスト』全体を通じて見られる典型的な技法のひとつである要約を使って、「老練な悪魔にさえ」[115]打ち勝ったことを天使たちは喜ぶ。若い天使たちの一部が、さらに高い天の靄の中に地上を去った霊魂が一塊になっているのに気づき、ファウストの霊魂もかれらとともに新しい生活をはじめるとよい、という。その少年の霊魂たちが、まだ蛹の状態にあるファウストを迎え入れ、かれを包んでいる地上の外皮を剥がしとって、天国の生活に入る準備をさせる。

最上層の隠者が、女性たちが通りすぎて天へ上ってゆくさまを見て描写する。かれは有頂天になって、進んでゆく聖処女・聖母マリアを称える、正統信仰からは外れた賛美歌を歌う。

敬うべき母、
われらのために選ばれた女王、
神々（一神教であるキリスト教に「神々」という概念はないのである）に等しいかた。[★116]

マリアを囲むのは、無私の愛によって肉体の罪を赦された、悔い改めた女性たちの霊魂である。グレートヒェンがそこに加わり、ファウストが彼女の許に戻ってくる喜びを歌う。少年の霊魂たちが、ファウストは急速に自分たちを追い越してゆく、と観客に知らせる。[★117]エウポリオンの場でも使われた、遠くに見える出来事を報告する方法で、グレートヒェンが、ファウストが地上のきずなをすべて捨て去り、若々しい活力に満ちて新しい朝を迎えに来る、と告げる。彼女はかれのために執り成す。

あの人に教えさせて下さい。
新しい朝にまだ目が眩んでいますから。[★118]

栄光の母は、グレートヒェンがもっと高く上れば、ファウストの不滅の霊魂はその後についてゆくだろう、と答える。近代のシャーマンであるファウストのこの昇天ではまだ不十分である。ゲーテは最後の一筆で作品に堅固な統一を与え、序詞で主が予言しているとおり忘れられない傑作に仕上げる。神秘の合唱が、作品に織り込まれている主要な主題をすべて確認する。

過ぎ去るものはすべて

ひとつの比喩にほかならない。
不十分だったものが
ここで達成される。
言葉でいえないことが
ここに成し遂げられてある。
永遠に女性的なものが
われわれを上へ引く。[119]

「献呈の詩」でははかなく消える形の定まらぬものたちが、肉体をもって、シャーマンのコミュニケーションを、すなわち劇を構成する劇中人物になっていた。ここでそれらは再び元の天の領域に戻っていった。劇は終わったのだし、それらが絶対的存在を持ちうる、つまり実在しうるのは、宇宙においてだけだからである。人間の境界を越える、その領域でのみ、言葉でいえないことが実際に起こる。このようにしてこの作品は、ゲーテのいう四段階の科学的探究の文学的表現になる。すなわち初期の迷信の段階にはじまり、経験的段階に進み、独断的段階と戦って、ここで「理念的、方法的、神秘的」段階に到達した。[120] この作品は、母なる自然と女性に捧げるにふさわしい畏怖の心を回復するために、男性の場である大学といわゆる文明世界の職業に背を向けたのである。男性原理が支配する科学的決定論は理性のみに頼るので、人類に究極的な説明を与えはしないだろう。そのような説明は、永遠に女性的なものである神秘的な知恵から出発して捜し求めるしかない。

後記　シャーマン学序説

Toward a Shamanology

シャーマニズムは西欧人の想像力を魅惑し続け、この主題について多くのことが書かれている。だがさまざまな学問分野からの過剰な情報が方法上の難問を数多く生じさせることにもなった。筆者の考えでは、その中でもっとも重大なのは、われわれとは異なる生活様式の認識に達する方法と、証拠の定義および使い方である。シャーマニズムに関する事実と虚構は複雑に絡み合っており、どこまでが事実でどこから虚構になるかを決定することはきわめて難しい。一般書のために描かれた多数の説明画（図版21—24）がヨーロッパのシャーマニズム観を形成する一因となったのだが、それらの描き手や出典を突き止めることも同様に困難である。そのうえ、シャーマニズムという現象自体の内部で本来的に働く神話化も、まだ全体として十分に説明されてはいない。

これらの難問に加えて、もうひとつ、やはり関係の深い問題がある。つまり歴史的責任ということがほとんど考慮されていない。たいていの著者は、既刊の書物から無批判に自分のシャーマン像をつくりあげるのだから、確実な基盤はどこにもない。しかもそのさい著者はほぼ必ず、シャーマニズムの信者と、かれらが経験していたはずの外部からの圧力を無視する。二〇世紀の研究者がその見解や理論の根拠としてたびたび引用する書物があるが、それらはたまたま一八世紀の調査報告に基づいて書かれたものである。現在は、古代文明の神話についての自分の知識に頼る研究者もいれば、実際に探検家の報告書の翻訳であるものを文芸作品と見なす研究者もいる。少なくとも、資料の信頼性を確かめることが、シャーマニズムに関心を抱く人びとのあいだでまだ習慣になっていない。

このような史料批判的態度の欠如に関連して、シャーマニズムを生動するものと見なさないという問題もある。今日の著者はあまりにもしばしば、シャーマンを太古の現象の残存物と決めてかかり、かれらが何世紀にもわたって発達しながら、そのさまざまな段階で、より支配的な文化と接触することによって蒙ってきた変化を示しているとは考えない。人類そのものと同じようにシャーマニズムもまた生命にかかわる試行錯誤を繰り返して進化し、生き延びてきたのかもしれないなどとは、かれらは思ってもみないのであろう。シャーマニズムの信者が生存のための戦略を必

図版21 ❖ツングースのシャーマン

図版22 ❖ヤクートの祭司

図版23 ❖ツングースの魔女

要に合わせて発達させることによって、自然の変化に耐え、文化的な征服や改宗を迫られる事態にも適応してきた、と信じる著者はほとんどいない。さらに、完全に悪魔的なものという観方から、治癒力を持つとまではいわないとしても、なにか芸術的で快適なものという観方へと西欧のシャーマニズム観が変化しつつあることも、かれらは考慮していない。

二〇世紀末になってシャーマニズムへの関心の範囲が非常に広くなってきたのだから、以上のような方法上の問題を解決するために努力し、今後の研究のための基礎をもっとしっかりと固めることは、やり甲斐のある仕事である。われわれはまず社会・歴史的な観点から、シャーマニズムが消滅したり、同化されたり、成長したり、存続したりした関連を慎重に検討することからはじめなくてはならない。そのためには、さまざまな時代にシャーマニズムをとりまく社会・歴史的関連について報告してきた人びとに依存するところが大きい。たとえば、シャーマニズムに関する記述はある一時期に突発的に出現したのではない。有史以来、記述の流れは絶えたことがない。この流れこそ、研究するべきものである。ここから学べるものは多いが、障害は途方もなく大きいだろう。研究者としての素質とインタビューの技術に加えて、テクストの解釈と歴史的分析が必要になるだろう。情報提供者がシャーマニズムという現象をどのように認識しているかを告げるものの言い方だけではなく、その認識が西欧の読者に理解されうるように、まさにその時点における文化の発達段階に合わせた翻訳の仕方をも理解するために、言語とレトリックの訓練が必要になるだろう。もし術語の変化がはなはだしいなら、それは各時代に特有の権力構造のせいであり、近代以降は、各時代に主流の学問分野が研究領域の境界線を定めてきたせいである。

ヨーロッパ人で最初にシャーマニズムを観察した人びとがすでに、それ自体興味深く注目に値する基本的な疑問を提起していた。かれらの多くは、なじみのないことや(制度化された宗教、政府、既成の科学界などによって)禁じられていることの説明なり記述なりを企てる中で自分の偏見と戦った。あるいは少なくとも自分の偏見を認識しはじめた。かれ

図版24 ❖タタールのシャーマンカ

らは報告に信頼性と権威を与えるために例外なく先人の名をあげた。この選択はきわめて有効でありうる。初期のシャーマニズム観察者の中には世界の未知の地方の開発を任務とする役人がおり、かれらは証拠の確実性を強調した。かれらの関心は薬草と医療に集中していた。言語と、神話や民間伝承の発達のほうに興味を抱く人びともいた。かれらは託宣と文化の類似点についての著述を残した。未開社会の構造や死滅の問題に関心を示す人びともいた。

シャーマニズムとその受容の研究は、まだ解明されていない多くの分野に光を投じる助けになるだろう。文化の全体像が過去に形成された過程、いまも形成されている過程が明らかにされるかもしれないし、共通の精神的な原理のない今日の世界の状況を照らしだして、根を失ったわれわれの存在を説明する手がかりを与えるかもしれない。さらに精神神経免疫学その他類似の分野の研究者が、人類の生存に欠くことのできない要因をよりよく理解する助けにもなるだろうし、人類の誕生以来積み重ねられてきた自然の知恵を尊重することを教えてもくれるだろう。

シャーマニズムにたいする西欧の反応を研究することで、比較的最近の歴史的推移についても多くのことが明らかになるだろう。たとえばこの研究から、どのようにして啓蒙思想が、少なくともその一部が、つくりだされて、一八世紀のヨーロッパのいたるところに残存していたシャーマニズムの信仰と実践を抑圧し、徐々に主流の歴史記述から追放していったかが見えてくるだろう。オカルト的なものは厳密に定義されなかったために合理的な分析の対象にならず、したがって禁圧されるしかなかった。ここから逆に、西欧科学の発達に関して重要なことが明らかになる。すなわち科学の現状の確立を脅かすものはなんであれ無視され、あるいは芝居、迷信、おとぎ話の領域へ追いやられたのである。今日カオス理論や第五の力を研究する人びとは、許される研究の限界を既成科学界が統一意見として定め、統制を続けているという点で、脳波や心像の研究者と意見が一致するだろう。パラダイムの変化は滅多に起こらない。場合によっては、とりわけメディアが「科学的に証明された」という語をお墨付きにするような領域では、科学自体が科学的知識に乏しい人びとの新しい迷信になるおそれがある。そういう人びとは魔法にかけられることを恐れて科学にしがみつくのである。

シャーマニズムの場合は、語の選択からさえ影響を蒙った。シャーマンという語がドイツ語だったために、シャーマニズムの研究そのものが、どちらかといえば迷信的で粗野な、つまり一八世紀のフランスの文化政策者たちがかれらの支配権と結びつけようとした男性的合理性からは遠い探究と関係づけられることになった。ここから、ドイツ人は啓蒙思想を受け入れないとしばしばいわれてきた理由の一端がうかがえる。ロマン主義の発達と不可分な人口学と年代学の理解も助けられる。宗教と政治の世界における権力闘争のみならず、近代ヨーロッパの特徴とされる明確な心的態度の意識的な形成にも光が当てられるであろう。

一九世紀のシャーマニズム受容の特徴は大衆化と変質といえるだろうが、ここからもヨーロッパの中産階級について教えられることが多いだろう。かれらはシャーマンを完全に世俗化して、ボヘミアンとしての芸術家というかれらの概念に組み入れ、そうすることによって、舞台やコンサートホールや画廊につくりだされる非現実の世界を一瞬かいま見ることと引き換えに、シャーマンの奇妙な行動を許容したようだ。中産階級の出現とともにスター・システムがはじまり、人気者のまわりに小グループが形成されて、そこにその社会にふさわしい苦痛緩和剤を見出すようになった。太古のシャーマンからローマの道化芝居役者へ、ついで中世の吟遊楽人、一八世紀の舞台芸術家、一九世紀のスター、そして今日の名士であるスーパースターへとたどる線については、まだ研究されねばならないことが多い。精密な研究を続ければ必ず、西欧の奇術師が使った手法であり、一九世紀の演技術の主流になった感情移入とシャーマニズムとの近い関係が見つかるにちがいない。これは、アリストパネス、ゲーテ、ブレヒトそして東洋の演劇的異化と結びつく、距離を置く様式とは反対のものである。

一九世紀のヨーロッパではシャーマニズムへの関心がしだいに他の分野へも影響を与えていったようである。古代ギリシャに向けられる研究者の視線が鋭利になった。ヨーハン・ヨアヒム・ヴィンケルマンのギリシャの理想から、秘教と宗教儀式を綿密に調査しようとする立場への変化はだれの目にも明らかだった。古典文献学者と考古学者の中でもフリードリヒ・ニーチェ、アーウィン・ロードらの業績の見直しが必要である。一九世紀に生まれた精神病理学も芸術と科学を結びつける分野として、同じ見地から見直す必要がある。世俗化したシャーマンの機能のうち、舞台芸術家に移行しなかった部分は一般臨床医に、そしてしだいに、登場しはじめた精神科医の手に移ったと思われるからである。

一九世紀の清教徒的な上品ぶった価値観は、社会的に不都合と見なしたものをすべて世間から隠してしまったのだが、二〇世紀にはそれが逆転したようである。先住民によるにせよ、いわゆる高度文明社会の住民によるにせよ、近年のシャーマン賛美からも多くのことが学べるかもしれない。このシャーマン賛美はたしかに近代の変貌と、さらにいうなら、近代以後の世界が経験してきた変化と、なにかの関係があることが判明するだろう。ひょっとすると自己欺瞞の必要、あるいは神秘的連続性への欲求がかかわっているかもしれない。

シャーマニズムとその受容の研究には無数の疑問が潜在しており、それらの疑問に必然的にかかわる問題はかぎりなく出てくる。すでになされたことからひとつの歴史が形成されはじめているとするなら、われわれは、新しい学問分野の出現を目撃しているのかもしれない。それは人文科学の最良のものと社会科学、医学、物理学とを独自に組み合わせる学問であろう。いまこそシャーマン学が成立するときなのであるかもしれない。

図版22——ヤクートの祭司。 Rechberg, *Les peuples de la Russie*, vol. 2. ミュンヒェン、バイエルン州立図書館の好意による。

図版23——ツングースの魔女。 Rechberg, *Les peuples de la Russie*, vol. 2. ミュンヒェン、バイエルン州立図書館の好意による。

図版24——タタールのシャーマンカ。 Rechberg, *Les peuples de la Russie*, vol.2. ミュンヒェン、バイエルン州立図書館の好意による。

図版7——カリブ人のシャーマンのイニシエーション。Joseph François Lafitau, *Moeurs des sauvages ameriquains, comparées aux moeurs des premièrs temps*, 2 vols. (Paris, 1724), 1:344. ゲッティンゲン、ニーダーザクセン州立・大学図書館の好意による。

図版8——集団治療と葬儀。Lafitau, *Moeurs des sauvages*, 2:386. ゲッティンゲン、ニーダーザクセン州立・大学図書館の好意による。

図版9——フロリダの地方会議とチカ作り。Lafitau, *Moeurs des sauvages*, 2:114. ゲッティンゲン、ニーダーザクセン州立・大学図書館の好意による。

図版10——シャーマンの3つのポーズ。Petrus Simon Pallas, *Reise durch verschiedene Provinzen des Russischen Reichs*, 3 vols. (St. Petersburg, 1771-1776), 3:345. ゲッティンゲン、ニーダーザクセン州立・大学図書館の好意による。

図版11——1: 神像　2: 太陽の像　3: 人形　4: トナカイ　5: 白鳥　6: 死んだシャーマンの像　7: 魔法の杖。Johann Gottlieb Georgi, *Bemerkungen einer Reise im Russischen Reich im Jahre 1772*, 2 vols.(St. Petersburg, 1775), 1:279. ゲッティンゲン、ニーダーザクセン州立・大学図書館の好意による。

図版12——カムチャツカのシャーマン。Georgi, *Beschreibung aller Nationen des Russischen Reichs, ihrer Lebensart, Religion, Gebräuche, Wohnungen, Kleidungen, und übrigen Merkwürdigkeiten*, 4 pts. and suppl. (St. Petersburg, 1776-1780), suppl., no. 68. ゲッティンゲン、ニーダーザクセン州立・大学図書館の好意による。

図版13——クラスノヤルスク地方のシャーマンカの背面。Georgi, *Beschreibung*, suppl., no. 44. ゲッティンゲン、ニーダーザクセン州立・大学図書館の好意による。

図版14——クラスノヤルスク地方のシャーマンカ。Georgi, *Beschreibung*, suppl., no. 45. ゲッティンゲン、ニーダーザクセン州立・大学図書館の好意による。

図版15——ツングースのシャーマン。Georgi, *Beschreibung*, suppl., no. 62. ゲッティンゲン、ニーダーザクセン州立・大学図書館の好意による。

図版16——ツングースのシャーマンの背面。Georgi, *Beschreibung*, suppl., no. 63. ゲッティンゲン、ニーダーザクセン州立・大学図書館の好意による。

図版17——ブラトスクのシャーマンカ。Georgi, *Beschreibung*, suppl., no. 82. ゲッティンゲン、ニーダーザクセン州立・大学図書館の好意による。

図版18——ブラトスクのシャーマンカの背面。Georgi, *Beschreibung*, suppl., no. 83. ゲッティンゲン、ニーダーザクセン州立・大学図書館の好意による。

図版19——モンゴルのシャーマンカまたは占い師。Georgi, *Beschreibung*, suppl., no. 86. ゲッティンゲン、ニーダーザクセン州立・大学図書館の好意による。

図版20——ツングースのシャーマンの衣装。ゲオルク・トーマス・フォン・アッシュ男爵のコレクションより。ゲッティンゲン大学、文化人類学研究所・博物館の好意による。

図版21——ツングースのシャーマン。Karl von Rechberg und Rothenlöwen, *Les peuples de la Russie, ou description des moeurs, usages, et costumes des diverses nations de l'Empire de Russie, accompagnée de figures coloriées*, 2 vols. (Paris, 1812-1813), vol. 2. ミュンヒェン、バイエルン州立図書館の好意による。

Noch blendet ihn der neue Tag.

Hamburger Ausgabe, 3:363, l. 12092.

★ 119——Atkins, p. 305.

Alles Vergängliche
Ist nur ein Gleichnis;
Das Unzulängliche,
Hier wird's Ereignis;
Das Unbeschreibliche,
Hier ist's getan;
Das Ewig-Weibliche
Zieht uns hinan.

Hamburger Ausgabe, 3:364, l. 12104.

★ 120——以前に述べたところを見よ。Cottrell, *Goethe's "Faust,"* p. 127 は「ゲーテは科学の認識の基盤を事実上ひっくり返す」と評している。

図版目録

図版 1——ツングースのシャーマンまたは悪魔の祭司。Nicolas Witsen, *Noord en Oost Tartaryen: Behelzende eene Beschryving van verscheidene Tartersche en Nabuurige Gewesten, in de noorder en oostelykste deelen van Aziën en Europa; zedert naauwkeurig onderzoek van veele jaaren, en eigen ondervinding ontworpen, beschreven, geteekent, en in't licht gegeven*. 2d ed. 2 vols.(Amsterdam, 1785), 2:662-63. ミュンヒェン、バイエルン州立図書館の好意による。

図版 2——シャーマンの太鼓の内部。Johann Scheffer, *Lapponia; id est, Regionis Lapponum et gentis nova et verissima descriptio. In qua multa de origine, superstitione, sacris magicis victu, cultu, negotiis Lapponum, item animalium, metallorumque indole, quae in terris eorum proveniunt, hactenus incognita produntur, & eiconibus adjectis cum cura illustrantur* (Frankfurt, 1673 [1674]), 137. ゲッティンゲン、ニーダーザクセン州立・大学図書館の好意による。

図版 3——タンバリンを叩くシャーマンとトランス状態のシャーマン。Scheffer, *Lapponia*, 139. ゲッティンゲン、ニーダーザクセン州立・大学図書館の好意による。

図版 4——背後から見たシャーマン。Georg Wilhelm Steller, *Beschreibung von dem Lande Kamtschatka, dessen Einwohnern, deren Sitten, Nahmen, Lebensart und verschiedenen Gewohnheiten* (Frankfurt and Leipzig, 1774), 284-85. ミュンヒェン、バイエルン州立図書館の好意による。

図版 5——横から見たシャーマン。Steller, *Beschreibung von dem Lande Kamtschatka*, 284-85. ミュンヒェン、バイエルン州立図書館の好意による。

図版 6——背後から見たシャーマン。Steller, *Beschreibung von dem Lande Kamtschatka*, 284-85. ミュンヒェン、バイエルン州立図書館の好意による。

Im Weiterschreiten find er Qual und Glück,
Er, unbefriedigt jeden Augenblick.

Hamburger Ausgabe, 3:344-45, l. 11445.

★ 109――Atkins, p. 292.

Ihm sättigt keine Lust, ihm gnügt kein Glück,
So buhlt er fort nach wechselnden Gestalten;
Den letzten, schlechten, leeren Augenblick,
Der Arme wünscht ihn festzuhalten.

Hamburger Ausgabe, 3:349, l. 11587.

★ 110――Atkins, p. 294. "Sie halten's doch fur Lug und Trug und Traum." Hamburger Ausgabe, 3:351, l. 11655.

★ 111――Atkins, p. 297.

Ihr scheltet uns verdammte Geister
Und seid die wahren Hexenmeister.

Hamburger Ausgabe, 3:354, l. 11780.

★ 112――Eliade, *Shamanism*, pp. 492-93.

★ 113――Atkins, *Literary Analsis*, p. 259 は「したがって、舞台の情景に反して、ファウストが連れられてゆくと思っている天は伝統的なキリスト教の天国でも、天上の序詞の天でもない」という。同書 p. 17, 39 とも比較せよ。著者は p. 264 ではこの天を「カトリック化されたアルカディア」と呼び、p. 276 では、「自然界の真理を追究する人間の不完全な努力に、普遍的に共有される宗教経験のひとつのパターン」が認められるだろう、と書いている。この複雑な問題をここで十分に論じることはできないが、いずれ綿密な研究が必要であることは明らかであろう。

★ 114――Atkins, p. 301.

Gerettet ist das edle Glied
Der Geisterwelt vom Bösen,
Wer immer strebend sich bemüht,
Den können wir erlösen.

Hamburger Ausgabe, 3:359, l. 11934.

★ 115――Atkins, p. 301. "Der alte Satansmeister." Hamburger Ausgabe, 3:359, l. 11951.

★ 116――Atkins, p. 303.

Mutter, Ehren würdig,
Uns erwählte Königin
Göttern ebenbürtig.

Hamburger Ausgabe, 3:361, l. 12010.

★ 117――Atkins, *Literary Analysis*, p. 266 はかれらを、「実体がなく空中浮揚能力を持つことによってホムンクルスと同等の者たち」と見なす。

★ 118――Atkins, p. 305.

Vergönne mir, ihn zu belehren,

Ich sehe nichts von diesen Wasserlügen,
Nur Menschenaugen lassen sich betrügen.

Hamburger Ausgabe, 3:323, l. 10734.

★ 101——Atkins, p. 273.

Ich weiss nicht, mir verging die Kraft,
Sie waren so gespensterhaft.

Hamburger Ausgabe, 3:326, l. 10835.

★ 102——Atkins, p. 273.

Hat sich in unsern Kampf auch Gaukelei geflochten,
Am Ende haben wir uns nur allein gefochten.

Hamburger Ausgabe, 3:327, l. 10857.

★ 103——Atkins, p. 280.

Wohl! ein Wunder ist's gewesen!
Lässt mich heut noch nicht in Ruh;
Denn es ging das ganze Wesen
Nicht mit rechten Dingen zu.

Hamburger Ausgabe, 3:335, l. 11111.

★ 104——Atkins, p. 284. "Des Menschengeistes Meisterstück." Hamburger Ausgabe, 3:339, l. 11248.

★ 105——Was schwebet schattenhaft heran?（影のように漂ってくるのはなんだ）Hamburger Ausgabe, 3:342, 1.11383.

★ 106——Atkins, p. 288.

Könnt ich Magie von meinem Pfad entfernen,
Die Zaubersprüche ganz und gar verlernen,
Stünd' ich, Natur, vor dir ein Mann allein,
Da wär's der Mühe wert, ein Mensch zu sein.

Hamburger Ausgabe, 3:343, l. 11404.

★ 107——Dieckmann, *Goethe's "Faust."* p. 78 は「かれが自分の道で魔法から退却することは間違っている。悪魔の力こそ命、かれの命だからである」という意見を述べている。一方 Gearey, *Goethe's "Faust,"* p. 78 は、魔法を捨てるとは、想像力を否定して、「考えることではなく存在することが優位を主張するようになる」ということではない、と主張する。

★ 108——Atkins, p. 289.

Er stehe fest und sehe hier sich um;
Dem Tüchtigen ist diese Welt nicht stumm.
Was braucht er in die Ewigkeit zu schweifen!
Was er erkennt, lässt sich ergreifen.
Er wandle so den Erdentag entlang;
Wenn Geister spuken, geh' er seinen Gang,

Hamburger Ausgabe, 3:284, l. 9411.

★ 089——Atkins, p. 237.

Ich scheine mir verlebt und doch so neu,
In dich verwebt, dem Unbekannten treu.

Hamburger Ausgabe, 3:284, l. 9415.

★ 090——Atkins, pp. 242-43. "Ein Genius ohne Flügel" and "ein kleiner Phöbus." Hamburger Ausgabe, 3:290, ll. 9603, 9620.

★ 091——Atkins, p. 246. Hamburger Ausgabe, 3:294.

★ 092——Atkins, p. 246. "Welch ein Unfug! welch Geschrei!" Hamburger Ausgabe, 3:295, l. 9789.

★ 093——Atkins, p. 249.

Sind denn wir
Gar nichts dir?
Ist der holde Bund ein Traum?

Hamburger Ausgabe, 3:298, l. 9881.

★ 094——Allanbrook, *Rhythmic Gesture*, p. 324:「リエト・フィネ(ハッピー・エンド)の結末はもちろん18世紀末の慣例だった。秩序がどのように破壊されようとも、どういうわけか適切な秩序が建て直され、秩序の回復が祝われる。この祝典を、〈単なる慣習〉の結果と見なすべきではない。祝典は、世界のありさまを風刺的に、あるいは悲劇的に誇張することを避けて、むしろ連続と秩序の長所、釣合の取れた良識を主張することのほうを選ぶ、明確な立場から生じるのである。幸福な終幕のコーラスのどこかでその音楽の性質について語らせること(関係者が歌っているという事実に注意を促すこと)は、指摘されることはめったにないが、18世紀末の多くのオペラの習慣である。この習慣は、多数のオペラが王家の結婚式その他の儀式をたたえるために注文される〈祝祭劇〉であり、したがってそれ自体祝祭的な性質のものだという事実と関係があるのかもしれない」。

★ 095——本書第8章を見よ。

★ 096——Atkins, p. 254.

Wie Seelenschönheit steigert sich die holde Form,
Löst sich nicht auf, erhebt sich in den Äther hin
Und zieht das Beste meines Innern mit sich fort.

Hamburger Ausgabe, 3:304, l. 10064.

★ 097——Jane Brown, *Goethe's "Faust,"* p. 224は、第4幕と5幕を「フランス革命の影響についての注釈として」読むのが適切であるというが、筆者はこの見解に同意するべき根拠をテクストに見出せない。

★ 098——Atkins, p. 267. "Das sind die Spuren Verschollner geistiger Naturen." Hamburger Ausgabe, 3:319, l. 10598.

★ 099——Atkins, p. 269. "Das Gaukeln schafft kein festes Glück." Hamburger Ausgabe, 3:322, l. 10695.

★ 100——Atkins, p. 270.

とが複雑に織りあわせられたこの劇の解明に近づいている。「まだすべては魔術のまやかしに包まれている。メフィストがポルキデスのひとりを操ってすべてを動かしていること、いや、かれがその役を演じていることは明らかである。というのも、すべてがどういうわけかやはり劇として上演されているようだからである。この劇は結局息子が墜落して死に、母親が後を追うという恐ろしい事件で中断される」。David Barry の近著“Turning the Screw on Goethe's Helena,” p. 268 は、このエピソードがつくりだす無気味な効果を論じている。これはすべてルネサンスの模倣であるという Jane Brown, *Goethe's “Faust,”* p. 198, 210 の意見に筆者は同意する。

★ 079——Ich als Idol, ihm dem Idol verband ich mich.

Es war ein Traum, so sagen ja die Worte selbst.
Ich schwinde hin und werde selbst mir zum Idol.

Hamburger Ausgabe, 3:267, l. 8879.

★ 080——Atkins, p. 229.

Du fällst
Ganz aus der Rolle; sage mir das letzte Wort!

Hamburger Ausgabe, 3:273, l. 9047.

★ 081——Atkins, p. 229. “Gutes wendest du zum Bösen um.” Hamburger Ausgabe, 3:274, l. 9073.

★ 082——“Schnell und sonder Schritt（瞬く間に、歩きもせずに）”. Hamburger Ausgabe, 3:276, l.9144.

★ 083——ヤマネコ (lynx) の目を持つ男リュンケウス (Lynkeus) と、ギリシャ・ローマ神話の起源はシャーマンにあるという仮説についての議論が Lindsay, *Clashing Rocks*, pp. 89- 90, 118-21 にある。

★ 084——Atkins, p. 236. “Als Mitregenten deines Grenzunbewussten Reichs.” Hamburger Ausgabe, 3:282, l. 9362.

★ 085——Atkins, p. 237.

Nun schaut der Geist nicht vorwärts, nicht zurück,
Die Gegenwart allein—.

Hamburger Ausgabe, 3:283, l. 9381.

★ 086——Eliade, *Shamanism*, p. 171.

★ 087——Atkins, p. 237.

Nicht versagt sich die Majestät
Heimlicher Freuden
Vor den Augen des Volkes
Übermütiges Offenbarsein.

Hamburger Ausgabe, 3:284, l. 9407.

★ 088——Atkins, p. 237.

Ich fühle mich so fern und doch so nah,
Und sage nur zu gern: Da bin ich! da!

in fünf Aufzügen, 1798), シュレーゲル『歓迎アーチと凱旋門』(August Wilhelm Schlegel, *Ehrenpforte und Triumphbogen für den Theater-Präsidenten von Kotzebue bei seiner gehofften Rückkehr in's Vaterland, Mit Musik*, 1800), ホフマン『ある劇場支配人の変わった悩み』(E.T.A. Hoffmann, *Seltsame Leiden eines Theater-Direktors*, 1819)、『ブランビラ姫』(*Prinzessin Brambilla, Ein Capriccio nach Jacob Callot*, 1821) などがある。

★ 071――Atkins, p. 188.

Den Arzt, der jede Pflanze nennt,
Die Wurzeln bis ins tiefste kennt,
Dem Kranken Heil, dem Wunden Linderung schafft,
Umarm' ich hier in Geist- und Körperkraft!

Hamburger Ausgabe, 3:224, l. 7345.

★ 072――Atkins, p. 188. "Den Wurzelweibern und den Pfaffen." Hamburger Ausgabe, 3:225, l. 7352.

★ 073――Atkins, p. 190.

Ich seh', die Philologen,
Sie haben dich so wie sich selbst betrogen.
Ganz eigen ist's mit mythologischer Frau,
Der Dichter bringt sie, wie er's braucht, zur Schau:
Nie wird sie mündig, wird nicht alt,
Stets appetitlicher Gestalt,
Wird jung entführt, im Alter noch umfreit;
Gnug, den Poeten bindet keine Zeit.

Hamburger Ausgabe, 3:227, l. 7426.

★ 074――Atkins, p. 190.

Und sollt' ich nicht, sehnsüchtiger Gewalt,
Ins Leben ziehn die einzigste Gestalt?

Hamburger Ausgabe, 3:227, l. 7438.

★ 075――Atkins, p. 190.

Mein fremder Mann! als Mensch bist du entzückt;
Doch unter Geistern scheinst du wohl verrückt.

Hamburger Ausgabe, 3:227, l. 7446.

★ 076――Lindsay, *Clashing Rocks*, pp. 195-96. Eliade, *Forge and the Crucible*, pp. 102-3 も見よ。

★ 077――Atkins, p. 207.

Hinweg zu Proteus! Fragt den Wundermann
Wie man entstehn und sich verwandeln kann.

Hamburger Ausgabe, 3:247, l. 8152.

★ 078――Wolfgang Schadewaldt, "Faust und Helena," p. 30 の以下の解釈は、イメージと現実

★ 058――本書第 8 章の議論を見よ。

★ 059――Atkins, p. 174. "Die Welt, sie war nicht, eh' ich sie erschuf." Hamburger Ausgabe, 3:208, l. 6794.

★ 060――J. Brown, *Goethe's "Faust,"* p.180 はオルペウスとの関係について述べているが、それ以上発展させはしない。「ファウストは第 1 幕ですでに詩人としての役割を引き受けていた。詩人(この関連では第 2 のオルペウス)としてファウストは自分とは別個の存在としてヘレネをつくりだす」。

★ 061――学者たちはヘレネのエピソードのオペラ的な特徴も、第 1 部の音楽劇的な可能性も見落としていない。最近では Schimpf, "*Faust* als Melodrama?" がある。

★ 062――Jantz, *Mothers*, pp. 51-52 は、ゲーテは明らかにファウストとオルペウスとの関連を観客に気づかせたがっている、と指摘している。テクストはそれどころではなく、もっとあからさまだと筆者は思う。

★ 063――ベネットの神話解釈については Bennett, *Goethe's Theory of Poetry*. pp. 145, 161 を見よ。

★ 064――Atkins, p. 178.

Romantische Gespenster kennt ihr nur allein;
Ein echt Gespenst, auch klassisch hat's zu sein.

Hamburger Ausgabe, 3:213, l. 6946.

★ 065――J. Brown, *Goethe's "Faust,"* p. 172 は、彼女が歴史的世界の文学的世界への変質を媒介すると解釈する。

★ 066――Atkins, p. 181.

Setz ihn nieder,
deinen Ritter und sogleich
Kehret ihm das Leben wieder,
Denn er sucht's im Fabelreich.

Hamburger Ausgabe, 3:216, l. 7052.

★ 067――Books 3 and 4. Atkins, *Literary Analysis*, p. 161

★ 068――"Gestalten gross, gross die Erinnerungen (大きい形、大きい記憶)." Hamburger Ausgabe, 3:220, 1.7190.

★ 069――Atkins, p. 186.

Ich wache ja! O lasst sie walten,
Die unvergleichlichen Gestalten,
Wie sie dorthin mein Auge schickt.
So wunderbar bin ich durchdrungen!
Sind's Träume? Sind's Erinnerungen?

Hamburger Ausgabe, 3:222-23, l. 7271.

★ 070――筆者はこの問題を "Empathy and Distance" で取り上げた。少数の例をあげるなら、ティーク『さかさまの世界』(Ludwig Tieck, *Die verkehrte Welt: Ein Historisches Schauspiel*

Der nun vollbringt, was er getrost begann
Ein Dreifuss steigt mit ihm aus hohler Gruft,
Schon ahn' ich aus der Schale Weihrauchduft.

Hamburger Ausgabe, 3:197, l. 6421.

★ 053——Atkins, p. 165.

Die einen fasst des Lebens holder Lauf,
Die andern sucht der kühne Magier auf;
In reicher Spende lässt er, voll Vertrauen,
Was jeder wünscht, das Wunderwürdige schauen.

Hamburger Ausgabe, 3:198, 1.6435. ゲーテが「詩人」という語を「魔術師」に変えたことは、かれが近代のシャーマンとしてのファウストの位置を明確にしようとしたことを示すと思ってよいだろう。このことはまた、Jantz, *Mothers*, p. 64 の、魔術師とは「形態を創造する達人、造形的詩人」である、という主張を支持することになる。このことは Atkins, *Literary Analysis*, p. 138 の考えと矛盾しないだろう。「かれの目下の魔術師・祭司としての役割は、かれが初めに仮面舞踏会で意識的に企てた興行師・詩人の役割の拡張である」。

★ 054——Zum Weihrauchsdampf was duftet so gemischt,
Das mir das Herz zum innigstens erfrischt?
(香の煙に混じって香ってくるのはなんでしょう、
心の奥まで爽やかにしてくれます。)

Hamburger Ausgabe, 3:199, 1.6473.

★ 055——Atkins, p. 166.

Fürwahr! Es dringt ein Hauch tief ins Gemüte,
Er kommt von ihm!

Hamburger Ausgabe, 3:199, l. 6475.

★ 056—— "So fasst Euch doch und fallt nicht aus der Rolle." (気を静めて、役を忘れてはいけません。) Hamburger Ausgabe, 3:200, 1.6501. Jantz, *Mothers*, p. 55 は、これは「秘儀とイニシエーション」を示す、と解釈している。また p. 67 は、トロポーニオスの洞窟に下ったときのパウサニアスの記述からゲーテはいくつかの要素を取り入れた、と書いている。本書第 8 章のヴェルターに関する論述、および第 1 章の一角獣とフォントネルについての議論を見よ。

★ 057——Atkins, *Literary Analysis*, pp. 157-58 は次のように述べている。「古代のヴァルプルギスの夜はファウストのメフィストフェレスにたいする勝利を描く二重の夢の劇の前半である。形式的には、壮大な祝祭行列(エーゲ海の岩の多い入江の場)を頂点とするカーニバル風の一連のエピソード(ファルサロスの野の場)は仮面劇の様式であるが、上演は、魔女の宴会という虚構に伴う条件を除いて、物理的な、時間や場所に関する束縛を一切受けない」。 Gearey, *Goethe's "Faust,"* pp. 202-3 は次のように書いている。「この戯曲は全体としてしだいに、読まれることを想定した行動の模写ではなく、イメージの投影になってゆく。その意図は、それらのイメージを人の目には見えずに共同でつくりあげる数々の偉大な力を観客のみならず主人公にも見えるようにすることである」。

Das Heidenvolk geht mich nicht an,
Es haust in seiner eignen Hölle.

Hamburger Ausgabe, 3:191, l. 6209.

★ 046——Atkins, p. 161.

Gestaltung, Umgestaltung,
Des ewigen Sinnes ewige Unterhaltung.
Umschwebt von Bildern aller Kreatur;
Sie sehn dich nicht, denn Schemen sehn sie nur.

Hamburger Ausgabe, 3:193, l. 6287.

★ 047——Chadwick, *Shamanism among the Tatars*, p. 96. Neumann, *Great Mother*, chapter 9, "The Primordial Goddess," とくにpp. 94-96と比較せよ。『ファウスト』の「母たち」に関するかぎり、Atkins, *Literary Analysis*, pp. 133-34はこれを、「なによりもまずみごとな即興」と呼ぶ。Jantz, *Mothers*, pp. 47-49は、ルネサンスの創造的女性の絵画表現を説明し、ゲーテがマグナ・マーテル(偉大な母)に関する西洋の神話に親しんでいたことを述べている。同書p. 81は、ゲーテは自身の経験の積み重ねから母たちの神話を創造した、と主張する。Strauss, *Descent and Return*, pp. 25-26はむしろこうした情景をオルペウスの伝統の一部として解釈し、後に使われる祭司職という語さえここにふさわしいと主張する。

★ 048——Atkins, p. 162. Hamburger Ausgabe, 3:194. Ida H. Washington, "Mephistopheles as an Aristophanic Devil"は、メフィストの現世的卑俗性と多様な変装はアリストパネスの伝統から来ていることを、十分な説得力を持って示している。

★ 049——Atkins, p. 163.

Hier braucht es, dächt' ich, keine Zauberworte;
Die Geister finden sich von selbst zum Orte.

Hamburger Ausgabe, 3:196, l. 6375.

★ 050——Atkins, p. 164.

Beginne gleich das Drama seinen Lauf,
Der Herr befiehlt's, ihr Wände tut euch auf!
Nichts hindert mehr, hier ist Magie zur Hand:
Die Teppiche schwinden, wie gerollt vom Brand;
Die Mauer spaltet sich, sie kehrt sich um,
Ein tief Theater scheint sich aufzustellen,
Geheimnisvoll ein Schein uns zu erhellen,
Und ich besteige das Proszenium.

Hamburger Ausgabe, 3:196-97, l. 6391.

★ 051——Atkins, p. 164. "Durch magisch Wort sei die Vernunft gebunden."

Hamburger Ausgabe, 3:197, l. 6416.

★ 052——Atkins, pp. 164-65.

Im Priesterkleid, bekränzt, ein Wundermann

Hamburger Ausgabe, 3:130, 1.4165. Atkins, *Literary Analysis*, pp. 92-93 は、肛門幻視者を「ドイツ啓蒙思想の代表」と見なす。 J. Brown, *Goethe's "Faust,"* p. 125 は二重のアイロニーを指摘するが、それを単なる不合理と断定するのは早まり過ぎである。

★ 033——Atkins, 131. Bächthold-Stäubli and Hoffmann-Krayer, *Handwörterbuch*, vol. 6, s. v. Maus, cols. 40-41.

★ 034——「われわれの命は彩られた反映にある」。Hamburger Ausgabe, 3:149, 1.4727.

★ 035——J. Brown, *Goethe's "Faust,"* pp. 138-39 は虹を「自然と人為、パックとエアリエルを同時に意味する象徴」と見なす。p.143 も同様である。他方 Bennett, *Goethe's Theory of Poetry* は、虹をある箇所ではファウストの行為、とくにグレートヒェンとの関係の(p. 95)、別の箇所では「文化が人を惑わすこと」(p.120)のメタファーとする。 p. 188 も見よ

★ 036——Atkins, *Literary Analysis*, pp. 118-23. Eliade, *Myth of the Eternal Return*, pp. 34-35 と比較せよ。

★ 037——Atkins, p. 142.

Doch ich fürchte, durch die Fenster
Ziehen luftige Gespenster,
Und von Spuk und Zaubereien
Wüsst' ich euch nicht zu befreien.

Hanburger Ausgabe, 3:171, l. 5500.

★ 038——Atkins, p. 146. "Ein Wunder ist es, wie's geschah."Hamburger Ausgabe, 3:176, l. 5688.

★ 039——Atkins, *Literary Analysis*, p. 124.

★ 040——Atkins, p. 153.

Drohen Geister, uns zu schädigen,
Soll sich die Magie betätigen.

Hamburger Ausgabe, 3:184, l. 5985.

★ 041——Atkins, p. 157. "Ich liebe mir den Zaubrer zum Kollegen." Hamburger Ausgabe, 3:189, l. 6142.

★ 042——In deutlichen Gestalten (はっきりした姿で). Hamburger Ausgabe, 3:190,1.6186.

★ 043——先に Burton, *Anatomy of Melancholy*, 1:205 について述べたことと比較せよ。シャーマンのトランス状態、催眠術、その他類似の現象は18世紀の中ごろには演劇の主題として流行していた。本書の前の章でたとえばエカチェリーナ大帝の作品を論じておいたとおりである。Gearey, *Goethe's "Faust,"* p. 48 と比較せよ。「伝説のファウストは学者だったが、それ以上に芸術家でもあった。かれは自分が思い描いたものを、作り物としてではなく、生きているものとして現実の世界に生み出すことができた」。同書 pp.55, 88 は文学と魔術を同一視している。

★ 044——Baron, *Doctor Faustus*, p. 61 は、トリテーミウス、ムティアーヌス・ルーフスのようなドイツ・ルネサンスの指導的知識人がファウストを「芝居じみたほら吹きの詐欺師」と見なしていたことを指摘している。

★ 045——Atkins, p. 159.

Mich dünkt, ich hör' ein ganzes Chor
Von hunderttausend Narren sprechen.

Hamburger Ausgabe, 3:83, l. 2573.

★ 026――Atkins, p. 67. "Ist über vierzehn Jahr doch alt". Hamburger Ausgabe, 3:85,1.2627. Eliade, *Shamanism*, p. 78 と比較せよ。「『女性神話』という重要な部門は、主人公に助力して不滅性を獲得させる、あるいは能力を試す試練を克服させるのはつねに女性であることを示すためにある」。

★ 027――Haddon, *History of Anthropology*, p. 81. Stafford, *Voyages*, p. 116 は 18 世紀には洞穴や洞窟への芸術的関心があったことを述べている。

★ 028――Möser, *Sämtliche Werke*, Historisch-Kritische Ausgabe, 2:402. 石器時代の宗教における洞穴の解釈については、Eliade, *Shamanism*, p. 51 と比較せよ。

★ 029――Atkins, p. 83.

Und wenn der Sturm im Walde braust und knarrt,
Die Riesenfichte stürzend Nachbaräste
Und Nachbarstämme quetschend niederstreift,
Und ihrem Fall dumpf hohl der Hügel donnert,
Dann führst du mich zur sichern Höhle, zeigst
Mich dann mir selbst, und meiner eignen Brust
Geheime tiefe Wunder öffnen sich.

Hamberger Ausgabe, 3:103, 1.3228. Atkins, *Literary Analysis* は、テクストのいたるところに洞穴が出てくることから、「この象徴は生命の創造と創造された生命とを表わす」(p. 218) と結論づける。先に述べたとおり、18 世紀に原始時代の多数の洞穴が発見されて、そこに住んだ人びとの生活がさまざまに考えられた。近年西欧には洞穴への多様な関心が見られる。Graichen, *Das Kultplatzbuch* はその一例である。

★ 030――Lea, *Materials*, 1:177. Leuner, "Die toxische Ekstase," p. 89 に、この問題についてのヒエロニュムス・カルダヌスの意見が載っている。Grimm, *Mythology*, 2:878, 880 も比較せよ。

★ 031――Tr. Atkins, p. 99.

In die Traum- und Zaubersphäre
Sind wir, scheint es, eingegangen.
Führ' uns gut und mach' dir Ehre,
Dass wir vorwärts bald gelangen
In den weiten, öden Räumen!

Hamburger Ausgabe, 3:122, l. 3871.

★ 032――Atkins, p. 106.

Ich sag's euch Geistern ins Gesicht,
Den Geistesdespotismus leid' ich nicht;
Mein Geist kann ihn nicht exerzieren.

わち人間の影と息」。Bennett, *Goethe's Theory of Poetry*, p. 125は、ふたつの魂を、シラーの形式と内容への意欲に由来する、としている。

★ 016――ゲーテはファウストに、毒をガラス瓶から水晶の杯に注がせる。このような行動は長年ドイツのシャーマンの実践に関連づけられてきたために単語まで影響を受けた。beaker, *becher, coclearius, koukelari, gaukeln*. Grimm, *Deutsche Mythologie*, 2:867を見よ。「杯 (becher) を使って一種の予言が行なわれた」。

★ 017――Atkins, p. 41.

O wär' ich vor des hohen Geistes Kraft
Entzückt, entseelt dahingesunken!

Hamburger Ausgabe, 3:53, l. 1577.

★ 018――Atkins, p. 41. "Was die Seele Mit Lock- und Gaukelwerk umspannt." Hamburger Ausgabe, 3:54, l. 1588.

★ 019――Jantz, *Renaissance Man*, pp. 41-45は、ピコ・デラ・ミランドーラ (Pico della Mirandola, *On the Dignity of Man*) との類似を指摘する。たとえばピコはこう書いている (pp. 3-4)。「人間は被造物の間の媒介者である。人間は自分より上の神々のことを親しく知り、自分より下の生き物を支配する。感覚の鋭敏性、理性による探究、知性の光によって、人間は自然を解釈するものであり、時間を超越した無変化と時間の変化との中間に置かれている。人間は生命の融合(ペルシャ人のいうように)、世界の祝婚歌そのもの、そしてダビデの証言によるなら天使とほとんど変わらないものである」。

★ 020――Pico della Mirandola, *On the Dignity of Man*, pp. 53-54と比較せよ。

★ 021――Atkins, p.44.

Kannst du mich schmeichelnd je belügen,
Dass ich mir selbst gefallen mag,
Kannst du mich mit Genuss betrügen,
Das sei für mich der letzte Tag!
Die Wette biet' ich!

Hamburger Ausgabe, 3:57, l. 1694.

★ 022――Atkins, p. 62. "Das schönste Bild von einem Weibe!" Hamburger Ausgabe, 3:78, l. 2436.

★ 023――Eliade, *Shamanism*, p. 154と比較せよ。

★ 024――Atkins, p. 65.

Das tolle Zeug, die rasenden Gebärden,
Der abgeschmackteste Betrug,
Sind mir bekannt, verhasst genug.

Hamburger Ausgabe, 3:82, l. 2533.

★ 025――Atkins, p. 66.

Was sagt sie uns für Unsinn vor?
Es wird mir gleich den Kopf zerbrechen.

Befestiget mit dauernden Gedanken.
Hamburger Ausgabe, 3:19, l.346.

★ 010――Mason, *Goethe's "Faust,"* p. 7 はこれを「逆説的な過程」の一部と見なしている。ドイツの旧世代の文筆家が『ファウスト』を「ドイツの文学と文化の神殿の正面玄関から」ほうり出すやいなや、「若い世代の文筆家がそれをふたたび裏口から持ち込みはじめた」。旅行文学とそこに含まれるシャーマンについての多数の報告をかれらがどのように読んだかが、このような行動といくらか関係していた、と筆者は思う。

★ 011――Hamburger Ausgabe, 3:39, 1.1034. ゲーテは "Der verfasser teilt die Geschichte seiner botanischen Studien mit," in *Zur Morphologie* (1817) に、植物の薬理学上の価値にかれが関心を強めていることに合わせて、父から子へ継承されてきた長い伝統を語っている。「あの森林地方には人間の知識がまったく乏しかった時代から、薬の処方を研究する実験者たちがひそかに住みつき、各種の抽出物や精製物を代々つくり続けてきた。それらの優れた治癒力の評判は、勤勉な薬の行商人たちによってたえず新たにいい広められ、利用されもした」。Hamburger Ausgabe, 13:151.

★ 012――Claudia Kniep, "Blut ist ein ganz besondrer Saft" の、人形劇の伝統がゲーテにファウストのH. F. という頭文字の組み合わせを考えつかせた、という主張は興味深い。血で書いた文字には"Homo fuge"（人よ、逃げよ）という警告が含まれていたからだ、というのである。

★ 013――Atkins, *Literary Analysis* はゲーテのファウスト像が伝説とは異なる点を多数指摘している。たとえば pp. 62, 65, 90, 192, 218.

★ 014――Atkins, pp. 30-31.

Du bist dir nur des einen Triebs bewusst;
O lerne nie den andern kennen!
Zwei Seelen wohnen, ach! in meiner Brust,
Die eine will sich von der andern trennen;
Die eine hält, in derber Liebeslust,
Sich an die Welt mit klammernden Organen;
Die andre hebt gewaltsam sich vom Dust
Zu den Gefilden hoher Ahnen.
O gibt es Geister in der Luft,
Die zwischen Erde' und Himmel herrschend weben,
So steiget nieder aus dem goldnen Duft
Und führt mich weg, zu neuem, buntem Leben!
Ja, wäre nur ein Zaubermantel mein
Und trüg' er mich in fremde Länder!
Mir sollt' er um die köstlichen Gewänder,
Nicht feil um einen Königsmantel sein.

Hamburger Ausgabe, 3:41, l. 1110.

★ 015――Klemm, *Allgemeine Cultur-Geschichte der Menschheit* 2:309:「ふたつの魂、すな

見なす同書 (p.119-20) の解釈に勇気づけられて、わたしは降霊術の会や催眠状態との類似を探し続けた。ゲーテのテクストが多様な演劇形態を暗示するという主張にも同様に助けられた。氏の翻訳を使うので、テクストと区別するためにこの著書は Atkins, *Literary Analysis* として示すことにする。最近の研究書 Jane K. Brown, *Goethe's "Faust," The German Tragedy* にも多くを負っている。ただし魔術の役割を完全に象徴的なもの、ないし著者の工夫とのみ見なす著者の解釈 (pp. 23, 65, 85, 86, 123, 136, 238, 251) には同意できない。演劇論が、現在の演出理論にも内在している、演劇における魔術の多様な側面を見えにくくしていることは残念である。

★ 002——最近の論文、たとえば Jost Schillemeit, "Das *Vorspiel auf dem Theater* zu Goethes *Faust*" は、これらの中のひとつは他の作品のために先に書かれていた、と考えている。

★ 003——Gottrell, *Goethe's "Faust,"* p. 74 がこれを内的な独白と見なしていることは興味深い。「われわれは詩人の心の内にいる、そしてすべてのものがたえず変化している」。

★ 004——Gearey, *Goethe's "Faust"* p. 98 によって『詩と真実』第 13 巻を教えられた。ゲーテはそこに、実在しない声と語り合う習慣について三人称で書いている。*Gedenkausgabe*, 10:630 から引用する。「かれは、まわりに人がいないとき、知り合いのだれかを心の中で呼び寄せる習慣があった。その人に腰を下ろすよう頼んで、そのすぐそばを歩きまわり、その前に立ち止まり、そのとき気に掛かっている問題をその人に相談した。それにたいして相手は、ときには答え、そうでなければその人がいつもする身振りで賛成や反対を示した」。

★ 005——Meuli, "Scythica," p.172:「ところで霊魂の旅はシャーマンの活動の中心であり、歌と完全に同一であるから、シャーマンの詩の中では『旅』を意味する表現が『歌』に関してよく使われる決まり文句になってしまった」。

★ 006——Goethe, *Faust I and II*, ed. and trans. Atkins, 2:1. この作品のことは以下 Atkins と表示する。

Was ich besitze, seh' ich wie im Weiten,
Und was verschwind, wird mir zu Wirklichkeiten.

Hamburger Ausgabe, 3:9, 1.31.

★ 007——Atkins, p. 7.

So schreitet in dem engen Bretterhaus
Den ganzen Kreis der Schöpfung aus
Und wandelt mit bedächt'ger Schnelle
Vom Himmel durch die Welt zur Hölle.

Hamburger Ausgabe, 3:15, l. 239.

★ 008——Benjamin Bennett, *Goethe's Theory of Poetry*, p. 69 は、筆者とは読み方がまったく異なり、むしろ phrenographic という語を使っている。「ただひとつの心の内部を表現するために目に見える舞台を全部使うこと」という意味である。p. 114 も見よ。

★ 009——Atkins, p. 11.

Das Werdende, das ewig wirkt und lebt,
Umfass' euch mit der Liebe holden Schranken
Und was in schwankender Erscheinung schwebt,

und in der Verirrung des Augenblickes fürchtete Wihelm, sie werde in seinen Armen zerschmelzen, und er nichts von ihr übrig behalten." *Gedenkausgabe*, 7:153.

★ 069——Blackall, p. 196. "Es schien, als wenn eine königliche Familie im Geisterreiche zusammen käme." *Gedenkausgabe*, 7:348.

★ 070——Blackall, p. 197. "Die Kinder sprangen und sangen fort, und besonders war Mignon ausgelassen, wie man sie niemals gesehen. Sie schlug das Tamburin mit aller möglichen Zierlichkeit und Lebhaftigkeit, indem sie bald mit druckendem Finger auf dem Felle schnell hin und her schnurrte, bald mit dem Rücken der Hand, bald mit den Knöcheln darauf pochte, ja mit abwechselnden Rhythmen das Pergament bald wider die Knie, bald wider den Kopf schlug, bald schüttelnd die Schellen allein klingen liess, und so aus dem einfachsten Instrumente gar verschiedene Töne hervorlockte." *Gedenkausgabe*, 7:350.

★ 071——Blackall, p. 197. "Er ist mein Oheim." *Gedenkausgabe*, 7:350.

★ 072——Blackall, pp. 197-98. "Mignon ward bis zur Wut lustig, und die Gesellschaft, so sehr sie anfangs über den Scherz gelacht hatte, musste zuletzt Einhalt tun. Aber wenig half das Zureden, denn nun sprang sie auf und raste, die Schellentrommel in der Hand, um den Tisch herum. Ihre Haare flogen, und indem sie den Kopf zurück und alle ihre Glieder gleichsam in die Luft warf, schien sie einer Mänade ähnlich, deren wilde und beinah numögliche Stellungen uns auf alten Monumenten noch oft in Erstaunen setzen." *Gedenkausgabe*, 7:350-51.

★ 073——Blackall, p. 198. "Mignon hatte sich versteckt gehabt, hatte ihn angefasst und ihn in den Arm gebissen." *Gedenkausgabe*, 7:351. Flaherty, "Sex and Shamanism" と比較せよ。

★ 074——Blackall, p. 316. "So lasst mich scheinen, bis ich werde." *Gedenkausgabe*, 7:553-54.

★ 075——"Das einzige Irdische an ihr." *Gedenkausgabe*, 7:560.

★ 076——Blackall, p. 322. "Sie sah völlig aus wie ein abgeschiedner Geist." *Gedenkausgabe*, 7:564.

★ 077——Blackall, p. 359. "Und es schien das Hindernis mehr in seiner Denkungsart als in den Sprachwerkzeugen zu liegen." *Gedenkausgabe*, 7:628.

第9章　ファウスト、近代のシャーマン

★ 001——わたしは、自分が発見したことを何もないところでひとりで研究して得た成果だといってすまそうとするほど図々しくありたくない。ゲーテのテクストの研究に生涯を費やし、多数の箇所について哲学や神話の典拠を示して、若い世代に手掛かりを残してくれた数多くの学者の恩恵をわたしは蒙っている。もっとも多くを与えられたのは、ハロルド・ジャンツ氏からである。ルネサンスの魔術、神話、新プラトン主義について、氏のジョンズ・ホプキンズ大学におけるセミナーと著書 Harold Jantz, *Goethe's Faust as a Renaissance Man, The Mothers in "Faust," The Form of "Faust"*から吸収したものの重要さはとてもここに書き尽くせるものではない。

Atkins, *Goethe's "Faust," A Literary Analysis* からも多くを得た。第2部を夢の中の芝居と

Schicksal der Edlen, fühlten es zusammen, und ihre Thränen vereinigten sie. Die Lippen und Augen Werthers glühten an Lottens Arme, ein Schauer überfiel sie, sie wollte sich entfernen und es lag all der Schmerz, der Antheil betäubend wie Bley auf ihr." Ibid., pp. 205-6.

★ 061——"Ihre Sinnen verwirrten sich, sie drukte seine Hände, drukte sie wider ihre Brust, neigte sich mit einer wehmüthigen Bewegung zu ihm, und ihre glühenden Wangen berührten sich. Die Welt vergieng ihnen, er schlang seine Arme um sie her, presste sie an seine Brust, und dekte ihre zitternde stammelnde Lippen mit wüthenden Küssen. Werther!" Ibid., pp. 206-7.

★ 062——Suphan, 25:472-76.

★ 063——Act I, scene 3, ll. 79-99.

★ 063——第 1 幕第 3 場 (II.79-99)。

★ 064——Goethe, *Wilhelm Meister's Apprenticeship*, trans. Blackall, 9:108. 以下では Blackall と表示する。"Man erzählt von Zauberern, die durch magische Formeln eine ungeheure Menge allerlei geistiger Gestalten in ihre Stube herbei ziehen. Die Beschwörungen sind so kräftig, dass sich bald der Raum des Zimmers ausfüllt, und die Geister, bis an den kleinen gezogenen Kreis hinangedrängt, um denselben und über dem Haupt des Meisters in ewig drehender Verwandlung sich bewegend vermehren. Jeder Winkel ist vollgepfropft, und jedes Gesims besetzt. Eier dehnen sich aus, und Riesengestalten ziehen sich in Pilze zusammen. Unglücklicherweise hat der Schwarzkünstler das Wort vergessen, womit er diese Geiserflut wieder zur Ebbe bringen könnte." *Gedenkausgabe*, 7:198.

★ 065——Blackall, p.169. "Unter allerlei wunderlichen Reden, Zeremonien und Sprüchen." *Gedenkausgabe*, 7:303.

★ 066——Blackall, pp. 64-65. "Sie verband sich die Augen, gab das Zeichen, und fing zugleich mit der Musik, wie ein aufgezogenes Räderwerk, ihre Bewegungen an, indem sie Takt und Melodie mit dem Schlage der Kastagnetten begleitete.

"Behende, leicht, rasch, genau führte sie den Tanz. Sie trat so scharf und so sicher zwischen die Eier hinein, bei den Eiern nieder, dass man jeden Augenblick dachte, sie müsse eins zertreten oder bei schnellen Wendungen das andre fortschleudern. Mit nichten! Sie berührte keines, ob sie gleich mit allen Arten von Schritten, engen und weiten, ja sogar mit Sprüngen, und zuletzt halb kniend sich durch die Reihen durchwand.

"Unaufhaltsam, wie ein Uhrwerk, lief sie ihren Weg, und die sonderbare Musik gab dem immer wieder von vorne anfangenden und losrauschenden Tanze bei jeder Wiederholung einen neuen Stoss. Wilhelm war von dem sonderbaren Schauspiele ganz hingerissen; er vergass seiner Sorgen, folgte jeder Bewegung der geliebten Kreatur, und war verwundert, wie in diesem Tanze sich ihr Charakter vorzüglich entwickelte." *Gedenkausgabe*, 7:123.

★ 067——Blackall, pp. 81-82. "Sie fuhr auf, und fiel auch sogleich wie an allen Gelenken gebrochen vor ihm nieder. Es war ein grässlicher Anblick!" *Gedenkausgabe*, 7:153.

★ 068——Blackall, p. 82. "Ihre starren Glieder wurden gelinde, es ergoss sich ihr Innerstes,

★ 040──Goethe, *Italian Journey*, p. 22. *Gedenkausgabe*, vol. 11: *Italienische Reise, Annalen*, September 11, 1786, p. 28.

★ 041──この名は Wilson, "Weimar Politics," p. 165 によって教えられた。

★ 042──Bode, *Goethes Schweizer Reisen*, pp. 100-101.

★ 043──Goethe, *Conversations*, pp. 309-10. *Gedenkausgabe*, March 11, 1828, 24:678-79.

★ 044──Goethe, *Conversations*, p. 527. *Gedenkausgabe*, March 8, 1831, 24:472. December 6, 1829, pp. 373-74 も見よ。

★ 045──*Die Horen. Tag- und Jahreshefte 1796*, Hamburger Ausgabe, 10:447 を見よ。

★ 046──Schlosser, *Rameaus Neffe*, p. 87.

★ 047──"Eine sehr dogmatische Dratpuppe." Goethe, *Die Lieden des jungen Werthers*, pp. 48-49.

★ 048──"Vorgestern kam der Medikus hier aus der Stadt hinaus zum Amtmanne und fand mich auf der Erde unter Lottens Kindern, wie einige auf mir herumkrabelten, andere mich nekten und wie ich sie küzzelte, und ein grosses Geschrey mit ihnen verführte." Ibid., p. 48.

★ 049──たとえば p. 19. Dankert, *Der Mythische Urgrund*, p. 106 を見よ。

★ 050──"Ob so täuschende Geister um diese Gegend schweben, oder ob die warme himmlische Phantasie in meinem Herzen ist, die mir alles rings umher so paradisisch macht." Goethe, *Die Lieden des jungen Werthers*, p. 10.

★ 051──"Kein Wort von der Zauberkraft der alten Musik ist mir unwahrscheinlich, wie mich der einfache Gesang angreift." Ibid., p. 67.

★ 052──Ibid., pp. 52, 140, 149. Kihm, "Zur Symbolik der Schamanismus," pp. 128-29 と比較せよ。

★ 053──"Und wenn ich für Müdigkeit und Durst manchsmal unterwegs liegen bleibe, manchmal in der tiefen Nacht, wenn der hohe Vollmond über mir steht, im einsamen Walde auf einem krumgewachsnen Baum mich sezze, um meinen verwundeten Solen nur einige Linderung zu verschaffen, und dann in einer ermattenden Ruhe in dem Dämmerscheine hinschlummre!" Goethe, *Die Lieden des jungen Werthers*, p. 101.

★ 054──"Man hat nachher den Huth auf einem Felsen, der an dem Abhange des Hügels in's Thal sieht gefunden, und es ist unbegreiflich, wie er ihn in einer finstern feuchten Nacht ohne zu stürzen erstiegen hat." Ibid., p. 208.

★ 055──"Ich war kein Mensch mehr." Ibid., p. 38.

★ 056──"Und seit der Zeit können Sonne, Mond und Sterne geruhig ihre Wirthschaft treiben, ich weis weder dass Tag noch dass Nacht ist, und die ganze Welt verliert sich um mich her." Ibid., p. 45.

★ 057──"Ich werde gespielt wie eine Marionette." Ibid., p. 125.

★ 058──"Das Herz ist jezo todt, aus ihm fliessen keine Entzükkungen mehr." Ibid., p. 157.

★ 059──"Ein Schauer überfiel ihn." Ibid., p. 192.

★ 060──"Die Bewegung beyder war fürchterlich. Sie fühlten ihr eigenes Elend in dem

ハに関しては Plischke, *Die Ethnographische Sammlung* および Quantz, “Bei trag,”pp. 289-304 を見よ。

★ 020――Buchholz, *Asch*, pp. 73-74.

★ 021――Ibid., p. 102. ゲッティンゲン大学文化人類学研究所長マンフレート・ウルバン博士の許可を得て、1808 年の入館者署名簿を閲覧し、ゲーテの友人、同僚数人の署名を確認することができた。

★ 022――*Gedenkausgabe*, vol. 11: *Tag- und Jahreshefte oder Annalen als Ergänzung meiner sonstigen Bekenntnisse*, p. 853. Zastrau, *Goethe Handbuch*, vol. 1, cols. 407-9 とくに 409 も見よ。

★ 023――Abderhalden, pp. 66, 67, 490.

★ 024――*Gedenkausgabe*, vol. 20: *Briefwechsel mit Friedrich Schiller*, no. 225: Goethe's letter to Schiller, October 15, 1796, p. 253.

★ 025――Ibid., no. 821: Goethe's letter to Schiller, July 12, 1801, p. 866.

★ 026――Plischke, *Blumenbachs Einfluss*, p. 10.

★ 027――たとえば“Übersicht der Geographischen Verlags-Werke”を見よ。

★ 028――Keudell, *Goethe* の、たとえば p. 35, nos, 194, 195 を見よ。筆者はヴァイマルのドイツ古典主義中央図書館で注解つきの版を利用することができた。

★ 029――Abderhalden, pp. 491, 522, 532, 544.

★ 030――Keudell, *Goethe*, pp. 2, 35, 36, 139, 154.

★ 031――Ibid., no. 641, p. 104 および間紙に手書きされた参照事項。

★ 032――この著書は 1799 年にライプツィヒで出版され、*Allgemeine geographische Ephemeriden* 5 (Weimar, 1800): 55-82 に無署名の書評が載った。

★ 033――Hamburger Ausgabe, vol. 2: *Noten und Abhandlungen zu besserem Verständnis des West-Östlichen Divans*, pp. 128 and 135.

★ 034――本書第 6 章を見よ。

★ 035――Abderhalden, p. 71; Keudell, *Goethe*, no. 72, p. 13 および no. 552, p. 91. ゲーテはたとえば Zur *Morphologie*(1817) で次のように述べている。「わたしの労多く苦しい研究は、ヘルダーが人類の歴史に関する考えの概略をまとめてくれたおかげで、楽になった、というより、楽しみにさえなった。われわれは毎日、水と大地と、そこに太古から発達してきた生物との最初の始まりについて熱中して語り合った」。Hamburger Ausgabe, 13:63.

★ 036――Keudell, *Goethe* は Johann Heym の文法・二ヵ国語辞典 (p. 61, nos. 350, 351) をあげている。 Propper, “Miszellen.”Abderhalden, pp. 74, 491, 522, 527, 532, 544 から、ゲーテが民族誌学者と交際があり、かれらの著書を読んでいたことが知られる。

★ 037――*Gedenkausgabe*, vol. 24: Eckermann, *Gespräche mit Goethe*, November 13, 1823, pp. 70-71.

★ 038――1820 年 7 月 23 日。Dankert, *Der Mythische Urgrund*, p. 87 に引用されている。

★ 039――ゲーテのヴィーラント宛の手紙(1776 年 4 月)。Dankert, *Der Mythische Urgrund*, p. 163.

kindliche,
poetische, abergläubische;
empirische,
forschende, neugierige;
dogmatische,
didaktische, pedantische;
ideele,
methodische, mystische.

Ibid., p.419, no.399.

★ 004——Zastrau, *Goethe Handbuch*, vol. 1, col. 15. この部分には迷信についてのゲーテの発言もまとめられてある。

★ 005——"Über epische und dramatische Dichtung, " in *Gedenkausgabe*, 14:369; Grumach, *Goethe und die Antike*, 2:700.

★ 006——一般的な手引きとしては Grünthal, "Ueber die historischen Wurzeln," pp. 8-10 を見よ。 Margaret C. Jacob, "Newtonianism"はゲーテの見解を支持するようである。「ニュートンの自然哲学がいたるところで、近代の多くの思想と信念の根底にある知的な革命を養い育てたという過度に単純化した仮説は本気で検討し修正する必要がある。ニュートン哲学のイデオロギー的な面を理解しさえすれば、そのような再評価の必然性は明白である」(p. 11) 。

★ 007——Goethe, *Maximen und Reflexionen*, Hamburger Ausgabe, 12:440, l. 547.

★ 008——Ibid., p. 455, 1. 652. Cottrell, *Goethe's "Faust,"* pp. 87-88, 128-29 はヴァルター・ハイトラー、ヴェルナー・ハイゼンベルクら物理学者を引用して、現代の科学者は、ゲーテが支持した方法、とくに研究者自身が自分の研究結果に影響を与える、という観点を評価するようになったことを示している。

★ 009——Goethe, "Analyse und Synthese," Hamburger Ausgabe, 13:51.

★ 010——Hamburger Ausgabe, 14:11.

★ 011——Grumach, *Goethe und die Antike*, 2:700: Riemer 28.8.1808, Gespräche 1:534.

★ 012——Ibid. p. 47.

★ 013——Ibid., p. 63.

★ 014——Ibid., p. 142.

★ 015——Ibid., pp. 183-86, 190-91.

★ 016——*Gedenkausgabe*, vol.10: *Dichtung und Wahrheit*, pt. 2, bk. 6, p. 266:「このように考えてわたしはつねにゲッティンゲンの動向に注意を怠らなかった。ハイネ、ミハエリスその他多くの人びとをわたしは完全に信頼していた。かれらの足下にすわってその教えに耳を傾けることをわたしは切望したが、父は心を動かさなかった」。

★ 017——Buchholz, pp. 16, 27-39.

★ 018——Buchholz, *Asch*, p. 101.

★ 019——*CIBA-Zeitschrift* 4 (October 1936): 1322; Schmid, *Goethe und die Naturwissenschaften*, ed. Abderhalden, pp. 66, 490. 以下この書物は Abderhalden と記す。ブルーメンバッ

★ 056――英訳は Neubauer, *Emancipation*, p. 129. 筆者はこの訳で初めてこの箇所を知った。ドイツ語の原文は Eckermann, *Gespräche mit Goethe*, in *Gedenkausgabe*, 24: 472. Deutsch, *Mozart*, p. 673 (March 11, 1828)「天才とはかの生産的な力以外のなんであるか」、および p. 450 (14,2,1831),「しかしもちろん、モーツァルトのような現象は永久に奇跡であって、それ以上の説明は不可能である」も見よ。さらに Orel, "Mozart auf Goethes Bühne" と比較せよ。

★ 057――Deutsch, *Mozart*, p.533; Kelly, *Reminiscences*.

★ 058――Doris Stuck, in Deutsch, *Mozart*, p.569.

★ 059――Leitzmann, *Mozarts Persönlichkeit*, p.117.

★ 060――Ibid., p. 557. 彼女の回想録 *Denkwürdigkeiten aus meinem Leben, 1769-1843* は 1844 年にウィーンで出版された。

★ 061――その後の神話化にもっとも大きい影響を与えたもののひとつは、モーツァルト未亡人、コンスタンツェ・モーツァルト・フォン・ニッセンが編集し、ゲオルク・ニコラウス・フォン・ニッセンが制作過程に一貫してかかわった伝記である。モーツァルトを扱う文芸作品に神話化過程が見られるようになった経過に関する書誌学的情報については Böhme, *Mozart in der schönen Literatur*, pp. 203-4 を見よ。同著者による"Mozart in der schönen Literatur II"がその後の新しい情報を提供する。 H. C. Robbins Landon の新著 *1791*: *Mozart's Last Year* は、神話から装飾を取り除いて、モーツァルトの生涯の真の事実を明らかにしようと努めている。著者は p. 124 で神話化過程があったことを認め、「虚構と事実を区別する」ことが難しくなったことを嘆いている。

★ 062――King, *Mozart in Retrospect*, p. 21. ロマン主義者とかれらの信奉者たちのモーツァルトへの関心が、フェツァーの主張を支持するであろう。Fetzer, *Romantic Orpheus*, p.180.

★ 063――Engel, "Mozart in der philosophischen und ästhetischen Literatur" を 見 よ。Sir Walter Scott, "On the Supernatural", p. 97 がホフマンの精神的態度を内省や鋭敏さよりもむしろ阿片の乱用に帰していることが、これに関連して興味深いだろう。

★ 064――E. T. A. ホフマンのこの作品は、たとえばドイツ語でなら *Dichtungen*, ed. Harich, 1:139-56 に載っている。

★ 065――Allanbrook, *Rhythmic Gesture in Mozart*, p. 324 はハッピーエンドについてのオペラの慣習を論じている。

第 8 章　ゲーテが描いたシャーマンたち

★ 001――ゲーテはエッカーマンとの対話でかれの作品にとってのオルペウス神話の意味をときどき語っている。たとえば 1831 年 3 月 15 日には「ノヴェレ」について話している。*Gedenkausgabe*, vol. 24: *Gespräche mit Goethe in den letzten Jahren seines Lebens*, p.479. Burkert, *Lore and Science*, pp. 120-65, Spaethling, *Music and Mozart*, と く に pp. 130-31 と 比 較 せ よ。Sewell, *Orphic Voice*, p. 176 は、ゲーテにオルペウスのことを教えたひとりはヘルダーだと書いている。著者はゲーテの作品の例として *Urworte: Orphisch* を選んでいる。

★ 002――Goethe, *Maximen und Reflexionen*, in *Goethes Werke*, ed. Trunz et al., 12:418, 1. 391, 以下この版のことは Hamburger Ausgabe と記す。

★ 003――Vier Epochen der Wissenschaften:

域についての報告から多くを吸収していた。たとえば1788年に出たJohann Nikolaus Forkel, *Allgemeine Geschichte der Musik* 第1巻の序文は、文化の相違が音楽の相違をつくりあげた、ヨーロッパ人は個人であれ民族であれ、若い種族に関心を示すべきである、と書いている。同書はシベリア、南太平洋、近東に何度も言及する(pp. xiv-xv, 140-41)。Schusky, *Das deutsche Singspiel*, pp. 3-4, 27-28, 65, 78にも他の例があげられている。

★ 036――Deutsch, *Mozart*, p.140, from Burney, *Present State of Music*.

★ 037――W.A. Mozart, *Mozart*, 2:138, no.377: "Er ist meinethalben kein hexenmeister, aber ein sehr solider geiger."

★ 038――Tissot, "Discours XVI". *Aristide ou le citoyen* (Lausanne, October 11, 1766)に掲載。英訳はDeutsch, *Mozart*, pp.61-66, およびKing, *Mozart in Retrospect*, pp. 132-37に収録されている。本書の引用はDeutsch, *Mozart*, p. 61から。シャーマニズムにおける霊界との交感の媒体としての音楽の役割は以前から認識されていた。Chadwick, *Poetry and Prophecy* はこの分野の古典的名著である。とくにp.14を見よ。

★ 039――Chadwick, *Poetry and Prophecy*, p. 63. Nettl, *Mozart und der Tanz*, p. 8の指摘によれば、モーツァルトは生まれつき舞踏の才能に恵まれていたばかりでなく、身体の動きが敏活で、玉突などの社交的なゲームに秀でていた。モーツァルトの耳についてのティソーの言及は後の人びとの関心を引いたにちがいない。モーツァルトの妻コンスタンツェと彼女が再婚した夫が共同でつくった伝記C.und G. N. v. Nissen, *Biographie*, p. 586はモーツァルトの耳と普通の耳とを対比している。

★ 040――Deutsch, *Mozart*, p.64.

★ 041――Ibid.

★ 042――Ibid., p.66.

★ 043――Ibid., p.97.

★ 044――Ibid., p.100

★ 045――Antonio Maria Meschini(Deutsch, *Mozart*, p. 103). Nissen, *Biographie*, pp. 153-54に載っている詩(Christoph Zabuesing, 1768)と比較せよ。

★ 046――Joseph Hurdalek, in Deutsch, *Mozart*, p.304.

★ 047――Ibid., pp.282-83. Meusel, *Das gelehrte Teutschland*, 1:421.

★ 048――Deutsch, *Mozart*, p.213. *Magazin der Musik*, ed.Karl Friedrich Cramer (Hamburg, March 2,1783).

★ 049――Deutsch, *Mozart*, pp.344-45. *Dramaturgische Blätter*, ed. Adolf Franz Friedrich Ludwig von Knigge (Hanover, 1789).

★ 050――Deutsch, *Mozart*, p.372. *Chronik von Berlin* (October 2, 1790).

★ 051――Deutsch, *Mozart*, p.431. *Wiener Zeitung* (December 31, 1791).

★ 052――Deutsch, *Mozart*, p.464. *Hamburgische Theaterzeitung* (July 7, 1792).

★ 053――Deutsch, *Mozart*, pp.472-73.

★ 054――Ibid., pp.497-98.

★ 055――Ibid., p.431.

抱き、マンハイムのコンサートホールで個人の衛生と公衆衛生についての連続講演を行なった。それらは後にまとめて出版された。 May, *Medicinische Fastenpredigten*.

★ 012――Weickard, *Der Philosophische Arzt*, 1:284: "Ein Genie, ein Mensch von erhöhter Einbildungskraft muss beweglichern Hirnzasern, als ein anderer haben. Die Zasern müssen geschwinder und leichter erschüttert werden, so dass lebhafte und häufige Vorstellungen entstehen können." Meusel, *Das gelehrte Teutschland*, 8:387-89 を 見 よ。ま た Historische Kommission, *Allgemeine Deutsche Biographie*, 41:485 も見よ。

★ 013――Hoffbauer, *Psychologische Untersuchungen*, pp. 58-59 に好例が載っている。

★ 014――Rogerson,"*Ut musica poesis,*" pp.141-42.

★ 015――Spingarn, *Critical Essays*, 3:56. イギリスとドイツの音楽批評に関する議論については Cowart, *Origins of Modern Musical Criticism*, pp. 115-39 を見よ。

★ 016――Walther, *Musikalisches Lexicon*, p. 454.

★ 017――Wessel,"*Affektenlehre* in the Eighteenth Century,"pp. 18:44.

★ 018――L. Mozart, *Treatise*, p. 120. L. Mozart, *Gründliche Violinschule*, p. 15.

★ 019――Ibid., L. Mozart, *Treatise*, p. 20.

★ 020――Frederick the Great, *De la littérature allemande*, pp.4-5.

★ 021――Burney, *Eighteenth-Century Musical Tour*, p. 167. この歌手はゲルトルーデ・エリーザベト・シュメーリング(1749-1830)だといわれている。

★ 022――Frederick the Great, *De la littérature allemande*, ed. Geiger, 17.

★ 023――Ibid., p. 23.

★ 024――筆者はこの問題を *Opera in the Development of German Critical Thought*, pp. 37-66, 281-300 で取り上げた。

★ 025――Deutsch, *Mozart*, pp.3,5-9.

★ 026――Deutsch, Mozart, pp. 103-5, および Goetz, *Mozart*, p. 25.

★ 027――W.A.Mozart, *Mozart*, 1:76.

★ 028――Ibid., p. 427.

★ 029――Leitzmann, *Mozarts Persönlichkeit*, pp. 18-19, 30-31. Goetz, *Mozart*, pp. 33-34 は、たとえば「文芸通信」1763 年 12 月 1 日号のドイツ語版から次の箇所を引用している。「いよいよもって信じ難いことに、かれは即興演奏を丸 1 時間続けることができる。その間かれは魅力的なモティーフに満ちた幻想に身をゆだねながら、それらのモティーフをよい趣味と意識と理性を持って演奏することができるのだ。…この神童はまったく人を夢中にさせる」。Eisen,"Contributions" も見よ。

★ 030――Deutsch, *Mozart*, p. 28.

★ 031――Nissen, *Biographie*, p. 29.

★ 032――Deutsch, *Mozart*, p. 26.

★ 033――Ibid., p. 295.

★ 034――Ibid., p. 193.

★ 035――Burney, *General History*, 1:279, 286. 当時の音楽に関する文献は一般に世界の他の地

★ 070――Ibid., 13:242,305-6.
★ 071――Ibid., 13:307-8.
★ 072――Ibid., 14:23, 57. 100. また 8:399-400.
★ 073――Ibid., 24:29-30.
★ 074――Ibid., 24:149.
★ 075――秘密結社の道徳的悪影響を論じたヘルダーの未刊の草稿も見よ。"Glaukon und Nicias, Gespräche," Ibid., 15:165-78.
★ 076――Ibid., 24:151. 大革命後のフランスにおける非合理的なものについてのデヴリンの最近の論文と比較せよ。 Judith Devlin, *Superstitious Mind*, とくに pp. 215-30.
★ 077――Suphan, 24:152-53.

第7章　オルペウスの再来、モーツァルト

★ 001――Fetzer, *Romantic Orpheus*, pp. 179-80 は、文学と音楽をふたたび生活に統合しようとしたロマン主義者から、オルペウス神話への関心の復活がはじまった、と主張する。
★ 002――「娯楽のための知識、とくに文学と音楽の規則について」。初出はマールブルクの雑誌 *Der Critische Musicus an der Spree*. ドイツ語の原文は次のとおり。

Ein Geist, den die Natur zum Mustergeist beschloss,
Ist, was er ist, durch sich; wird ohne Regeln gross.
Er geht, so kühn er geht, auch ohne Weiser sicher.
Er schöpfet aus sich selbst. Er ist sich Schul' und Bücher
Was ihn bewegt, bewegt; was ihn gefällt, gefällt.
Sein glücklicher Geschmack ist der Geschmack der Welt.
Wer fasset seinen Werth? Er selbst nur kann ihn fassen.

Lessing, *Werke*, ed. Petersen and Olshausen 1:185-86 にも載っている(165-71 行)。以下レッシングの著作の出典は Petersen-Olshausen として示す。ドイツ文化とくにレッシングにおける天才論の概観については Schmidt, *Genie-Gedankens*, 2:69-95 を見よ。
★ 003――たとえば Ehrenwald, *Anatomy of Genius*, pp. 5-7 を見よ。
★ 004――*Hamburgische Dramaturgie*, no. 34(August 25, 1767), Petersen-Olshausen, 5:152-53. 関連する問題については no. 30(August 11, 1767), no. 48(October 13, 1767) を見よ。
★ 005――*Hamburgische Dramaturgie*, no. 96(April 1, 1768), Petersen-Olshausen, 5:390.
★ 006――Gerstenberg, *Briefe über Merkwürdigkeiten der Literatur*, pp. 215, 232.
★ 007――英訳は le Huray and Day, *Music and Aesthetics*, p. 130.
★ 008――Hamann, "Aesthetica in nuce," 2:197. Schmidt, *Genie-Gedanken*, pp. 96-119 がハーマンを取り上げている。
★ 009――Hamann, *Tagebuch eines Christen*,1:241.
★ 010――Hamann,"Aesthetica in nuce,"2:197.
★ 011――両性具有と演技についての 18 世紀の考え方の問題については Flaherty, "Sex and Schamanism in the Eighteenth Century"を見よ。マイはこのような問題に非常に大きい関心を

よってやすやすと尊敬を集めることができた。そしてその後は領主、王と見なされた。しかもかれは黒魔術の心得も多少あったので、愚かな住民をますますかれの欲するように動かすことができた、と伝えられる」(col.1819)。

★ 040——Suphan, 6:398.

★ 041——Ibid., 6:357.

★ 042——Ibid., 6:397-98.

★ 043——Ibid., 6:403, 424, 453.

★ 044——Ibid., 6:463.

★ 045——Achterberg, *Imagery in Healing*, p. 29. および pp. 75-85, 100. Doore, *Shaman's Path*, part 2, pp. 88-175 も見よ。

★ 046——オルペウスの神話的呪術師・神学者・文明をもたらす者、という三重の役割をふたつの優れた研究が扱っている。 Lee, "Orpheus and Euridice"; Warden, *Orpheus*.

★ 047——Suphan, 17:150.

★ 048——Ibid., 9:531. この問題には20世紀末の中世研究者も大いに関心を抱いている。たとえば Kabell, "Skalden und schamanen"を見よ。

★ 049——Suhan, 9:532.

★ 050——Ibid., 9:534.

★ 051——"Edle griechische Schamanen," ibid. この箇所の「シャーマン」という語のヘルダーの使い方についてロナルド・テイラーが付けた注は「病気治癒力を持つ仏教の僧」という以上のものではない。Ronald Taylor, *Romantic Tradition in Germany*, p. 19; p. 25 参照。

★ 052——Suphan, 8:340.

★ 053——Ibid., 8:180.

★ 054——Ibid., 8:190.

★ 055——Ibid., 8:226.

★ 056——Ibid., 8:227.

★ 057——Ibid., 8:221-22.

★ 058——Ibid., 8:222.

★ 059——Ibid., 16:334.

★ 060——Ibid., 16:336.

★ 061——Ibid., 16:343.

★ 062——Ibid., 16:347.

★ 063——Ibid., 16:343.

★ 064——Ibid., 16:346.

★ 065——Ibid., 16:348.

★ 066——Ibid., 16:355-56.

★ 067——Ibid., 16:357.

★ 068——Ibid., 16:363.

★ 069——Ibid., 12:159.

★ 026——18 世紀の思想におけるオルペウスの役割は、啓蒙思想家たちのいわゆる反神話的な態度が仮定されたために、一般に無視されてきた。たとえば Strauss, *Descent and Return*, p. 3 は、合理主義的な 18 世紀が思考から神話的なものを完全に剥ぎ取ろうとしたのにたいし、ロマン主義者たち、とくにノヴァーリス、シュレーゲル兄弟、シェリングのほうは「神話的、象徴的思考に熱中した」と書いている。この書物が論じる最初の「近代人」はノヴァーリスである。

★ 027——Suphan, 25:84. アーネスト・シオドア・カービはヘルダーとは無関係にこの主題を広く論じている。Kirby, "Dionysus"; "Origin of the Mummer's Play"; "Shamanistic Origins of Popular Entertainments"; また *Ur-Drama* のとくに 1-5 章を見よ。

★ 028——Adelung, *Grammatisch-kritisches*, pt. 1, col. 1636, s.v. edel には、この語が比喩的に用いられる場合のもっとも一般的な意味として「(1)合法的な、本物の。…(2)優れた、その種の中で最高の。…その民族の優れた者たち、聖書や調子の高い文体では、身分だけではなく、徳やものの考え方から見ても、一国内でもっとも優れた、尊敬すべき人びと」とある。

★ 029——Suphan, 6:492.

★ 030——Ibid., 6:392.

★ 031——Ibid., 6:493

★ 032——Möser, "Schreiben an den Herrn Vicar in Savoyen," in *Sämmtliche Werke*, ed. Abeken, Möser, and Nicolai, 5:247.

★ 033——Suphan, 6:284-85.

★ 034——最近の研究者の結論は注目に値する。たとえば Rudy, "Die Pictographie." p. 103 を見よ。

★ 035——Suphan, 6:288, 32:110.

★ 036——Ibid., 6:369. ヘルダーはアルファベット(すなわち抽象的な記号の記録を容易にするシステム)の発明が持つ意味に魅惑され続け、晩年にヴァイマルで論文の梗概をつくりさえした。"Vom Einfluss der Schreibekunst ins Reich der menschlichen Gedanken." Ibid., 32:517-18. 18 世紀の、旅行文学を読み、プラトーンのとくに「パイドロス」を知っていたドイツ人の多くもヘルダーと意見をともにしていた。「パイドロス」ではソクラテスが、文字を書く技術の発明が記憶力を衰えさせたことを嘆くのである。中でも傑出していたのがイマーヌエル・カントである。かれは人間学の講義にこの問題を取り上げたが、残念ながら学会はこれをカントの本務以外の活動と見なした。

★ 037——Suphan, 6:285. この問題に関してヘルダーの考えを示すもうひとつの論文は 1775 年の *Erläuterungen zum Neuen Testament aus einer neueröfneten Morgenländischen Quelle*, Ibid., 7:338-39 である。エリアーデのオルペウスとピュタゴラスについての論述と比較せよ。Mircea Eliade, *Geschichte der religiösen Ideen*, I:160-71.

★ 038——Suphan, 32:110.

★ 039——18 世紀の標準的な神話辞典はすべてオルペウスの起源をアジアとしていた。Hederich, *Gründliches mythologisches Lexicon* はオルペウスを、文明をもたらした詩人、エジプトの「魔法使い」などと書いている(col. 1812)。次の記述をヘルダーの解釈と比較すれば興味深いだろう。「この地はまだ何もかも未熟で無知だったから、かれは雄弁と音楽とその他の技術に

personnes dans un entier oubli ou dans une profonde ignorance de ce qu'il a fait, il s'écria dans le premier moment: 'Hé bien, Messieurs, qu'est-ce qu'il y a? D'où viennent vos ris et votre surprise? Qu'est-ce qu'il y a?' Ensuite il ajouta: 'Voilà ce qu'on doit appeler de la musique et un musicien.," Billy, p.456.

第6章　ヘルダーの芸術家シャーマン論

★ 001――"Ueber die verschiedenen Religionen," Herder, *Sämmtliche Werke*, ed. Suphan, 32;147. この版については引用にさいしてSuphanと記し、巻数とページ数を付す。
★ 002――Ibid., 32:19.
★ 003――ヘルダーはたとえば、「すべてこれらの民族はカクロガリニー人、リリパット人、ハインハイン人、つまりスウィフトが創造した世界の住民である」と書いている。 Ibid., 32:21.
★ 004――"Ueber die neuere Deutsche Litteratur, Eine Beilage zu den Briefen, die neueste Litteratur betreffend." Ibid., 1:345.
★ 005――Ibid., 1:394, 545.
★ 006――Ibid., 5:449.
★ 007――Ibid., 5:451.
★ 008――Herder, *Kritische Wälder*, in Suphan 3:260-64.
★ 009――Herder, "Versuch einer Geschichte," Suphan, 32:94. 編集者によれば、この文章はこれまで未公刊であった。
★ 010――Suphan, 5:5.
★ 011――Billy, p. 457. 本書第5章を見よ。
★ 012――Suphan, 5:12.
★ 013――Ibid., 5:7.
★ 014――Ibid., 5:16.
★ 015――Ibid., 5:53.
★ 016――Ibid., 5:58.
★ 017――Ibid., 5:122-23.
★ 018――Ibid., 5:168, 197
★ 019――Ibid., 5:170, 172
★ 020――Ibid., 5:167, 187. ヘルダーの議論は、ほぼ2世紀後のRothenberg, *Technicians of the Sacred* に似ている。ローセンバーグの立場については本書序論を見よ。
★ 021――Herder, "Fragment über die beste Leitung," Suphan, 9:542.
★ 022――Suphan, 25:81.
★ 023――Ibid.
★ 024――Ibid., 25:82. ヘルダーの主張がはっきり出ている次の分析と比較せよ。「いわゆる民衆の偏見、妄想、神話、伝統、言語、習俗、すべて未開の人びとの生活の珍奇なところには、あらゆる時代のあらゆる詩論以上に詩があり、あらゆる礼拝堂以上に詩の宝庫がある」。Ibid.,25:88.
★ 025――Ibid., 25:83.

C'est lorsque, suspendus entre la nature et leur ébauche, ces génies portent alternativement un oeil attentif sur l'une et l'autre; les beautés d'inspiration, les traits fortuits qu'ils répandent dans leurs ouvrages, et dont l'apparition subite les étonne eux-mêmes, sont d'un effet et d'un succès bien autrement assurés que ce qu'ils y ont jeté de boutade. C'est au sang-froid à tempérer le délire de l'enthousiasme." Billy, p.1008.

★ 058——Barzun and Bowen, p. 69. "Lui n'apercevait rien; il continuait, saisi d'une aliénation d'esprit, d'un enthousiasme si voisin de la folie qu'il est incertain qu'il en revienne, s'il ne faudra pas le jeter dans un fiacre et le mener droit aux Petites-Maisons. En chantant un lambeau des *Lamentations* de Jomelli, il répétait avec une précision, une vérité et une chaleur incroyables les plus beaux endroits de chaque morceau; ce beau récitatif obligé où le prophète peint la désolation de Jérusalem, il l'arrosa d'un torrent de larmes qui en arrachèrent de tous les yeux. Tout y ètait, et la délicatesse du chant, et la force de l'expression, et la douleur. Il insistait sur les endroits où le musicien s'était particulièrement montré un grand maître. S'il quittait la partie du chant, c'était pour prendre celle des instruments qu'il laissait subitement pour revenir à la voix, entrelaçant l'une à l'autre de manière à conserver les liaisons et l'unité du tout; s'emparant de nos âmes et les tenant suspendues dans la situation la plus singulière que j'aie jamais éprouvée." Billy, p. 455.『パラドクス』に類似の例がある。「偉大な俳優は ピアノでもハープでもないし、クラヴサンでもヴァイオリンでもチェロでもない。かれには固有のキーはない。かれはスコアの中の自分のパートにキーとトーンを合わせるのであって、どんなキーでもトーンでもとることができる。わたしは偉大な俳優の才能を高く評価する。そのような俳優は稀にしかいない。大詩人と同じくらい稀、いやそれ以上に稀であるかもしれない」。Pollock, p. 46. "Un grand comédien n'est ni un pianoforte, ni une harpe, ni un clavecin, ni un violon, ni un violoncelle; il n'a point d'accord qui lui soit propre; mais il prend l'accord et le ton qui conviennent à sa partie, et il sait se prêter à toutes. J'ai une haute idée du talent d'un grand comédien: cet homme est rare, aussi rare et peut-être plus que le grand poète." Billy, pp. 1034-35.

★ 059——Barzun and Bowen, p. 69. "Il sifflait les petites Hûtes, il recoulait les traversières, criant, chantant, se démenant comme un forcené, faisant lui seul les danseurs, les danseuses, les chanteurs, les chanteuses, tout un orchestre, tout un théâtre lyrique, et se divisant en vingt rôles divers, courant, s'arrêtant avec l'air d'un énergumène, éteincelant des yeux, écumant de la bouche." Billy, pp. 455-56.

★ 060——Barzun and Bowen, p. 70. "C'était la nuit avec ses ténèbres; c'était ombre et le silence, car le silence même se peint par des sons." Billy, p. 456.

★ 061——Barzun and Bowen, p. 70. "Épuisé de fatigue, tel qu'un homme qui sort d'un profond sommeil ou d'une longue distraction, il resta immobile, stupide, étonné. Il tournait ses regards autour de lui comme un homme égaré qui cherche à reconnaître le lieu où il se trouve; il attendait le retour de ses forces et de ses esprits; il essuyait machinalement son visage. Semblable à celui qui verrait à son réveil son lit environné d'un grand nombre de

Billy, pp. 405-6.
★ 044——Barzun and Bowen, p.18. "Vous avez toujours pris quelque intérêt à moi, parce que je suis un bon diable que vous méprisez dans le fond, mais qui vous amuse." Billy, p. 405.
★ 045——Pollock, p. 67. "Mon ami, il y a trois modèles, l'homme de la nature, l'homme du poète, l'homme de l'acteur. Celui de la nature est moins grand que celui du poète, et celui-ci moins grand encore que celui du grand comédien, le plus exagéré de tous. Ce dernier monte sur les épaules du précédent, et se renferme dans un grand mannequin d'osier dont il est l'âme." Billy, p. 1054.
★ 046——Barzun and Bowen, p.12. "Rien n'était plus utile aux peuples que le mensonge, rien de plus nuisible que la vérité." Billy, p. 399.
★ 047——"Elles sont d'usage dans mon état." Billy, p. 419.
★ 048——Barzun and Bowen, p.47. "Jamais faux, pour peu que j'aie intérêt d'être vrai; jamais vrai pour peu que j'aie intérêt d'être faux." Billy, p.434.
★ 049——Barzun and Bowen, p. 34. "Nous nous enivrerons, nous ferons des contes, nous aurons toutes sortes de travers et de vices. Cela sera délicieux." Billy, p. 422.
★ 050——Barzun and Bowen, p. 48. "Nous dévorons comme des loups, lorsque la terre a été longtemps couverte de neige; nous déchirons comme des tigres tout ce qui réussit." Billy, p. 435.
★ 051——Barzun and Bowen, p. 71. "C'est au cri animal de la passion à dicter la ligne qui nous convient. Il faut que ces expressions soient pressées les unes sur les autres." Billy, p. 457.
★ 052——Barzun and Bowen, p. 63. "Sur la ligne des grands vauriens." Billy, p. 449.
★ 053——Barzun and Bowen, p. 79. "Il semblait pétrir entre ses doigts un morceau de pate, et sourire aux formes ridicules qu'il lui donnait. Cela fait, il jeta la pagode hétéroclite loin de lui." Billy, p. 464.
★ 054——"Je sentis que nature avait mis ma légitime dans la bourse des pagodes, et j'inventai mille moyens de m'en ressaisir." Billy, p. 465.
★ 055——ディドロが『パラドクス』に書いていることと比較せよ。"Dans la grande comédie, la comédie du monde, celle à laquelle j'en reviens toujours, toutes les âes chaudes occupent le théâtre; tous les hommes de génie sont au parterre. Les premiers s'appellent des fous; les seconds, qui s'occupent à copier leurs folies, s'appellent des sages." Billy, p. 1009.
★ 056——Barzun and Bowen, p. 45. "Il est vrai; mais vous ne souqçonnez pas combien je fais peu de cas de la méthode et des préceptes. Celui qui a besoin d'un protocole n'ira jamais loin; les génies lisent peu, pratiquent beaucoup et se fout d'eux-mêmes. Voyez César, Turenne, Vauban, la marquise de Tencin, son frère le cardinal, et le secrétaire de celui-ci, l'abbé Trublet. Et Bouret? Qui est-ce qui a donné des lecçons à Bouret? Personne. C'est la nature qui forme ces hommes rares-là." Billy, pp. 432-33.
★ 057——Pollock, p. 17. "On ne sait d'où. ces traits viennent; ils tiennent de l'inspiration.

★ 031——Lentin, "Catherine the Great and Diderot," pp. 319-20.

★ 032——Oustinoff, "Notes on Diderot's Fortunes," 121-22.

★ 033——Goethe, *From my Life*, 1:361; Goethe, *Gedenkausgabe*, ed. Beutler, 10:534. 以下でこの作品に言及するさいは *Gedenkausgabe* として引用する。

★ 034——Schlösser, *Rameaus Neffe*, pp. 87, 89, 96. Mortier, *Diderot in Deutschland*, pp. 87,124 も見よ。「文芸通信」がルヴェックのロシア史を熱心に推薦していることには、たんに興味深いという以上のものがある。Levesque, *Historical & Literary Memoirs*, pp. 25-30. Levesque, *Histoire de Russie* については筆者はニューベリ図書館で第4版を読むことができた。その第7巻第4部「シャーマニズム、アジア北部全域に広がっていた古代宗教」は、シャーマニズムに関する情報を完全に近い形でまとめている (pp. 159-91)。p. 191 の脚注によれば、ルヴェックは少なくとも 1780 年代から研究をはじめている。

★ 035——Mortier, *Diderot in Deutschland*, pp. 219-26.

★ 036——Schlösser, *Rameau's Neffe*, pp. 107-15, 187, 208. Josephs, *Diderot's Dialogue*, p. viii も見よ。

★ 037——Diderot, *Rameau's Nephew*, trans. Barzun and Bowen, p. 8. 次のフランス語の原文は *Oeuvres*, ed. Billy pp. 395-96 からの引用である。"Il est doué d'une organisation forte, d'une chaleur d'imagination singulière, et d'une vigueur de poumons peu commune." 以下『ラモーの甥』の引用は英訳は Barzun and Bowen, フランス語は Billy と表示する。

★ 038——Diderot, *Paradox*, trans. Pollock, p. 46. 以下この作品については Pollock と表示して引用する。次のフランス語の原文は Billy, p. 1035 から引用。"Un grand comédien est un autre pantin merveilleux dont le poète tient la ficelle, et auquel il indique à chaque ligne la véritable forme qu'il doit prendre."

★ 039——Barzun and Bowen, p. 73. "Et puis c'est qu'il y avait quelque chose de race. Le sang de mon père et le sang de mon oncle est le même sang; mon sang est le même que celui de mon père, la molécule première s'est assimilé tout le rest." Billy, p. 459.

★ 040——Barzun and Bowen, p. 73. "Si je l'aime le petit sauvage? J'en suis fou." Billy, p. 459.

★ 041——Barzun and Bowen, p. 9. "S'il en paraît un dans une compagnie, c'est un grain de levain qui fermente et qui restitue à chacun une portion de son individualité naturelle. Il secoue, il agite, il fait approuver ou blâmer, il fait sortir la vérité, il fait connaître les gens de bien, il démasque les coquins; c'est alors que l'homme de bon sens écoute et démêle son monde." Billy, pp. 396-97.

★ 042——Barzun and Bowen, p. 54. "Je suis rare dans mon espèce, oui, très rare. A présent qu'ils ne m'ont plus; que font-ils? Ils s'ennuient comme des chiens. Je suis un sac inépuisable d'impertinences. J'avais à chaque instant une boutade qui les faisait rire aux larmes; j'étais pour eux les Petites-Maisons tout entièrs." Billy, p. 441. Maddox, *Medicine Man*, p. 128 の、社会的に有益な寄生者という、20 世紀のシャーマン解釈と比較せよ。

★ 043——Barzun and Bowen, p.18. "Un ignorant, un sot, un fou, un impertinent, un paresseux, ce que nos bourguignons appellent un fieffé truand, un escroc, un gourmand."

Briggs, *Pale Hecate's Team*, p.15である。「18世紀の突然の心変りで、(魔術)信仰は野蛮な迷信にすぎない、と見なされることになった。18世紀末には魔術は、甲冑や秘密の抜け道や一族の呪などとともに、ゴシック文学の装飾品になってしまった」。

★ 005——Catherine II, *Memoirs*, pp. 152-53; Gooch, *Catherine the Great*, p. 34.

★ 006——Guerra, *Pre-Columbian Mind*, pp. 4-5.

★ 007——エカチェリーナは厳しい表現で「すべてのことを悪意から間違って伝え、ロシアと名のつくものは何でも嫌うフランス人旅行者」と闘った。*Antidote*, p, iii. 彼女はまた、グメーリンら定評のある学者が示す学問的な態度がフランス人旅行者にはないことを指摘した (pp. 4-5, 87) 。Cronin, *Catherine*, pp. 230-31を見よ。

★ 008——Diderot, *Encyclopédie*, 16:253-61.

★ 009——Jessen, *Katharina II*, p. 325.

★ 010——Fitzgerald Molloy, *Russian Court*, 2:422が世論に影響を与えるための演劇利用を強調していることと比較せよ。Karlinsky, *Russian Drama*, pp. 86-88は、エカチェリーナの戯曲をロシア演劇史の中で論じている。

★ 011——Jessen, *Katherina II*, p. 331.

★ 012——Ibid., p. 343.

★ 013——Catherine II, *Der sibirische Schaman*, p. 11. 本文に示したページ数はこの版による。筆者はこの版をプリンストン大学ファイアストン図書館で参照した。この版自体希少なのだが、とくにこの図書館の蔵書は、扉の手書きの文字が、1787年1月30日に女帝がツィマーマンに贈った献呈本であることを示している。

★ 014——Lentin, "Catherine the Great and Diderot,"

★ 015——Mohrenschildt, *Russia*, pp. 23, 48.

★ 016——Lentin, "Catherine the Great and Diderot," p. 315.

★ 017——Schlösser, *Rameaus Neffe*, pp. 1-3, 11, 29.

★ 018——ヴォルテールはサモイェード族、オスチャック族、カムチャツカ人を中心にさまざまな民族の信仰を論じた。"La Russie sous Pierre le Grand", pp. 370, 374.

★ 019——Diderot, *Encyclopédie*(1765), 14:444.

★ 020——Ibid. (1765), 14:604.

★ 021——Ibid. (1765), 9:110.

★ 022——Ibid. (1765), 15:923.

★ 023——Ibid. (1765), 8:436.

★ 024——Ibid. (1765), 14:759.

★ 025——Ibid. (1765), 8:875. (1756), 6:878, Florideの項も比較せよ。

★ 026——Ibid. (1765), 8:875.

★ 027——Ibid. (1755), 5:719.

★ 028——Ibid. (1755), 5:722.

★ 029——Ibid. (1756), 6:324-25, Extaseの項も比較せよ。

★ 030——Ibid. (1756), 10:276, and(1765), 16:278.

1804), vol. 5 (Tübingen, 1813), vols. 6.1-6.2(Vienna, 1817), vol. 6.3(Vienna, 1819).
★ 014——Jung-Stilling, *Theorie der Geister-Kunde*.

第5章　ディドロ『ラモーの甥』とロシアの影響

★ 001——たとえば Flögel, *Geschichte der komischen Literatur*, 1:99, 124, 224-27, 318-21, 4:22-27 を見よ。

★ 002——ドニ・ディドロの『ラモーの甥』(Denis Diderot, *Neveu de Rameau*) には無数の解釈がある。それぞれ異なり、いずれも重要である。たとえば19世紀にはヘーゲルが、これは昔の率直な意識と近代の疎外された、あるいは分裂した意識との弁証法である、と主張し、続いてニーチェは哲学すなわち理性的思考(アポロン的なもの)と音楽、直観あるいは感情(ディオニュソス的なもの)との対決をここに見た。20世紀も見解の発表をためらわなかった。トリリングは、「『ラモー』は合理的で上品な社会生活の下に潜む危険だがなくてはならないものを描きだす」と書いた(Trilling, "The Legacy of Freud")。19世紀末の影響を強く受けたトリリングにとっては、「かれ」すなわちラモーの甥はフロイトのいうイド、「わたし」すなわち語り手はエゴにあたるものだった。Sherman, "The *Neveu de Rameau* and the Grotesque"; Mall, "*Le Neveu de Rameau* and the Idea of Genius,"pp. 28, 31-35 とも比較せよ。レオ・シュピッツァーはまた別の対置を持ち出し、ディドロはミメーシスすなわち模倣の理論と表現の理論とを対比していると書いた。シュピッツァーはさらに、カフェ・ド・ラ・レジャンスのオペラの場面を魔法のシーンとして解釈し、この場面は子守歌のように催眠薬になって自動機械を停止させる、とさえいう。Roach, "Diderot and the Actor's Machine," pp. 64-65 と比較せよ。de Fontenay, *Diderot*, pp. 200-209; Kouidis, "The Praise of Folly" も見よ。ミシェル・フーコーは、ディドロが狂人を社会的な人間と見なした、あるいはそう思い違いしたことから判断するなら、ディドロのテクストは、18世紀の西ヨーロッパに非合理性がふたたび現われたことを示すものだ、と主張した (Michel Foucault, *Madness and Civilization*, pp.99-100)。しかしドナルド・オゴーマンにとっては、この作品は啓蒙思想と熱狂主義、つまり合理的なものと非合理的なものとの論争を意味した (Donald O'Gorman, *Diderot the Satirist*, pp. 128, 152, 189, 215-16)。ハーバート・ジョゼフスはむしろ社会および作者自身にたいする風刺と見なそうとした (Herbert Josephs, *Diderot's Dialogue*, p. 113)。ジョン・ニューバウアーは最近、ディドロはこの作品を用いて「音楽の理論と演奏との不一致によって、テクストが根本的に自己を拡散させることを示した」という意見を発表した (John Neubauer, *Emancipation of Music from Language*, pp. 114-20)。フリードリヒ・プロトキンは以前この作品を「いくぶん不可解な対話」と呼んだことがあるが、すべての解釈者が書いたことを要約し、評価している。次の言葉は的確であると思う。「かれらはだいたいにおいてディドロの有名な対話の根本的な意義を次のように把握した。すなわちこの作品は『理性の時代』の終わりと、いくらかおおざっぱに『ロマン主義』と呼ばれてきた新しい精神の出現とを先んじて描いている、というのである」(Friedrich Plotkin,"Diderot's Nephew") 。

★ 003——Cronin, *Catherine*, p. 223, and Flaherty,"Catherine the Great and Men."

★ 004——たとえば Lechner,"Gotthilf Heinrich von Schubert's Einfluss," p. 3 を見よ。啓蒙の時代にオカルトへの関心を学者が締め出したことはどこを見ても明白である。その好例のひとつが人から求められた。帰国後所感の出版を許可するという約束を得て、わたしは承諾した」と書かれている。ここから推量するなら、ソーアーはペテルブルグに住んでいたように思われる(pp. ix-x)。一方ビリングスの探検から健康上の理由で帰国したことを述べるところでは、助力を受けた人びとへの感謝を記しているが、その相手は全部イギリス人である。それにもかかわらずソーアーは、予想されるようにイギリスへの帰国とは書かず、「ロンドンに到着」と書いている (p. xi) 。もうひとつ腑に落ちないことは、「距離の計算が地理マイルか、ドイツマイルかをいう」ことはできないと思う、「原文の日誌記載者たちはどちらの尺度も使っていたからである」(p. xiii) と書いていること、さらに、旅行記の終わり近くに、「わたしが翻訳した日誌の記者は別のことも書いているが、それはわたしがすでに注目していたことである」(p. 330) と書いていることである。

1802年にソーアーの旅行記をフランス語に訳したJ.カステラは「訳者の序文」に著者は「イギリス人」だと書いている。ソーアーのドイツ語通訳を務めたシュプレンゲルは、ソーアーは「秘書兼日誌記者」(p. viii) としてどこにでもビリングスについていった、と書いているだけである(M. C. Sprengel, *Reise nach den Nordlichen Gegenden vom Russischen Asien und America*, 1803年に発行された最新重要旅行記叢書の第8巻)。Donnert, *Russia in the Age of Enlightenment*, p. 112はソーアーをイギリス人としている。

★ 019——19世紀に入る前にドイツ語、フランス語、オランダ語の翻訳が出た。

★ 020——ドイツ語訳が1803年に、続いてフランス語訳が1804年に出た。

第4章　医学者が見たシャーマニズム

★ 001——Foucault, *Birth of the Clinic*, p. 96に「不確実な知識としての医学という古い主題には、18世紀がとくに鋭敏だった」とある。

★ 002——Sierke, *Schwärmer und Schwindler*(狂信者とぺてん師)という書名はおおいに期待を抱かせそうだが、内容は18世紀に発達した標準的な正体暴露をほとんど出ない。主に取り上げているのは、エマニュエル・スウェーデンボリ、フランツ・アントン・メスマー、ヨーハン・ヨーゼフ・ガスナー、ヨーハン・ゲオルク・シュレッパー、カリオストロである。N. O. Brown, *Hermes the Thief*, pp. 17-18と比較せよ。

★ 003——Rather, *Mind and Body.* pp. 20-21に訳文が載っている。

★ 004——Ibid., p. 128.

★ 005——Ibid., pp. 174-75.

★ 006——Ibid., p. 184.

★ 007——Ibid., p. 110.

★ 008——Ibid., p. 114.

★ 009——Ibid., p. 113.

★ 010——Tissot, *Life of J. G. Zimmermann*,p.15.

★ 011——Zimmermann, *Über Friedrich den Grossen* and *Fragmente über Friedrich den Grossen.*

★ 012——Zimmermann, *Solitude*, 2:98-99.

★ 013——Frank, *System.* 本文に示したページ数は増補版のものである。vols. 1-4 (Mannheim,

★ 006――たとえばHuet, *Traité de l'origine des Romans* と比較せよ。

★ 007――Pallas, *Reise durch verschiedene Provinzen*, 3:65. 後の現地での観察者もシャーマンの行動と物語や神話の創作とを結びつけた。たとえばSarytschew, *Achtjährige Reise im nordöstlichen Sibirien*, 1:31 はこう書いている。「かれらは精霊を支配する力を持つと考えられたことによって、迷信深い無知な人びとを利用するためのさまざまなおとぎ話や馬鹿話を考え出して、人びとをいっそう信心深くする権利をも手に入れたのである」。

★ 008――どちらもペテルブルグで出版された。前者は1775年、4部から成る後者は1776、1777、1780年に分冊で出た。

★ 009――ゲオルギのこのような観察が19世紀にしだいに広く知られ、「北極ヒステリー」と名づけられるにいたった。 Shirokogoroff, *Psychomental Complex of the Tungus*, pp. 252-54 を見よ。

★ 010――現地での直接の経験によって、信仰体系に関するゲオルギの著作は以前の解釈、たとえばHume, *Natural History of Religion* (1757) とはすっかり違うものになった。後者は、多神論と偶像崇拝がもっとも古代的な宗教であると考えるが、結論としては、「偶像崇拝と多神論から一神論へ進み、ふたたび一神論から偶像崇拝へ堕落する自然な傾向が人間にはある」(p. 23; P. 46 参照)と述べた。

★ 011――伝記的叙述についてはUhlig, *Georg Forster*, pp. 2-14 およびSaine, *Georg Foster*, pp. 9-55 による。

★ 012――Forster, *Geschichte der Reisen*, 3:62. 同著者による旅行文学の書評、たとえば *Sämmtliche Schriften*, 5: 317-400 も見よ。

★ 013――Forster, *Geschichte der Reisen*, 3:69.

★ 014――Ibid., pp. 63-65. West, "Limits of Enlightenment Anthropology"と比較せよ。

★ 015――たとえばManuel, *Eighteenth Century Confronts the Gods*, p. 42; Eliade, *Myths, Dreams, and Mysteries*, p. 39 を見よ。エリアーデは、高潔な未開人という概念は、16、17、18世紀が「道徳的、政治的、社会的研究のためのひとつの規準として」つくりだし、広めた、と述べている。

★ 016――Forster, "Über die Pygmäen," in *Werke*, 7:119-20.

★ 017――Ibid., pp.27-28.

★ 018――18世紀の探検隊員や旅行記著者の多くの例に洩れず、マーティン・ソーアーについても伝記的情報はきわめて少ない。イギリス、フランス、ドイツ、オーストリア、スイス語版の伝記辞典には載っていないが、Brunet, *Manuel*; Graesse, *Tresor*; Sabin, Eames, Vail, *A Dictionary of Books Relating to America* にはかれの旅行記が記載されている。伝記辞典のBillingsの項の記事によれば、ソーアーは定められた義務は良心的に果たしたが、ビリングスが私的には欠点が多く、公的には残酷なことから、ビリングスを非常に嫌っていたということである。

ソーアーの旅行記の中の折に触れての記述や、献辞、序文が伝記的情報を多少は与えるが、それらは知的な満足を与えるというよりは、むしろ混乱させるような内容を含んでいる。ソーアーは旅行記を当時の王立協会長、ジョウゼフ・バンクス(1743-1820)に献呈した。ソーアーの序文には「わたしはパラス博士、ビリングス氏と面識があり、私設秘書兼通訳として探検に加わることを両

★ 025——Krascheninnikow, *History of Kamtschatka*, p.208.

★ 026——父ハンス・ポウルセン・エゲーデ（1686-1758）はグリーンランドの司教で、布教について数冊の著書がある。それらはデンマーク語からドイツ語と英語に翻訳された。後に息子が続きを書いた。

★ 027——Donnert, *Russia in the Age of Enlightenment*, pp.99-100, 109.

★ 028——Wo Russlands breites Reich sich mit der Erde schliesset,
Und in den letzten West des Morgens March zerfliesset;
Wohin kein Vorwitz drang; wo Thiere fremder Art,
Noch ungenannten Völkern dienten;
Wo unbekanntes Erzt sich künftgen Künstlern spart,
Und nie besehne Kräuter grünten;
Lag eine neue Welt, von der Natur versteckt,
Biss Gmelin sie entdeckt.

★ 029——ラフィトがかれ以前の研究者たちの方法の欠陥を意識していたことについては、Pagden, *Fall of Natural Man*, p. 184 が論じている。それによれば、ラフィトは「すべての文化は、それぞれの社会の内部で個人間のコミュニケーション手段になっている象徴的表現の体系であること」(p. 199) を認識していた。

★ 030——Fenton, "J.-F.Lafitau."

★ 031——Manuel, *Eighteenth Century Confronts the Gods* によれば「旅行文学、とくにイエズス会士ラフィトの最近の著書から、アメリカインディアンはかれらの貧弱な理解力を越える自然界の威力をすべて命を持つものと見なし、神々と呼ぶことをヴィーコは学んだ」(p. 156)。筆者はそのことに直接言及している箇所をまだ見つけだせずにいるが、ヴィーコは全体として旅行者の報告を非常に信頼していた。たとえば Vico, *New Science*, pars. 334, 337, 517 を見よ。

★ 032——Lafitau, *Customs of the American Indians*, 1:95(113). ページ数は先にここに記した英語版、次に本文で述べたフランス語版 (*Moeurs des sauvages ameriquains, comparées aux moeurs des premièrs temps*) のものを示した。Dodds, *Greeks and the Irrational*, pp.70, 72 および chapter 5: "The Greek Shamans and the Origins of Puritanism," pp. 135-78 と比較せよ。

★ 033——Vico, *New Science*, pars.100, 375, 517.

第3章　相互作用・変容・消滅

★ 001——探検家のさまざまな班分けと、それらと計画全体との関係に関する情報については Donnert, *Russia in the Age of Enlightenment*, pp. 110-11 を見よ。

★ 002——Falk, *Beyträge*, 2:459-60.

★ 003—— Lepechin, *Tagebuch*, 1:44-45.

★ 004——Donnert, *Russia in the Age of Enlightenment*, p.111.

★ 005——この著書は、シャーマニズムについての後の著作にしばしば引用された。たとえば Mikhailovskii, "Shamanism in Siberia and European Russia," pp. 81-82 を見よ。

Data of Victorian Ethnology (1830-1858)," pp. 79-109 を見よ。

★ 011――たとえば Stuck, *Verzeichnis*, I:iv, vi, xi; *Versuch einer Literatur deutscher Reisebeschreibungen*, pp. 1-17, 394-98 を見よ。年代記と歴史的資料の収集もあった。たとえば Müller, *Eröffnung einer Vorschlages Zu Verbesserung*.

★ 012――このような探検家たちが発達させた方法は、国内に留まっている人びとによってしばしば疑問視された。1800 年の主要な一例は Degérando, "Considerations on theVarious Methods to Follow in the Observation of Savage People," in *Observation of Savage Peoples*, pp. 59-104 である。このテクストはオーストラリア旅行を企てた人間観察協会員のための手引きとして書かれた。著者は方法の基本的な欠陥と見なすものを８つ挙げて簡単に解説している。それらは不完全性、確実性の欠如、秩序の欠如、誤った類推、言語学的限界、また不公平、先住民の言語に関する報告の欠如、伝統と儀式の無視である (pp. 64-69) 。著者が原則として定めようとしている観点は 18 世紀初めの多くの原則に比べて公平を欠き、ヨーロッパ中心になっている。

★ 013――Stafford, *Voyage*, pp.46-52.

★ 014――Bell, *Travels*, I:xiv-xv. 本書のフランス語訳は 1766 年、オランダ語訳は 1769-1770 年、ドイツ語訳は 1787 年に出た。 Adams, *Travelers and Travel Liars*, pp. 1-11 と比較せよ。

★ 015――Bell, *Travels*, 1:207. 2:146 も比較せよ。

★ 016――方法についての関心を論じた 18 世紀の議論としては Messerschmidt, "Nachricht," pp. 98-99 を見よ。

★ 017――Messerschmidt, *Forschungsreise durch Sibirien*, 1:59-60.

★ 018――Donnert, *Russia in the Age of Enlightenment*, pp. 96-97 によれば、1962-1977 年の版で初めて報告の全文が公刊された。

★ 019――Ibid., p.97.

★ 020――Strahlenberg, *An Histori-Geographical Description of the North and Eastern Part of Europe and Asia; But more particularly of Russia, Siberia,and Great Tartary; Both in their Ancient and Modern State: Together with An entire New Polyglot-Table of the Dialects of 32 Tartarian Nations:And a Vocabulary of the Kalmuck-Mungolian Tongue; As Also, A Large and Accurate Map of those Countries; and Variety of Cuts, representing Asiatick-Scythian Antiquities*.

★ 021――Moore, *Travels into the Inland Parts of Africa*, p.87, and Marshall and Williams, *Great Map of Mankind*, pp.234-35.

★ 022――Donnert, *Russia in the Age of Enlightenment*, pp. 99-100 はチームのメンバーを論じている。

★ 023――Steller, *Beschreibung*, pp.284-85.

★ 024――神経系と迷信深さへの気候の影響は、Falconer, *Remarks*, とくに pp. 130-59 などがこの主題を論じたことによって、18 世紀の 70 年代以降しだいに考慮されるようになった。19 世紀中ごろまでには気候と村落の立地が、「北極ヒステリー」をシャーマニズムの一因とする理論の基盤を形成するようになった。エリアーデはシャーマニズムと精神病理学を論じる章でこの問題に言及している。*Shamanism*, pp. 23-24.

American Indians, 1:xxxiii, xci, and 95 n. 2.

★ 022——Thwaites, *Jesuit Relations*, 72:324-26; Marshall and Williams, *Great Map of Mankind*, pp.32,83.

★ 023——Lockman, *Travels of the Jesuits*, 1:viii-ix.

★ 024——Shea, *Discovery and Exploration*, p. 17. Quaife, *Western Country in the Seventeenth Century*, pp. 46-51 と比較せよ。

★ 025——*Travels of Several Learned Missioners*, p.37.

★ 026——類似点をさがす方法については Hodgen, *Early Anthropology*, pp. 298, 337, 346 が論じている。McGrane, *Beyond Anthropology*, pp. 20-21, 68 も見よ。

★ 027——*Travels of Several Learned Missioners*, p. 29.

★ 028——Ibid., p. 30.

★ 029——Ibid., pp. 48-49.

★ 030——Hennepin, *New Discovery*, 1:464-65.

★ 031——Porta, *Natural Magick*, p. 407.

★ 032——Flaherty, "Sex and Shamanism in the Eighteenth Century," pp.261-80 を見よ。

★ 033——Burton, *Anatomy of Melancholy*, 1:254.

★ 034——Scheffer, *Lappland*. 同書の題名を全部訳出するなら次のとおりである。「ラップランド。ラップランドとその住民についての信頼しうる最新の情報。ラップ人の起源、かれらの迷信、呪術、食物、衣服、行動、およびそこに住む動物と産出する金属について、これまで知られなかった多くのことを多数の挿画を用いて語る」。

★ 035——Fontenelle, *History of Oracles*, p. 103. Horst Kirchner, *Ein archäologischer Beitrag*, pp. 254-62 は洞穴と洞穴の壁に描かれた絵を論じている。

第2章　18世紀の探検報告

★ 001——Berchtold, *Essay*,1:14.

★ 002——医学に関しては Foucault, *Birth of the Clinic*, p. 89 と比較せよ。

★ 003——Meikle (1730-1799) , *Traveller*, p.14.

★ 004——Hodgen, *Early Anthropology*, pp. 167-68 は、17 世紀末にすでに人間の習俗は境界を定められ、10 種類に分類、命名されていたことを指摘している。Stafford, *Voyage*, pp. 40-41, 46 も比較せよ。

★ 005——Darnell, *Readings in the History of Anthropology*, p.80.

★ 006——Hodgen, *Early Anthropology*, p.191.

★ 007——*Observations on the Present State of Denmark, Russia, and Switzerland*, p.280.

★ 008——Hodgen, *Early Anthropology*, pp. 490-91 の，初期啓蒙思想の学者は「独創的だと考えられているが、実際は模倣的」だった、という主張に筆者は同意できない。

★ 009——Pearce, *Savagism and Civilization*, p. 15 は負の面を強調している。

★ 010——Stocking, *Victorian Anthropology*, とくに chapter 3: "Travelers and Savages: The

じている。

★ 004――たとえば Hans Staden, *Wahrhaftige Historia*, pp. 51-54（1556 年刊、英訳は 1559 年）を見よ。

★ 005――Guerra, *Pre-Columbian Mind*, pp. 133-34, 180, 191. Anderson, *Peyote*, pp. 2-8 も見よ。

★ 006――Cabeza de Vaca, *Journey*, pp. 106-7. 著者の調査旅行について Hans Schadewaldt, *Der Medizinmann bei den Naturvölkern*, pp. 46-47 に記述がある。Guerra, *Pre-Columbian Mind*, pp. 65-66 も見よ。

★ 007――Einhorn, *Ueber die religiösen Vorstellungen*, p.18.

★ 008――Ibid., p. 53. 以後ページは可能な限り本文中に括弧に入れて示す。

★ 009――Struys, *Perillous and most Unhappy Voyages*, p. 117. Adelung, *Kritisch-Literärische Übersicht*, 2: 344 によれば、Struys は正式の教育はほとんど受けなかった。その結果、1676 年にアムステルダムで初版が出たかれの著書には軽薄で不正確な記述が多い。

★ 010――Tooke, *View of the Russian Empire*, 1:562.

★ 011――Adelung, *Kritisch-Literärische Übersicht*, 1:32-33 and 2:338-40.

★ 012――Ibid.,1:33 は初版 1672 年と記しているが、*National Union Catalogue* を初めとする標準的書誌は一致して1692年としている。第2版は1705年に、この版に新しい序論を付けたリプリントは 1785 年に出た。当時の推測によれば、出版の禁止と、続いて延期をピョートル大帝が命じたということである。Ibid., 1:34.

★ 013――Witsen, *Noord en Oost Tartaryen*, 2:636, 662-63. 最近 Mikola によるドイツ語の抄訳が刊行された。*N. Witsens Berichte über die uralischen Völker.* たとえば p. 11, 49, 68, 100 を見よ。

★ 014――Adelung, *Kritisch-Literärische Übersicht*, 2:400 は初版刊行を 1698 年としている。本書ではニューベリ図書館所蔵 1716 年版を用いた。フランス語版は 1717 年にブリュッセルで出版された。ミュンヘンのバイエルン国立図書館が 1 冊所蔵している。Latourette, *History of the Expansion of Christianity*, vol. 3: *Three Centuries of Advance, A.D. 1500- A.D. 1800*, pp. 367-71 と比較せよ。

★ 015――アメリカに関するこの種の出版物の情報については Sabin, Eames, and Vail, *Dictionary of Books Relating to America* を見よ。

★ 016――Wafer, *New Voyage and Description*, p. 273.

★ 017――La Hontan, *New Voyages to North-America*, 2:49-50.

★ 018――Adelung, *Kritisch-Literärische Übersicht*, 1:88-93 and 100-116.

★ 019――Hakluyt, *Principal Navigations*, 1:141-42. Hodgen, *Early Anthropology*, pp. 211-12 の商業上の必要についての記述と比較せよ。

★ 020――Polo, *Description of the World*, 1:283-85. 貴重な書誌である *Versuch einer Litteratur deutscher Reisebeschreibungen*, p. 374 に、マルコ・ポーロの「観察の精神」にたいする 18 世紀の賛辞が見られる。

★ 021――William N. Fenton and Elizabeth L. Moore, introduction to Lafitau, *Customs of the*

eines reisenden Linguisten" in Radloff, *Das Schamanenthum und sein Kultus*, pp.2-3 を見よ。他方 Shirokogoroff, *Psychomental Complex of the Tungus* はシャーマニズムの最古の歴史に関する記録を利用して、その最初の形態についての仮説を立てている。
★ 051――Daniel Defert, "Collection of the World" によれば、発見、探検、征服に関する文献の大部分を人類学者は「世界の収集」における人類学の前史とは見なしてこなかった。それらは「ひとつの部門を構成しておらず、文化的形成物、つまり文化、知識の一領域であり、また文化を構成し、文化によって支えられる実践である」(p. 11)。それら文献の組織構造を検討し、「それらが従っていた支配の戦術を明らかにする」(p. 12) ことが、かれの意図である。

第1章　シャーマニズムのパラダイム

★ 001――以前の人類学者は一般に初期の旅行者の貢献を無視した。たとえば Czaplicka, *Aboriginal Siberia*, p. ix には「初期の旅行者の著書は、その地域をひとつの全体として扱っているので、全般的印象といくつかの珍奇な情報という以上のものを与えない」と書かれている。それにもかかわらずこの著者も、その同僚の多くも、初期の旅行者の報告に基づいて議論を進めている (pp. 203, 222, 243) 。オーストラリアについても同様で、*Possession*, p.295 には次の記述がある。「『啓蒙の時代』と呼ばれた 18 世紀の旅行者には、シャーマンをたんなる詐欺師、ペテン師として示すことが十分にはできなかった。そのためかれらの記述は情報を与えない」。
★ 002――Lea, *Materials Toward a History of Witchcraft*, 2: 434-48. たとえば Thomas, *Religion and the Decline of Magic*, p. 229 には次の記述がある。「16 世紀には影響はちょうど逆だった。村の魔法使いがアグリッパとかパラケルススの学説を実行するのではなく、知的な呪術師が魔法使いの行動に刺激されて、そのような行動の背後には何か隠れた力が働いているにちがいないと考え、その力の作用を探究しはじめたのである。この時代には長年行なわれてきた民間療法の研究が、それらの基礎にある原理を発見するために真剣に企てられた」。一方 Ladurie, *Jasmin's Witch*, pp. 5, 8, 10, 61, 62 は、ヨーロッパの魔術は太古のシャーマン的実践の残存物であるという意見に同意を示している。「18 世紀には、魔女はまだ相当数見られたとはいえ(迫害されることは少なくなったが)、魔術を発生させるような緊張関係や民衆の欲求不満は、貧困、経済の停滞、全般的危機が繰り返し押し寄せた 17 世紀に比べて減っていた、ということもあり得る」(p. 9)。Ginzburg, *Night Battles* は、民間信仰が異端審問の圧力を受けて変質し、典型的な魔術の特質を帯びたと解釈する。
★ 003――「パラダイム」という語をここでは伝統的な意味で使う。1962 年にクーンが定義したパラダイムの概念をシャーマンに関する報告に適用することは、考えてみれば魅力的だろう。すなわち「今日の科学的実践の一般に承認されているいくつかの例(法則、理論、応用、器具使用をすべて含む例)はそこから科学研究の首尾一貫した特定の伝統が生じるようなモデルを提供する」(Kuhn, *Structure of Scientific Revolutions* p. 10)。だがそうしないのは、シャーマニズムと革命との関係が一般に認められるためには、その前にシャーマニズムの歴史がもっと研究され考察されねばならないと考えるからである。クーンの著書に関する社会科学者の議論については、たとえば Marcus and Fischer, *Anthropology as Cultural Critique*, p. x を見よ。Dreyfus and Rabinow, *Michel Foucault*, pp. 197-202 はフーコーのクーンとの関係とパラダイムの概念とを論

nert, *Russia in the Age of Enlightenment*, pp.115-25 は1章全部を出版とジャーナリズムに割いている。

★ 034――Renaudot, *Ancient Accounts of India and China.*

★ 035――Coxe, *Account of the Russian Discoveries;* Radishchev, *Journey from St.Petersburg to Moscow.*

★ 036――Fischer,"Muthmassliche Gedanken von den Ursprunge der Amerikaner"; Schlözer, *Handbuch der Geschichte*; Schlözer, *Historische Untlrsuchung über Russlands Reichsgrundgesetze.*

★ 037――Benyowsky, *Memoirs and Travels*(Adams, *Travelers and Travel liars*, pp. 81-83で論じられている); Kotzebue, *Graf Benjowsky.* Deguignes, *Histoire générale des Huns* および Deguignes, *Voyages à Peking* を読み合わせよ。

★ 038――Hamilton, *New Account of the East Indies*, 1:xii-xiii.

★ 039――Svinine, *Sketches of Russia.*

★ 040――Stewart, *Die Reisebeschreibung*, pp.228-36.

★ 041――Forster, *Karakter, Sitten und Religion*, esp.pp.79-83 and 100; Sonntag, *Das Russische Reich*, pp. iii-iv, 59-60, 73.

★ 042――Eckartshausen, *Aufschlüsse zur Magie*; Eckartshausen, *Entdeckte Geheimnisse der Zauberey*; Meister, *Ueber die Schwermerei.*

★ 043――Bruzen de la Martinière, *Ceremonies et coutumes religieuses des peuples idolatres*; Bruzen de la Martinière, *Ceremonies et coutumes religieuses de tous les peuples du monde*; Porter; *Travelling Sketches in Russia and Sweden.*

★ 044――La Créquinière, *Conformité des coutumes*; Shoberl, *Russia*; Rechberg und Rothenlöwen, *Les peuples de la Russie*. 図版21-24を見よ。

★ 045――King, *Philosophy of Medicine*, p.18.

★ 046――Grassl, *Aufbruch zur Romantik*, p. 133. Butler, *Myth of the Magus*, pp. 179-242も同様に興味深いだろう。

★ 047――Burkert, *Lore and Science in Ancient Pythagoreanism*, pp. 120-65と比較せよ。

★ 048――たとえば Diószegi, *Tracing Shamans in Siberia*, pp. 10-11に次の記述がある。「今日シャーマニズムはすでに過去のものになった。科学の普及によって滅亡せざるをえなくなったのである。しかし科学のためには、シャーマニズムが跡形もなく消え失せては困る。比較民族学、民族遺伝学、宗教史の研究者のために、この消滅した世界の真実の詳細な記録を遅滞なく収集することが不可欠である」。Ränk,"Shamanism as a Research Subject"と比較せよ。

★ 049――James Randiや超常現象科学研究委員会は今日の正体暴露主義者である。たとえば前者の完全に非歴史的な著書 *Flim Flam!*, pp. 173-95("the medical humbugs")を見よ。

★ 050――19世紀のシャーマニズム研究者の多くが情報評価の困難を悟って、主要な資料として伝説、言い伝え、昔話、物語り、歌に頼るようになったために、事態はいよいよ複雑になった。かれらはこれらの資料と、かれらの観察と称するものとを織り合わせたので、文学がフィールドワークに情報を与え続ける結果になった。たとえば "Aus Sibirien: Lose Blätter aus dem Tgebuche

★ 018——Leventhal, *In the Shadow of the Enlightenment* はとりわけ「医学と化学の新理論が古代の自然の四大説と人間の四主液説の存続からどのような影響を受けたか」(p.2) について貴重な背景的情報を提供する。

★ 019——Kuhn, *Structure of Scientific Revolutions*, p.52. Richard Bernstein, *Beyond Objectivism and Relativism*, p.56 によれば、理論の選択こそ、「想像力、解釈、他の可能性の考量、そして本質的に周知の基準の適用が要求される判断行動」である。

★ 020——Kuhn, *Structure of Scientific Revolutions*, p. 108. 他方、McGrane, *Beyond Anthropology* は 18 世紀中にニュートン学説にたいする知的、合理的反論があったかもしれないことを考慮したくないらしい。「ニュートン力学が『原始的知性』を回顧的に公式化して記述するさいの主要なメタファーであることがここで明らかになる。すなわち原始的知性とはニュートン力学を欠くもの、宇宙全体の運動をニュートン力学の視点から見ることを知らないものである」(p. 75)。

★ 021——Pagden, *Fall of Natural Man*, p. 11 によれば、とりあえず分類法のために必要だった。直接の観察の重要性が大きくなることについては p. 200 も見よ。

★ 022——1725 年から 1825 年までにシベリアを探検した人びとの名は簡単な紹介とともに Kirchner, *Eine Reise durch Siberien*, pp. 9-39 にあげられている。

★ 023——Sauer, *Account of a Geographical and Astronominal Expedition*, appendices 5,6. 報告がその時代に優勢な政治思潮に合わせて書き改められたことについては Masterson and Brower, *Bering's Successors*, pp.14-15 が論じている。

★ 024——La Pérouse, *Voyage*, 1:xcix.

★ 025——Ibid., 1:cii.

★ 026——啓蒙的研究書 Keller, *Reflections*, p.36 に引用されている。

★ 027——Horkheimer and Adorno, *Dialectic of Enlightenment*, p.4.

★ 028——医学部教授ヨーハン・フリードリヒ・ブルーメンバッハがフリードリヒ・ホルネマンを友人で当時の王立協会長、ジョウゼフ・バンクスと、アフリカ奥地探検振興協会に推薦した手紙から、ゲッティンゲンで探検家訓練のために開発されたカリキュラムがある程度知られる。ホルネマンは図書館員、博物学者、天文学者、地理学者、鉱物学者、数学者、言語学者、アラブ学者と緊密な共同研究をしたうえ、描画を学び、「国内の医学と外科学についての若干の必要な臨床的知識」も得なくてはならなかった。 Hornemann, *Journal*, pp. 9-10.

★ 029——Stafford, *Voyage into Substance*, pp.116, 160, 290, 327, 395.

★ 030——William Dean は *History Making History*, pp.1-22 第 1 章で簡単な要約をしている。

★ 031——Adams, *Travelers and Travel Liars*, pp.11, 12, 44, 142, 162. 同著者の最新刊である先駆的研究 *Travel Literature and the Evolution of the Novel* も読み合わせよ。次の文献も同じ関連で興味深い。 Gove, *Imaginary Voyage in Prose Fiction*, pp.x, 17, 183; Mitrovich, "Deutsche Reisende und Reiseberichte im17. Jahrhundert"; Stewart, *Die Reisebeschreibung*, pp.62, 90, 180, 228, 236.

★ 032——Köhler, *Anweisung für Reisende Gelehrte*, sig.) (3 verso.

★ 033——たとえば Müller, *Eröffnung eines Vorschlages Zu Verbesserung* を見よ。Don-

★ 008――Beuys, *Josef Beuys Drawings*, pp. 11-12, 14, 18(シャーマン像ないしシャーマンと関係のある情景はpp. 50, 53, 54, 62, 73, 74, 80, 102, 106, 145, 148); Tisdall, *Josef Beuys Coyote*, pp. 10-15. Ingeborg Hoesterey, "Amerika liebt mich" は目撃者の報告を含む(著者はブルーミントン、インディアナ大学教授)。シャーマニズムは音楽の世界でも知られている。1984年9月29日にスタンフォード大学でジャニス・マトックスのコンピュータを使ったオペラ「シャーマン」が初演された。マルチトラックのテープと4人程度の演奏家による上演だった。Rich, "Composer," p. 97.

★ 009――Barthes, "Death of the Author," p.8.

★ 010――Derrida, *Dissemination*, p. 97. Ulmer, *Applied Grammatology*, pp. 230-41 にはシャーマニズムの背景について新たな情報はない。

★ 011――Derrida, *Dissemination*, p.118.

★ 012――Plato, *Republic*, p.358.

★ 013――Michel Benamou, "Presence and Play," in Benamou and Caramello, *Performance in Postmodern Culture*, p. 3. Ulmer, *Applied Grammatology* および Hassan, *Dismemberment of Orpheus*, pp. xi, 7, 10, 15 を見よ。Lifton, *Broken Connection*, pp. 75-76 および *Nazi Doctors*, pp. 481-85, とりわけ p. 481 の次の箇所も比較してみよ。「すなわちナチの医師たちはシャーマンになることを強いられた。かれらの多くは、種族ないし民族の治癒という名目の殺人儀式に参加したことにおいてブラック・シャーマンになった」。

★ 014――以下のシャーマンとしての詩人の研究はもっぱらエリアーデの解釈に拠るが、一部ではロンメルおよびC.G. ユング、ノースロップ・フライらを合わせて考慮している。たとえば Eastham, *Paradise and Ezra Pound*; Hutchinson, *Ecstatic Whitman*; Spivey, *Writer as Shaman* を見よ。

★ 015――Ersch and Gruber, *Allgemeine Encyclopädie*, 3:301, s.v.Orakel.

★ 016――shaman という語の背景的情報に注意を向けている初期の文献には、Mikhailovskii, "Shamanism in Siberia and European Russia," pp.62-65; Genepp, *Rites of Passage*, pp. 108-9; Gennep, "De l'emploi du mot 'chamanisme'," p.51 がある。Shirokogoroff, *Psychomental Complex of the Tungus*, pp. 268-71 はshaman という語の起源を論じている。もっと文献学的な研究としては、Lot-Falck, "A propos du terme chamane" を見よ。エリアーデは、shaman という語は「19世紀の東洋学者の大多数によって受け入れられた」と述べているだけである。*Shamanism*, p. 495.

★ 017――Foucault, *Birth of the Clinic*, pp. 44-52. フーコーの議論については、たとえば Dreyfus and Rabinow, *Michel Foucault*, pp. 15, 64, 113 を見よ。18世紀には非合理的なものはしばしば非難されたので、その後の学者の多くも同じ方向をとり続け、啓蒙思想の裏面というようなものを無視する理論を支持することがよくあった。たとえば McGrane, *Beyond Anthropology* は野心的な著書でよく書かれており、有益な着想を豊富に含むが、Foucault, *Archaeology of Knowledge* に適合するような証拠を選びすぎている。そのために、初期の現地からの報告が多数入手できるにもかかわらず、それらを無視する結果になってしまった。それらの報告は世界中の信仰体系について、フーコーとはいくらか異なるヨーロッパの考え方を示しているのだが。

原注

とくに断わらない限り外国語の引用部は著者が英訳した。用語が重要な場合あるいは疑問が残るかもしれない場合は引用部の原文を注に示した。

序論　シャーマニズムの衝撃

★ 001——シベリアの諸言語でどう呼ばれるかについては Nioradze, *Der Schamanismus*, pp.1-2 を見よ。概論としては Laufer, "Origin of the Word Shaman" がある。Hultkrantz, "Definition of Shamanism", pp. 26-27 も概論の試みである。Sierksma, *Tibet's Terrifying Deities*, pp. 141-58 はチベットの現象を取り上げている。

★ 002——Herodotus, History, 1:292-93, 301, 313, 316; Minns, *Scythians and Greeks*, pp.86-87; Neumann, *Die Hellenen im Skythenlande*,1:246-50.

★ 003——Lovejoy and Boas, *Primitivism and Related Ideas in Antiquity*, pp.288, 315-16; Dodds, *Greeks and the Irrational*, pp.135-78; Kluckhohn, *Anthropology and the Classics*, pp.5, 19, 23; Meuli, "Scythica"; Marett, *Anthropology and the Classics* pp.18, 44-65, 66-92, 93-120; Rohde, *Psyche* [German ed.], 2:69-70; Kirby, "Dionysus,"p.33; Kirby, "Origin of the Mummer's Play,"pp.276-78; Kirby,"Shamanistic Origins of Popular Entertainments"; Kirby, *Ur-Drama*, pp.1-32; Charles, "Drama in Shaman Exorcism"; Charles, "Regeneration through Drama at Death" ; Röhrich,"Die Märchenforschung seit dem Jahre 1945,"pp.291-92; Campbell, *Masks of God: Primitive Mythology*, pp.229-81; Hermanns, *Schamanen* 2:343.

★ 004——Lévi-Strauss, *Structural Anthropology*, 1:204. George Devereux, "Normal and Abnormal" in *Basic Problems of Ethnopsychiatry*, pp. 14-17, 25, 64-65 などに興味深い比較が見られる。エリアーデの著作の中でこの問題と関連があるのは Mircea Eliade, *Myths, Dreams and Mysteries*, p.45 および *Shamanism* である。

★ 005——Rothenberg, *Technicians of the Sacred*, p.xxx. ローセンバーグはかれ以前にこの問題を論じた学者の名をほとんど示していない。そのような学者と著書をあげておく。Chadwick, "Shamanism among the Tatars of Central Asia," pp.81, 93, 102; Chadwick, *Poetry and Prophecy*, pp.12, 54, 99; Chadwick and Zhirmunsky, *Oral Epics of Central Asia*, pp.234-67; Hatto, *Shamanism and Epic Poetry in Northern Asia*, pp.1-7; Mühlmann, *Die Metamorphose der Frau*, pp.67-69; Wilhelm Muster, "Der Schamanismus und seine Spuren in der Saga,"pp.98, 139, 179-82; Lommel, *Schamanism*, pp.25, 137; Lommel, *Schamanen und Medizinmänner*, pp.162-206; Hoerburger, *Der Tanz mit der Trommel*, pp.14-16; Hoerburger, "Schwert und Trommel als Tanzgeräte"; Rouget, *Music and Trance*, pp.125-13.

★ 006——Rouget, *Music and Trance*, pp. xviii-xix. Gruber, *Tranceformation* が類似の方法を使っている。

★ 007——Beuys, *Similia similibus*, p. 203; *Kreuz + Zeichen*, pp. 6, 82-85; Bojescul, *Zum Kunstbegriff des Josef Beuys*, pp. 22, 94, 118, 130, 135. シャーマンとしての芸術家を扱う論文は多数刊行されている。Jack Burnham, "The Artist as Shaman," "Objects and Ritual," "Contemporary Ritual," in *Great Western Salt Works*. とくに pp.140,143, 151, 152, 154. Fried, "Art and Objecthood" も見よ。

Waley, Arthur. *The Nine Songs: A Study of Shamanism in Ancient China*. London, 1955.

Waliszwski, Kazimierz. *The Story of a Throne (Catherine II of Russia)*. 2 vols. 1895. Reprint. Freeport, 1971.

Walker, Benjamin. *Sex and the Supernatural: Sexuality in Religion and Magic*. New York, Evanston, San Francisco, and London, 1973.

Warden, John, ed. *Orpheus: The Metamorphosis of a Myth*. Toronto, Buffalo, and London, 1982.

Wardman, H. W. "Enthusiasm: The Enlightenment, the Revolution, and After." *European Studies Reivew* 6 (1976): 45–60.

Washington, Ida. "Mephistopheles as an Aristophanic Devil." *Modern Language Notes* 101 (April 1986): 659–69.

Wasson, R. Gordon. *Soma: Divine Mushroom of Immortality*. New York, 1968.

Wasson, R. Gordon, Albert Hofmann, and Carl A. P. Ruck. *The Road to Eleusis: Unveiling the Secret of the Mysteries*. New York, 1978.

Weigle, Marta. *Spiders and Spinsters: Women and Mythology*. Albuquerque, 1982.

Wessel, Frederick. "The *Affektenlehre* in the Eighteenth Century." Ph.D. diss., Bloomington, 1955.

West, Hugh. "The Limits of Enlightenment Anthropology: Georg Forster and the Tahitians." *History of European Ideas* 10 (1989): 147–60.

White, Hayden. *Metahistory: The Historical Imagination in Nineteenth-Century Europe*. Baltimore and London, 1973.

Wiener, Leo. *An Anthology of Russian Literature*. 2 vols. New York, 1902–1903. Reprint. New York, 1967.

Wilbert, Johannes. "Magico-Religious Use of Tobacco among South American Indians." In *Spirits, Shamans, and Stars: Perspectives from South America*, ed. D. L. Bowman and R. A. Schwarz, pp. 13–25. The Hague, 1979.

———. *Tobacco and Shamanism in South America*. New Haven and London, 1987.

Wilson, W. Daniel. "Weimar Politics in the Age of the French Revolution: Goethe and the Spectre of Illuminati Conspiracy." In *Goethe Yearbook: Publications of the Goethe Society of North America*, ed. Thomas P. Saine, 5:163–86. Columbia, S.C., 1990.

Winter, E. *Halle als Ausgangspunkt der deutschen Russlandskunde im 18. Jahrhundert*. Veröffentlichungen des Institutes für Slawistik, 2. Berlin, 1953.

Zastrau, Alfred. *Goethe Handbuch: Goethe, seine Welt und Zeit in Werk und Wirkung*. 2d ed., rev. and enlarged. Vol. 1 and vol. 4. Stuttgart, 1955–1961.

Zolla, Elémire. *The Writer and the Shaman: A Morphology of the American Indian*. Trans. Raymond Rosenthal. New York, 1969.

Schadewaldt, Hans. *Der Medizinmann bei den Naturvölkern*. Stuttgart, 1968.
Schadewaldt, Wolfgang. "Faust und Helena: Zu Goethes Auffassung vom Schönen und der Realität des Realen im Zweiten Teil des 'Faust.'" *Deutsche Vierteljahrsschrift für Literaturwissenschaft und Geistesgeschichte* 30 (1956): 1–40.
Schechner, Richard. *Between Theater and Anthropology*. Philadelphia, 1985.
Schillemeit, Jost. "Das *Vorspiel auf dem Theater* zu Goethes *Faust*: Entstehungszusammenhänge und Folgerungen für sein Verständnis." *Euphorion* 80 (1986): 149–57.
Schimpf, Wolfgang. "*Faust* als Melodrama? Überlegungen zu einer Bühnenfassung von 1819." *Euphorion* 81 (1987): 347–53.
Schlösser, Rudolf. *Rameaus Neffe: Studien und Untersuchungen zur Einführung in Goethes Übersetzung des Diderotschen Dialogs*. Forschung zur neueren Literaturgeschichte, 15. Berlin, 1900.
Schmid, Günther. *Goethe und die Naturwissenschaften: Eine Bibliographie*. Ed. Emil Abderhalden. Halle, Saale, 1940.
Schmidt, Jochen. *Die Geschichte des Genie-Gedankens, 1750–1945*. 2 vols. Darmstadt, 1985.
Schmidt, Leopold. "Der Herr der Tiere in einigen Sagenlandschaften Europas und Eurasiens." *Anthropos* 47 (1952): 509–38.
Schröder, Dominik. "Zur Struktur des Schamanismus." *Anthropos* 50 (1955): 848–81.
Schullian, Dorothy, and Max Schoen. *Music and Medicine*. Freeport, 1948. Reprint. 1971.
Schwab, Raymond. *The Oriental Renaissance: Europe's Discovery of India and the East, 1680–1880*. Trans. Gene Patterson-Black and Victor Reinking. New York, 1984.
Scurla, Herbert, ed. *Jenseits des Steinernen Tores: Entdeckungsreisen deutscher Forscher durch Sibirien im 18. und 19. Jahrhundert*. 2d ed. Berlin, 1965.
———. *Reisen in Nippon, Berichte deutscher Forscher des 17. und 19. Jahrhunderts aus Japan: Engelbert Kaempfer, Georg Heinrich von Langsdorff, Philipp Franz von Siebold*. Berlin, 1968.
Seiden, Milton F. "Jean-François Rameau and Diderot's Neveu." *Diderot Studies* 1 (1949; reprint 1971): 143–91.
Sewell, Elizabeth. *The Orphic Voice: Poetry and Natural History*. New Haven, 1960.
Sharon, Douglas. *Wizard of the Four Winds: A Shaman's Story*. New York, 1978.
Sherman, Carol. "The *Neveu de Rameau* and the Grotesque." *Romance Notes* 16 (Autumn 1974): 103–8.
Shirokogoroff, Sergei Mikhailovich. *Psychomental Complex of the Tungus*. London, 1935. Reprint. New York, 1980.
Shroder, Maurice Z. *Icarus: The Image of the Artist in French Romanticism*. Harvard Studies in Romance Languages, 17. Cambridge, Mass., 1961.
Sierke, Eugen. *Schwärmer und Schwindler zu Ende des achtzehnten Jahrhunderts*. Leipzig, 1874.
Sierksma, Fokke. *Tibet's Terrifying Deities: Sex and Aggression in Religious Acculturation*. Trans. G. E. Van Baaren-Pape. Rutland, Vt., and Tokyo, 1966.
Slotkin, James Sydney, ed. *Readings in Early Anthropology*. Chicago, 1965.
Smiley, Joseph Royall. *Diderot's Relations with Grimm*. Illinois Studies in Language and Literature, 34. Urbana, 1950.
Smith, Marian. "Shamanism in the Shaker Religion of Northwest America." *Man* 54 (1954): 119–22.
Sonnenschein, David. "Homosexuality as a Subject of Anthropological Inquiry." *Anthropological Quarterly* 39 (1966): 73–82.
Spaethling, Robert. *Music and Mozart in the Life of Goethe*. Columbia, S.C., 1987.
Spitzer, Leo. "The Style of Diderot." In *Linguistics and Literary History: Essays in Stylistics*, pp. 135–91. Princeton, 1948.
Spivey, Ted Ray. *The Writer as Shaman: The Pilgrimages of Conrad Aiken and Walker Percy*. Macon, Ga., 1986.
Spoerri, T., ed. *Beiträge zur Ekstase*. Bibliotheca Psychiatrica et Neurologica, 134. Basel and New York, 1968.
Stafford, Barbara. *Voyage into Substance: Art, Science, Nature, and the Illustrated Travel Account, 1760–1840*. Cambridge, Mass., and London, 1984.
Stauder, Wilhelm. *Alte Musikinstrumente in ihrer vieltausendjährigen Entwicklung und Geschichte*. Braunschweig, 1973.
Stewart, William E. *Die Reisebeschreibung und ihre Theorie im Deutschland des 18. Jahrhunderts*. Literatur und Wirklichkeit, ed. Karl Otto Conrady, 20. Bonn, 1978.
Stocking, George W., Jr. *Victorian Anthropology*. New York and London, 1987.
Strauss, Walter A. *Descent and Return: The Orphic Theme in Modern Literature*. Cambridge, Mass., 1971.
Taylor, Ronald. *The Romantic Tradition in Germany: An Anthology with Critical Essays and Commentaries*. London, 1970.
Thomas, Keith Vivian. *Religion and the Decline of Magic*. New York, 1971.
Tirén, Karl. *Die Lappische Volksmusik, Aufzeichnungen von Juoikos-Melodien bei den Schwedischen Lappen*. Ed. Ernst Manker. Nordiska Museet: Acta Lapponica, 3. Stockholm, 1942.
Tisdall, Caroline. *Joseph Beuys Coyote*. Munich, 1980.
Traister, Barbara Howard. *Heavenly Necromancers: The Magician in English Renaissance Drama*. Columbia, Mo., 1984.
Trilling, Lionel. "The Honest Soul and the Disintegrated Consciousness." In *Sincerity and Authenticity*, pp. 26–113. Reprint. New York and London, 1980.
———. "The Legacy of Freud." *Kenyon Review* 2 (Spring 1940): 153–55.
Turner, Victor. "Frame, Flow, and Reflection: Ritual and Drama as Public Liminality." In Benamou and Caramello, *Performance in Postmodern Culture*, pp. 33–55.
Uhlig, Ludwig. *Georg Forster: Einheit und Mannigfaltigkeit in seiner geistigen Sicht*. Tübingen, 1965.
Ulmer, Gregory L. *Applied Grammatology, Post(e)-Pedagogy from Jacques Derrida to Joseph Beuys*. Baltimore and London, 1985.
Valentin, Erich. "Das magische Zeichen: Mozart in der modernen Dichtung." In *Mozart-Jahrbuch 1956*, pp. 7–8. Salzburg, 1957.
Veeser, H. Aram, ed. *The New Historicism*. New York and London, 1989.
Wagar, Warren. *Terminal Visions: Literature of Last Things*. Bloomington, 1982.

Orel, Alfred. "Mozart auf Goethes Bühne." In *Mozart-Jahrbuch 1953*, pp. 87–89. Salzburg, 1954.

Oustinoff, Pierre C. "Notes on Diderot's Fortunes in Russia." *Diderot Studies* 1 (1949; reprint 1971): 121–42.

Pagden, Anthony. *The Fall of Natural Man: The American Indian and the Origins of Comparative Ethnology*. Cambridge, New York, and Melbourne, 1982.

Park, Willard Z. *Shamanism in Western North America: A Study in Cultural Relationships*. Northwestern University Studies in the Social Sciences, 2. Evanston and Chicago, 1938.

Parssinen, Terry M. *Secret Passions, Secret Remedies: Narcotic Drugs in British Society, 1820–1930*. Philadelphia, 1983.

Pearce, Roy Harvey. *Savagism and Civilization: A Study of the Indian and the American Mind*. Berkeley, Los Angeles, and London, 1988.

Perkins, Jean. *The Concept of the Self in the French Enlightenment*. Histoire des idées et critique littéraire, 94. Geneva, 1969.

Pfeiffer, John E. *The Creative Explosion: An Inquiry into the Origins of Art and Religion*. Ithaca, 1982.

Plischke, Hans. *Die Ethnographische Sammlung der Universität Göttingen, ihre Geschichte und ihre Bedeutung*. Göttingen, 1931.

———. *Johann Friedrich Blumenbachs Einfluss auf die Entdeckungsreisenden seiner Zeit*. Abhandlungen der Gesellschaft der Wissenschaften zu Göttingen, Philologisch-Historische Klasse, ser. 3, no. 20. Göttingen, 1937.

———. "Zur Geschichte der Reisebeschreibungen: Ein kulturgeschichtlich-bibliographischer Überblick." *Völkerkunde: Beiträge zur Erkenntnis von Mensch und Kultur* 3 (1926–1927): 24–32.

Plotkin, Friedrich. "Diderot's Nephew and the Mimics of the Enlightenment." *Centennial Review* 13 (Fall 1969): 410.

Powley, Edward Harrison. "Turkish Music: An Historical Study of Turkish Percussion Instruments and Their Influence on European Music." Master's thesis, Rochester, 1968.

Propper, Maximilian von. "Miszellen: 1. Goethes Anlauf, sich mit der russischen Sprache zu befassen; 2. Alt-Weimar im Spiegel jugendlicher Einfalt (Aus einem unveröffentlichten Brief Maria Pawlownas); Zu einer hässlichen Goethe-Legende." *Goethe-Jahrbuch* 97 (1979): 235–43.

Quantz, Hermann. "Beitrag zur Geschichte des Blumenbachschen Museums in Göttingen im 19. Jahrhundert und besonders seiner Ethnographischen Sammlung unter Ernst Ehlers." In *Göttinger Völkerkundliche Studien*, ed. H. Plischke, pp. 289–304. Leipzig, 1939.

Radloff, Wilhelm. *Aus Sibirien: Lose Blätter aus dem Tagebuche eines reisenden Linguisten*. 2 vols. Leipzig, 1884.

———. *Das Schamanenthum und sein Kultus: Eine Untersuchung*. Leipzig, 1885.

Raeff, Marc. *Catherine the Great: A Profile*. New York, 1972.

———. *Imperial Russia, 1682–1825: The Coming of Age in Modern Russia*. Borzoi History of Russia, ed. Michael Cherniavsky, vol. 4. New York, 1971.

Randi, James. *Flim Flam! The Truth about Unicorns, Parapsychology, and Other Delusions*. New York, 1980.

Ränk, Gustav. "Shamanism as a Research Subject: Some Methodological Viewpoints." In Edsman, *Studies in Shamanism*, pp. 15–22.

Rich, Alan. "A Composer Whose Computer Music Has a Magical Twist." *Smithsonian* (December 1984): 97–104.

Riha, Thomas, ed. *Readings in Russian Civilization*. Chicago and London, 1964.

Roach, Joseph R. "Diderot and the Actor's Machine." *Theatre Survey: The American Journal of Theatre History* 22 (May 1981): 51–68.

Rodgers, Gary Bruce. *Diderot and the Eighteenth-Century French Press*. Studies on Voltaire and the Eighteenth Century, vol. 107. Banbury, Oxfordshire, 1973.

Rogerson, Brewster. "*Ut musica poesis*: The Parallel of Music and Poetry in Eighteenth-Century Criticism." Ph.D. diss., Princeton, 1945.

Rohde, Erwin. *Psyche: The Cult of Souls and Belief in Immortality among the Greeks*. New York, 1925.

———. *Psyche: Seelenkult und Unsterblinchkeitsglaube der Griechen*. 2d ed. 2 vols. Leipzig and Tübingen, 1898. Reprint. Darmstadt, 1980.

Röhrich, Lutz. "Die Märchenforschung seit dem Jahre 1945." *Deutsches Jahrbuch für Volkskunde* 2 (1956): 274–319.

Rosenfeld, G. "Justus Samuel Scharschmidt und seine Bedeutung für die deutsche Russlandkunde am Anfang des 18. Jahrhunderts." *Zeitschrift für Geschichtswissenscahft* 2 (1954): 866–902.

Rothenberg, Jerome. "New Models, New Visions: Some Notes toward a Poetics of Performance." In Benamou and Carmello, *Performance in Postmodern Culture*, pp. 11–17.

———. ed. *Technicians of the Sacred: A Range of Poetries from Africa, America, Asia, Europe, and Oceania*. 2d ed., rev. and enlarged. Berkeley, Los Angeles, and London, 1985.

Rouget, Gilbert. *Music and Trance: A Theory of the Relations between Music and Possession*. Trans. Gilbert Rouget and Brunhilde Biebuyck. Chicago and London, 1985.

Rousseau, G. S., and Roy Porter, eds. *Sexual Underworlds of the Enlightenment*. Manchester, England, 1987.

Rudy, Z. "Die Piktographie mit besonderer Berücksichtigung der Völkerschaften Sibiriens." *Anthropos* 61 (1966): 98–128.

Runeberg, Arne. *Witches, Demons, and Fertility Magic: Analyses of Their Significance and Mutual Relations in Welt-European Folk Religion*. Helsinki, 1947. Reprint. 1979.

Sabin, Joseph, Wilberforce Eames, and R.W.G. Vail. *A Dictionary of Books Relating to America, from Its Discovery to the Present Time*. 29 vols. New York, 1868–1936.

Sachs, Curt. *Handbuch der Musikinstrumentenkunde*. Kleine Handbücher der Musikgeschichte nach Gattungen, 12. Leipzig, 1920.

———. *The History of Musical Instruments*. New York, 1940.

Saine, Thomas. *Georg Forster*. New York, 1972.

Salmen, Walter. *Der fahrende Musiker im europäischen Mittelalter*. Kassel, 1960.

Sárosi, Bálint. *Zigeunermusik*. Trans. Imre Ormay. Budapest, Zurich, Freiburg, 1977.

Lindsay, Jack. *The Clashing Rocks: A Study of Early Greek Religion and Culture and the Origins of Drama*. London, 1965.

Lommel, Andreas. *Schamanen und Medizinmänner: Magie und Mystik früher Kulturen*. 2d ed., rev. and enlarged. Munich, 1980.

———. *Shamanism: The Beginnings of Art*. Trans. Michael Bullock. New York and Toronto, 1967.

Lorant, Stefan. *The New World: The First Pictures of America made by John White and Jacques Le Moyne and engraved by Theodore de Bry With Contemporary Narratives of the French Settlements in Florida, 1562–1565, And the English Colonies of Virginia*. Rev. ed. New York, 1965.

Lot-Falck, Éveline. "A propos du terme chamane." *Études mongoles* 8 (1977): 7–18.

Lovejoy, Arthur O., and George Boas. *Primitivism and Related Ideas in Antiquity*. Baltimore, 1935. Reprint. New York, 1965.

Lurie, Nancy Oestreich. "Winnebago Berdache." *American Anthropologist* 55 (1953): 708–12.

MacAloon, John J., ed. *Rite, Drama, Festival, Spectacle: Rehearsals toward a Theory of Cultural Performance*. Philadelphia, 1984.

McGrane, Bernard. *Beyond Anthropology: Society and the Other*. New York, 1989.

Madariaga, Isabel de. *Russia in the Age of Catherine the Great*. New Haven and London, 1981.

Maddox, John Lee. *The Medicine Man: A Sociological Study of the Character and Evolution of Shamanism*. New York, 1923. Reprint. 1977.

Mall, James. "*Le Neveu de Rameau* and the Idea of Genius." *Eighteenth-Century Studies* 11 (Fall 1977): 26–39.

Manning, Clarence A. *Russian Influence on Early America*. New York, 1953.

Manuel, Frank Edward. *The Eighteenth Century Confronts the Gods*. Cambridge, Mass., 1959.

Marcus, George E., and Michael M. J. Fischer. *Anthropology as Cultural Critique: An Experimental Moment in the Human Sciences*. Chicago and London, 1986.

Marett, Robert Ranulph, ed. *Anthropology and the Classics: Six Lectures Delivered before the University of Oxford by Arthur J. Evans, Andrew Lang, Gilbert Murray, F. B. Jevons, J. L. Myres, and W. Ward Fowler*. Oxford, 1908. Reprint. New York, 1966.

Marr, George Simpson. *Sex in Religion: A Historical Survey*. London, 1936.

Marshall, P. J., and Glyndwr Williams. *The Great Map of Mankind: Perception of New Worlds in the Age of the Enlightenment*. Cambridge, Mass., 1982.

Mason, Eudo C. *Goethe's "Faust": Its Genesis and Purport*. Berkeley and Los Angeles, 1967.

Masterson, James R., and Helen Brower. *Bering's Successors, 1745–1780: Contributions of Peter Simon Pallas to the History of Russian Exploration toward Alaska*. Seattle, 1948.

Meuli, Karl. *Kalewala, Altfinnische Volks-und Heldenlieder*. Basel, 1940.

———. "Scythica." *Hermes: Zeitschrift für klassische Philologie* 70 (1935; reprint. 1967): 121–76.

Mikhailovskii, V. M. "Shamanism in Siberia and European Russia, being the second part of 'Shamanstvo'" [1892]. Trans. Oliver Wardrop. *The Journal of the Anthropological Institute of Great Britain and Ireland* 24 (1895): 62–100, 126–58.

Minns, Ellis H. *Scythians and Greeks: A Survey of Ancient History and Archaeology on the North Coast of the Euxine from the Danube to the Caucasus*. Cambridge, 1913.

Mitrovich, Mirco. "Deutsche Reisende und Reiseberichte im 17. Jahrhundert: Ein Kultur Historischer Beitrag." Ph.D. diss., Urbana, 1963.

Mohrenschildt, Dimitri S. von. *Russia in the Intellectual Life of Eighteenth-Century France*. New York, 1936. Reprint. New York, 1972.

Molloy, Fitzgerald. *The Russian Court in the Eighteenth Century*. 2 vols. London, 1905.

Moreno, Jakob. *Angewandte Psychodrama*. Paderborn, 1972.

Mortier, Roland. *Diderot in Deutschland, 1750–1850*. Trans. Hans G. Schürmann. Stuttgart, 1967.

Mühlmann, Wilhelm E. "Hyperboräische Eschatologie." In *Chiliasmus und Nativismus*, ed. W. E. Mühlmann, pp. 197–221. Berlin, 1964.

———. *Die Metamorphose der Frau: Weiblicher Schamanismus und Dichtung*. 2d ed., rev. Berlin, 1984.

Müller, Friedrich. *Allgemeine Ethnographie*. Vienna, 1873.

Muster, Wilhelm. "Der Schamanismus bei den Etruskern." In *Frühgeschichte und Sprachwissenschaft*, pp. 60–77. Vienna, 1948.

———. "Der Schamanismus und seine Spuren in der Saga, im deutschen Brauch, Märchen und Glauben." Ph.D. diss., Graz, 1947.

Myres, John Linton. "Herodotus and Anthropology." In Marett, *Anthropology and the Classics*, pp. 152–68.

Nettl, Paul. *Mozart und der Tanz: Zur Geschichte des Balletts und Gesellschaftstanzes*. Zurich and Stuttgart, 1960.

Neubauer, John. *The Emancipation of Music from Language: Departure from Mimesis in Eighteenth-Century Aesthetics*. New Haven and London, 1986.

Neumann, Erich. *The Great Mother: An Analysis of the Archetype*. Trans. Ralph Manheim. Bollingen Series, 47. 2d ed. Princeton, 1963.

Neumann, Karl. *Die Hellenen im Skythenlande: Ein Beitrag zur alten Geographie, Ethnographie, und Handelsgeschichte*. Berlin, 1855.

Nicholson, Shirley, ed. *Shamanism: An Expanded View of Reality*. Wheaton, 1987.

Nioradze, Georg. *Der Schamanismus bei den sibirischen Völkern*. Stuttgart, 1925.

Oesterreich, Traugott Konstantin. *Possession, Demoniacal and Other, among Primitive Races, in Antiquity, the Middle Ages, and Modern Times*. Trans. D. Ibberson. London and New York, 1930. Reprint. Secaucus, 1974.

O'Gorman, Donald. *Diderot the Satirist: "Le Neveu de Rameau" and Related Works, An Analysis*. University of Toronto Romance Studies, 17. Toronto and Buffalo, 1971.

Oldenbourg, Zoé. *Catherine the Great*. Trans. Anne Carter. New York, 1965.

Olsen, Dale Alan. "Music and Shamanism of the Winikina-Waro Indians: Songs for Curing and Other Theurgy." Ph.D. diss., Los Angeles, 1973.

King, Lester S. *The Philosophy of Medicine: The Early Eighteenth Century*. Cambridge, Mass., and London, 1978.

Kirby, Ernest Theodore. "Dionysus: A Study of the Bacchae and the Origins of Drama." Ph.D. diss., Pittsburgh, 1972.

———. "The Origin of the Mummers' Play." *Journal of American Folklore* 84 (July–September 1971): 275–88.

———. "The Shamanistic Origins of Popular Entertainments." *The Drama Review* 18 (March 1974): 5–15.

———. *Ur-Drama: The Origins of Theatre*. New York, 1975.

Kirchner, H. "Ein archäologischer Beitrag zur Urgeschichte des Schamanismus." *Anthropos* 47 (1952): 244–86.

Kirchner, Walther, ed. *Eine Reise durch Siberien im achtzehnten Jahrhundert: Die Fahrt des Schweizer Doktors Jakob Fries*. Veröffentlichungen des Osteuropa-Instituts München, ed. Hans Koch, 10. Munich, 1955.

Kittredge, G. L. *Witchcraft in Old and New England*. New York, 1919. Reprint. 1956.

Kjerbühl-Petersen, Lorenz. *Die Schauspielkunst: Untersuchungen über ihr Wirken und Wesen*. Stuttgart, Berlin, Leipzig, 1925.

Kluckhohn, Clyde. *Anthropology and the Classics*. Providence, 1961.

Knapp, Bettina. *Theatre and Alchemy*. Detroit, 1980.

Kniep, Claudia. "'Blut ist ein ganz besondrer Saft': Warum heisst Goethes Faust Heinrich?" *Wirkendes Wort: Deutsche Sprache in Forschung und Lehre* 35 (March–April 1985): 85–88.

Knoll-Greiling, Ursula. "Berufung und Berufungserlebnis bei den Schamanen." *Tribus* 2–3 (1953): 227–38.

Kocher, Paul H. *Christopher Marlowe: A Study of His Thought, Learning, and Character*. Chapel Hill, 1946. Reprint. New York, 1962.

König, Herbert. "Schamane und Medizinmann." *CIBA Zeitschrift* 4 (1936): 1294–1301.

Köpping, Klaus-Peter. "Schamanismus und Massenekstase: Bessesenheitskulte im modernen Japan und im antiken Griechenland." In Duerr, *Alcheringa*, pp. 74–107.

Kouidis, Apostolos P. "*The Praise of Folly*: Diderot's Model for *Le Neveu de Rameau*." In *Studies on Voltaire and the Eighteenth Century*, ed. Hayden Mason, pp. 244–46. Oxford, 1980.

Krauss, Werner. *Zur Anthropologie des achtzehnten Jahrhunderts: Die Frühgeschichte der Menschheit im Blickpunkt der Aufklärung*. Munich, 1979.

Krieg, Margaret B. *Green Medicine: The Search for Plants that Heal*. New York, 1966.

Kris, Ernst. "Approaches to Art." In *Psychoanalysis Today*, ed. Sandor Lorand, pp. 360–62. New York, 1944.

Kris, Ernst, and Otto Kurz. *Die Legende vom Künstler: Ein geschichtlicher Versuch*. Vienna, 1934.

Krohn, Alan. *Hysteria: The Elusive Neurosis*. Psychological Issues, 12, nos. 1–2. New York, 1978.

Krupnick, Mark, ed. *Displacement: Derrida and After*. Bloomington, 1983.

Kümmel, Werner Friedrich. *Musik und Medizin: Ihre Wechselbeziehungen in Theorie und Praxis von 800 bis 1800*. Freiburg and Munich, 1977.

Kuhn, Thomas. *The Structure of Scientific Revolutions*. 2d ed., enlarged. Chicago, 1970.

La Barre, Weston. *The Ghost Dance*. Garden City, 1970.

Ladurie, Emmanuel Le Roy. *Jasmin's Witch*. Trans. Brian Pearce. New York, 1987.

Landon, H. C. Robbins. *1791: Mozart's Last Year*. New York, 1988.

Lane, Yoti. *The Psychology of the Actor*. New York, 1960.

Larsen, Stephen. *The Shaman's Doorway: Opening the Mythic Imagination to Contemporary Consciousness*. New York, 1976.

Laski, Marghanita. *Ecstasy: A Study of Some Secular and Religious Experiences*. Bloomington, 1961.

Latourette, Kenneth Scott. *A History of the Expansion of Christianity*. 7 vols. New York, 1937–1945.

Laufer, Berthold. "Origin of the Word Shaman." *American Anthropologist*, n.s. 19 (July–September 1917): 361–71.

Lea, Henry Charles. *Materials Toward a History of Witchcraft*. Ed. Arthur C. Howland and George Lincoln Burr. 3 vols. Philadelphia, 1939. Reprint. New York and London, 1957.

Lechner, Wilhelm. "Gotthilf Heinrich von Schubert's Einfluss auf Kleist, Justinus Kerner, und E.T.A. Hoffmann: Beiträge zur deutschen Romantik." Ph.D. diss., Münster, 1911.

Lee, M. O. "Orpheus and Euridice: Myth, Legend, Folklore." *Classica et Mediaevalia* 26 (1965): 402–12.

Leitzmann, Albert, ed. *Mozarts Persönlichkeit: Urteile der Zeitgenossen gesammelt und erläutert*. Leipzig, 1914.

Lentin, A. "Catherine the Great and Diderot." *History Today* 22 (May 1972): 313.

LeShan, Lawrence. *The Medium, the Mystic, and the Physicist*. New York, 1966.

Leutz, Grete. *Das klassische Psychodrama*. Berlin, 1974.

Leventhal, Herbert. *In the Shadow of the Enlightenment: Occultism and Renaissance Science in Eighteenth-Century America*. New York, 1976.

Lévi-Strauss, Claude. *The Savage Mind*. Chicago, 1966.

———. *Structural Anthropology*. Trans. Claire Jacobson and Brooke Grundfest Schoepf. 2 vols. New York and London, 1963.

Lewin, Louis. *Phantastica: Narcotic and Stimulating Drugs, Their Use and Abuse*. Trans. P.H.A. Wirth. New York, 1964.

Lewis, I. M. *Ecstatic Religion: An Anthropological Study of Spirit Possession and Shamanism*. Harmondsworth, 1971.

Licht, Hans. *Sexual Life in Ancient Greece*. Trans. J. H. Freese, ed. Lawrence H. Dawson. London, 1932. Reprint. 1971.

Lifton, Robert Jay. *The Broken Connection: On Death and the Continuity of Life*. New York, 1979.

———. *The Nazi Doctors: Medical Killing and the Psychology of Genocide*. New York, 1986.

Grünthal, Ernst. "Ueber die historischen Wurzeln von Goethes naturwissenschaftlicher Denkweise." *Berner Beiträge zur Geschichte der Medizin und der Naturwissenschaften*. Ed. E. Hintzsche and W. Rytz, 10 (1949): 8–10.

Guerra, Francisco. *The Pre-Columbian Mind: A Study into the Aberrant Nature of Sexual Drives, Drugs Affecting Behaviour, and the Attitude towards Life and Death, with a Survey of Psychotherapy, in Pre-Columbian America*. London and New York, 1971.

Gunther, Erna. *Indian Life on the Northwest Coast of North America as Seen by the Early Explorers and Fur Traders during the Last Decades of the Eighteenth Century*. Chicago and London, 1972.

Hammond, William A. "The Disease of the Scythians (morbus feminarum) and Certain Analogous Conditions." *The American Journal of Neurology and Psychiatry* 1 (1882): 339–55.

Harner, Michael J. *The Way of the Shaman: A Guide to Power and Healing*. New York, 1980.

———, ed. *Hallucinogens and Shamanism*. London, Oxford, and New York, 1973. Reprint. 1981.

Hassan, Ihab. *The Dismemberment of Orpheus: Toward a Postmodern Literature*. 2d ed., enlarged. Madison and London, 1982.

———. *Paracriticisms: Seven Speculations of the Times*. Urbana, 1975.

Hatto, A. T. *Shamanism and Epic Poetry in Northern Asia*. London, 1970.

Hegel, Georg Wilhlem Friedrich. *Phenomenology of Spirit*. Trans. Arnold Vincent Miller. Oxford, 1977.

Heissig, Walther. "A Mongolian Source to the Lamist Suppression of Shamanism in the Seventeenth Century." *Anthropos* 48 (1953): 1–29, 493–536.

Herdt, Gilbert H. *Guardians of the Flutes: Idioms of Masculinity*. New York, 1981.

Hermanns, Matthias. "Medizinmann, Zauberer, Schamane, Künstler in der Welt der frühen Jäger." *Anthropos* 61 (1966): 883–89.

———. *Schamanen—Pseudoschamanen, Erlöser und Heilbringer: Eine vergleichende Studie religiöser Urphänomene*. 3 vols. Wiesbaden, 1970.

Herzog, Rolf. "Die Völker des Lenagebietes in den Berichten der ersten Hälfte des 18. Jahrhunderts." Ph.D. diss. Göttingen, 1949.

Historische Kommission bei der Bayerischen Akademie der Wissenschaften. *Allgemeine Deutsche Biographie*. 56 vols. Leipzig, 1875–1912. Reprint. Berlin, 1971.

Hodgen, Margaret T. *Early Anthropology in the Sixteenth and Seventeenth Centuries*. Philadelphia, 1971.

Hoerburger, Felix. "Schwert und Trommel als Tanzgeräte." *Deutsches Jahrbuch für Volkskunde* 1 (1955): 240–45.

———. *Der Tanz mit der Trommel*. Quellen und Forschungen zur musikalischen Folklore, 2. Regensburg, 1954.

Hoesterey, Ingeborg. "Amerika liebt mich: Die erste Aktion von Joseph Beuys in den USA." *Der Tagesspiegel*, Berlin, June 8, 1974.

Hoppàl, Mihály, ed. *Shamanism in Eurasia*. Forum, 5. Aachen, 1984.

Horkheimer, Max, and Theodor W. Adorno. *Dialectic of Enlightenment*. Trans. John Cumming. New York, 1988.

Hovorka, Oskar von, and Adolf Kronfeld. *Vergleichende Volksmedizin*. 2 vols. Stuttgart, 1908–1909.

Hubbard, David G. *The Skyjacker: His Flights of Fantasy*. New York, 1971.

Hultkrantz, Åke. "A Definition of Shamanism." *Temenos: Studies in Comparative Religion* 9 (1973): 25–37.

———. *The North American Indian Orpheus Tradition: A Contribution to Comparative Religion*. The Ethnographical Museum of Sweden, monograph ser., 2. Stockholm, 1957.

———. *The Religions of the American Indians*. Trans. Monica Setterwall. Berkeley, Los Angeles, and London, 1979.

Hutchinson, George B. *The Ecstatic Whitman: Literary Shamanism and the Crisis of the Union*. Columbus, 1986.

Jacob, Margaret C. "Newtonianism and the Origins of the Enlightenment: A Reassessment." *Eighteenth Century Studies* 11 (Fall 1977): 1–25.

Jacobs, Sue-Ellen. "Berdache: A Brief Review of the Literature." *Colorado Anthropologist* 1 (1968): 25–40.

Jantz, Harold. *The Form of "Faust": The Work of Art and Its Intrinsic Structures*. Baltimore and London, 1978.

———. *Goethe's Faust as a Renaissance Man: Parallels and Prototypes*. Princeton, 1954. Reprint. New York, 1974.

———. *The Mothers in "Faust": The Myth of Time and Creativity*. Baltimore, 1969.

Jenkins, Linda Walsh. "Sex Roles and Shamans." In *Women in American Theater, Careers, Images, Movements: An Illustrated Anthology and Sourcebook*, ed. Helen Krich Chinoy and L. W. Jenkins, pp. 12–18. New York, 1981.

Jessen, Hans, ed. *Katharina II. von Russland*. Düsseldorf, 1970.

Josephs, Herbert. *Diderot's Dialogue of Language and Gesture: Le Neveu de Rameau*. Columbus, 1969.

Kabell, Aage. "Skalden und Schamanen." *FF [Folklore Fellows] Communications*, 96 (1980): 1–44.

Kakar, Sudhir. *Shamans, Mystics, and Doctors: A Psychological Inquiry into India and Its Healing Traditions*. Boston, 1982.

Kapelrud, Arvid S. "Shamanistic Features in the Old Testament." In Edsman, *Studies in Shamanism*, pp. 90–96.

Kapferer, Bruce. *A Celebration of Demons*. Bloomington, 1983.

———. "Mind, Self, and Demon in Demonic Illness: The Negation and Reconstruction of Self." *American Ethnologist* 6 (February 1979): 110–33.

Karlinsky, Simon. *Russian Drama from Its Beginnings to the Age of Pushkin*. Berkeley, Los Angeles, and London, 1985.

Keller, Evelyn Fox. *Reflections on Gender and Science*. New Haven and London, 1985.

Keudell, Elise von. *Goethe als Benutzer der Weimarer Bibliothek*. Ed. Werner Deetjen. Weimar, 1931.

Kihm, Walter. "Zur Symbolik im Schamanismus." Ph.D. diss., Freiburg, 1974.

King, A. Hyatt. *Mozart in Retrospect: Studies in Criticism and Bibliography*. London, New York, and Toronto, 1955.

King, Francis. *Sexuality, Magic, and Perversion*. London, 1971.

———. "Recent Works on Shamanism: A Review Article." *History of Religions* 1 (1961): 152–86.
———. *Shamanism: Archaic Techniques of Ecstasy*. Trans. Willard R. Trask. Rev. and enlarged ed. Princeton, 1974.
Embacher, Friedrich. *Lexikon der Reisen und Entdeckungen*. Amsterdam, 1961.
Engel, Hans. "Mozart in der philosophischen und ästhetischen Literatur." In *Mozart-Jahrbuch 1953*, pp. 67–69. Salzburg, 1954.
Engemann, Walter. "Das ethnographische Weltbild Voltaires: Ein Beitrag zur Geschichte der Völkerkunde und der Entdeckungen." *Zeitschrift für Ethnologie* 61 (1929): 263–77.
Fairchild, Hoxie Neale. *The Noble Savage: A Study in Romantic Naturalism*. New York, 1928. Reprint. 1961.
Faivre, J. P. "Savants et navigateurs: Un aspect de la cooperation international entre 1750 et 1840." *Cahiers d'histoire mondiale* 1 (1966): 98–124.
Fellows, Otis. "The Theme of Genius in Diderot's *Neveu de Rameau*." *Diderot Studies* 2 (1952): 168–99.
Fenton, William N. "J.-F. Lafitau (1681–1746), Precursor of Scientific Anthropology." *[Southwestern Journal of Anthropology] Journal of Anthropological Research* 25 (1969): 173–87.
Fetzer, John F. *Romantic Orpheus: Profiles of Clemens Brentano*. Berkeley, Los Angeles, and London, 1974.
Findeisen, Hans. *Okkulte Begebnise im schamanistischen Raum*. Augsburg, 1956.
———. *Die 'Schamanenkrankheit' als Initiation, Eine völker- und sozialpsychologische Untersuchung*. Abhandlungen und Aufsätze aus dem Institut für Menschen- und Menschheitskunde, 45. Augsburg, 1957.
———. *Schamanentum*. Stuttgart, 1957.
Finney, Gretchen Ludke. "Music and Ecstasy: A Religious Controversy." In *Musical Backgrounds for English Literature: 1580–1650*, pp. 47–75. New Brunswick, 1962.
Flaherty, Gloria. "Catherine the Great and Men." *Lessing Yearbook* 18 (1986): 141–50.
———. "Empathy and Distance: Romantic Theories of Acting Reconsidered." *Theatre Research International* 15 (1990): 127–43.
———. *Opera in the Development of German Critical Thought*. Princeton, 1978.
———. "Sex and Shamanism in the Eighteenth Century." In Rousseau and Porter, *Sexual Underworlds*, pp. 261–80.
Foucault, Michel. *The Archaeology of Knowledge and the Discourse on Language*. Trans. A. M. Sheridan Smith. New York, 1972.
———. *The Birth of the Clinic: An Archaeology of Medical Perception*. Trans. A. M. Sheridan Smith. New York and London, 1973. Reprint. New York, 1975.
———. *The History of Sexuality*. Trans. Robert Hurley. 2 vols. New York, 1978–1985.
———. *Madness and Civilization: A History of Insanity in the Age of Reason*. Trans. Richard Howard. New York, 1965.
Frank, Jerome D. *Persuasion and Healing: A Comparative Study of Psychotherapy*. Rev. ed. New York, 1974.
Fried, Michael. "Art and Objecthood." *Artforum* (Summer 1967): 12–23.
Furst, Peter, ed. *Flesh of the Gods: The Ritual Use of Hallucinogens*. New York, 1972.
Fussell, G. E., and Constance Goodman. "Travel and Topography in Eighteenth-Century England: A Bibliography of Sources for Economic History." *The Library, A Quarterly Review of Bibliography*, ser. 4, no. 10 (1929–1930): 84–120.
Gage, Matilde Joslyn. *Woman, Church, and State: A Historical Account of the Status of Woman through the Christian Ages, with Reminiscences of the Matriarchate*. Chicago, 1893.
Garrard, John Gordon, ed. *The Eighteenth Century in Russia*. Oxford, 1973.
Gaster, Theodore. *Thespis, Ritual, Myth, and Drama in the Ancient Near East*. New York, 1950. Reprint. 1975.
Gearey, John. *Goethe's "Faust": The Making of Part I*. New Haven and London, 1981.
Geertz, Clifford. "From the Natives' Point of View: On the Nature of Anthropological Understanding." In *Meaning in Anthropology*, ed. K. Basso and H. Selby, pp. 221–37. Albuquerque, 1976.
Gennep, Arnold van. "De l'emploi du mot 'chamanisme.'" *Revue historique des religions* 47 (1903): 51–57.
———. *The Rites of Passage*. Trans. Monika B. Vizedom and Gabrielle L. Caffee, intro. Solon T. Kimbal. London, 1960.
Gernet, Louis. *The Anthropology of Ancient Greece*. Trans. John Hamilton, S.J., and Blaise Nagy. Baltimore and London, 1968.
Gerold, Karl Gustav. *Herder und Diderot: Ihr Einblick in die Kunst*. Frankfurter Quellen und Forschungen zur germanischen und romanischen Philologie, 28. Frankfurt am Main, 1941. Reprint. Hildesheim, 1974.
Gimbutas, Marija. *The Goddesses and Gods of Old Europe, 6500–3500 B.C.: Myths and Cult Images*. Rev. ed. Berkeley and Los Angeles, 1982.
Ginzburg, Carlo. *The Night Battles: Witchcraft and Agrarian Cults in the Sixteenth and Seventeenth Centuries*. Trans. John Tedeschi and Anne Tedeschi. Baltimore, 1983.
Goldberg, B. J. *The Sacred Fire: The Story of Sex in Religion*. New York, 1958.
Gooch, G. P. *Catherine the Great and Other Studies*. 1954. Reprint. Hamden, 1966.
Gove, Philip Babcock. *The Imaginary Voyage in Prose Fiction: A History of Its Criticism and a Guide for Its Study, with an Annotated Checklist of 215 Imaginary Voyages from 1700 to 1800*. New York, 1941.
Graesse, Johann Georg Theodor. *Trésor de livres rares et précieux*. 7 vols. Dresden, 1859–1869.
Graichen, Gisela. *Das Kultplatzbuch: Ein Führer zu den alten Opferplätzen, Heiligtümern und Kultstätten in Deutschland*. Hamburg, 1988.
Grassl, Hans. *Aufbruch zur Romantik: Bayerns Beitrag zur deutschen Geistesgeschichte, 1765–1785*. Munich, 1968.
Gruber, Elmar. *Tranceformation: Shamanismus und die Auflösung der Ordnung*. Basel, 1982.
Grumach, Ernst. *Goethe und die Antike: Eine Sammlung*. 2 vols. Berlin, 1949.

Cottrell, Alan P. *Goethe's "Faust": Seven Essays*. University of North Carolina Studies in the Germanic Languages and Literatures, 86. Chapel Hill, 1976.

Cowart, Georgia. *The Origins of Modern Musical Criticism: French and Italian Music, 1600–1750*. Studies in Musicology, 38. Ann Arbor, 1981.

Crawley, Ernest. *Dress, Drinks, and Drums: Further Studies of Savages and Sex*. Ed. Theodore Bestermann. London, 1931.

Crocker, Lester G. *Diderot's Chaotic Order: Approach to Synthesis*. Princeton, 1974.

Cronin, Vincent. *Catherine, Empress of All the Russias*. New York, 1978.

Crossley, Robert. "Ethereal Ascents: Eighteenth-Century Fantasies of Human Flight." *Eighteenth-Century Life* 7 (January 1982): 54–64.

Cunningham, D. J. "Anthropology in the Eighteenth Century." *The Journal of the Royal Anthropological Institute* 38 (January–June 1908): 10–35.

Cutner, Herbert. *A Short History of Sex-Worship*. London, 1940.

Czaplicka, Marie Antoinette. *Aboriginal Siberia: A Study in Social Anthropology*. Oxford, 1914.

Dankert, Werner. *Goethe: Der Mythische Urgrund seiner Weltschau*. Berlin, 1951.

Darnell, Regna. *Readings in the History of Anthropology*. New York, Evanston, San Francisco, and London, 1974.

Darnton, Robert. "The High Enlightenment and the Low-Life of Literature in Pre-Revolutionary Times." *Past and Present* 51 (May 1971): 81–115.

Dean, William. *History Making History: The New Historicism in American Religious Thought*. State University of New York Series in Philosophy. Albany, 1988.

Defert, Daniel. "The Collection of the World: Accounts of Voyages from the Sixteenth to the Eighteenth Centuries." Trans. Marie J. Diamond. *Dialectical Anthropology* 7 (1982): 11–20.

De Fontenay, Elisabeth. *Diderot: Reason and Resonance*. Trans. Jeffrey Mehlman. New York, 1982.

DeMille, Richard. *Castaneda's Journey: The Power and the Allegory*. Santa Barbara, 1980.

———. *The Don Juan Papers: Further Castaneda Controversies*. Santa Barbara, 1980.

Derrida, Jacques. *Dissemination*. Trans. Barbara Johnson. Chicago, 1981.

———. *Of Grammatology*. Trans. Gayatri Chakravorty Spivak. Baltimore and London, 1976.

Devereux, George. *Basic Problems of Ethnopsychiatry*. Trans. Basia Miller Gulati and George Devereux. Chicago and London, 1980.

Devlin, Judith. *The Superstitious Mind: French Peasants and the Supernatural in the Nineteenth Century*. New Haven and London, 1987.

De Woskin, Kenneth J., trans. *Doctors, Diviners, and Magicians of Ancient China*. New York, 1983.

Dieckmann, Liselotte. *Goethe's "Faust": A Critical Reading*. Englewood Cliffs, 1972.

Diószegi, Vilmos. *Tracing Shamans in Siberia: The Story of an Ethnographical Research Expedition*. Trans. Anità Rojkay Babó. Oosterhut, The Netherlands, 1968.

Dobkin de Rios, Marlene. *Visionary Vine: Psychedelic Healing in the Peruvian Amazon*. San Francisco, 1972.

Dodds, Eric Robertson. *The Greeks and the Irrational*. Sather Classical Lectures, 25. Berkeley and Los Angeles, 1951.

Donnelly, Alton S. *The Russian Conquest of Bashkiria, 1552–1740: A Case Study in Imperialism*. New Haven, 1968.

Donnert, Erich. *Russia in the Age of Enlightenment*. Leipzig, 1986.

Doore, Gary, ed. *Shaman's Path: Healing, Personal Growth, and Empowerment*. Boston and London, 1988.

Dreyfus, Hubert L., and Paul Rabinow. *Michel Foucault: Beyond Structuralism and Hermeneutics*. 2d ed. Chicago, 1983,

Drury, Nevill. *Don Juan, Mescalito, and Modern Magic: The Mythology of Inner Space*. London, Boston, Melbourne, and Henley, 1978.

Duchet, Michèle. *Anthropologie et histoire au siècles des lumierès: Buffon, Voltaire, Rousseau, Helvétius, Diderot*. Paris, 1971.

Duerr, Hans Peter, ed. *Alcheringa oder die beginnende Zeit: Studien zu Mythologie, Schamanismus und Religion, Mircea Eliade zum 75. Geburtstag*. Frankfurt am Main and Paris, 1983.

Eastham, Scott. *Paradise and Ezra Pound: The Poet as Shaman*. Lanham, Md., 1983.

Edsman, Carl Martin. "A Swedish Female Folk Healer from the Beginning of the Eighteenth Century." In Edsman, *Studies in Shamanism*, pp. 120–65.

———, ed. *Studies in Shamanism Based on Papers Read at the Symposium on Shamanism Held at Äbo on the 6th to 8th of September, 1962*. Stockholm, 1962.

Ehrenreich, Barbara, and Deirdre English. *Witches, Midwives, and Nurses: A History of Women Healers*. Glass Mountain Pamphlet no. 1. 2d ed. New York, 1973.

Ehrenwald, Jan. *Anatomy of Genius: Split Brains and Global Minds*. New York, 1984.

Eisen, Cliff. "Contributions to a New Mozart Documentary Biography." *Journal of the American Musicological Society* 39 (Fall 1986): 617–18.

Eisler, Robert. *Man into Wolf: An Anthropological Interpretation of Sadism, Masochism, and Lycanthropy*. London, 1948. Reprint. Santa Barbara, 1978.

Eliade, Mircea. *The Forge and the Crucible*. Trans. Stephen Corrin. New York, 1971.

———. *Geschichte der religiösen Ideen*. Trans. Elizabeth Darlap, Adelheid Müller-Lissner, Werner Müller, and Günther Lanczkowska. 3 vols. Freiburg, Basel, and Vienna, 1978–1981.

———. *The Myth of the Eternal Return; or, Cosmos and History*. Trans. Willard R. Trask. Princeton, 1974.

———. *Myths, Dreams, and Mysteries: The Encounter between Contemporary Faiths and Archaic Realities*. Trans. Philip Mairet. The Library of Religion and Culture, ed. Benjamin Nelson. London and New York, 1960. Reprint. New York, 1975.

———. *Occultism, Witchcraft, and Cultural Fashions: Essays in Comparative Religions*. Chicago and London, 1976.

———. *Tabu Homosexualität: Die Geschichte eines Vorurteils*. Frankfurt am Main, 1978.
———. *Der Weibmann: Kult, Geschlechtswechsel im Schamanismus—Transvestition bei Naturvölker*. Frankfurt am Main, 1984.
Blodgett, Jean. *The Coming and Going of the Shaman: Eskimo Shamanism and Art*. Winnipeg, 1978.
Boas, Franz. *The Mind of Primitive Man*. New York, 1931.
Bode, Wilhelm. *Goethes Schweizer Reisen*. Leipzig, 1922.
Böhme, Erdmann Werner. *Mozart in der schönen Literatur (Drama, Roman, Novelle, Lyrik), eine motivgeschichtliche Abhandlung mit über 500 Werke umfassenden Bibliographie*. Greifswald, 1932.
———. "Mozart in der schönen Literatur, II. Teil: Ergänzungen und Fortsetzung." In *Mozart-Jahrbuch 1959*, pp. 165–87. Salzburg, 1960.
Böhme, Gernot. "Is Goethe's Theory of Color Science?" In Amrine, *Goethe and the Sciences*, pp. 147–73.
Bojescul, Wilhelm. *Zum Kunstbegriff des Joseph Beuys*. Kultur- Literatur- Kunst, ed. Jürgen Klein, 1. Essen, 1985.
Bonin, Werner F. *Lexikon der Parapsychologie*. Bern, Munich, Darmstadt, 1976.
Bouteiller, M. *Chamanisme et guérison magique*. Paris, 1950.
Bremner, Geoffrey. *Order and Change: The Pattern of Diderot's Thought*. Cambridge, New York, and Melbourne, 1983.
Briggs, Katharine Mary. *Pale Hecate's Team: An Examination of the Beliefs on Witchcraft and Magic among Shakespeare's Contemporaries and His Immediate Successors*. London, 1962.
Brown, Jane K. *Goethe's "Faust," The German Tragedy*. Ithaca and London, 1986.
Brown, Norman Oliver. *Hermes the Thief: The Evolution of a Myth*. Madison, 1947.
Brunet, Jacques Charles. *Manuel du libraire et de l'amateur de livres*. 5th ed., rev. and enlarged. 9 vols. Paris, 1860–1890.
Buchholz, Arnold. *Die Göttinger Russlandsammlungen Georgs von Asch, Ein Museum der russischen Wirtschaftsgeschichte des 18. Jahrhunderts*. Giessen, 1961.
Bullough, Vern L. *Sex, Society, and History*. New York, 1976.
Burkert, Walter. *Lore and Science in Ancient Pythagoreanism*. Trans. Edwin L. Minar, Jr. Cambridge, Mass., 1972.
Burnham, Jack. "The Artist as Shaman." *Arts Magazine* 47 (May–June 1973): 42–45.
———. "Contemporary Ritual: A Search for Meaning in Post-Historical Terms." *Arts Magazine* 47 (March 1973): 38–41.
———. "Denis Oppenheimer: The Artist as Shaman." *Arts Magazine* 47 (May–June 1973): 42–45.
———. *Great Western Salt Works: Essays on the Meaning of Post-Formalist Art*. New York, 1974.
———. "Objects and Ritual: Towards a Working Ontology of Art." *Arts Magazine* 47 (December–January 1973): 28–32.
Burns, E. *Theatricality: A Study of Convention in the Theatre and in Social Life*. London, 1972.
Buschan, Georg. *Über Medizinzauber und Heilkunst im Leben der Völker*. Berlin, 1941.
Butler, E. M. *The Myth of the Magus*. Cambridge, 1948.
Campbell, Joseph. *The Masks of God: Occidental Mythology*. New York, 1964. Reprint. New York, 1976.
———. *The Masks of God: Oriental Mythology*. New York, 1962. Reprint. New York, 1976.
———. *The Masks of God: Primitive Mythology*. New York, 1959. Reprint. New York, 1976.
Cartwright, Michael. "Diderot and the Idea of Performance." In *Studies in Eighteenth-Century French Literature Presented to Robert Niklaus*, ed. J. M. Fox, M. H. Waddicor, and D. A. Watts, pp. 31–42. Exeter, 1975.
Castaneda, Carlos. *Journey to Ixtlan: The Lessons of Don Juan*. New York, 1972.
———. *A Separate Reality: Further Conversations with Don Juan*. New York, 1971.
———. *Tales of Power*. New York, 1974.
———. *The Teachings of Don Juan: A Yaqui Way of Knowledge*. New York, 1968.
Cawley, Robert Ralston. *Unpathed Waters: Studies in the Influence of the Voyagers on Elizabethan Literature*. Princeton, 1940.
———. *The Voyagers and Elizabethan Drama*. Boston, 1938.
Chadwick, Nora Kershaw. *Poetry and Prophecy*. Cambridge, 1942.
———. "Shamanism among the Tatars of Central Asia." *The Journal of the Royal Anthropological Institute of Great Britain and Ireland* 66 (January–June 1936): 75–112.
Chadwick, Nora Kershaw, and Victor Zhirmunsky. *Oral Epics of Central Asia*. Cambridge, 1969.
Charles, Lucile Hoerr. "The Clown's Function." *Journal of American Folklore* 58 (January–March 1945): 25–34.
———. "Drama in First-Naming Ceremonies." *Journal of American Folklore* 64 (January–March 1951): 11–35.
———. "Drama in Shaman Exorcism." *Journal of American Folklore* 66 (January–March 1953): 95–122.
———. "Growing up through Drama." *Journal of American Folklore* 59 (July–September 1946): 247–62.
———. "Regeneration through Drama at Death." *Journal of American Folklore* 61 (April–June 1948): 151–74.
Chekov, Michael. *To the Actor: On the Technique of Acting*. New York, 1953.
Ciarlo, J. A. "Ascensionism in Fantasy and Action: A Study of the Motivation to Fly." Ph. D. diss., Cambridge, Mass., 1964.
Clifford, James. *The Predicament of Culture: Twentieth-Century Ethnography, Literature, and Art*. Cambridge, Mass., 1988.
Closs, Alois. "Die Ekstase des Schamanen." *Ethnos* 34 (1969): 70–89.
Cole, Garold L. *Travels in America from the Voyages of Discovery to the Present: An Annotated Bibliography of Travel Articles in Periodicals, 1955–1980*. Norman, 1984.
Conant, Martha Pike. *The Oriental Tale in England in the Eighteenth Century*. Columbia University Studies in English and Comparative Literature. New York, 1908. Reprint. 1966.

ondervinding ontworpen, beschreven, geteekent, en in 't licht gegeven. 2d ed. 2 vols. Amsterdam, 1785.
———. *N. Witsens Berichte über die uralischen Völker*. Trans. and abridged Tibor Mikola. Studia Uralo-Altaica. Szeged, 1975.
Zapf, Georg Wilhelm. *Zauberbibliothek*. Augsburg, 1776.
Zedler, Johann Heinrich. *Grosses vollständiges Universal-Lexicon aller Wissenschafften und Künste, welche bisshero durch menschlichen Verstand und Witz erfunden und verbessert worden*. 64 vols. Halle, 1732–1750.
Zimmermann, E.A.W. von. *Taschenbuch der Reisen oder unterhaltende Darstellung der Entdeckungen des 18ten Jahrhunderts, in Rücksicht der Länder, Menschen und Productenkunde, Für jede Klasse von Lesern*. 18 vols. Leipzig, 1801–1807.
Zimmermann, Johann Georg. *Aphorisms and Reflections on Men, Morals, and Things*. London, 1800.
———. *Fragmente über Friedrich den Grossen*. Leipzig, 1790.
———. *Solitude*. Trans. Simon André Tissot. London, 1804.
———. *Über Friedrich den Grossen und meine Unterredung mit ihm kurz vor seinem Tode*. Leipzig, 1788.
———. *Von der Erfahrung in der Arzneykunst*. 2 vols. Zurich, 1763–1764.

Secondary Works

Abrams, Meyer H. *Natural Supernaturalism: Tradition and Revolution in Romantic Literature*. New York, 1971.
Achterberg, Jean. *Imagery in Healing: Shamanism and Modern Medicine*. Boston and London, 1985.
Adams, Percy G. *Travelers and Travel Liars, 1660–1800*. Berkeley and Los Angeles, 1962.
———. *Travel Literature and the Evolution of the Novel*. Lexington, Ky., 1983.
Adelung, Friedrich von. *Kritisch-Literärische Übersicht der Reisenden in Russland bis 1700, deren Berichte bekannt sind*. 2 vols. St. Petersburg, 1846. Reprint. Amsterdam, 1960.
Allanbrook, Wye. *Rhythmic Gesture in Mozart: "Le Nozze di Figaro" and "Don Giovanni."* Chicago and London, 1983.
Altner, Günter. "Goethe as a Forerunner of Alternative Science." In Amrine, *Goethe and the Sciences*, pp. 341–50.
Amrine, Frederick, Francis J. Zucker, and Harvey Wheeler, eds. *Goethe and the Sciences: A Reappraisal*. Boston Studies in the Philosophy of Science, 97. Dordrecht, Boston, Lancaster, and Tokyo, 1987.
Anderson, Edward F. *Peyote: The Divine Cactus*. Tucson, 1980.
Angelino, Henry, and Charles L. Shedd. "A Note on Berdache." *American Anthropologist* 57 (1955): 121–26.
Atkins, Stuart. *Goethe's "Faust": A Literary Analysis*. Cambridge, Mass., 1958.
Atkinson, Geoffroy. *The Extraordinary Voyage in French Literature before 1700*. Columbia University Studies in Romance Philology and Literature. New York, 1920.
———. *The Extraordinary Voyage in French Literature from 1700 to 1720*. Paris, 1922.
Bachofen, Johann Jakob. *Das Mutterrecht, eine Untersuchung über die Gynaikokratie der alten Welt nach ihrer Religion und rechtlichen Natur*. Stuttgart, 1861.
Bächthold-Stäubli, Hanns, and E. Hoffmann-Krayer, eds. *Handwörterbuch des deutschen Aberglaubens*. 10 vols. Berlin and Leipzig, 1927–1942. Reprint. Berlin and New York, 1987.
Baron, Frank. *Doctor Faustus, From History to Legend*. Munich, 1978.
Barnstone, Willis. *The Poetics of Ecstasy: Varieties of Ekstasis from Sappho to Borges*. New York and London, 1983.
Barry, David. "Turning the Screw on Goethe's Helena." *German Life and Letters*, n.s. 39 (July 1986): 268–78.
Barthes, Roland. "The Death of the Author." Trans. Richard Howard. In *The Discontinuous Universe, Selected Writings in Contemporary Consciousness*, ed. Sallie Sears and Georgianna W. Lord, pp. 7–12. New York, 1972.
Bastian, Adolf. *Der Mensch in der Geschichte: Zur Begründung einer psychologischen Weltanschauung*. 2 vols. Leipzig, 1860.
Bates, Alfred. *The Drama: Its History, Literature, and Influence on Civilization*. London, 1903.
Benamou, Michel, and Charles Caramello, eds. *Performance in Postmodern Culture*. Madison, 1977.
Benjamin, Walter. *The Origin of German Tragic Drama*. London, 1977.
Bennett, Benjamin. *Goethe's Theory of Poetry: "Faust" and the Regeneration of Language*. Ithaca and London, 1986.
Benot, Yves. *Diderot: De l'athéisme à l'anticolonialisme*. Paris, 1970.
Bernhagen, W. "Johann Leonhard Frisch und seine Beziehungen zu Russland." In *Die deutsch-russische Begegnung und Leonhard Euler*, pp. 112–24. Quellen und Studien zur Geschichte Osteuropas, 1. Berlin, 1958.
Bernstein, Richard J. *Beyond Objectivism and Relativism: Science, Hermeneutics, and Praxis*. Philadelphia, 1983.
Binns, J. W. "Women or Transvestites on the Elizabethan Stage? An Oxford Controversy." *Sixteenth-Century Journal* 5 (1974): 95–120.
Birdsell, Joseph B. "The Problem of the Early Peopling of the Americas as Viewed from Asia." In *Papers on the Physical Anthropology of the American Indian*, ed. William S. Laughlin, pp. 1–69. New York, 1951.
Bitterli, Urs. *Die "Wilden" und die "Zivilisierten": Grundzüge einer Geistes- und Kulturgeschichte der europäisch-überseeischen Begegnung*. Munich, 1976.
Black, J. L. "G. F. Müller and the Russian Academy of Sciences Contingent in the Second Kamchatka Expedition, 1733–1743." *Canadian Slavonic Papers* 25 (June 1983): 235–52.
Bleibtreu-Ehrenberg, Gisela. "Homosexualität und Transvestition im Schamanismus." *Anthropos* 65 (1970): 189–228.
———. *Mannbarkeitsriten: Zur institutionellen Päderastie bei Papuas und Melanesiern*. Frankfurt am Main, Berlin, and Vienna, 1980.
———. "Der Schamane als Meister der Imagination oder Die hohe Kunst des Fliegenkönnens." In Duerr, *Alcheringa*, 49–71.
———. "Sexuelle Abartigkeit im Urteil der abendländischen Religions-, Geistes-, und Rechtsgeschichte im Zusammenhang mit der Gesellschaftsentwicklung." Ph.D. diss. Bonn, 1970.

Zeugnisse zu Ästhetik und Rezeption. Gesamthochschule Wuppertal, Schriftenreihe Literaturwissenschaft, 12. Bonn, 1980.

Scott, Sir Walter. "On the Supernatural in Fictitious Composition and Particularly on the Works of Ernest Theodore William Hoffmann." *Foreign Quarterly Review* (July–November 1827): 60–98.

Shea, John Gilmary, ed. *Discovery and Exploration of the Mississippi Valley: With the Original Narratives of Marquette, Allouez, Membré, Hennepin, and Anastase Douay*. New York, 1852.

Shoberl, Frederic. *Russia, being a description of the Character, Manners, Customs, Dress, Diversions, and other Peculiarities of the Different Nations, inhabiting the Russian Empire*. 4 vols. The World in Miniature. London, 1822.

Sonnini de Manoncourt, Charles Nicolas Sigisbert. *Travels in Upper and Lower Egypt undertaken by Order of the Old Government of France*. Trans. Henry Hunter. 3 vols. London, 1799.

Sonntag, Carl Gottlob. *Das Russische Reich, oder Merkwürdigkeiten aus der Geschichte, Geographie und Naturkunde aller der Länder, die jetzt zur Russischen Monarchie gehören*. Riga, 1791.

Spingarn, J. E., ed. *Critical Essays of the Seventeenth Century*. 3 vols. Bloomington and London, 1957.

Staden, Hans. *Wahrhaftige Historia und Beschreibung einer Landschaft der wilden nacketen grimmigen Menschenfresserleuten in der neuen Welt Amerika gelegen*. Ed. Gertrud Tudsen. Die Umwelt des Auslandsdeutschen in Südamerika, ser. 1, vol. 4. Buenos Aires, 1934.

Stavorinus, John Splinter. *Voyages to the East Indies*. Trans. Samuel Hull Wilcocke. 3 vols. London, 1798. Reprint. 1969.

Steller, Georg Wilhelm. *Beschreibung von dem Lande Kamtschatka, dessen Einwohnern, deren Sitten, Nahmen, Lebensart und verschiedenen Gewohnheiten*. Ed. J. B. Scherer. Frankfurt and Leipzig, 1774.

———. *Beschreibung von dem Lande Kamtschatka*. Quellen und Forschungen zur Geschichte der Geographie und Reise, ed. Hanno Beck, vol. 10. Stuttgart, 1974.

Strahlenberg, Philipp Johann Tabbert von. *An Histori-Geographical Description of the North and Eastern Part of Europe and Asia; But more particularly of Russia, Siberia, and Great Tartary; Both in their Ancient and Modern State: Together with An entire New Polyglot-Table of the Dialects of 32 Tartarian Nations: And a Vocabulary of the Kalmuck-Mungolian Tongue; As Also, A Large and Accurate Map of those Countries; and Variety of Cuts, representing* Asiatick-Scythian *Antiquities*. London, 1736.

Stuck, Gottlieb Heinrich. *Verzeichnis von aeltern und neuern Land- und Reise-Beschreibungen, Ein Versuch eines Hauptstücks der geographischen Litteratur mit einem vollstaendigen Realregister und einer Vorrede von M. Johann Ernst Fabri, Inspector der Koeniglichen Freytische und Secretair der Hallischen Naturforschenden Gesellschaft*. 2 vols. Halle, 1784–1787.

Struys, Johann Jansen. *The Perillous and most Unhappy Voyages*. Trans. John Morrison. London, 1683.

Sulzer, Johann Georg. *Allgemeine Theorie der Schönen Künste*. 2 vols. Leipzig, 1773–1775.

Svinine, Paul. *Sketches of Russia*. London, 1814.

Swift, Jonathan. *Gulliver's Travels: A Facsimile Reproduction of a Large-Paper Copy of the First Edition, 1726, Containing the Author's Annotations*. Intro. Colin McKelvie. Delmar, N.Y., 1976.

Temple, William. *Essay upon the Ancient and Modern Learning* [1690]. In Spingarn, *Critical Essays*, 3:32–72.

Thwaites, Reuben Gold, ed. *The Jesuit Relations and Allied Documents: Travels and Explorations of the Jesuit Missionaries in New France, 1610–1791, The Original French, Latin, and Italian Texts, with English Translations and Notes*. 73 vols. Cleveland, 1896–1901.

Tissot, Simon André. "Discours XVI." In *Aristide ou le Citoyen*. Lausanne, October 11, 1766.

———. *The Life of J. G. Zimmermann*. London, 1797.

Tooke, William. *View of the Russian Empire during the Reign of Catharine the Second, and to the Close of the Present Century*. 3 vols. London, 1799.

The Travels of Several Learned Missioners of the Society of Jesus, into Divers Parts of the Archipelago, India, China, and America. London, 1714.

Trenchard, John. *The Natural History of Superstition*. London, 1709.

"Übersicht der Geographischen Verlags-Werke des F.S. priv. Industrie-Comptoirs zu Weimar." In *Allgemeine geographische Ephemeriden*, pp. 357–65. Weimar, 1800.

Versuch einer Litteratur deutscher Reisebeschreibungen, sowohl Originale als Uebersetzungen; wie auch einzelner Reisenachrichten aus den berühmtesten deutschen Journalen, Mit beigefügten kurzen Recensionen, Notizen von ihren Verfassern und Verlegers-Preisen, In alphabetischer Ordnung nach den Ländern chronologisch bearbeitet. Prague, 1793.

Vico, Giambattista. *The New Science*. 3d ed. [1744]. Trans. Thomas Goddard Bergin and Max Harold Fisch. Ithaca and London, 1984.

Voltaire, François Marie Arouet de. *Histoire de l'empire de Russie sous Pierre le Grand, par l'auteur de l'histoire de Charles XII*. Geneva, 1759–1763.

———. *Russia under Peter the Great*. Trans. M.F.O. Jenkins. Rutherford, 1983.

———. "La Russie sous Pierre le Grand" [selections]. In *Oeuvres Historiques*, ed. René Pomeau, pp. 369–76. Paris, 1957.

Wafer, Lionel. *A New Voyage and Description of the Isthmus of America* [1699]. 3d ed. enlarged. London, 1729.

Waitz, Theodor. *Anthropologie der Naturvölker*. 6 vols. Leipzig, 1859–1872.

Walther, Johann Gottfried. *Musikalisches Lexikon oder musikalische Bibliothek*. Leipzig, 1732. Facsimile reprint, ed. Richard Schaal. Documenta Musicologica, ser. 1, no. 3. Kassel and Basel, 1953.

Weber, Henry. *Popular Romances: Consisting of Imaginary Voyages and Travels*. Edinburgh, 1812.

Weickard, Melchior Adam. *Der Philosophische Arzt*. Rev. and enlarged ed. 3 vols. Frankfurt am Main, 1790–1799.

Witsen, Nicolas. *Noord en Oost Tartaryen: Behelzende eene Beschryving van verscheidene Tartersche en Nabuurige Gewesten, in de noorder en oostelykste deelen van Aziën en Europa; zedert naauwkeurig onderzoek van veele jaaren, en eigen*

Sammlungen alles über ihn Geschriebenen, mit vielen neuen Beylagen, Steindrücken, Musikblättern und einem Fac-Simile. Leipzig, 1828.
Nuñez Cabeza de Vaca, Alvar. *The Journey of Alvar Nuñez Cabeza de Vaca and His Compaanions from Florida to the Pacific, 1528–1536.* Trans. Fanny Bandelier. New York, 1922.
Nynauld, Jean de. *De la lycanthropie, transformation, et extase des sorciers.* Paris, 1615.
Observations on the Present State of Denmark, Russia, and Switzerland, In a Series of Letters. London, 1784.
Pallas, Petrus Simon. *Bemerkungen auf einer Reise in die südlichen Statthalterschaften des Russischen Reiches a.d.J. 1793–1794.* Leipzig, 1799.
———. *Reise durch verschiedene Provinzen des Russischen Reichs.* 3 vols. St. Petersburg, 1771–1776.
Perry, John. *The state of Russia under the present Czar, In relation to the several great and remarkable things he has done, as to his naval preparations, the regulating his army, the reforming his people, and the improvement of his country, Particularly those works on which the author was employ'd, with the reasons of his quitting the czar's service, after having been fourteen years in that country, Also an account of those Tartars, and other people who border on the eastern and extreme northern parts of the czar's dominions, their religion, and manner of life; with many other observations, To which is annex'd, a more accurate map of the czar's dominions, than has hitherto been extant.* London, 1716.
Pichler, Caroline. *Denkwürdigkeiten aus meinem Leben, 1769–1843.* Vienna, 1844.
Pico della Mirandola, Giovanni. *On the Dignity of Man.* Trans. A. Robert Caponigri. South Bend, 1956.
Plato. *The Republic and Other Works.* Trans. B. Jowett. Garden City, 1960.
Polo, Marco. *The Description of the World.* Ed. A. C. Moule and Paul Pelliot. 2 vols. London, 1938. Reprint. New York, 1976.
Porta, Giambattista della. *Natural Magick* [1658]. Facsimile reprint. The Collector's Series in Science, ed. Derek J. Price. New York, 1957.
Porter, Robert Ker. *Travelling Sketches in Russia and Sweden During the Years 1805, 1806, 1807, 1808.* 2d ed. 2 vols. London, 1813.
Purchas, Samuel. *Purchas His Pilgrimage, Or Relations of the World and the Religions Observed in all Ages and Places Discovered, from the Creation unto this Present, In foure Partes: This First containeth A Theologicall and Geographicall Historie of Asia, Africa, and America, with the Ilands Adjacent, Declaring the Ancient Religions before the Floud, the Heathnish, Jewish, and Saracenicall in all Ages since, in those parts professed, with their severall Opinions, Idols, Oracles, Temples, Priestes, Fasts, Feasts, Sacrifices, and Rites Religious: Their beginnings, Proceedings, Alterations, Sects, Orders and Successions, With briefe Descriptions of the Countries, Nations, States, Discouveries, Private and Publike Customs, and the most Remarkable Rarities of Nature, or Humane Industrie, in the same.* London, 1613.
———. *Purchas his Pilgrimage or Relations of the World and the Religions.* London, 1626.
Quaife, Milo Milton, ed. *The Western Country in the Seventeenth Century: The Memoirs of Lamothe Cadillac and Pierre Liette.* Chicago, 1947.
Radishchev, Aleksandr Nikolaevich. *A Journey from St. Petersburg to Moscow* [1790]. Trans. Leo Wiener, ed. Roderick Page Thaler. Cambridge, Mass., 1958.
Raspe, Rudolf Erich. *Baron Munchausen's Narrative of His Marvellous Travels and Campaigns In Russia.* Oxford, Cambridge, and London, 1785.
Rather, L. J. *Mind and Body in Eighteenth-Century Medicine: A Study Based on Jerome Gaub's De regimine mentis.* Berkeley and Los Angeles, 1965.
Rechberg und Rothenlöwen, Karl von. *Les peuples de la Russie, ou description des moeurs, usages et costumes des diverses nations de l'Empire de Russie, accompagnée de figures coloriées.* 2 vols. Paris, 1812–1813.
Renaudot, Eusebius, trans. *Anciennes relations des Indes et de la Chine, de deux voyageurs Mahométans, qui y allèrent dans le neuvième siècle, traduites d'arabe.* Paris, 1718.
———. *Ancient Accounts of India and China, By Two Mohammedan Travellers, Who went to those Parts in the 9th Century; Translated from the Arabic.* London, 1733.
Richter, Wilhelm Michael. *Geschichte der Medicin in Russland.* 3 vols. Moscow, 1813–1817. Reprint. Leipzig, 1965.
Romans, Bernard. *A Concise Natural History of East and West Florida.* Ed. Rembert W. Patrick. New York, 1775. Facsimile reprint. Gainesville, 1962.
Sarytschew, Gawrila André Jewitsch. *Achtjährige Reise im nordöstlichen Sibirien, auf dem Eismeere und dem nordöstlichen Ozean.* Trans. Johann Heinrich Busse. 2 vols. Leipzig, 1805–1806.
Sauer, Martin. *An Account of a Geographical and Astronomical Expedition to the Northern Parts of Russia, for ascertaining the degrees of latitude and longitude of the mouth of the river Kovima; of the whole coast of the Tshutski, to East Cape; and of the islands in the Eastern Ocean, stretching to the American coast; Performed, By Command of Her Imperial Majesty Catherine the Second, Empress of All the Russias, by Commodore Joseph Billings, In the Years 1785, &c to 1794; The whole narrated from the original papers by Martin Sauer, Secretary to the expedition.* London, 1802.
———. *Reise nach den Nordlichen Gegenden vom Russischen Asien und America.* Trans. and ed. M. C. Sprengel. Bibliothek der neuesten und wichtigsten Reisebeschreibungen, ed. M. C. Sprengel, vol. 8. Weimar, 1803.
———. *Voyage fait par ordre de l'impératrice de Russie Catherine II, dans le nord de la Russie asiatique.* Trans. and ed. J. Castéra. 2 vols. Paris, 1802.
Scheffer, Johann. *Lappland, Das ist: Neue und wahrhafftige Beschreibung von Lappland und dessen Einwohnern, worin viel bisshero unbekandte Sachen von der Lappen Ankunft, Aberglauben, Zauberkünsten, Nahrung, Kleidern, Geschäfften, wie auch von den Thieren und Metallen so es in ihrem Lande giebet, erzählet, und mit unterschiedlichen Figuren fürgestellet worden.* Frankfurt am Main and Leipzig, 1675.
Schlözer, August Ludwig, trans. *Handbuch der Geschichte des Kaisertums Russland vom Anfange des Stats, bis zum Tode Katharina der II Aus dem Russischen übersetzt.* Göttingen, 1802.
———. *Historische Untersuchung über Russlands Reichsgrundgesetze.* Gotha, 1777.
Schusky, Renate, ed. *Das deutsche Singspiel im 18. Jahrhundert: Quellen und*

La Pérouse, Jean François de Galaup. *The Voyage of La Pérouse Round the World, in the Years 1785, 1786, 1787, and 1788, with the Nautical Tables.* 2 vols. London, 1798.

Le Huray, Peter, and James Day, eds. *Music and Aesthetics in the Eighteenth and Early Nineteenth Centuries.* Cambridge Readings in the Literature of Music. Cambridge, London, and New York, 1981.

Le Jeune, Paul. *Relation of What Occurred in New France in the Year 1635.* In Thwaites, *Jesuit Relations.* vol. 8 [1897].

———. *Relation of What Occurred in New France in the Year 1636.* In Thwaites, *Jesuit Relations.* vol. 10 [1897].

Leitzmann, Albert. Ed. *Mozarts Persönlichkeit: Urteile der Zeitgenossen gesammelt und erläutert.* Leipzig, 1914.

Lepechin, Ivan Ivanovich. *Tagebuch der Reise durch verschiedene Provinzen des Russischen Reiches in den Jahren 1768 und 1769.* Trans. Christian Heinrich Hase. 3 vols. Altenburg, 1774–1783.

Lesseps, Mathieu de. *Journal historique du voyage de M. de Lesseps, Consul de France, employé dans l'expédition de M. le comte de la Pérouse, en qualité d'interprète du Roi; Depuis l'instant où il a quitté les frégates Françoises au port Saint-Pierre & Saint-Paul du Kamtschatka, jusqu'à son arrivée en France, le 17 octobre 1788.* 2 vols. Paris, 1790.

Lessing, Gotthold Ephraim. *Die Erziehung des Menschengeschlechts.* In Petersen-Olshausen, 6:64–83.

———. *Hamburgische Dramaturgie.* In Petersen-Olshausen, 5.

———. "Über die Regeln der Wissenschaften zum Vergnügen; besonders der Poesie und Tonkunst." In Petersen-Olshausen, 1:182–87.

———. *Werke.* Ed. Julius Petersen and Waldemar von Olshausen. 30 vols. Berlin, Leipzig, Vienna, Stuttgart, 1925–1935. Reprint. Hildesheim and New York, 1970.

Levesque, Pierre-Charles. *Histoire de Russie, et des principales nations de l'Empire Russe.* 4th ed. 8 vols. and atlas. Paris, 1812.

———. *Historical & Literary Memoirs and Anecdotes, Selected from the Correspondence of Baron de Grimm and Diderot with the Duke of Saxe-Gotha between the years 1770 and 1790.* London, 1814.

Lisiansky, Urey Fedorovich. *A voyage round the world in the years 1803, 4, 5, & 6, performed, by order of his imperial majesty Alexander the First, Emperor of Russia, in the Ship Neva.* London, 1814.

Lockman, J., ed. *Travels of the Jesuits, into Various Parts of the World.* 2 vols. London, 1743.

Lorant, Stefan. *The New World: The First Pictures of America made by John White and Jacques le Moyne and engraved by Theodore de Bry.* Rev. ed. New York, 1965.

Marpurg, Friedrich Wilhelm, ed. *Der Critische Musicus an der Spree.* Berlin, 1749–1750. Reprint. Hildesheim and New York, 1970.

May, Franz Anton. *Medicinische Fastenpredigten oder Vorlesungen über Körper-und Seelen Diätetik zur Verbesserung der Gesundheit und Sitten.* Mannheim, 1793.

Meikle, James. *The Traveller; Or, Meditations on Various Subjects, Written on board a Man of War, To which is added, Converse with the World Unseen, To which is prefixed, The Life of the Author.* 2d American ed. Albany, 1812.

Meister, Leonhard. *Ueber die Schwermerei.* 2 vols. Bern, 1775–1777.

Messerschmidt, Daniel Gottlieb. *Forschungsreise durch Sibirien, 1720–1721.* Ed. E. Winter and N. A. Figurovskij. 5 vols. Quellen und Studien zur Geschichte Osteuropas, 8. Berlin, 1962–1977.

———. "Nachricht von D. Daniel Gottlieb Messerschmidts siebenjahriger Reise in Sibirien." *Neue Nordische Beyträge zur physikalischen und geographischen Erd- und Völkerbeschreibung, Naturgeschichte und Oekonomie* 3 (St. Petersburg and Leipzig, 1782): 97–158.

Meusel, Johann Georg. *Das gelehrte Teutschland oder Lexikon der jetzt lebenden teutschen Schriftsteller.* 5th ed. 23 vols. Lemgo, 1796–1834.

Milton, John. *Moscovia: Or, Relations of Moscovia, As far as hath been discover'd by English Voyages; Gather'd from the Writings of several Eye-witnesses; And of other less-known Countries lying Eastward of* Russia *as far as* Cathay, *lately discovered at several times by Russians* [1682]. In *The Works of John Milton,* ed. Frank Allen Patterson, 10:327–82. New York, 1932.

Montesquieu, Charles Louis Secondat, baron de la Brède et de. *The Spirit of the Laws: A Compendium of the First English Edition.* Ed. David Wallace Carrithers. Berkeley, 1977.

Moore, Francis. *Travels into the Inland Parts of Africa: Containing a Description of the Several Nations for the space of Six Hundred Miles up the River Gambia; their Trade, Habits, Customs, Language, Manners, Religion, and Government, the Power, Dispositon and Characters of some Negro Princes; with a particular Account of Job Ben Solomon, a* Pholey, *who was in* England *in the Year 1733, and known by the Name of the* African, *To which is added, Capt. Stibb's Voyage up the Gambia in the Year 1723, to make Discoveries.* London, 1738.

Möser, Justus. *Sämmtliche Werke.* Ed. Bernard Rudolf Abeken, Johanne Wilhelmine Juliane Möser, and Friedrich Christoph Nicolia. Rev. and enlarged ed. 10 vols. Berlin, 1842–1843.

———. *Sämmtliche Werke.* Historisch-Kritische Ausgabe, ed. Akademie der Wissenschaften zu Göttingen. 14 vols. Oldenburg, Berlin, Hamburg, 1943–1988.

———. "Schreiben an den Herrn Vikar in Savoyen, abzugeben bey dem Herrn Johann Jacob Rousseau." In Historisch-Kritische Ausgabe, 3:15–33.

Mozart, Leopold. *Gründliche Violinschule.* 3d ed., rev. Augsburg, 1787. Facsimile reprint, ed. Hans Joachim Moser. Leipzig, 1956.

———. *A Treatise on the Fundamental Principles of Violin Playing.* Trans. Editha Knocker. London, New York, and Toronto, 1951.

Mozart, Wolfgang Amadeus. *Mozart: Briefe und Aufzeichnungen.* Ed. Wilhelm H. Bauer and Otto Erich Deutsch. 7 vols. Basel, London, and New York, 1962–1975.

Müller, Gerhard Friedrich. *Eröffnung eines Vorschlages Zu Verbesserung der Russischen Historie durch den Druck einer Stückweise herauszugebenden Sammlung von allerley zu den Umständen und Begebenheiten dieses Reichs gehörigen Nachrichten.* 2 vols. St. Petersburg, 1732–1733.

Neueste Beschreibung von Alt und Neu Groen-Land. Nuremberg, 1679.

Neville, Henry. *The Isle of Pines.* London, 1668.

Nissen, Georg Nikolaus von. *Biographie W. A. Mozart's, Nach Originalbriefen,*

———. *Ideen zu einer Philosophie der Geschichte der Menschheit.* In Suphan, 13:1–442.

———. *Kritische Wälder, Oder Betrachtungen, die Wissenschaft und Kunst des Schönen betreffend, nach Massgabe neuerer Schriften.* In Suphan, 3:1–480.

———. "Das Land der Seelen: Ein Fragment." In Suphan, 16:333–40.

———. "Palingenesie, Vom Wiederkommen menschlicher Seelen, Mit einigen erläuternden Belegen." In Suphan, 16:341–67.

———. *Ueber die neuere Deutsche Litteratur, Eine Beilage zu den Briefen, die neueste Litteratur betreffend.* In Suphan, 1:131–531.

———. *Ueber die Würkung der Dichtkunst auf die Sitten der Völker in alten und neuen Zeiten.* In Suphan, 8:334–436.

———. "Versuch einer Geschichte der lyrischen Dichtkunst." In Suphan, 32:85–140.

———. "Vom Einfluss der Schreibekunst ins Reich der menschlichen Gedanken." In Suphan, 32:517–18.

———. *Vom Erkennen und Empfinden der menschlichen Seele: Bemerkungen und Träume.* In Suphan, 8:165–235.

———. *Vom Geist der Ebräischen Poesie: Eine Anleitung für die Liebhaber derselben, und der ältesten Geschichte des menschlichen Geistes.* In Suphan, 12:1–308.

———. "Von Ähnlichkeit der mittlern englischen und deutschen Dichtkunst, nebst Verschiednem, das daraus folget." In Suphan, 9:522–35.

Herodotus. *The History.* Trans. George Rawlinson, ed. E. H. Blakeney. 2 vols. London and New York, 1926. Reprint. 1949.

Hoffbauer, Johann Christoph. *Psychologische Untersuchungen über den Wahnsinn, die übrigen Arten der Verrückung und die Behandlung derselben.* Halle, 1807.

Hoffmann, E.T.A. "Don Juan." *Fantasiestücke in Callots Manier.* In *Dichtungen und Schriften sowie Briefe und Tagebücher.* Ed. Walther Harich, pp. 139–56. 15 vols. Weimar, 1924.

Holmberg, Heinrich Johann. *Ethnographische Skizzen über die Völker des russischen Amerika.* Acta Societatis Scientiarum Fennicae, pp. 282–422. Helsingfors, 1855–1862.

Hornemann, Friedrich. *The Journal of Friedrich Hornemann's Travels from Cairo to Murzuk in the Years 1797–1798.* Vol. 1 of *Missions to the Niger*, ed. E. W. Boville. Works Issued by the Hakluyt Society, 2d ser., no. 123. Cambridge, 1964.

Huet, Pierre Daniel. *Traité de l'origine des Romans.* 1670. Trans. Eberhard Werner Happel, 1682. Facsimile reprint. Stuttgart, 1966.

Hufeland, Christoph Wilhelm. *Gemeinnützige Aufsätze zur Beförderung der Gesundheit und des Wohlseyns.* Vienna, 1797.

———. *Ideen über Pathogenie und Einfluss der Lebenskraft auf Entstehung und Form der Krankheiten als Einleitung zu pathologischen Vorlesungen.* Jena, 1795.

———. *Die Kunst das menschliche Leben zu verlängern.* Jena, 1797.

Hume, David. *The Natural History of Religion* [1757]. Ed. H. E. Root. Stanford, 1956.

Hurd, Richard, ed. *Dialogues on the Uses of Foreign Travel; Considered as Part of An English Gentleman's Education: Between Lord Shaftesbury and Mr. Locke.* London, 1764.

Jung-Stilling, Johann Heinrich. *Theorie der Geister-Kunde, in einer Natur- Vernunft- und Bibelmäsigen Beantwortung der Frage: Was von Ahnungen, Gesichten und Geistererscheinungen geglaubt und nicht geglaubt werden müsse.* Frankfurt and Leipzig, 1802.

Kant, Immanuel. *Anthropologie in pragmatischer Hinsicht.* Ed. J. H. von Kirchmann. Berlin, 1872.

Kelly, Michael. *Reminiscences of Michael Kelly.* 2d ed. London, 1826.

Klemm, Gustav. *Allgemeine Cultur-Geschichte der Menschheit.* 10 vols. Leipzig, 1843–1852.

Köhler, Johann David. *Anweisung für Reisende Gelehrte, Bibliothecken, Münz-Cabinette, Antiquitäten-Zimmer, Bilder-Säle, Naturalien- und Kunst-Kammern, u.d.m. mit Nutzen zu besehen.* Frankfurt and Leipzig, 1762.

Kolb, Peter. *Caput Bonae spei Hodierum, das ist Vollständige Beschreibung des afrikanischen Vorgebürges der Guten Hoffnung* [1719]. Schriftenreihe der Volkshochschule der Stadt Marktredwitz, 22. Marktredwitz, 1975.

Kotzebue, August Friedrich Ferdinand von. *Graf Benjowsky oder die Verschwörung auf Kamtschatka, Schauspiel in fünf Aufzügen.* Leipzig, 1795.

Krascheninnikow, Stephan. *Beschreibung des Landes Kamtschatka.* Trans. Johann Tobias Köhler. Lemgo, 1766.

———. *Explorations of Kamchatka, North Pacific Scimitar.* Trans. E.A.P. Crownhart-Vaughan. Portland, Or., 1972.

———. *The History of Kamtschatka, and the Kurilski Islands, with the countries adjacent; illustrated with maps and cuts.* Trans. James Grieve, M.D. Gloucester, 1764.

Labat, Jean-Baptiste. *Nouveau voyage aux Isles de l'Amérique.* The Hague, 1724.

La Créquinière, de. *Conformité des coutumes des Indiens orientaux, avec celles des Juifs & des autres peuples de l'antiquité.* Brussels, 1704.

Lafitau, Jospeh François. *Allgemeine Geschichte der Länder und Völker von America.* Trans. Johann Friedrich Schröter, with an introduction by Siegmund Jacob Baumgarten. 2 vols. Halle, 1752–1753.

———. *Customs of the American Indians Compared with the Customs of Primitive Times.* Trans. and ed. William N. Fenton and Elizabeth L. Moore. 2 vols. Toronto, 1974.

———. *Moeurs des sauvages ameriquains, comparées aux moeurs des premièrs temps.* 2 vols. Paris, 1724.

La Hontan, Louis Armand, baron de. *New Voyages to North-America, Giving a Full Account of the Customs, Commerce, Religion, and Strange Opinions of the Savages of that Country, With Political Remarks upon the Courts of Portugal and Denmark, and the Present State of the Commerce of those Countries.* 2d ed. 2 vols. London, 1735.

Langsdorff, Georg Heinrich von. *Bemerkungen auf einer Reise um die Welt, in den Jahren 1803–1807.* Frankfurt am Main, 1812.

———. *Voyages and Travels in Various Parts of the World during the Years 1803, 1804, 1805, 1806, and 1807.* 2 vols. London, 1813–1814. Reprint. Amsterdam and New York, 1968.

———. *Beschreibung aller Nationen des Russischen Reichs, ihrer Lebensart, Religion, Gebräuche, Wohnungen, Kleidungen und übrigen Merkwürdigkeiten.* 4 pts. with suppl. St. Petersburg, 1776–1780.

Gerstenberg, Heinrich Wilhelm von. *Briefe über die Merkwürdigkeiten der Literatur.* Ed. Alexander von Weilen. Deutsche Litteraturdenkmale des 18. und 19. Jahrhunderts, 29–30. Stuttgart, 1890. Reprint. Nendeln, Liechtenstein, 1968.

Giovanni da Pian del Carpine. *Relation du voyage de Jean du Plan Carpin, cordelier, qui fut envoyé en Tartarie par le pape Innocent IV. l'an 1246.* In *Recueil de voyages au Nord, contenant divers mémoires très utiles au commerce & à la navigation,* ed. Jean Frédéric Bernard, 7:330–424. 10 vols. Amsterdam, 1725–1738.

Gmelin, Johann Georg. *Reise durch Sibirien, von dem Jahr 1733 bis 1743.* 4 vols. Göttingen, 1751–1752.

Goethe, Johann Wolfgang von. *Aus meinem Leben, Dichtung und Wahrheit.* In *Gedenkausgabe,* 10:11–852.

———. *Briefwechsel mit Friedrich Schiller.* In *Gedenkausgabe,* 20.

———. *Conversations of Goethe with Eckermann and Soret.* Trans. John Oxenford. Rev. ed. London, 1898.

———. *Des Epimenides Erwachen.* In Hamburger Ausgabe, 5:366–99.

———. *Faust I and II.* Ed. and trans. Stuart Atkins. Cambridge, Mass., 1984.

———. *From My Life, Poetry and Truth.* Trans. Robert R. Heitner, ed. Thomas P. Saine and Jeffrey L. Sammons. 2 vols. New York, 1987.

———. *Gedenkausgabe der Werke, Briefe und Gespräche.* Ed. Ernst Beutler. 24 vols., 3 suppl. vols. Zurich and Stuttgart, 1948–1971.

———. *Goethes Faust: Der Tragödie erster und zweiter Teil, Urfaust.* In Hamburger Ausgabe, 3.

———. *Goethes Werke: Textkritisch durchgesehen und mit Anmerkungen versehen.* Hamburger Ausgabe. Ed. Erich Trunz et al. 14 vols. Hamburg, 1948–1966.

———. *Italian Journey (1786–1788).* Trans. W. H. Auden and Elizabeth Mayer. San Francisco, 1982.

———. *Italienische Reise.* In *Gedenkausgabe,* 11:7–613.

———. *Das Leben von Benvenuto Cellini.* In *Gedenkausgabe,* 15:413–925.

———. *Die Leiden des jungen Werthers.* Leipzig, 1744. Reprint. Dortmund, 1978.

———. *Materialien zur Geschichte der Farbenlehre.* In Hamburger Ausgabe, 14:7–269.

———. *Maximen und Reflexionen.* In Hamburger Ausgabe, 12:365–547.

———. *Die Metamorphose der Pflanzen.* In Hamburger Ausgabe, 13:64–101.

———. *Noten und Abhandlungen zu besserem Verständnis des West-Östlichen Divans.* In Hamburger Ausgabe, 2:126–267.

———. *Tag- und Jahreshefte oder Annalen als Ergänzung meiner sonstigen Bekenntnisse.* In *Gedenkausgabe,* 11:615–956.

———. *West-Östlicher Divan.* In Hamburger Ausgabe, 2:7–270.

———. *Wilhelm Meister's Apprenticeship.* Trans. Eric A. Blackall with Victor Lange. New York, 1989.

———. *Wilhelm Meisters Lehrjahre.* In *Gedenkausgabe,* 7.

———. *Zur Farbenlehre.* In Hamburger Ausgabe, 13:314–523.

Goethe, Johann Wolfgang von. *Zur Morphologie.* In Hamburger Ausgabe, 13:53–250.

———, trans. *Rameaus Neffe: Ein Dialog von Diderot.* In *Gedenkausgabe,* 15:927–1079.

Goetz, Wolfgang, ed. *Mozart: Sein Leben in Selbstzeugnissen, Briefen und Berichten.* Berlin, 1941.

Grimm, Friedrich Melchior. *Correspondance littéraire, philosophique, et critique, adressée à un souverain d'Allemagne.* 16 vols. Paris, 1812–1813.

———. *Correspondance littéraire, philosophique, et critique.* Ed. Maurice Tourneux. 16 vols. Paris, 1877–1882.

———. *Historical & Literary Memoirs and Anecdotes, Selected from the Correspondence of Baron de Grimm and Diderot with the Duke of Gotha, between the years 1770 and 1790.* 2 vols. London, 1814.

Grimm, Jacob. *Deutsche Mythologie.* 4th ed. 2 vols. Berlin, 1876. Reprint. Darmstadt, 1965.

Güldenstädt, Johann Anton. *Reisen durch Russland und im Caucasischen Gebürge.* St. Petersburg, 1781.

Hakluyt, Richard, ed. *The Principal Navigations, Voyages, Traffiques & Discoveries of the English Nation* [1598]. New York, 1965.

Hamann, Johann Georg. "Aesthetica in nuce, Eine Rhapsodie in Kabbalistischer Prose." In *Sämtliche Werke,* pp. 195–217.

———. *Sämtliche Werke.* Ed. Josef Nadler. 6 vols. Vienna, 1949–1957.

———. *Tagebuch eines Christen.* In *Sämtliche Werke,* 1:5–349.

Hamilton, Alexander. *A New Account of the East Indies, being the Observations and Remarks of Capt. Alexander Hamilton, Who spent his Time there From the Year 1688 to 1723 Trading and Travelling, by Sea and Land, to most of the Countries and Islands of Commerce and Navigation, between the Cape of Good-hope, and the Island of Japon.* 2 vols. Edinburgh, 1727.

Hederich, Benjamin. *Gründliches mythologisches Lexicon.* Ed. Johann Joachim Schwabe. Rev. and enlarged ed. Leipzig, 1770. Reprint. Darmstadt, 1967.

Hennepin, Louis. *A New Discovery of a Vast Country in America.* Ed. Reuben Gold Thwaites. 2 vols. Chicago, 1903.

Herder, Johann Gottfried. *Abhandlung über den Ursprung der Sprache.* In Suphan, 5:1–154.

———. *Adrastea.* In Suphan, 24:1–464.

———. *Aelteste Urkunde des Menschengeschlechts.* In Suphan, 6:193–511.

———. *Alte Volkslieder.* In Suphan, 25:1–126.

———. "Auszug aus einem Briefwechsel über Ossian und die Lieder alter Völker." *Von deutscher Art und Kunst.* In Suphan, 5:159–207.

———. *Briefe zu Beförderung der Humanität.* In Suphan, 17:1–414.

———. *Erläuterungen zum Neuen Testament aus einer neueröfneten Morgenländischen Quelle.* In Suphan, 7:335–470.

———. "Fragment über die beste Leitung eines jungen Genies zu den Schätzen der Dichtkunst." In Suphan, 9:541–44.

———. "Glaukon und Nicias, Gespräche." In Suphan, 15:165–78.

———. *Herders Sämmtliche Werke.* Ed. Bernhard Suphan. 33 vols. Berlin, 1877–1913. Reprint. Hildesheim and New York, 1978.

maritimes, et plusieurs objets d'histoire naturelle; accompagné de descriptions de mammifères et oiseaux par M. le Baron Cuvier et M. A. de Chamisso, et d'observations sur les crânes humaines par M. Le Docteur Gall. Paris, 1820–1821.

Court de Gébelin, Antoine. *Monde primitif*. 9 vols. Paris, 1773–1782.

Coxe, William. *Account of the Russian Discoveries between Asia and America, To which are added, The Conquest of Siberia, and the History of the Transactions and Commerce between Russia and China*. London, 1780.

Cranz, David. *Historie von Grönland, enthaltend die Beschreibung des Landes und der Einwohner und insbesondere die Geschichte der dortigen Mission der Evangelischen Brüder zu Neu-Herrenhut und Lichtenfels*. Barby, 1765.

———. *The History of Greenland: Including an Account of the Mission Carried on by the United Brethren in that Country*. 2 vols. London, 1820.

Defoe, Daniel. *Robinson Crusoe: An Authoritative Text, Backgrounds and Sources, Criticism*. Ed. Michael Shinagel. New York, 1975.

Degérando, Joseph-Marie. *The Observation of Savage Peoples*. Trans. F.C.T. Moore, with a preface by E. E. Evans-Pritchard. London, 1969.

Deguignes, Joseph. *Histoire générale des Huns, des Turcs, des Mogols, et des autres Tartares occidentaux, &c. avant et depuis Jesus Christ jusqu'à present*. 5 vols. Paris, 1756–1758.

———. *Voyages à Peking, Manille et L'Isle de France, faits dans l'intervalle des années 1784 à 1801*. 3 vols. Paris, 1808.

Deutsch, Otto Erich, ed. *Mozart: A Documentary Biography*. Trans. Eric Blom, Peter Branscombe, and Jeremy Noble. 2d ed. Stanford, 1966.

Diderot, Denis. *Le neveu de Rameau*. In *Oeuvres*, pp. 395–474.

———. *Oeuvres*. Ed. André Billy. N.p. [Gallimard], 1951.

———. *The Paradox of Acting*. Trans. Walter Herries Pollock. New York, n.d.

———. *Paradoxe sur le comédien*. In *Oeuvres*, pp. 1003–58.

———. *Rameau's Nephew and Other Works*. Trans. Jacques Barzun and Ralph H. Bowen. Garden City, N.Y., 1956.

Diderot, Denis, et al., eds. *Encyclopédie, ou Dictionnaire raisonné des sciences, des arts, et des métiers*. 17 vols. Paris, 1751–1765.

Dupuis, Charles. *Origine de tous les cultes, ou Religion universelle*. 3 vols. Paris, 1795.

Eckartshausen, Karl von. *Aufschlüsse zur Magie aus geprüften Erfahrungen über verborgene philosophische Wissenschaften und verdeckte Geheimnisse der Natur*. 4 vols. Munich, 1788–1792.

———. *Entdeckte Geheimnisse der Zauberey zur Aufklärung des Volks über Aberglauben und Irrwahn*. Munich, 1790.

Eckermann, Johann Peter. *Gespräche mit Goethe in den letzten Jahren seines Lebens*. In Goethe, *Gedenkausgabe*, 24.

Egede, Poul Hansen. *Nachrichten von Grönland, Aus einem Tagebuche, geführt von 1721 bis 1788*. Copenhagen, 1790.

Einhorn, Paul. *Ueber die religiösen Vorstellungen der alten Völker in Liv- und Ehstland: Drei Schriften von Paul Einhorn und eine von Johann Wolfgang Böckler, aufs neue wieder abgedruckt mit einer seltenen Nachricht Friedrich Engelken's über den grossen Hunger 1602*. Riga, 1857. Reprint. Hanover, 1968.

Engel, Samuel. *Geographische und Kritische Nachrichten und Anmerkungen über die Lage der nördlichen Gegenden von Asien und Amerika, nach den allerneuesten Reisebeschreibungen*. Mietau, Hasenpoth, Leipzig, 1772.

Ersch, Johann Samuel, and Johann Georg Gruber. *Allgemeine Encyclopädie der Wissenschaften und Künste*. 3 pts. 167 vols. Leipzig, 1818–1889.

Falconer, William. *Remarks on the Influence of Climate, Situation, Nature of Country, Population, Nature of Food, and Way of Life, on the Disposition and Temper, Manners and Behavior, Intellects, Laws and Customs, Form of Government, and Religion, of Mankind*. London, 1781.

Falk, Johann Peter. *Beyträge zur Topographischen Kenntnisz des Russischen Reichs*. 2 vols. St. Petersburg, 1785–1786.

Fischer, H. "Muthmassliche Gedanken von dem Ursprunge der Amerikaner." *Neue Nordische Beyträge zur physikalischen und geographischen Erd- und Völkerbeschreibung, Naturgeschichte und Oekonomie* 3 (St. Petersburg and Leipzig, 1782): 289–322.

Flögel, Karl Friedrich. *Geschichte der komischen Literatur*. 4 vols. Liegnitz and Leipzig, 1784–1787. Reprint. Hildesheim and New York, 1976.

Fontenelle, Bernard Le Bovier de. *Histoire des oracles*. Paris, 1687.

———. *Histoire des oracles*. Ed. Louis Maigron. Paris, 1971.

———. *The History of Oracles, and the Cheats of the Pagan Priests In two Parts*. Trans. Aphra Behn. London, 1688.

Forkel, Johann Nikolaus. *Allgemeine Geschichte der Musik*. Die grossen Darstellungen der Musikgescichte in Barock und Aufklärung, 8. Ed. Othmar Wesseley. Graz, 1967.

Forster, Georg. *Geschichte der Reisen, die seit Cook an der Nordwest- und Nordost-Küste von Amerika und in dem nördlichsten Amerika selbst von Meares, Dixon, Portlack, Coxe, Long u.a.m. unternommen worden sind*. 3 vols. Berlin, 1791.

———. *A Journey from Bengal to England, through the Northern Part of India, Kashmire, Afghanistan, and Persia, and into Russia, by the Caspian Sea*. 2 vols. London, 1798.

———. *Sämmtliche Schriften*. Ed. G. G. Gervinus. 9 vols. Leipzig, 1843.

———. *A Voyage round the World, in His Britannic Majesty's Sloop, Resolution, commanded by Capt. James Cook, during the Years 1772, 3, 4, and 5*. 2 vols. London, 1777.

———. *Werke: Sämtliche Schriften, Tagebücher, Briefe*. Ed. Deutsche Akademie der Wissenschaften zu Berlin. 18 vols. Berlin, 1958–.

Forster, Johann Georg Adam. *Entdeckungsreise nach Tahiti und in die Südsee: 1772–1775*. Alte abenteuerliche Reiseberichte. Tübingen, 1979.

Forster, Johann Reinhold. *Karakter, Sitten und Religion einiger merkwürdigen Völker*. Halle, 1793.

Frank, Johann Peter. *System einer vollständigen medicinischen Polizey*. New ed. 6 vols. in 8. Mannheim, Tübingen, and Vienna, 1804–1819.

Frederick the Great of Prussia. *De la littérature allemande*. Ed. Ludwig Geiger. Deutsche Litteraturdenkmale des 18. und 19. Jahrhunderts. 2d ed. Berlin, 1902. Reprint. Darmstadt, 1969.

Georgi, Johann Gottlieb. *Bemerkungen einer Reise im Russischen Reich im Jahre 1772*. 2 vols. St. Petersburg, 1775.

参考文献

Primary Works

Acerbi, Giuseppe. *Travels through Sweden, Finland, and Lapland, to the North Cape in the Years 1798 and 1799*. 2 vols. London, 1802.

Adelung, Friedrich von. *Catherinens der Grossen Verdienste um die vergleichende Sprachenkunde*. St. Petersburg, 1815.

Adelung, Johann Christoph. *Grammatisch-kritisches Wörterbuch der Hochdeutschen Mundart*. 4 vols. Leipzig, 1793–1801.

Algarotti, Francesco. *Saggio di Lettere sopra la Russia*. 2d ed. Paris, 1763.

Bartram, William. *Travels through North and South Carolina, Georgia, East and West Florida, the Cherokee Country, the Extensive Territories of the Muscogulges or Creek Confederacy, and the Country of the Chactaws, Containing an Account of the Soil and Natural Productions of those Regions; together with Observations on the Manners of the Indians*. Philadelphia, 1791. Reprint. London, 1792.

Bayle, Pierre. *Dictionnaire historique et critique*. 4 vols. Rotterdam, 1697.

Bell, John. *Travels from St. Petersburg in Russia, to Diverse Parts of Asia*. 2 vols. Glasgow, 1763.

Benyowsky, Mauritius Augustus de. *Memoirs and Travels*. 2 vols. London, 1790.

Berchtold, Leopold. *Essay to direct and extend the Inquiries of Patriotic Travellers; with further Observations on the Means of preserving the Life, Health, & Property of the unexperienced in their Journies by Land and Sea. Also a Series of Questions, interesting to Society & Humanity, necessary to be proposed for Solution to Men of all ranks & Employments, & of all Nations and Governments, comprising the most serious Points relative to the Objects of all Travels, To which is Annexed a List of English and foreign Works intended for the Instruction and Benefit of Travellers, & a Catalogue of the most interesting European Travels which have been published in different Languages from the earliest Times, down to September 8th 1787*. 2 vols. London, 1789.

Beuys, Joseph. *Beuys zu Ehren: Zeichnungen, Skulpturen, Objekte, Vitrinen, und das Environment "Zeige deine Wunde" von Joseph Beuys, Gemälde, Skulpturen, Zeichnungen, Aquarelle, Environments, und Video-Installationen von 70 Künstlern*. Ed. Armin Zweite. Munich, 1986.

———. *Joseph Beuys Drawings*. City Art Gallery, Leeds; Kettle's Yard Gallery, Cambridge; Victoria and Albert Museum, London. London, 1983.

———. *Kreuz + Zeichen: Religiöse Grundlagen im Werk von Joseph Beuys*. Suermondt-Ludwig-Museum und Museumsverein. Aachen, 1985.

———. *Moderna Museet*. Moderna Museets Utstallningskatalog, 90. Stockholm, 1971.

———. *Similia similibus: Joseph Beuys zum 60. Geburtstag*. Ed. Johannes Stüttgen. Cologne, 1981.

Bossu, Jean-Bernard. *Travels through that Part of North America formerly called Louisiana*. London, 1771.

Boulanger, Nicolas-Antoine. *L'antiquité dévoilée par ses usages, ou examen critique des principales opinions, cérémonies & institutions religieuses & politiques des différens peuples de la terre*. 3 vols. Amsterdam, 1766.

Bruzen de la Martinière, Antoine Augustin. *Ceremonies et coutumes religieuses des peuples idolatres, représentées par des figures dessinées de la main de Bernard Picart avec une explication Historique, & quelque dissertations curieuses*. 2 vols. Amsterdam, 1735.

———. *Ceremonies et coutumes religieuses de tous les peuples du monde, représentées par des figures dessinées de la main de Bernard Picart*. 5 vols. Amsterdam, 1723–1737.

Burney, Charles. *An Eighteenth-Century Musical Tour in Central Europe and the Netherlands*. Vol. 2 of *Dr. Burney's Tours in Europe*, ed. Percy A. Scholes. London, New York, Toronto, 1959.

———. *A General History of Music from the Earliest Ages to the Present Period*. Ed. Frank Mercer. New York, 1935. Reprint. 1957.

———. *Present State of Music in France and Italy*. London, 1771.

Burton, Robert. *The Anatomy of Melancholy: What it is, with all the kinds, causes, symptomes, prognostickes & severall cures of it*. Ed. Holbrook Jackson. 3 vols. Oxford, 1628. Reprint. New York, 1977.

Cabeza de Vaca, Alvar Nuñez. *The Journey of Alvar Nuñez Cabeza de Vaca and His Companions from Florida to the Pacific, 1528–1536*. Trans. Fanny Bandelier. New York, 1922.

Catherine II, Empress of Russia. *The Antidote; Or an Enquiry into the Merits of a Book, Entitled: A Journey into Siberia, Made in MDCCLXI in Obedience to an Order of the French King, and Published, with Approbation, by the Abbé Chappe d'Auteroche, of the Royal Academy of Sciences: In which many essential Errors and Misrepresentations are pointed out and confuted; and many interesting Anecdotes added, for the better Elucidation of the several Matters necessarily discussed: by a Lover of Truth*. London, 1772.

———. *Documents of Catherine the Great: The Correspondence with Voltaire and the Instruction of 1767 in the English Text of 1768*. Ed. W. F. Reddaway. Cambridge, 1931.

———. *Drey Lustspiele wider Schwärmerey und Aberglauben*. Ed. Friedrich Nicolai. Berlin and Stettin, 1789.

———. *Erinnerungen der Kaiserin Katharina II*. Ed. Alexander Herzen and G. Kuntze. Memoirenbibliothek, 2d ser., vol. 13. Stuttgart, 1907.

———. *The Memoirs of Catherine the Great*. Ed. Dominique Maroger, trans. Moura Budberg. New York, 1961.

———. *Der sibirische Schaman, ein Lustspiel*. St. Petersburg, [1786] 1787.

Chappe d'Auteroche, Jean. *A journey into Siberia, made by order of the King of France*. London, 1770.

———. *Voyage en Sibérie, fait par ordre du roi en 1761; contenant les moeurs, les usages des Russes, et l'etat actuel de cette puisance; la description géographique & le nivillement de la route de Paris à Tobolsk*. 2 vols. in 3. Paris, [1761] 1768.

Choris, Louis. *Voyage pittoresque autour du monde, avec des portraits des sauvages d'Amerique, d'Asie, d'Afrique, et des Iles du Grand Océan; des paysages, des vues*

訳者あとがき

本訳書は訳稿を渡してから初校が出るまでに数年、初校を戻してから再校が出るまでにさらに数年が経過してようやく刊行されることになった。原著(Gloria Flaherty. *Shamanism and the Eighteenth Century*. Princeton, 1992)出版から一三年になる。担当編集者の石原氏によれば、この間に日本の演劇界に演技者としてのシャーマンへの関心が広がってきているという。そうであるなら亡き原著者にとって幸運な遅延といえようか。

本書は第一部でヨーロッパ人が出会ったシャーマン、シャーマニズムについての記録を歴史的に分類、批判し、第二部で、大量に流布されるにいたったシャーマンのイメージが一八世紀の思想、芸術に同化された実例を示す。著者が渉猟した文書の量は圧倒的である。

中世ヨーロッパに知られていた世界は現在のヨーロッパの範囲をほとんど出ない。アフリカの北端と西アジアの一部ほどのものである。それが、航海術の発達に伴い、一五世紀から未知の世界に急速に進出してゆき、一七世紀にはアフリカ、南北アメリカ、オーストラリア、アジアの、奥地を除くいたるところにヨーロッパ人の姿が見られるようになっていた。

大航海時代、大国の領土拡大、植民地建設のために働いた征服者たちは各地の先住民を愚昧な野蛮人とみなし、かれらの蛮風のひとつとしてシャーマニズムを本国に報告する。住民の教化を使命として未開の地に住みついた宣教師、主にイエズス会士たちは、そこで目にする、かれらにとっての「邪教」についての情報を本部に送り、その根絶に努める。少し遅れて出現する山師的な冒険者たちはスポンサーをみつけて海外へ出てゆき、珍奇なみやげ物とみやげ話を持ち帰って高く売りつけようとするだろう。こうした人びとがそれぞれの解釈で魔法使い、悪魔の祭司、占い師、奇術師、ぺてん師などと呼び、土地の言葉をkam, angekok, ojun, curanderoなどと伝えた存在の総称としてツングース語系のシャーマンという語が定着してゆく。やがて大学教師や研究者を含む学術探検隊が組織され、科学的な方法論に基づくフィールドワークを行なうにいたる。

一方シャーマン側には、改宗を強要され、科学的調査の対象とされることを厭って姿を隠す者や、彼らの助力を必要とする共同体で働き続けるために改宗を偽装する者が現われ、シャーマニズムは変質していった。

他方ヨーロッパにも変化が生まれる。一八世紀、啓蒙の時代には宗教的リベラリズムも進んだ。古典学者はシャーマンに古代の神託を告げる巫女との類似を認め、美学者はかれらの儀式に音楽、舞踊、演技の要素を見て取る。化学者、薬学者はシャーマンが使う薬草に鎮痛、麻酔、幻覚作用を持つ物質が含まれることを発見し、医師たちは、患者の想像力を刺激し、心理的影響を与えることで病状が良くも悪くもなりうることを確認する。

なお「一種のシャーマン、つまり奇跡を行なう人であったキリスト」という語（一五〇ページ　Christ, himself a kind of shaman or miracle worker）について一言述べておく。この表現に不審を感じて急ぎ取り寄せた原書にこの語はない。著者は使った版を明示していないのだが、手許の一八〇八年版のリプログラフィとはページ数が違っている。だがおそらくこの箇所をパラフレーズしたとおぼしい部分の、ユング＝シュティリングの語句はSeit dem Sieg und Triumph unseres hochgelobten Erlösers（われらがほめまつる救い主の勝利以来）である。キリストに言及する他の箇所でも「主」、「王」、「死の克服者」など、キリスト教の普通の用語しか使っていない。「奇跡を行なう人」（Wundertäter）もキリストの別称の一つではあるが（グリム・ドイツ語辞典にはルターの用例が載っている）、ユング＝シュティリングはこの書物では使っていないし、当然、本書著者の想定とは異なる、キリスト教信仰における奇跡を意味している。シャーマン、シャーマニズムという語も一度も使われていない。本書著者の意図は忖度の限りではない。

もちろん今日の観点からは、たいていの新興宗教の教祖と同じく、イエスはシャーマンといえるだろう。福音書によれば、イエスは水をワインに変え、わずかのパンと魚で多数の人を満腹させ、嵐を鎮め、病人を癒し、死人をよみがえらせるなどの奇跡を行なったのみならず、世に出る前に荒野で四十日間の断食をし、悪魔とともに空中を飛び、悪魔の誘惑を受け、我欲を断ち切っている。新興宗教の教祖にもにせものはいる。にせものとは、ここでは、幸いではなく禍を作り出すというだけの意味である。三共観福音書が一致して伝えているイエスの言葉がある。弟子に加わりたいという金持ちの男に、財産を売り払い貧しい人に施してから、わたしに従いなさい、という。にせものからは聞けない言葉である。

第一部で十分な数の文書を発掘、解明したことによって、初めて第二部が可能になった、と著者は「序論」で述べている。つまり、これだけ大量の情報が氾濫していたからには、それらの内容と合致する人物像にはそれらが材料として使われたと推論できる、ということであろう。第二部で著者が論じる思想家、芸術家、その作品のうち、「シャーマン」という語が実際に出てくるのは、ロシア女帝エカチェリーナ二世とヘルダーの著書だけである。エカチェリーナの戯曲『シベリアのシャーマン』は五幕の喜劇で、迷信、因習の撲滅に力を注いだ啓蒙君主の作らしく、シャーマンを名告る男は詐欺師であり、終幕でその犯罪が暴かれる。

ディドロとダランベールが共同で編集した『百科全書』には「シャーマン」の項があるが、『ラモーの甥』にシャーマンへの言及はない。大部分が哲学者である「わたし」と「かれ」ラモーの甥（実在の人物である）との対話からなる、主に音楽論および痛烈な諷刺だが、著者はこの「かれ」がシャーマンの特徴を完全に示すという。

ヘルダーは神学者、哲学者、異端視されたプロテスタントの牧師である。啓蒙思想や科学主義の画一性を嫌い、各地、各民族の内部に自然に形成されてきた文化、芸術を差別することなく理解しようとし、とりわけ詩と音楽が合した歌を重視して、世界の民謡を収集した。ヘルダーの論文から、古代ギリシャの楽人オルペウスはシャーマンであった、という主張が二箇所引用されている。

父モーツァルトが二人の子どもを初めて演奏旅行に伴った時、アマデウスは六歳の誕生日を迎える直前だった。著者によれば、このころオルペウス・シャーマン・天才という観念結合が形成されていた。幼いモーツァルトはたちまち天才の名をほしいままにし、オルペウスにたとえられもした。モーツァルトの言動を伝える無数のエピソードから、シャーマンらしさを著者は数え上げる。

最後の二章はゲーテである。ヴェルター（『若きヴェルターの悩み』一七七四）とミニョン（『ヴィルヘルム・マイスターの修業時代』一七九五―九六）が失敗したシャーマン、ファウスト（『ファウスト』第一部一八〇八、第二部一八三二）が成功したシャーマンと規定される。シャーマンの失敗とは、霊魂が離脱して体が仮死状態になったまま、あるいはなにかの霊に憑依されたまま、元に戻れなくなることであろうが、ヴェルターは、理想の女性と信じたロッテがすでに婚約していることを知り、彼女の結婚後自殺する。保護者とも父とも慕うヴィルヘルムが婚約者と抱擁する姿を見たとき、すでに弱っていたミニョンの心臓が止まる。ふたりとも共同体内で才能を活かす機会を得ない。

ファウストについては、著者は「序論」で、「シャーマンの進化のさらに一段進んだ段階と見る解釈を提案する」という。その一環として、『ファウスト』第二部の二幕、三幕を劇中劇と解釈する。一幕最後に爆発を起して気を失ったファウストの霊魂がヘレネを求める旅に出て、戻ってきて皇帝の宮廷でその旅を実演して見せているのが二幕、三幕だというのである。そのことを強調して、この部分は（ゲーテの時代ではなくファウストの時代である）ルネサンスの観客の前で演じられる、と著者は何度も繰り返す。このように解釈することによって、ファウストが異世界の旅から無事に帰った「成功した」シャーマンであることと、皇帝の前で自作自演の芝居を上演する「舞台芸術家」であることとが説明される。ことわっておくが、戯曲『ファウスト』の二幕、三幕には、一幕最後の場のような、口さがない宮廷人は登場しないし、そのようなト書きもない。すべて、著者の自由な解釈である。

さて通読してみると、ラモーの甥、ヴェルター、ミニョン、ファウストについて著者がシャーマンらしさとして指摘している性格や言動には相互にほとんど共通点がない。一八世紀に流布していたといわれるシャーマン像自体が混乱、矛盾していたということでもあろうが、多少なりとも常識を逸脱するところがあれば、だれでもシャーマン呼ばわりできそうに思える。早い話、メフィストは、ラモーの甥に通じる辛辣な皮肉、そうぞうしいユーモア、たえず駆け回り飛び跳ねるせわしなさを示す。

死の直前、視力を失ったファウストは干拓工事の完成が近いことを喜び、さらに一日も早くとせかす。メフィストは、自然の力はこちらと結託している、すべては破壊されることになっている、と、また、人夫たちが掘っているのは排水溝ではなくファウストの墓穴だ、とファウストには聞こえない声で嘲る。著者は、ファウストは「近代社会を推し進める力そのもの」であるという。「永遠に女性的なもの」は、目的を定めてしゃにむに前進しようとするファウストの意欲を宥め昇華させるのであろう。だが、穏やかに暮らしているものたちの生活の場を奪ってでも干拓地、ダム、道路を造ろうとはやる頭をメフィストの嘲笑で冷やし、四囲で実際に起こっていることを告げるその声を聞くことを、われわれは覚える必要があるのではないか。

二〇〇一年の夏、東シベリア、サハ（ヤクート族）のシャーマンが二人、東京で巫儀を実演した。白いシャーマンは昼間、野外に人びとを集めて祭をつかさどり、天空界の神霊と直接交流して共同体の安泰、繁栄を祈る。黒いシャーマンは夜、親密な室内でほの暗い灯火の下、訪ねてくる一人一人の悩みを聞き、病気を治し、冥界の霊と交流して「口寄せ」をする。祭司であり王であった古代のシャーマンの職能が分担されている。ロシア正教と社会主義政府による禁圧の歳月を何世代も身をひそめて耐え、信仰の力で信者に守られ、頼られ、助力し続けてきて、ソ連崩壊後の今日もなお共同体をしっかりと支えている。

このような共同体の生活と統一を守るシャーマンの宗教性を認識しているのは、本書の中でヘルダーだけである。「後記」で著者は、一九世紀がシャーマンを完全に世俗化したと述べ、一八世紀の舞台芸術家、一九世紀のスター、今日のスーパースターという線を示して、西欧のシャーマニズム観が「なにか芸術的で快適なものという観方」へ変化しつつある、というのだが、「世俗化」はここにあげられている一八世紀の例にすでに明らかである。この根底には、キリスト教以外の宗教に宗教性を感受しない、西欧の長い精神的伝統があるように思われる。

キリスト教という極端に排他的な思想、制度が支配的な勢力になったことのない日本では、シャーマニズムの歴史も異なる形をとってきた。三世紀、邪馬台国の祭司であり女王であった卑弥呼はまぎれもないシャーマンである。日本固有の民族宗教である神道は、自然界のあらゆるものにカミを見、神々の祭をつかさどる者が政治的支配者でもあった。やがて仏教と、中国起源の陰陽道、儒教、道教が伝わる。いずれも明確な教義と理論を備えた優越した文化だが、呪術宗教の要素も併せ持つ。仏教は国家の保護を受け、陰陽道は宮廷に採り入れられるが、村の祭は神主がつかさどり、有力な神社も育つ。神仏習合は相互作用でもあり、土着宗教が消滅や地下への潜行を強いられることはなかった。能「葵上」は素人目に興味深い。葵上を悩ます六条御息所の怨霊を神子（巫女）が梓弓の音で呼び出し、ついで招かれる横川（延暦寺）の山伏が呪法で退散させるのである。

明治政府による神道国教化、敗戦後のGHQによる国教分離指令はさまざまな影響を及ぼしたにちがいない。だがむしろ近代化、都市化の進行が、地域共同体の精神的一体感を稀薄にし、「白いシャーマン」の役割を消滅させたのであろう。年中行事でもその他の催しでも、主宰団体を問わず有名人が招かれるようになったのは、著者のいうとおり、シャーマニズムの世俗化、シャーマンのスーパースター化といえよう。

だが「黒いシャーマン」の役割は、御祈祷で病気がなおるわけがないという科学的知識の普及にもかかわらず、重要性を失っていない。名高い津軽、南部地方のイタコ、沖縄、南西諸島のユタにかぎらず、新興宗教の教団にもかぎらない。宇宙の気配、人の魂にとくべつ鋭敏に反応する心の持ち主はつねに存在し、その能力は求められる時に発現する。共同体の宗教が失われた時代に、命と命(宇宙の命、死者の命というものもある)をつなぐ、かれらの働きに癒される人の数は少なくない。訳者の知人にもそのような霊能者を深く信頼する人がいる。

著者は本書執筆時にアメリカ、イリノイ大学ドイツ学科教授、著書に『ドイツ批判哲学の発達におけるオペラ』(*Opera in the Development of German Critical Thought*, 1978)がある。

原書にない小見出しを石原氏が的確につけてくださって、長い章の論述の進みが見取り易くなったと思う。

二〇〇五年七月

野村美紀子

Ivan Ivanovich Lepechin, 96-97
ローセンバーグ, ジェローム Jerome Rothenberg, 13-14
ロード, アーウィン Erwin Rohde, 302
ロッテ Lotte, 240, 242-243
ロンギノス Longinus, 27, 166
[ワ]
ワーファー, ライオネル Lionel Wafer, 38

マントー　Manto, 275
マンボージャンボー　Mumbo Jumbo, 70-71
ミニョン　Mignon, 245-249
ムーア，フランシス　Francis Moore, 70
メイナーズ，クリストフ　Christoph Meiners, 198
メーザー，ユストゥス　Justus Möser, 188, 229, 260
メサーシュミット，ダニエル・ゴットリープ　Daniel Gottlieb Messerschmidt, 68-69
メスマー，フランツ・アントン　Franz Anton Mesmer, 145
メネラーオス　Menelaus, 270, 280
メフィストフェレス　Mephistopheles, 255, 257-259, 261, 263, 265-266, 269-273, 276-278, 281-284, 287-289
メルク，カール・ハインリヒ　Karl Heinrich Merck, 233
メルクリウス　Mercury, 83
メンデルスゾーン，モーゼス　Moses Mendelssohn, 211
モーセ　Moses, 106, 116, 197
モーツァルト，ヴォルフガング・アマーデウス　Wolfgang Amadeus Mozart, 29, 212-226, 239, 281
モーツァルト，レーオポルト　Leopold Mozart, 204, 209
モンテーニュ，ミッシェル・エイケム・ド　Michel Eyquem de Montaigne, 63
モンテスキュー　Montesquieu, 23
[ヤ]
ヤコービ，フリードリヒ・ハインリヒ　Friedrich Heinrich Jacobi, 239
ヤコービ，マックス　Maximilian Karl Wiegand Jacobi, 239
ヤンブリコス　Iamblichus, 86
ユリウス・カエサル　Julius Caesar, 173, 228
ユング，ヨーハン・ハインリヒ　Johann Heinrich Jung, 148-152
ヨーゼフ皇帝　Joseph of Austria, 222
ヨンメッリ，ニコロ　Niccolò Jomelli[Jommelli], 174
[ラ]
ラ・オンタン，ルイ・アルマン・ド　Louis Armand de La Hontan, 40
ラ・ペルーズ，ジャン＝フランソワ・ド・ガロ　Jean-François de Galaup La Pérouse, 20, 120
ライプニッツ，ゴットフリート・ヴィルヘルム　Gottfried Wilhelm Leibniz, 36,179
ラファエル　Raphael, 239
ラフィト，ジョセフ・フランソワ　Joseph François Lafitau, 82-86, 90-91, 165, 184, 194, 198
ランボー，アルチュール　Arthur Rimbaud, 13
リヒター，ヴィルヘルム・ミヒャエル　Wilhelm Michael Richter, 146-148
リヒテンベルク，ゲオルク・クリストフ　Georg Christoph Lichtenberg, 117, 233
リュンケウス　Lynkeus, 278
リルケ，ライナー・マリーア　Rainer Maria Rilke, 13
ルキアノス　Lukianos, 244
ルソー，ジャン・ジャック　Jean Jacques Rousseau, 143
レイ，アンバン　Amban Lai, 160-161
レヴィ＝ストロース，クロード　Claude Lévi-Strauss, 13
レセップス，マティウ・ド　Mathieu de Lesseps, 120-122
レッシング，ゴットホルト・エフライム　Gotthold Ephraim Lessing, 193, 195, 204, 205
レペーチン，イヴァン・イヴァノヴィッチ

Franklin, 213
フリードリヒ・ヴィルヘルム三世 Friedrich Wilhelm III, 244
フリードリヒ大王 Frederick the Great of Prussia, 29, 138, 156, 210-211, 222
ブルイン, コルネリス・ド Cornelius de Bruyn, 236
プルートス Plutus, 264
ブルーメンバッハ, ヨーハン・フリードリヒ Johann Friedrich Blumenbach, 233-234
ブレヒト, ベルトルト Bertolt Brecht, 301
プロセルピナ Proserpine, 84
プロテウス Proteus, 276-277
フンボルト, アレクサンダー・フォン Alexander von Humboldt, 234
ベイコン, フランシス Francis Bacon, 21, 129, 133
ベイコン, ロジャー Roger Bacon, 48, 231
ベートーヴェン, ルートヴィヒ・ファン Ludwig van Beethoven, 221
ベーメ, ヤーコプ Jakob Bohme, 180
ベーリング, ヴィトゥス・ヨナセン Vitus Jonassen Bering, 71
ベーン, アフラ Aphra Behn, 58-59
ヘカベー Hecuba, 134
ヘシオドス Hesiod, 26
ベナムウ, マイケル Michel Benamou, 16
ベニョウスキ, マウリティウス・アウグストゥス・ド Mauritius August de Benyowsky, 25
ヘラクレース Hercules, 182
ペリイ, ジョン John Perry, 38, 163
ベル, ジョン John Bell, 65-67
ヘルダー, ヨーハン・ゴットフリート Johann Gottfried Herder, 29, 178-201, 229, 236, 239, 271
ヘルメース Hermes, 83, 280
ヘルメース・トリスメギストス Hermes Trismegistus, 190
ヘレネ Helen, 265, 268-274, 276-281
ヘロドトス Herodotus, 12-13, 165, 272
ヘンデル, ジョージ・フレデリック George Frederic Handel, 218
ボイス, ヨーゼフ Joseph Beuys, 14-15
ホークスワース, ジョン John Hawkesworth, 236
ポーロ, マルコ Marco Polo, 40-42, 117, 148, 165, 236
ポチョムキン Grigory Aleksandrovich Potemkin, 222
ホフマン, E・T・A E.T.A. Hoffmann, 225-226
ホメロース Homer, 26
ホラティウス Horace, 187
ポルキデス Phorkyads, 276
ポルキュス Phorkyas, 277, 280, 281
ホルクハイマー, マックス Max Horkheimer, 21
ポルタ, ジャンバティスタ・デラ Giambattista della Porta, 46
ホルネマン, フリードリヒ Friedrich Hornemann, 234
[マ]
マイ, フランツ・アントン Franz Anton May, 207
マクファースン, ジェイムズ James Macpherson, 189, 243
マニュエル, フランク・E Frank E. Manuel, 58
マリア・パヴロフナ Maria Pavlowna, 236
マルケット, ジャック Jacques Marquette, 43
マルシュアース Marsyas, 15-16
マルティウス, カール・フリードリヒ・フィリップ・フォン Carl Friedrich Phillipp von Martius, 234

[ハ]
パーク, マンゴ　Mungo Park, 236
パーチャス, サミュエル　Samuel Purchas, 50-52, 127
ハード, リチャード　Richard Hurd, 23
バートラム, ウィリアム　William Bartram, 125-126
バートン, ロバート　Robert Burton, 48-50, 133
バーネイ, チャールズ　Charles Burney, 215
ハーマン, ヨーハン・ゲオルク　Johann Georg Hamann, 206-207
ハイドン, フランツ・ヨーゼフ　Franz Josef Hayden, 211
ハインロート, ヨーハン・クリスティアン・フリードリヒ・アウグスト・フォン　Johann Christian Friedrich August von Heinroth, 234
バッカス　Bacchus, 83, 182
ハッサン, イハブ　Ihab Hasan, 16
ハムレット　Hamlet, 247
ハラー, アルブレヒト・フォン　Albrecht von Haller, 80, 135, 232, 238
パラケルスス　Theophrastus Bombastus von Hohenheim Paracelsus, 18, 50, 158, 180, 238
パラス, ペルトス・シモン　Petrus Simon Pallas, 98-102, 141, 198, 236
パリス　Paris, 265, 269
バリントン, デインズ　Daines Barrington, 217-218
バルト, ロラン　Roland Barthes, 15
パン　Pan, 264
ピコ・デラ・ミランドーラ, ジョヴァンニ　Giovanni Pico della Mirandola, 50
ピヒラー, カロリーネ　Caroline Pichler, 224
ヒポクラテス　Hippocrates, 137
ピュタゴラス　Pythagoras, 26, 36, 48, 189
ピョートル大帝　Peter the Great of Russia, 36, 68, 163
ビリングズ, ジョウゼフ　Joseph Billings, 122
ピンダロス　Pindar, 142
ファウスト　Faust, 29, 30, 48, 252-253, 255-282, 284-290
ファルク, ヨーハン・ペーター　Johann Peter Falk, 95-96
ファン・デール, アントニー　Anthony Van Dale, 58-59
フィチーノ, マルシリオ　Marsilio Ficino, 50
フィンガル　Fingal, 182
フーコー, ミシェル　Michel Foucault , 17
フーフェラント, クリスティアン・ヴィルヘルム　Christian Wilhelm Hufeland, 142-146
ブールハーヴェ, ヘルマン　Hermann Boerhaave, 36, 133
フェーリクス　Felix, 246-249
フォルスター, ゲオルク　Georg Forster, 21, 116-120, 198
フォルスター, ヨーハン・ラインホルト　Johann Reinhold Forster, 117
フォントネル, ベルナール・ル・ボヴィ・ド　Bernard Le Bovier de Fontenelle, 58-59, 82, 84-85, 120, 165, 179, 187, 232
ブライヒャ, アントン・ダニエル　Anton Daniel Breicha, 219
フラッド, ロバート　Robert Fludd, 180
プラトーン　Plato, 15, 27, 137, 139, 162, 224, 238, 253, 261
ブラン, フリードリヒ・アレクサンダー　Friedrich Alexander Bran, 234
フランク, ヨーハン・ペーター　Johann Peter Frank, 140-142
フランクリン, ベンジャミン　Benjamin

Adalbert von Chamisso, 234
シャルルボア Pierre-François Xavier Charlevoix, 198
シャルルマーニュ（カール大帝） Charlemagne, 150
シュアール，ジャン・バティスト＝アントワーヌ Jean Baptiste-Antoine Suard, 223
シュテラー，ゲオルク・ヴィルヘルム Georg Wilhelm Steller, 71, 72, 76-77, 198
シュパッハ，ミヒャエル Michael Schppach, 238
シュロッサー，コルネリア・ゲーテ Cornelia Goethe Schlosser, 138
ジョージ・ヴァンクーヴァー George Vancouver, 236
ジョージ三世 George Ⅲ, 29, 138, 222
ジョンスン，サミュエル Samuel Johnson, 129
シラー，フリードリヒ Friedrich Schiller, 23, 211, 234, 239
スウィフト，ジョナサン Jonathan Swift, 119
ストラーレンベルイ，フィリップ・ヨーハン・タベルト・フォン Philipp Johann Tabbert von Strahlenberg, 69-70, 163
スペンサー，エドマンド Edmund Spenser, 27, 191
ズルツァー，ヨーハン・ゲオルク Johann Georg Sulzer, 206
聖処女・聖母マリア Mary, 248, 289-290
ゼーツェン，ウルリヒ・ヤスパー Ulrich Jasper Seetzen, 234
セルロ Serlo, 247
ソーアー，マーティン Martin Sauer, 122-125
ソクラテス Socrates, 15
[タ]
タミュリス Thamyris, 83
タレース Thales, 276-277
タンサン侯爵夫人 Marquise de Tencin, 173
チェッリーニ，ベンヴェヌート Benvenuto Cellini, 239
チョーサー，ジェフリー Geoffrey Chaucer, 191
ツィマーマン，ヨーハン・ゲオルク Johann Georg Zimmermann, 29, 135-139, 158-159, 238
ティソー，シモン・アンドレ Simon André Tissot, 215-216, 238
ディドロ，ドニ Denis Diderot, 29, 139, 156, 162-163, 165, 167-176, 181, 183, 214, 239
デギュイニュ Joseph Deguignes, 163
テュルタイオス Tyrtaeus, 186, 192
デリダ，ジャック Jacques Derrida, 15
テルキーネス Telchines, 276
テレウト Teleut, 96
テンプル，ウィリアム William Temple, 208
トインビー，アーノルド Arnold Toynbee, 16
トート Thoth, 190
トリュブレ，アベ Abbé Trublet, 173
トロポーニオス Trophonius, 84,241
[ナ]
ニーチェ，フリードリヒ Friedrich Nietzsche, 302
ニーブール，カルステン Carsten Niebuhr, 234
ニコライ，フリードリヒ Friedrich Nicolai, 159
ニノー，ジャン・ド Jean de Nynauld, 47
ニュートン，アイザック Isaac Newton, 19, 118, 179, 230-232, 262
ネーレウス Nereus, 276-277

オルペウス　Orpheus,　26, 83, 140, 167, 186, 189-192, 194, 204, 208-210, 214-215, 218, 220, 223-225, 228, 271, 275
オレアリウス, アダム　Adam Olearius,　236

[カ]

カーリダーサ　Kalidasa,　197
カベサ・デ・バカ, アルバル・ネニェス　Alvar Nuñez Cabeza de Vaca,　35
カリオストロ　Cagliostro,　159
ガリバー, レミュエル　Lemuel Gulliver, 119, 178
カルピーネ, ジョヴァンニ・ダ・ピアン・デル　Giovanni da Pian Carpine,　40-41, 117
カルリーニ　Carlin,　139
カント, イマーヌエル　Immanuel Kant,　23, 179, 211
ギャリック, デイヴィッド　David Garrick, 217
キリスト, イエス　Jesus Christ,　45, 150
キング, レスター・S　Lester S. King,　25
クーン, トマス・S　Thomas S. Kuhn,　18-19, 27, 28
クック, ジェイムズ　James Cook,　21, 117
グメーリン, ヨーハン・ゲオルク　Johann Georg Gmelin,　80-82, 98, 100, 141, 163, 198
クライスト, エーヴァルト・クリスティアン・フォン　Ewald Christian von Kleist, 191
クラシェニンニコフ, ステパン　Stephan Krascheninnikow,　72-73, 76-77, 198
グリーヴ, ジェイムズ　James Grieve,　76
グリム, フリードリヒ・メルヒオール　Friedrich Melchior Grimm,　29, 167-168, 214
グルック, クリストフ・ヴィリバルト　Christoph Willibald Gluck,　211
グレートヒェン　Gretchen,　260, 262, 290
クロップシュトック, フリードリヒ・ゴットリープ　Friedrich Gottlieb Klopstock, 228
ケイローン　Chiron,　273-275
ゲーテ　Goethe,　29, 30, 138, 143, 148, 167-169, 211, 213, 224-226, 228-240, 242, 244, 245, 248, 249, 252, 254-258, 260, 262, 265, 270-273, 278-280, 289-291, 301
ケーファーシュタイン, クリスティアン　Christian Keferstein,　234
ケーラー, ヨーハン・トビーアス　Johann Tobias Köhler,　76
ゲオルギ, ヨーハン・ゴットリープ　Johann Gottlieb Georgi,　102, 104-106, 116, 236
ゲッツ・フォン・ベルリヒンゲン　Götz von Berlichingen,　228
ケリー, マイケル　Michael Kelly,　224
ゲルステンベルク, ハインリヒ・ヴィルヘルム・フォン　Heinrich Wilhelm von Gerstenberg,　191, 205, 206
ケレース　Ceres,　84
ゴーブ, ジェローム　Jerome Gaub,　133-135
コツェブ, アウグスト・フリードリヒ・フェルディナント・フォン　August Friedrich Ferdinand von Kotzebue,　25

[サ]

ザラツシュトラ　Zoroaster, 51, 54, 190, 236
サンコニアトン　Sanchuniathon,　190
シェイクスピア, ウィリアム　William Shakespeare,　27, 191, 211, 217, 239, 245
ジェイムズ一世　James I,　129
シェファー, ヨーハン　Johann Scheffer, 53-55, 127, 163
シモン・マグス　Simon Magus,　48
シャプ・ドトロシュ, アベ・ジャン　Abbé Jean Chappe d'Auteroche,　158
シャミッソー, アーダルベルト・フォン

人名索引

[ア]

アインシュタイン, アルバート　Albert Einstein,　19

アインホルン, パウル　Paul Einhorn,　35

アグリッパ・フォン・ネテスハイム　Henricus Cornelius Agrippa von Nettesheym, 50, 180

アスクレピオス　Aesculapius,　142, 275

アダム　Adam,　190

アチェルビ, ジュゼッペ　Giuseppe Acerbi, 127-129

アッシュ, ゲオルク・トーマス・フォン　Georg Thomas von Asch,　232-233

アドルノ, テーオドーア・W・　Theodor W. Adorno,　21

アナクサゴラス　Anaxagoras,　276

アヌビス　Anubis,　83

アバリス　Abaris,　12, 167, 173, 237

アポローン　Apollo,　166, 219, 221

アリオスト　Ariosto,　27

アリオン　Arion,　192

アリステアス　Aristeas,　12

アリストパネス　Aristophanes,　301

アルキビアーデス　Alcibiades,　15

アンピオン　Amphion,　192, 218

イシス　Isis,　84

ヴァーグナー　Wagner,　270

ヴァイカート, メルヒオール・アーダム　Melchior Adam Weickard,　207

ヴァルター, ヨーハン・ゴットフリート　Walther, Johann Gottfried,　208

ヴィーコ, ジャンバティスタ　Giambattista Vico,　83

ヴィーラント, クリストフ・マルティーン　Christoph Martin Wieland,　194

ウィツェン, ニコラス　Nicolas Witsen,　36-37

ヴィルヘルム・マイスター　Wilhelm Meisters,　245-249

ヴィンケルマン, ヨーハン・ヨアヒム　Johann Joachim Winckelmann,　26, 301

ウェスターリス　Vestalis,　84

ヴェルター　Werther,　240-244

ヴォバン　Vauban,　173

ヴォルテール　Voltaire,　23, 161-163, 187, 232

ウワロフ, セルゲイ・セメノヴィチ　Sergej Semenowitsch Uwarow,　234

エウポリオン　Euphorion,　270, 280-281

エウモルポス　Eumolpus,　83

エーゼンベック, ゴットフリート・ネース・フォン　Gottfried Nees von Esenbeck, 237

エカチェリーナ・ロマノフ・ダシコヴァ　Catherine Romanov Dashkova,　156

エカチェリーナ二世　Catherine II,　19-20, 29, 98, 117, 138, 156-162, 167, 188, 214, 222, 232

エゲーデ, ポウル・ハンセン　Poul Hansen Egede,　77-79, 127

エッカーマン, ヨーハン・ペーター　Johann Peter Eckermann,　224, 238, 239

エネパン, ルイ　Louis Hennepin,　45

エピメニデス　Epimenides,　26, 245

エリアーデ, ミルチャ　Mircea Eliade,　13

エレミア　Jeremiah,　175

エロース　Eros,　277

オーディン　Odin,　128

オシアン　Ossian,　182, 243

オモガイ・ベイ　Omogai Bey,　124

著者略歴

グローリア・フラハティ（Gloria Flaherty）

一九三八―一九九二。本書執筆時は、アメリカ、イリノイ大学ドイツ学科教授。没後、北米ゲーテ・ソサエティに「グローリア・フラハティ奨学基金」が設けられた。著書は本書のほかに『ドイツ批判哲学の発達におけるオペラ』（*Opera in the Development of German Critical Thought*, 1978）がある。

訳者略歴

野村美紀子（のむら・みきこ）

一九四〇年、東京生まれ。主な訳書――ミルチャ・エリアーデ『ダヤン・ゆりの花蔭に』（筑摩書房）、ロバート・ライト『三人の「科学者」と「神」』（どうぶつ社）、J・B・ラッセル『魔術の歴史』（筑摩書房）、ポール・バーバー『ヴァンパイアと屍体』（工作舎）、F・ゴンサレス＝クルッシ『五つの感覚』（工作舎）など。

シャーマニズムと想像力

発行日――二〇〇五年八月十日
著者――グローリア・フラハティ
訳者――野村美紀子
編集――石原剛一郎
エディトリアル・デザイン――千村勝紀
印刷・製本――文唱堂印刷株式会社
発行者――十川治江
発行――工作舎 editorial corporation for human becoming
〒104-0052 東京都中央区月島1-14-7-4F
phone: 03-3533-7051 fax: 03-3533-7054
URL: http://www.kousakusha.co.jp
e-mail: saturn@kousakusha.co.jp
ISBN4-87502-387-1